RUDOLF HAAS · HANSJÖRG PROBST
DIE PFALZ AM RHEIN

Udo Jeslages

RUDOLF HAAS · HANSJÖRG PROBST

DIE PFALZ AM RHEIN

2000 Jahre
Landes-, Kultur- und
Wirtschaftsgeschichte

SÜDWESTDEUTSCHE VERLAGSANSTALT MANNHEIM

CIP-Kurztitelaufnahme der Deutschen Bibliothek

Haas, Rudolf:
Die Pfalz am Rhein : 2000 Jahre Landes-, Kultur-
u. Wirtschaftsgeschichte / Rudolf Haas ;
Hansjörg Probst. – 4. Aufl. – Mannheim :
Südwestdeutsche Verlagsanstalt, 1984.
ISBN 3-87804-159-4

NE: Probst, Hansjörg:

Inhaltsverzeichnis

Das altpfälzische Oberrheingebiet im 19. und 20. Jahrhundert

Anhang

Vorwort zur 4. Auflage

Seit 1967 erschien die „Pfalz am Rhein" von Rudolf Haas in drei Auflagen. Der Erfolg dieser inzwischen vergriffenen Pfalzgeschichte zeigt, daß Rudolf Haas mit seiner Konzeption, die Geschichte des altpfälzischen Oberrheingebietes als Ganzes darzustellen und bis in das 20. Jahrhundert fortzuführen, eine entscheidende Lücke in der Pfalzliteratur geschlossen hat. Denn auch 180 Jahre nach der Aufteilung des altpfälzischen Oberrheingebietes ist die historische Identität dieser Landschaft, die auf der über sechshundertjährigen gemeinsamen Geschichte beruht, ungebrochen; ja man kann feststellen, daß sich gerade rechts des Rheins die Kurpfälzer ihrer Eigenart und Besonderheit wieder mehr bewußt werden und diese im Rahmen des Landes Baden-Württemberg kräftig herausstellen. Die nunmehr vorliegende 4. Auflage wurde grundlegend überarbeitet und ergänzt. Rudolf Haas selbst war, durch hohes Alter und Schwinden des Augenlichtes behindert, nicht mehr in der Lage, diese Arbeit durchzuführen. In Hansjörg Probst, dem Vorsitzenden des Mannheimer Altertumvereins von 1859, fand sich ein anerkannter Fachmann, der in ständiger Fühlung mit dem Autor das Werk aktualisierte. Leitprinzipien dieser Arbeit waren neben der Berichtigung von Fehlern und Versehen, Kürzung und Aktualisierung ebenso wie eine Neuordnung des Textes und seine Ergänzung, wo es notwendig erschien. Entnommen wurden die schildernden und aufeinander bezogenen Wiederholungsteile des Textes, um eine straffere Gedankenführung zu erzielen, ohne daß entscheidende Informationen entfielen. Aktualisiert wurde im Hinblick auf den Stand der Forschung. Die Trennungslinien, die durch die innere Gesetzmäßigkeit der pfälzischen Geschichte vorgegeben sind, wurden konsequenter durchgeführt, indem auch für die Stadtgeschichte von Mannheim und Heidelberg der Übergang an Baden als entscheidende Zäsur beachtet wurde. Ergänzt wurde der Text an zahlreichen Stellen mit dem Hauptgewicht im 19. und 20. Jahrhundert. Hier ging es darum, neben einer breiteren Darstellung der 48er Revolution die Sozialentwicklung des 19. und frühen 20. Jahrhunderts aufzuarbeiten: Arbeiterbewegung, Kulturkampf, Parteiengeschichte wurden ebenso berücksichtigt wie die kommunale Entwicklung in den großen Städten. Gänzlich neu ist auch die Darstellung der ersten Hälfte des 20. Jahrhunderts, die damit gleichgewichtig neben die früheren Kapitel tritt. So beschränkt sich der Ausblick in die Gegenwart auf den letzten Teil des Kapitels 20, der die Entwicklung nach dem Zweiten Weltkrieg zusammenfaßt.

Die Zahl der Bilder wurde nur unwesentlich verringert; denn gerade das reiche Bildmaterial prägt das Gesicht des Werkes und macht einen großen Teil des Wertes aus. Das Literaturverzeichnis wurde zusammengefaßt und ergänzt und zwar so, daß dem Benutzer alle wichtigen Hinweise zur eigenständigen vertiefenden Unterrichtung geboten werden. Auf die Stammtafeln im Anhang wurde verzichtet, da gleichzeitig mit dieser vierten Auflage ein weiteres historisches Pfalzbuch „Die Pfalz als historischer Begriff" von Hansjörg Probst erscheint. In diesem Werk werden neben der Darstellung des sich wandelnden Pfalzbegriffs faksimilierte Pfalzkarten und die Stammtafeln sämtlicher Linien des pfälzischen Hauses vorgelegt.

Ein Wort des Dankes gebührt dem Direktor des Mannheimer Reißmuseums, Dr. Erich Gropengießer, für seine Ratschläge im Hinblick auf das 1. und 2. Kapitel. Für die vorliegende vierte Auflage der Haas'schen Pfalzgeschichte erhoffen sich Autor und Bearbeiter dasselbe große Interesse der Leser links und rechts des Rheins im gesamten altpfälzischen Oberrheingebiet, das die Pfalzfreunde schon den früheren Auflagen entgegengebracht haben.

Rudolf Haas
Hansjörg Probst

»Goldener Hut« von Schifferstadt (ungefähr 12. Jahrhundert vor Christus) · Historisches Museum der Pfalz Speyer

1. Von der Urzeit bis zum Erscheinen der Römer am Rhein

Der Rheintalgraben bildete sich in seinen Hauptzügen in dem *Tertiär* genannten Erdzeitalter durch etwa 3000 m tiefe Einbrüche im Grund- und Deckgebirge. Es war dies eine Zeit großer tektonischer Unruhe auf unserer Erde. Die auf beiden Seiten stehengebliebenen Randgebirge: Schwarzwald und Vogesen, nördlich anschließend Odenwald und Haardt mit Pfälzer Wald entsprechen sich in ihrem geologischen Aufbau. Vulkanische Randerscheinungen und Meereseinbrüche trugen zur weiteren Gestaltung der Landschaft bei. Mächtige Aufschüttungen durch die dem Rheintalgraben von allen Seiten zufließenden Wasser noch im Tertiär, vor allem aber im *Diluvium* mit seinen vier Kaltzeiten und wärmeren Zwischenperioden schufen im Groben die äußere Form des Oberrheintals. Am Ende der letzten Kaltzeit schnitt sich der Rhein tief in seine eigenen Schotter ein und zog mit sich ändernden Schlingen in einer 5 bis 10 km breiten Talaue dahin. Die um 5 bis 10 m hohen, durch eine steile Böschung abgegrenzten Hochgestade waren überschwemmungsfrei. In Jahrzehntausenden wurden die Randgebirge durch Erosion niedriger.

Im nördlichen sogenannten Granit-Odenwald und an einer Stelle am Rande des Pfälzer Waldes liegt das Urgestein frei, sonst zeigen die beiden Randgebirge noch überwiegend ihre durch Täler zernagte Sandsteindecke. Die Senken bei Zabern und Kaiserslautern, denen im Osten die Kraichgauniederung und Weschnitzsenke entsprechen, unterbrechen die sonst weitgehend nordsüdlich ausgerichtete Landschaftsstruktur. Während vom Westen nur kleinere Bäche und Flüsse in den Rhein münden, ist im Osten der *Neckar* als Hauptnebenfluß bestimmend für das Zentrum des hier behandelten Gebietes. Lange versperrten ihm Schotter- und Sandablagerungen den direkten Weg zum Rhein. So strömte er Jahrtausende entlang der Bergstraße und konnte erst in der Gegend von Darmstadt dem Rhein zufließen, den er bei Trebur erreichte. In der *Alluvium* genannten letzten Periode der geologischen Neuzeit (ab etwa 10 000 vor Christus) hat sich bei erneutem, aber nicht mehr so schroffem Klimawechsel die Rheinebene mit ihren bewaldeten Sanddünen, der dichtbewachsenen Flußauenlandschaft und den durch Lößschichten besonders fruchtbaren – linksrheinisch durch eine wellige Zwischenterrasse gegliederten – Randgebiet gebildet. So wie rechtsrheinisch der Odenwald als Fortsetzung des Schwarzwaldes bezeichnet werden kann, ist linksrheinisch der Pfälzer Wald mit seinem hügeligen Hinterland, dem Westrich, als Fortsetzung der Vogesen zu betrachten. Die alte Bezeichnung »*Wasgenwald*« wurde lange für den ganzen Gebirgszug am linken Oberrhein gebraucht. Erst in späterer Zeit kann für den nördlichen Teil gegenüber dem Odenwald der Name »*Pfälzer Wald*« und »*Haardt*« für den Gebirgsrand zur Rheinebene auf. Hunsrück und Soonwald bilden einen getrennten Mittelgebirgszug an der Nordgrenze des hier behandelten linksrheinischen Gebietes als Übergang zum mittelrheinischen Bergland. Ähnlich setzt sich die hinterpfälzische Hügellandschaft westlich der Landstuhler Senke im Saargebiet und im lothringischen Stufenland ohne Unterbrechung fort. Auch im Osten und Süden ist keine deutliche Trennung des Pfälzer Gebiets zu den Nachbarlandschaften vorhanden: In der nördlichen Oberrheinebene und im Odenwald ist die Abgrenzung zum hessischen, im Gebiet der Elz und im Kraichgau nach dem württembergischen und in der Rheinebene nach Süden zum badischen und elsässischen Raum nicht geographisch, sondern nur historisch begründet. Das Fehlen scharf ausgeprägter natürlicher Grenzen erleichterte das Entstehen von Durchgangswegen und später die Anlage von Straßen in nord-südlicher und west-östlicher Richtung.

Schon in den Zwischeneiszeiten war in der Oberrheinebene, die man sich als große Wald- und Steppenlandschaft vorstellen muß, und in den Tälern der Randgebirge eine reiche Tierwelt heimisch. Die zahlreichen Knochenfunde bezeugen unter anderen Nashorn, Altelefant, später Mammut, Rentier, Höhlenbär, und es ist nicht verwunderlich, daß diese von der Natur so begünstigte Landschaft schon sehr früh von Menschen besiedelt wurde. Die geeigneten Siedlungsplätze waren in der Tiefebene wegen des durch Eisgang und Hochwasser sich ständig ändernden Laufs von Neckar und Rhein die überschwemmungssicheren Hochgestade, die hügeligen Gebirgsränder und die leicht zugänglichen Anfänge der Seitentäler.

Viele hunderttausend Jahre vor unserer Zeitrechnung sind während der ersten Zwischeneiszeit die frühesten menschlichen Spuren festzustellen. Der 1907 in einer Sandgrube in *Mauer* bei Heidelberg entdeckte Unterkiefer des sogenannten *Homo Heidelbergensis* ist ein Fund aus dieser Zeit und der älteste Nachweis menschlichen Daseins in Europa überhaupt. An der gleichen Stelle lagen auch zahlreiche primitive Steinwerkzeuge und Jagdgeräte.

Aus den nachfolgenden Eiszeitperioden wurden in der Pfalz keine menschlichen Spuren festgestellt. Erst von der letzten, *der Würm-Eiszeit,* in der die *Ältere Steinzeitkultur* sich entwickelte, zeugen Steinwerkzeuge in unserer Gegend. Etwas reichhaltiger sind die Funde für die *Mittlere Steinzeit.* Die Grabungsergebnisse aus der *Jüngeren Steinzeit* (etwa 4500–1800) geben ein umfassenderes Bild von den damaligen Bewohnern unserer Gegend. Ackerbau und Viehzucht haben weitgehend die Jagd und das Sammeln wilder Früchte als Ernährungsgrundlage verdrängt. Grabungen beiderseits des Rheins und zahlreiche Lesefunde aus der Vorderpfalz bezeugen umfangreiche Siedlungen, zum Beispiel bei Worms, Heidelberg, Mannheim-Straßenheim, -Friedrichsfeld und -Vogelstang. Weberei und Töpferei sind erfunden. Aus den verschiedenartigen Verzierungen lassen sich Kulturzusammenhänge und zeitliche Perioden aussondern, die nach den ersten oder bedeutendsten Fundorten oder einem besonderen Merkmal benannt werden.

Das zweite Jahrtausend vor Christus ist gekennzeichnet durch einen neuen Werkstoff: *Bronze,* der aus der Legierung von 90 % Kupfer mit 10 % Zinn (zum Härten) entsteht. Daraus fertigte man Dolche, Schwerter, Beile, ferner Gewandnadeln, Hals- und Armringe. Töpfe und Schalen aus Ton wurden noch ohne Töpferscheibe hergestellt. Reiche Gräberfunde auf beiden Rheinseiten, so bei Sekkenheim, Wallstadt, Ladenburg, Dossenheim, Osterburken, Haßloch, Schifferstadt geben ein umfassendes Bild von dieser Kulturstufe. Ein besonders bemerkenswertes Fundstück im Historischen Museum in Speyer ist der »Goldene Hut« von Schifferstadt, eine Treibarbeit in Gold, ungefähr aus dem 12. Jahrhundert vor Christus; er wurde zweifellos für kultische Zwecke verwendet. Manches spricht dafür, daß er auf einem Wagen mit Bronzerädern, von denen man zwei bei Haßloch fand, bei kultischen Umzügen mitgeführt wurde.

Ab etwa 700 vor Christus bis zum Erscheinen der Römer am Rhein rechnet man die *Eisenzeit,* in der für Waffen und Gebrauchsgegenstände die Bronze von dem neu aufgefundenen Eisen weitgehend verdrängt wurde.

Die ältere Periode bis etwa 450 vor Christus heißt *Hallstattzeit,* nach dem gleichnamigen Ort im Salzkammergut, wo etwa 2000 Gräber der älteren Eisenzeit festgestellt wurden. In der Pfalz stammen viele Bodenfunde aus dieser Epoche. Die jüngere Periode nennt man die *Latènezeit* nach einem Platz am Neuenburger See. Von ihr zeugen reiche Bodenfunde für die verhältnismäßig dichte Besiedlung unserer Heimat durch *keltische Stämme.* Sie waren die ältesten namentlich bekannten Einwohner unserer Heimat. Zwischen 450 und 300 entwickelte sich in unserem Raume eine Glanzzeit der keltischen Kultur, deren Zeugnisse sich besonders in Fürstengräbern finden (zum Beispiel Bad Dürkheim und Rodenbach bei Kaiserslautern). Unter den Grabbeigaben sind neben reichem Goldschmuck Gebrauchsgegenstände bemerkenswert, die aus dem Mittelmeerraum importiert sind, Zeichen eines weitreichenden Handels. Die Töpferwaren dieser Epoche sind schon auf der Drehscheibe hergestellt. Einige Orts- und Flurnamen gehen auf die keltische Bevölkerung zurück, für die Ladenburg ein Mittelpunkt war. Ladenburg hieß keltisch *Lopodun,* was mit Wasserburg, Moorburg zu übersetzen ist. Die Endung »dun« ist verwandt mit dem altdeutschen *tun* = Zaun, englisch *town* und bedeutet Befestigung, Burg. Auch die Namen *Rhein* und *Neckar* sind wohl keltischen Ursprungs, wie viele andere Fluß- und Bachnamen.

Auf dem Heiligenberg bei Heidelberg sind keltische Ringwälle als Fluchtburg für die in der Umgebung siedelnde Bevölkerung festgestellt, denen auf der anderen Rheinseite die Ringwälle auf der Heidenmauer oberhalb Bad Dürkheims und auf dem Donnersberg entsprechen. Der keltische Götterglaube war dem germanischen ähnlich. Die Sonnenräder und andere religiöse Symbole findet man bei beiden Volksstämmen.

Aus der Jungsteinzeit stammen die *Menhire* – kultische Steinsäulen – die mehrfach im Pfälzer Raume gefunden wurden. Die bedeutendste dieser Säulen – der Gollenstein bei Blieskastel – mißt sieben Meter.

Ein besonders interessantes Denkmal keltisch-germanischer Kulte ist der *Kriemhildenstuhl* bei Bad Dürkheim. Hier war zwar ein Steinbruch der in Mainz liegenden römischen Legionen. Aber in die Wände sind neben römischen Inschriften – wahrscheinlich von einheimischen Steinbrucharbeitern oder von im Lande ausgehobenen Legionären – keltisch-germanische Kultzeichen eingemeißelt. Mehrfach sind auch Pferde dargestellt. Die Abbildung eines Speertänzers läßt vermuten, daß an dieser Stelle neben Sonnenwendfeiern auch Schwert- und Speertänze stattfanden. Obwohl die Zahl der in unserem Gebiet angesiedelten Römer sehr klein war, unterlag die einheimische keltisch-germanische Bevölkerung weitgehend der starken Assimilationskraft römischer Kultur und Sitte. Dies kommt unter anderem in den romanisierten Namensformen der erhaltenen Inschriften auf Grabsteinen und Votivtafeln zum Ausdruck.

2. Die Römerzeit

Mit dem Erscheinen der Römer am Rhein 58 vor Christus beginnt eine neue Epoche. Aus *Cäsars »Gallischem Krieg«*, aus *Tacitus' »Germania«* und von anderen römischen Schriftstellern erfahren wir die Namen der germanischen Stämme, mit denen die Römer auf dem linken und rechten Rheinufer in Berührung kamen, aber nur wenig über ihre Lebensgewohnheiten.

Im Süden gelang es *Cäsar,* die unter *Ariovist* über den Rhein gedrungenen *Sueben* im Oberelsaß zu schlagen und die Oberrheingrenze für die Römer zu sichern. Aus dem pfälzischen Oberrheingebiet werden von den römischen Schriftstellern die *Vangionen* mit der Hauptstadt *Worms* und die *Nemeter* mit *Speyer* genannt, auf der rechten Rheinseite sind die *Neckarsueben* aus Inschriften bekannt sowie durch Grab- und Siedlungsfunde bezeugt. Im Laufe des 1. Jahrhunderts nach Christus setzten sich im linksrheinischen Germanien römische Kultur und Religion mit der kapitolinischen Göttertrias Jupiter, Juno und Minerva, vermischt mit gallischem und germanischem Götterkult, langsam durch. Im Laufe des 2. Jahrhunderts wurden durch römische Legionäre auch östliche Religionen – insbesondere der *Mithraskult* – verbreitet. Mit den Römern kamen auch erste Boten des *Christentums*. Spuren ihres Wirkens lassen sich in mehreren linksrheinischen Orten feststellen. In Speyer und Worms wurden Bischöfe eingesetzt. Eines der ersten Zeugnisse für die sich ausbreitende christliche Religion ist das Christogramm auf einem in Eisenberg gefundenen Brotstempel (S. 13).

Während am Niederrhein heftige Kämpfe zwischen Römern und Germanen tobten, die mehrfache Vergeltungszüge ins Innere Germaniens zur Folge hatten, herrschte in der Neckargegend Ruhe. Unter den Kaisern *Vespasian* (69–79), *Domitian* (81–96) und *Trajan* (98–117) besetzten die Römer das untere Neckarland mit Teilen des Odenwaldes. Von den Bewohnern wichen einige nach Osten aus, dafür rückten Gallier im römischen Gefolge

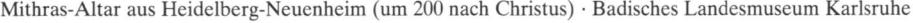

Mithras-Altar aus Heidelberg-Neuenheim (um 200 nach Christus) · Badisches Landesmuseum Karlsruhe

Römische Weinlese auf einer Terra-sigillata-Vase · Museum der Stadt Worms

nach. Die im Neckarraum verbliebenen Bewohner vermischten sich mit ihnen und paßten sich den neuen Verhältnissen an. Rege Handelsbeziehungen entwickelten sich über den Rhein hinüber bis in den Mittelmeerraum. Links und rechts des Stromes wurden – zum Teil noch heute nachweisbare – Straßenzüge angelegt. Mehrere Kastelle sicherten die römische Herrschaft auf beiden Seiten. *Speyer* und *Rheingönheim* sind unter anderen linksrheinisch zu nennen. Rechtsrheinisch ist *Ladenburg* bedeutsam sowie *Heidelberg-Neuenheim*, wo mehrere Kastelle zeitlich hintereinander festgestellt wurden zum Schutz der hier über den Neckar gebauten Brücke.

Unter Kaiser *Domitian* wurde etwa in den Jahren 85 bis 90 zur Abschirmung der rechtsrheinisch von den Römern besetzten Gebiete vor den andrängenden Germanen an der Ostgrenze des hier behandelten Raumes der sogenannte *Odenwald-Limes* gebaut, der sich im Norden im Schutze des Kastells *Wörth* an die befestigte Mainlinie anschloß und im Süden beim Kastell *Wimpfen* in die Reihe der längs des Neckars angelegten Befestigungen überging. Der Odenwald-Limes bestand aus einem Graben, dem eine Palisadenwand entlang lief. Je nach der Struktur des Geländes waren auf kleinen aufgeschütteten oder natürlichen Hügeln hölzerne Wachttürme errichtet, deren Position vielfach noch erkennbar ist. Sie wurden später durch Steintürme ersetzt, von denen manche als beachtliche Ruinen erhalten

sind. Viele Funde aus den hinter dem Limes errichteten Kastellen sind im Eulbacher Park der Grafen von Erbach aufgestellt. Unter Kaiser *Antoninus Pius (138–161)* wurde die Grenzlinie vom Odenwald 20–30 Kilometer weiter nach Osten verlegt und der sogenannte *Obergermanische Limes* errichtet.

Nach der auch sonst festgestellten römischen Art zu kolonisieren, entstanden sowohl zwischen Rhein und Limes in den sogenannten *agri decumates* als auch linksrheinisch im Anschluß an die militärischen Stützpunkte zivile Siedlungen; Veteranen erhielten Landgüter, die mit einheimischen Hilfskräften bebaut wurden. Viele solcher Höfe sind im Vorland des Odenwalds, insbesondere bei Ladenburg – dem römischen Verwaltungszentrum – und in der linksrheinischen Pfalz nachgewiesen.

Im Anschluß an die Kastelle, insbesondere wenn sie weiter im Hinterland lagen, entstanden Zivilsiedlungen. Die Bewohner lebten zum Teil vom Handel mit dem Militär oder arbeiteten als Handwerker auch für den Bedarf des Heeres. Durch die Bodenfunde ist man am besten über das im römisch besetzten Gebiet beiderseits des Oberrheins blühende Töpfergewerbe unterrichtet. Linksrheinisch war *Rheinzabern* ein Mittelpunkt dieser Erzeugung, deren Waren an den Herstellermarken in ganz Süddeutschland und darüber hinaus bis nach England und Rumänien bei Bodenfunden festgestellt werden konnten. Aus der Blüte-

Gladiatoren-Krug aus Rheinzabern (3. Jahrhundert nach Christus) · Historisches Museum der Pfalz Speyer

Christogramm auf einem in Eisenberg gefundenen frühchristlichen Brotstempel · Historisches Museum der Pfalz Speyer

zeit der Rheinzaberner Töpferwerkstätten zwischen den Jahren 130 und 260 wurden dort zahlreiche Töpferöfen ausgegraben, die der Herstellung hochwertiger rot glasierter *Terra-sigillata-Gefäße* dienten.

Rechtsrheinisch entwickelte sich in *Heidelberg-Neuenheim* ein weiteres Töpfereizentrum. Zwischen Kastell und Nekkar wurden eine große Anzahl Töpferöfen festgestellt, die ihr Rohmaterial aus Tongruben bei Ziegelhausen bezogen. Das in Neuenheim im Anschluß an das Kastell und die Zivilsiedlung in jüngster Zeit beiderseits der römischen Straße nach Ladenburg ausgegrabene Gräberfeld ergab interessante Funde, die den hohen Stand der damaligen Handwerkskunst zeigen. Was Rheinzabern und Neuenheim für die Töpferei waren, bedeutete *Eisenberg* für die Metallverarbeitung. Auf Grund der schon zum Teil in vorrömischer Zeit ausgebeuteten Erzvorkommen der Umgebung entstand hier ein Mittelpunkt hauptsächlich der Eisenwarenerzeugung für den römischen Zivil- und Militärbedarf am Oberrhein. Während die Germanen nur Holzbau kannten, errichteten die Römer Häuser aus Stein und in Kastellen und Ansiedlungen, insbesondere in *Ladenburg,* auch größere öffentliche Gebäude. Hier wurde eine wegen der Germaneneinfälle nicht mehr vollendete Marktbasilika erbaut, die drittgrößte in den römischen Provinzen. An der Bergstraße sind der Felsberg bei Auerbach, an der Haardt der Kriemhildenstuhl bei Bad Dürk-

heim bekannte Steinbrüche aus der Römerzeit. Wie rechtsrheinisch *Lopodunum* sind linksrheinisch *civitas Nemetum* oder *Noviomagus* (Speyer) und *civitas Vangionum* oder *Borbetomagus* (Worms) Zentren der Romanisierung. In *Schwarzenacker* bei Zweibrücken wird zur Zeit ein Stadtviertel eines Gemeinwesens ausgegraben, das die Größe des römischen Worms hatte. Diese dem germanischen Lebensbereich fremden städtischen Gemeinden sind kennzeichnend für die andersartige römische Kultur.

Wegen der Bedeutung des Weinbaus in der späteren Pfalz sei hier noch näher auf seine Einführung bei den Germanen eingegangen, die zum Erstaunen der Römer, wie Tacitus berichtet, nur Bier und Met tranken. Aber er berichtet auch schon vom Weinhandel nach Germanien. Über Gallien, wo der Weinbau sich trotz behördlicher Eingriffe, die die Kultur der Reben auf Italien beschränken wollten, durchsetzte, ist er nach Germanien vorgedrungen und vom 3. Jahrhundert nach Christus an nachweisbar. Als Förderer des provinzialen Weinbaus ist auch für das Gebiet der späteren Pfalz der römische Kaiser *Probus* (276–282) erwiesen. Zahlreiche Bodenfunde von römischen Winzergeräten, Traubenkerne in Grabbeigaben und figürliche Darstellungen bestätigen die Berichte römischer Schriftsteller über den Weinbau in der linksrheinischen Pfalz.

In der zweiten Hälfte des 3. Jahrhunderts durchbrachen *alamannische Stämme* den Limes, und der seit Trajan *civitas Ulpia Sueborum Nicretum* genannte rechtsrheinische Bezirk ging den Römern nach rund zweihundertjähriger Herrschaft verloren. Sie beschränkten sich die nächsten 150 Jahre auf die Sicherung der Rheingrenze, von gelegentlichen Expeditionen auf das rechte Ufer abgesehen. Kaiser *Valentinian I.* errichtete längs des Rheins Kastelle. *Altrip* war ein solches. Auf dem gegenüberliegenden Ufer wurde ein Brückenkopf an der damaligen Neckarmündung beim späteren *Neckarau* errichtet und als ein *»Burgus«* befestigt. Die Fundamente, soweit sie nicht vom Rheinstrom weggerissen sind, wurden von Hermann Gropengießer 1936 festgestellt. Man wird in diesem Brückenkopf das vom zeitgenössischen Geschichtsschreiber Ammianus Marcellinus an der Neckarmündung rechtsrheinisch bezeugte *»munimen-*

tum celsum et tutum« − eine *»hochragende und sichere Festung«* annehmen können, dessen Grundriß vom Kaiser selbst entworfen worden war.

Ermutigt durch die Schwächung des zerfallenden römischen Reiches stießen die *Alamannen* nach 260 mehrmals und auch im 4. Jahrhundert über den Rhein vor. In der zweiten Hälfte des 4. Jahrhunderts erfolgten dann vom Niederrhein aus Vorstöße *fränkischer Stämme* bis zur Mosel. Die Lage wurde für die Römer unhaltbar. Um 400 zog der römische Reichsverweser *Stilicho* (ein Germane) die Legionen vom Rhein ab. Die Residenz wurde von Trier nach Südfrankreich verlegt. Die fast 500jährige Römerherrschaft im linksrheinischen Germanien war zu Ende.

3. Das frühe und hohe Mittelalter bis zu den Staufern

Nach dem Abzug der Römer kam der zurückgestaute Drang der *germanischen Völker* nach Westen und Süden zum Durchbruch; das Zeitalter der *Völkerwanderung* hatte begonnen. In unserem Raum gründeten die aus der Gegend zwischen Weichsel und Oder kommenden *Burgunder* um das Jahr 400 ihr sagenumwobenes *Nibelungenreich* mit *Worms* als Mittelpunkt, aus dem sie aber schon um die Mitte des 5. Jahrhunderts nach den Hunneneinfällen vom römischen Feldherrn *Aëtius* an den Oberlauf von Rhône und Saône umgesiedelt wurden. Nunmehr standen sich *Franken* und *Alamannen* am Rhein gegenüber. Ende des 5. Jahrhunderts besiegte der Frankenkönig *Chlodwig* die Alamannen, die sich von Main und Nahe auf die noch heute bestehende Stammes- und Sprachgrenze zurückziehen mußten (etwa auf die Linie von Hagenau über das Murgtal bis Marbach und Crailsheim). Die alamannische Bevölkerung wurde nicht völlig verdrängt, so daß die Grundlage des Pfälzer Stammes aus einer Mischung von alamannischen und fränkischen Bestandteilen besteht unter Einschluß romanisierter Kelten. Der *Pfälzer Dialekt* ist eine rheinfränkische Mundart, die im Osten ins Mainfränkische, im Westen ins Lothringische, im Norden ins Rheinländische übergeht.

Auch über die folgenden Jahrhunderte zur Zeit *Karls des Großen* sind nur spärliche schriftliche Überlieferungen vorhanden, die sich meist auf die kirchlichen Verhältnisse beziehen. Nach dem Sieg über die Alamannen war, seinem Gelübde entsprechend, der Frankenkönig Chlodwig mit vielen seiner Krieger, für das ganze Frankenvolk beispielgebend, zum Christentum übergetreten. Bedeutsam für den weiteren Verlauf der Geschichte war es, daß Chlodwig und der fränkische Adel die römische Form des Christentums annahmen und nicht wie die übrigen germanischen Völker die arianische Richtung.

Die ersten aus der Römerzeit stammenden christlichen Gemeinden am Rhein waren in den Wirren der Völkerwanderung und Hunneneinfälle untergegangen. Die christliche Religion breitete sich zunächst nur langsam und oberflächlich aus. Zeugnis geben die zahlreich aufgefundenen fränkisch-alamannischen Reihengräber, die anfänglich noch reiche Grabbeigaben nach germanischer Sitte enthielten. Nach Festigung des Christentums wurden die Toten in den mit den Kirchen überall entstehenden neuen Friedhöfen begraben. Einen Auftrieb in der Christianisierung Süddeutschlands brachten irische und angelsächsische Mönche.

Der Übergang der Königsgewalt von den kraftlos gewordenen Merowingern auf ihre *Hausmeier,* über *Karl Martell* zu *Pippin,* ist in den fränkischen Landen am Rhein ohne Erschütterung vor sich gegangen. Die durch den Abzug der Römer frei gewordenen Ländereien waren nur teilweise von den fränkischen Siedlern in Anspruch genommen worden. Weite Gebiete, vor allem auch Wälder, wurden zu Königsgut erklärt, so daß Merowinger und *Karolinger* zahlreiche Besitzungen auf beiden Seiten des Oberrheins zu eigen hatten. Für ihre Verwaltung sowie als Stützpunkte und Aufenthaltsorte für die ihre Herrschaft nicht von einer Hauptstadt ausübenden Könige und Kaiser wurden auch in unserem Gebiet Königshöfe und *Pfalzen* errichtet (Kapitel 4). Die enge Verbindung des vom Papste gesalbten Pippin mit der Kirche und die Nachwirkung der missionarischen Arbeit des heiligen *Bonifatius* erweckten im 8. Jahrhundert eine starke religiöse Tätigkeit. Die vorhandenen Klöster wurden durch reiche Schenkungen ausgestattet, neue gegründet und ebenfalls mit Stiftungen bedacht. Die Klöster trugen als wirtschaftliche und kulturelle Mittelpunkte wesentlich zur Erschließung und Entwicklung des Landes bei.

In der karolingischen Geschichte kehren *Speyer, Worms, Ingelheim, Trebur, Lorsch* als Orte bedeutender Ereignisse immer wieder. Im Vertrag zu Verdun von 843, der sonst den Rhein als Grenze zwischen dem Mittelreich Lothringen und Ostfranken festlegte, kam das später pfälzische Gebiet um *Speyer, Worms, Alzey, Kreuznach* und *Bacharach* auch wegen seines Reichtums an Wein an das ostfränkische Reich *Ludwigs des Deutschen.* Bei der Teilung Lothringens im Vertrag von Mersen 870 fiel auch der westliche Teil der späteren Pfalz am Rhein mit den Bistümern Metz und Trier an Deutschland.

Nach dem Tode Ludwigs des Deutschen erstarkte bei den nichtfränkischen Stämmen die Herzogsmacht. Auch in Franken entwickelte sich eine Herzogswürde. *Konrad,*

Kaiser Heinrich III. (1039–1056) mit Agnes von Poitou vor dem Speyerer Dom · Miniatur aus dem Codex aureus Spirensis · Escorial

Graf in Hessen, der auch in der Pfalz begütert war, schwang sich zum Herzog der Franken auf und wurde nach dem Tode von Ludwig dem Kind, als Verwandter der Karolinger, 911 deutscher König. *Konrads I.* Bedeutung liegt darin, daß er die Basis seiner Stellung als zu schmal erkannte und deshalb bruchlos die Königswürde dem Herzog des damals mächtigsten deutschen Stammes, dem Sachsen *Heinrich I.,* weitergab. Konrads Bruder *Eberhard* behielt das fränkische Herzogtum, bis er in einer Verschwörung gegen König *Otto I.* 939 ums Leben kam. Das fränkische Herzogtum wurde nicht mehr erneuert. Maßgebenden Einfluß im rheinfränkischen Raum gewann jetzt die Familie der Grafen im *Wormsgau* mit ihrem Haupt *Konrad dem Roten.* Möglicherweise handelt es sich bei dem 940 urkundlich belegten Grafen Konrad im Lobdengau um diesen Stammvater der *salischen* Kaiser, die ihren reichen Familienbesitz im später pfälzischen Gebiet im Laufe der Zeit zum nicht geringen Teil der Kirche überließen. Der Reichtum des Wormser Bistums ist hauptsächlich diesen Stiftungen zu verdanken. Die Grafschaft im *Lobdengau* ging 1011 ebenfalls an die Wormser Bischöfe über. Auch in der Blütezeit der salischen Kaiser war die Gegend von Worms und Speyer als Kernland des Reiches Zeuge des Aufstiegs und der Schwierigkeiten der Kaisermacht.

Hier wurden glanzvolle Reichstage abgehalten, hier fand *Heinrich IV.* seine treuesten Anhänger, als er im Kirchenbann auch politisch große Schwierigkeiten hatte.

In diese Zeit fallen die Anfänge der Ausbildung von weltlichen und geistlichen Territorialherrschaften zu Lasten der königlichen Zentralgewalt und der frühmittelalterlichen Institutionen der Gaugrafen und Stammesherzöge auf der weltlichen und zu Lasten der Bischöfe sowie der Reichsklöster auf der geistlichen Seite. Gewinner waren auch in unserem Raum mehrere Dynastengeschlechter, die sich aus den zahlreichen Familien des hohen und niederen Adels heraushoben und kraft ihrer Dynamik die kleineren Adelsfamilien durch die Verflechtungen des Lehnwesens, Ämtervergabe oder finanzielle Bindung unterwarfen. Auf geistlicher Seite waren es die Erzbischöfe von *Köln, Mainz* und *Trier,* die teils innerhalb des später pfälzischen Bereichs, teils an seinem Rande, den Grund zur Territorialhoheit legten und damit Gegenpole ihrer das gleiche Ziel verfolgenden weltlichen Nachbarn wurden. Mit dem Aufblühen der rheinischen Bischofsstädte erstarkten nicht nur die Bischöfe, sondern auch die Bürgerschaft.

Nachdem *Heinrich V.,* der letzte Kaiser aus dem salischen Geschlecht, 1125 kinderlos verstorben war, ging das salische Erbe an des Verstorbenen Schwester *Agnes,* die mit *Friedrich von Staufen* – 1079 Herzog von Schwaben – verheiratet war. Deren Sohn *Konrad III.* kam als erster Staufer auf den deutschen Königsthron. Sein Neffe *Friedrich Barbarossa* wurde Erbe der schwäbischen Besitzungen und Nachfolger in der Königswürde. Ein anderer Neffe *Konrad* erhielt die salisch-staufischen Besitzungen am Rhein als Grundlage für die ihm von seinem Halbbruder Friedrich Barbarossa 1156 verlehnte Würde eines *Pfalzgrafen bei Rhein.* Mit ihm beginnt die Geschichte der Pfalzgrafschaft am Rhein in unserem Raum.

4. Königshöfe und Pfalzen der Karolinger und Staufer im pfälzischen Oberrheingebiet

Als die fränkischen Sieger nach der Schlacht bei Zülpich (wohl 497) die vorher bis in die Höhe von Worms siedelnden Alamannen auf die noch heute bestehende Stammesgrenze an der Murg zurückdrängten, rückten fränkische Bauern nach und bildeten neue Dörfer; fränkische Edelleute erhielten größere Besitzungen. Die verbliebenen Alamannen, die es mit der zurückgebliebenen gallo-römischen Bevölkerung vorher wohl ähnlich gemacht hatten, wurden wenigstens zum Teil als Leibeigene den fränkischen Herren hörig und – soweit ihnen noch Höfe verblieben waren – zu Naturalleistungen herangezogen. Ein erheblicher Teil des Grund und Bodens, darunter landwirtschaftlich nutzbares Land ebenso wie die großen kaum besiedelten Forsten in Odenwald, Rheinebene, Pfälzer Wald und Hunsrück gingen an das Königsgeschlecht der Merowinger und später der Karolinger über. Überall entstanden zur Verwaltung dieses Königsguts in den Gaugrafschaften Königshöfe als Sitz der königlichen Beamten. An besonders wichtigen Punkten wurden größere Anlagen errichtet, sogenannte *Pfalzen*, in denen der König mit seinem Hofstaat und den obersten Beamten abwechselnd einige Wochen, manchmal auch Monate verweilte, da ja ein fester Regierungssitz fehlte. Während in der Merowingerzeit sich kleinere und größere Königshöfe im Gebiet der späteren Kurpfalz an vielen Stellen des fruchtbaren Siedlungslandes entwickelten, meist an den von den Franken weiterbenutzten und ausgebauten römischen Straßen (Karte vordere innere Umschlagseite), wurden unter den Karolingern zum Teil auf dem Gelände solcher Höfe *Königspfalzen* in *Ingelheim*, *Trebur* und *Worms* erbaut. In der Stauferzeit entstanden die Pfalzen *Kaiserslautern* und am Rand des pfälzischen Gebietes *Wimpfen;* ferner erlebte die Reichsburg *Trifels* ihre große Zeit.

Die Pfalzen in Ingelheim, Trebur und Worms

Nach Aachen war die Pfalz von *Ingelheim* ein Lieblingsaufenthalt der karolingischen Könige und Kaiser im östlichen Reichsteil. Ingelheim kam seine günstige geographische Lage zugute. Etwa in der Mitte des Rheinlaufs gelegen, der die Nord-Süd-Achse des Reiches bildete, war es Mittelpunkt eines bedeutenden Königsgutes. Im übrigen war der Ingelheimer Grund schon in vor- und frühgeschichtlicher Zeit besiedelt. Im karolingischen Pfalzbereich wurden einzelne steinzeitliche Funde gemacht. Zahlreiche Grabungsergebnisse aus der Latène-Periode zeugen von einer verhältnismäßig dichten Besiedlung in dieser Zeit. Die Römer hatten nicht – wie früher angenommen wurde – ein Heiligtum oder einen Palast als Vorgänger der Kaiserpfalz erbaut, sondern nur einen Gutshof, den die fränkischen Eroberer wohl übernommen haben. Grabungen bestätigen, daß schon in frühfränkischer Zeit ein Gutshof bestand, der vielleicht Verwaltungsmittelpunkt für das Königsgut, also ein Königshof, war. Der Kernbau der späteren Kaiserpfalz war eine unter *Karl dem Großen* erbaute große Halle *(aula regia)*. Karls Biograph Einhard berichtet von zu seinen Lebzeiten begonnenen Bauten in den Pfalzen von Aachen, Ingelheim und Nimwegen, die von Ludwig dem Frommen vollendet wurden. Im Jahr 774 war Karl erstmals in seiner neuerbauten Königspfalz. 787 ist der erste mehrmonatige Aufenthalt Karls in Ingelheim bezeugt. Von 807 ist die erste Urkunde aus *Inghilinheim* datiert. *Ludwig der Fromme* teilte die Vorliebe seines Vaters für Ingelheim und hielt hier im Jahre 826 eine der großartigsten Zusammenkünfte des fränkischen Reichs ab: Gleichzeitig fand eine Reichsversammlung und eine allgemeine Synode statt. Von Ost und West, von Nord und Süd kamen vornehme Fremde und Gesandte, um Streitigkeiten dem Richtspruch des Kaisers zu unterbreiten und ihm zu huldigen. Der Glanzpunkt der Tagung war die Taufe König Haralds von Dänemark mit seinen Kriegern. Nach dem Aufstand der Söhne Ludwigs trat Worms mehr in den Vordergrund. Aber als Ludwig seinen Tod nahen fühlte, ließ er sich 840 auf eine Ingelheim vorgelagerte Rheininsel bringen, auf der ein Sommerlager aufgeschlagen war. Nach dreimonatiger Krankheit starb er dort im Angesicht seiner

Lieblingspfalz. Unter seinen Nachfolgern trat Ingelheim hinter Worms und Frankfurt zurück.

Seit etwa 830 kam das benachbarte *Trebur* – nahe einer vorgeschichtlichen Neckarmündung in den Rhein gelegen – als neue Pfalz in dieser Gegend hinzu. Nachdem Ludwig der Fromme hier schon 822 eine Kirchenversammlung abgehalten hatte, fanden von 871 unter König Ludwig dem Deutschen bis 1119 unter Kaiser Heinrich V. eine ganze Anzahl von Reichstagen und Kirchenversammlungen in Trebur statt, auf denen zum Teil wichtige Entscheidungen gefällt wurden. Von den Pfalzbauten sind nur noch geringe Reste in der evangelischen Kirche des Ortes erhalten. Auch in Bürstadt war wahrscheinlich eine Pfalz.

Unter den Ottonen wurden wieder häufiger Hoftage besonders zur Osterzeit in *Ingelheim* gehalten, und drei bedeutende Synoden fanden dort statt. Eine Wende trat unter Heinrich III. ein, der nach seiner in Ingelheim glanzvoll abgehaltenen Hochzeit mit Agnes von Aquitanien nicht mehr dorthin zurückkehrte. Heinrich IV. dankte in Ingelheim zu Gunsten Heinrichs V. ab. Von nun an ist Ingelheim weniger Aufenthaltsort der Herrscher als Zentrum der auf dem Reichsgut ansässigen und es verwaltenden Ministerialen. Der »Ingelheimer Grund« wurde eine Vogtei des Reichs, die dem bedeutenden, am Donnersberg begüterten Geschlecht der *Bolanden* zu Lehen gegeben war. Barbarossa hat nicht nur die Güterverwaltung neu geordnet, sondern auch die Pfalzgebäude wieder instandgesetzt und ergänzt. Aber Mittelpunkte der Reichsverwaltung blieben jetzt in unserer Gegend Mainz, Worms und Speyer. Bei dem zunehmenden Verfall der königlichen Macht und ihrem chronischen Geldmangel warfen die benachbarten erstarkenden Territorialfürsten ihr Auge auf das Reichsgut. Der Mainzer Erzbischof, der die von den Bolanden in Ingelheim errichtete Zollstätte schon früher einmal zerstört hatte, nahm den Ingelheimer Bereich als erster in Pfand. Karl IV. gewann Ingelheim dem Reich zurück und begründete 1354 dort ein königliches Chorherrnstift, das er dem Karlsstift in Prag unterstellte. Aber schon 1356 mußte er das Königsgut wieder an Mainz und Worms verpfänden.

Um die Wahl seines Sohnes Wenzel zum deutschen König durchzusetzen und die ihm noch fehlende Stimme des Pfalzgrafen Ruprecht I. zu erlangen, wurde die Verpfändung auf ihn übertragen, der nicht nur die Einkünfte des Königslandes erstrebte, sondern die volle Territorialherrschaft über den ganzen Landstrich. 1375/76 wurde die erbliche Pfandherrschaft ihm und seinem Großneffen Ruprecht zusammen mit Oppenheim und Kaiserslautern erteilt. Der Ingelheimer Bereich behielt eine gewisse Selbständigkeit, die insbesondere in der Eigenständigkeit des Oberhof genannten Gerichtes zum Ausdruck kam. Die Einschmelzung in den Kurpfälzer Territorialstaat kam in der Unterstellung Ingelheims unter das pfälzische Oberamt Oppenheim zum Ausdruck. Der Ingelheimer Grund teilte in der Folge die Schicksale der Kurpfalz im politischen und religiösen Wechsel, politisch in stetem Gegensatz zu Kurmainz. Im Dreißigjährigen Krieg litt der Ingelheimer Grund wie die ganze Kurpfalz schwer. Auch die folgenden Aufbau- und erneuten Kriegsjahre münden in die allgemein pfälzische Geschichte ein, nur Andeutungen der alten Reichsunmittelbarkeit erhielten sich bis zum Ende der pfälzischen Eigenstaatlichkeit.

Während man sich aus den Bauresten und den Grabungen in Ingelheim ein annäherndes Bild der dortigen Pfalz in ihren verschiedenen Bauperioden machen kann, ist die Lage der Pfalz in *Worms* umstritten. Es kommen in erster Linie der Domplatz oder die Stelle der späteren Grafenburg der Salier in Frage. Diese Pfalz hat unter *Karl dem Großen* trotz eines Brandes von 790/91 als Aufenthaltsort im Winter und als Versammlungsstätte eine große Rolle gespielt. Allmählich haben die Bischöfe als Statthalter des Herrschers die Rolle des Hausherrn übernommen.

Königshof, Kaiserpfalz und Stadt Lautern

Die Siedlung *Lautern* (althochdeutsch *hlûttraha* = lauteres Wasser) am gleichnamigen Flüßchen ist auf einen Königshof zurückzuführen, der zur Verwaltung des großen königlichen Waldbesitzes und zur Sicherung der Straßenkreuzungen in diesem unwirtlichen Wald- und Sumpfgebiet wahrscheinlich schon in der Merowingerzeit, spätestens unter den Karolingern gegründet wurde. Die erste urkundliche Erwähnung der sogenannten »Villa Luthra« erfolgte um 800. Wenn auch in der Nähe Gräber aus der Hallstattzeit gefunden wurden und mehrere Römerstraßen bei *Lautern* nachgewiesen sind, ist eine ständige frühere Besiedlung des heutigen Gebiets der Stadt *Kaiserslautern* nicht anzunehmen. Aus dem Königshof entwickelte sich, begründet von *Friedrich Barbarossa*, in staufischer Zeit eine umfangreiche Kaiserpfalz auf dem südlichen Ufer der Lauter, deren Grundriß durch Grabungen freigelegt wurde, wobei auch die Grundmauern des ursprünglichen Königshofs zum Vorschein kamen. Auf dem Nordufer befand sich eine Befestigungsanlage, die zu einer kleinen Siedlung anwuchs. Größere Bedeutung erhielt diese dadurch, daß Friedrich Barbarossa ab 1152 das ringsum liegende, meist aus der Erbschaft der Salier stammende Reichsgut durch ein Burgensystem mit Lautern als Mittelpunkt sicherte. Seine Ministerialen wurden am sogenannten Rittersberg bei seiner Lauterner Pfalz und in den auf umliegenden Höhen entstehenden Burgen angesiedelt und stellten einen Kern der staufischen Hausmacht dar. Hervorragende militärische Führer und Verwaltungsbeamte

Kaiserslautern, durch Rudolf von Habsburg 1276 zur Stadt erhoben · Kupferstich von Matthäus Merian 1645

für den deutschen und italienischen Reichsteil sind hieraus hervorgegangen.

In der bürgerlichen Siedlung stiftete Barbarossa auf der »Altenhof« genannten Anhöhe das Prämonstratenserkloster St. Maria und Martin mit einem Hospital. In den Jahren 1250–1291 wurde die Stiftskirche errichtet, die als hervorragendstes Beispiel des hochgotischen Stils in der Pfalz gilt. 1237 taucht erstmals zum Unterschied zu Orten gleichen Namens die Bezeichnung *Lutra imperialis = Kaiserslautern* auf, dem 1276 durch Rudolf von Habsburg das Speyerer Stadtrecht verliehen wurde. Nach mehrfachen Verpfändungen durch in Geldbedrängnis befindliche Herrscher fiel die Stadt 1375 an Kurpfalz, ohne wieder eingelöst zu werden. Kaiserslautern teilt von da ab das Schicksal dieses Landes mit Ausnahme der kurzen Periode von 1570–1592, als der Pfalzgraf *Johann Kasimir,* Sohn des Kurfürsten Friedrich III., das Amt Kaiserslautern als Erbteil erhielt und sich neben der Barbarossapfalz ein stattliches Renaissanceschloß erbaute. Er residierte dort von 1576–1583, zog dann aber wieder nach Heidelberg, um dort die vormundschaftliche Regierung für seinen Neffen Friedrich IV. zu führen. Johann Kasimir war ein aufrechter Charakter, ein Draufgänger, kein guter Politiker oder Stratege. Sein Wesen ließ ihn an Pferden und der Jagd besonderen Gefallen finden. Vielfach sah man neben anderen in ihm das Vorbild des *»Jägers aus Churpfalz«*. Eine weitere

später in den Kyffhauser verlegte Sage knüpft sich ursprünglich an Kaiserslautern: die des in einer Berghöhle schlafenden Kaisers Friedrich, der bei seinem Erwachen das Reich zu neuem Glanz führen werde. Aber die mittelalterlichen Glanzzeiten der Stadt waren vorbei. Vergebens klammerten sich die Bürger an die ihnen verliehenen Rechte. Die verringerte Königsmacht hatte sich nach Osten und Südosten verlagert. Man mußte sich in die Rolle einer pfalz-simmerschen, später wieder kurpfälzischen Amtsstadt fügen (vgl. S. 151 ff).

Der Trifels

Es gibt kaum eine Burg, die an Bedeutung für die deutsche Geschichte des 12. und 13. Jahrhunderts sich mit dem *Trifels* messen kann. Er war Mittelpunkt eines Reichsburgensystems, das mit den beiden Nachbarburgen *Anebos* und *Scharfenberg* und weiteren Befestigungen im größeren Umkreis etwa 20 Burgen umfaßte. In dieser Zeit sicherte dieses Burgensystem die Wege zu den Pfalzen in Lautern und Hagenau sowie nach Lothringen und Frankreich.

Urkundlich wird der Trifels erstmals 1081 erwähnt, als ein gewisser Diemar vor seinem Eintritt ins Kloster Hirsau die Burg an Hermann von Salm – Gegenkönig von Heinrich IV. – übergab. Heinrich V. brachte die Burg wieder in

19

Trifels, ein Mittelpunkt des staufischen Burgensystems mit den Burgen Anebos und Scharfenberg

kaiserlichen Besitz. Um 1113 tauschte Herzog Friedrich von Schwaben, der Vater Barbarossas, das am Fuß des Trifels liegende Dorf *Annweiler* vom Straßburger Bischof gegen ein elsässisches Dorf. 1125 übergab Heinrich V. vor seinem Tod dem Reichsverweser Friedrich von Schwaben die *Reichsinsignien,* damit er sie auf dem Trifels verwahre. Seitdem blieben die das König- und Kaisertum symbolisierenden Reichskleinodien mit Unterbrechung eines halben Jahrhunderts, in dem sie sich in der Hagenauer Kaiserpfalz befanden, bis zum Jahre 1274 auf dem Trifels. Sie bestanden damals im wesentlichen aus Krone, Szepter, Reichsapfel, Reichsschwert und Reichskreuz. Kaiserliche Dienstmannen, die von Mönchen des in der Nähe von Annweiler gelegenen Kosters *Eußerthal* betreut wurden, bewachten sie. Manche sehen deshalb im Trifels das Vorbild für Parzirals Gralsburg. Rudolf von Habsburg brachte die Reichskleinodien auf seine Kyburg in der Schweiz, später kamen sie auf Burg Karlstein bei Prag, dann nach Nürnberg und Wien, wo sie in der Hofburg verwahrt sind.

Ein geschichtlich interessantes Ereignis auf dem Trifels war die Gefangenschaft des englischen Königs *Richard Löwenherz,* der sich auf dem dritten Kreuzzug mit den deutschen und französischen Partnern überworfen hatte und 1194 gegen Zahlung eines hohen Lösegelds freigelassen wurde. Mit diesem Betrag finanzierte Heinrich VI. seinen Italienzug, durch den er die Erbansprüche seiner Gemahlin Kon-

stanze auf das Normannenreich in Sizilien und Süditalien durchsetzte. Das Heer wurde vom Trifels aus aufgestellt und besiegte unter dem Truchseß *Marquard von Annweiler* die Normannen. Die Kriegsbeute wurde auf den Trifels gebracht.

Mit dem Verfall der kaiserlichen Macht sank auch die Bedeutung des Trifels. Kaiser Ludwig der Bayer verpfändete die Burg 1330 an die Pfalzgrafen Rudolf II. und Ruprecht I. Durch Erbteilung wurde 1410 der vierte Sohn von Ruprecht III., Stephan, der Begründer der pfälzischen Zweiglinien Zweibrücken und Simmern, Herr über Trifels und Annweiler. Sie verblieben im Herzogtum Pfalz-Zweibrücken bis zur Annexion des linken Rheinufers durch Frankreich im Jahre 1797.

5. Die Klöster und Stifte im pfälzischen Oberrheingebiet

Wie im übrigen Europa, waren auch in unserem Raum die im Zuge der Christianisierung und anläßlich späterer religiöser Erneuerungsbestrebungen gegründeten *Klöster* und Stifte Mittel- und Ausgangspunkte wirtschaftlicher und kultureller Entwicklung. Diese Bewegung schritt im Laufe der Zeit von Westen nach Osten fort. Die ersten Klöster im linksrheinischen Teil unseres Gebietes entstanden im 6. Jahrhundert, nachdem hier zuvor schon größerer Besitz westfränkischer Abteien zu beobachten ist. Die linksrheinischen Klöster erhielten Schenkungen auf dem rechten Rheinufer, wodurch die Christianisierung weitergetrieben wurde. Nach der schon um 500 unter Chlodwig erfolgten Gründung des Klosters *Remigiusberg* bei Kusel ist wohl *St. German* vor Speyer das zweitälteste Kloster im späteren pfälzischen Bereich. *Klingenmünster* (heute Kreis Bergzabern) wurde wahrscheinlich in der ersten Hälfte des siebten Jahrhunderts errichtet. Über die Frühzeit aller dieser Klöster sind die Nachrichten dürftig und unsicher. Von Norden her hat innerhalb unseres Gebietes das 721 gegründete Kloster Prüm in der Eifel über seine cella *Altrip* Einfluß gehabt, zu der damals auch das später kirchlich selbständige Neckarau gehörte. In Altrip wurde etwa 840 *Regino* geboren, der 892 Abt von Prüm wurde und die erste Weltchronik auf deutschem Boden verfaßte.

Vom Süden reichte der Besitz des im 7. Jahrhundert gegründeten Klosters *Weißenburg* an der Lauter weit hinein in den Pfälzer Bereich. Weißenburg gehörte zur Diözese Speyer. Sein Güterbesitz im Speyergau war anfangs zahlreicher als der im Elsaß. Die enge Verbindung wird auch darin sichtbar, daß in der Frühzeit einige Bischöfe von Speyer aus diesem Kloster hervorgingen. Weißenburg hatte 760 durch Pippin die Immunität für einen großen Bereich – die sogenannte *Mundat* – rings um das Kloster erhalten. Es unterstand als Reichsabtei wie Fulda, Prüm, Lorsch, Reichenau, St. Gallen keinem Bischof, Grafen oder Landesherrn, sondern direkt dem König.

Wenn auch die Gründung durch Pirmin in den Bereich der Legende gehört, ist doch unter den Pionierklöstern des Odenwalds im Grenzbezirk des späteren Pfälzer Bereichs die Abtei *Amorbach* zu nennen. Nach neueren Forschungen reicht sie sicher in die karolingische Zeit, wohl ins 8. Jahrhundert, zurück.

Von besonderer Bedeutung waren linksrheinisch das bald nach 742 von Pirmin errichtete Kloster *Hornbach* an der lothringischen Grenze und rechts des Rheines Kloster *Lorsch* mit seinen Tochterklöstern insbesondere auf dem *Heiligenberg* und *Stift Neuburg*.

Pirmin und die Abtei Hornbach

Entgegen der früheren Vermutung, daß neben Bonifatius auch Pirmin – einer der bedeutendsten Missionare Deutschlands – aus England oder Irland gekommen sei, kann man auf Grund neuester Forschungen annehmen, daß er als Westgote in einem nordspanischen Benediktinerkloster vor den zu den Pyrenäen drängenden Arabern nach Norden ausgewichen war. Karl Martell beauftragte ihn mit der Missionierung zunächst der alamannischen Teile seines Reiches. Wir erfahren von seiner Tätigkeit in der Schweiz, am Bodensee, wo er 724 Reichenau begründete, im Elsaß, wo von ihm mehrere Klöster errichtet wurden, bis er bald nach 742 in *Hornbach* an der heutigen Grenze der Pfalz zu Lothringen seine letzte Klostergründung vollzog auf Grund von Schenkungen des Grafen *Warin* aus dem Geschlecht der *Widonen* (Vorfahren der Salier). Die Mönche waren durch Rodung von Land und Einführung ergiebiger landwirtschaftlicher Methoden und handwerklicher Fertigkeiten segensreich tätig. Pirmin starb 753; seine Gebeine wurden in der Reformationszeit nach Innsbruck verbracht. Den Sarg selbst gaben in jüngster Zeit im Klosterbezirk durchgeführte Ausgrabungen frei; er ist heute durch eine würdige Restaurierung des alten Umbaus geschützt. Teile der Reliquien sind 1953 in die katholische Kirche in Hornbach zurückgebracht worden. Wenn auch Pirmin von Karl Martell für seine Gründungen rechtliche Unabhängigkeit und freie Abtwahl zugesichert bekommen hatte, war Hornbach durch weitere Schenkungen der fränkischen Adelsfamilie der Widonen deren Einfluß unterworfen. So errang Hornbach niemals eine solche Selbständigkeit wie die früher genannten großen Reichsabteien. Ende des 11.

Pirmin überreicht Petrus ein Buch · Miniatur in einem Hornbacher Sakramentar · Schatzkammer der Sankt-Ursus-Kirche zu Solothurn

Deckel des Lorscher Evangeliars aus der Hofschule Karls des Großen (um 810) · Museo sacro des Vatikans

Jahrhunderts ging die Eigenständigkeit ganz verloren: Heinrich IV. schenkte Hornbach dem Bischof von Speyer, dessen Gewalt es fortan unterstand. Das Vogteirecht über das Kloster besaßen nacheinander die Grafen von Saarbrücken und von Zweibrücken, später die Kurfürsten von der Pfalz und nach ihnen die Herzöge von Pfalz-Zweibrükken. Besonders im 13. Jahrhundert bauten die Grafen von Zweibrücken ihre Rechte im Klosterbezirk Schritt für Schritt zur Landeshoheit aus. 1352 erhielt die in Anlehnung an das Kloster entstandene Siedlung zugleich mit Zweibrücken von Kaiser Karl IV. das Hagenauer Stadtrecht verliehen.

Die Klosterzucht lockerte sich im 15. und 16. Jahrhundert, die Zahl der Klosterinsassen ging zurück; der letzte Abt sympathisierte mit der Reformation. In den Jahren 1556/59 hob Herzog Wolfgang von Zweibrücken die Abtei auf. Die Einkünfte wurden zur Errichtung eines Gymnasiums verwendet, das später, nach Zweibrücken verlegt, wegen seiner wissenschaftlichen Leistungen in der Gelehrtenwelt großes Ansehen erlangte.

Die Abtei Lorsch

Der mit den Pippiniden verwandte und im Reichsdienst tätige Bischof *Chrodegang* von Metz reorganisierte in der Mitte des 8. Jahrhunderts das kirchliche Leben seiner Diözese und errichtete (südlich von Metz) das Benediktinerkloster Gorze. Von dort aus erfolgte 764 die für unsere Heimat so überaus wichtige Gründung des Klosters *Lorsch.* Gorze entsandte auch die ersten 16 Mönche nach Lorsch. In feierlichem Zug durch Haardtgebirge und Rheinebene brachten sie, angeführt von *Cancor* und *Warin,* den wie Chrodegang zum fränkischen Hochadel gehörenden Grafen des Rhein- und Lobdengaues, die vom Papst Paul I. geschenkten Reliquien des römischen Märtyrers Nazarius nach Lorsch. Bischof Chrodegang übernahm im ersten Jahr selbst die Abtwürde. Auf dem von Cancor und seiner Mutter geschenkten Landgut *Laurisham* an der Weschnitz war das Kloster zunächst errichtet worden. Dies war der Beginn einer großen Reihe von Schenkungen und Vermächtnissen im Rhein-Neckar-Land und darüber hinaus. Chrodegangs Bruder und Nachfolger, der Abt *Gundeland,* verlegte das sich vergrößernde Kloster auf einen Hügel vor dem heutigen Ort Lorsch. Als das neue Klostergebäude am 1. September 774 eingeweiht wurde, erschien König *Karl der Große* mit seiner ganzen Familie. Im großen Gefolge befanden sich die Erzbischöfe von Mainz und Trier sowie die Bischöfe von Metz, Würzburg und Passau. Während der Lebenszeit seines großen Gönners, der es zu einem besonders privilegierten reichsfreien Kloster erhob, erhielt Lorsch mit über 2600 Schenkungen die

Grundlage seines Reichtums. Der König selbst gab zu Heppenheim mit großen Teilen des Odenwaldes, die er dem Kloster schon früher vermacht hatte, noch Oppenheim und das Fischrecht im Rhein an der Godenova (Gudenau), damals eine Insel im jetzigen Mannheimer Mühlauhafengebiet. Die Begünstigung Lorschs wurde weniger von Karls Sohn Ludwig dem Frommen als von seinem Enkel *Ludwig dem Deutschen,* der oft in Lorsch weilte, fortgesetzt. Durch die Festigung seiner mit den deutschen Karolingern eng verbundenen Stellung auch auf dem linken Rheinufer trug Lorsch neben Speyer, Worms und Mainz dazu bei, daß bei der Teilung des karolingischen Reiches der Vertrag von Verdun 843 diese linksrheinischen Bistümer nicht nur »propter vini copiam – wegen der Menge des Weins« zum östlichen Reich Ludwigs des Deutschen schlug; Lorsch wurde als Reichskloster zur Grablege für Ludwig und seine Nachkommen bestimmt. Außer Ludwig dem Deutschen war dort unter anderen noch *Ludwig II.* begraben. Die Gräber sind leider bei den Zerstörungen des Klosters spurlos untergegangen. Nur ein Steinsarg blieb erhalten, in dem möglicherweise König Ludwig der Deutsche bestattet war.

Abt Dietrich von Lorsch errichtete um 870 auf dem *Heiligenberg* bei Heidelberg inmitten des keltischen Ringwalls ein Filialkloster, das dem Erzengel Michael geweiht war. Ende des 11. Jahrhunderts wurde auf dem vorderen Gipfel des Heiligenberges (neben dem jetzigen Aussichtsturm) von Lorsch ein weiteres dem heiligen Stephan geweihtes Tochterkloster errichtet. Im 12. Jahrhundert folgte das *Stift Neuburg.* Der große Grundbesitz des Klosters reichte von Gent bis Chur, konzentrierte sich aber hauptsächlich in der Rheinebene. Es ist für die Geschichte unserer Heimat bedeutsam, daß in der zweiten Hälfte des 12. Jahrhunderts die Tausende von Schenkungs- und Kaufurkunden über den Grundbesitz des Klosters Lorsch sorgfältig im *Codex Laureshamensis* zusammengestellt wurden. Durch diese Aufzeichnungen, die 764 mit der Klosterbegründung beginnen, erhalten wir die ersten schriftlichen Nachrichten über viele Ortschaften der nachmaligen Pfalz und ihrer Nachbargebiete.

In ständigem Gegensatz zum Bischof von Worms und zum Teil zu Lasten von Wormser Rechten erstarkte die Abtei Lorsch bis etwa 1100. Im Lobdengau, dessen Gaugrafschaft 1011 an den Wormser Bischof gekommen war, verblieben Worms an weltlicher Herrschaft im wesentlichen nur Ladenburg und das Steinachtal, zu dessen Sicherung 1142–1145 das Kloster *Schönau* und 1152 auf dem anderen Neckarufer *Lobenfeld* gegründet wurden. Aber um diese Zeit gingen Macht und Ansehen der Abtei Lorsch zurück. Der Höhepunkt ihrer weltlichen Macht war wohl 1066 unter Abt Udalrich erreicht gewesen, als dieser in Begleitung von 1200 Gefolgsleuten, die er vielfach mit Lorscher

Besitzungen belehnt hatte, auf dem Reichstag von Trebur erschien. Die *Starkenburg* bei Heppenheim, die *Windeck* bei Weinheim und das *Auerbacher Schloß* beschützten das Lorscher Territorium in jenen unruhigen Zeiten.

Ein Bruch in die Entwicklung kam durch die zwangsweise Einführung der cluniazensischen Klosterreform in Lorsch durch dorthin aus Hirsau entsandte Mönche und Äbte. Es spielen hier kirchenpolitische Fragen hinein, die das von Anfang an auf der kaiserlichen Seite stehende Lorsch in Gegensatz zu den die päpstliche Politik vertretenden Hirsauer Mönchen brachte. Die Hirsauer Richtung setzte sich nach langem Ringen durch. Ihr bedeutendster Vertreter war *Sigehard,* ein durch seine Mutter mit den Hohenstaufen verwandter, väterlicherseits aus dem Geschlecht der Grafen von Calw und von Schauenburg stammender Edelmann. Er war am Königshof und in der Speyerer Domschule erzogen, später Mönch in Hirsau, dann Mönch in Lorsch geworden und wird von einigen Forschern als der Dichter des Nibelungenlieds angesehen.

1232 wurde nach kriegerischen Auseinandersetzungen die Abtei dem Erzbischof von Mainz unterstellt, die Benediktinermönche verließen nach 470 Jahren die Stätte ihrer Wirksamkeit. Prämonstratenser aus dem Kloster Allerheiligen im Schwarzwald kamen 1244 nach dem nun als Propstei unter dem Schutz des Erzbistums Mainz geführten Lorsch. 1463 mußte der damalige Mainzer Kurfürst aus Geldnot seinen Besitz an der Bergstraße – und damit auch Lorsch – für 100 000 Gulden an Kurpfalz verpfänden.

1556 wurde in dem ehemals Lorscher Gebiet die Reformation eingeführt, acht Jahre später das Kloster aufgehoben. Durch die Niederlage von Kurpfalz im Dreißigjährigen Krieg kam Lorsch 1623 an das Erzbistum Mainz zurück und wurde wieder katholisch. Die Klosterbauten verfielen in den das Land mehrfach überziehenden Kriegszügen. Nur die Königshalle und Teile der Vorkirche zeugen von der einstigen Größe dieser Abtei. Die Königshalle mit ihren drei Arkadendurchgängen, eine der hervorragendsten Bauten karolingischer Renaissance, ist der älteste unverändert erhaltene Steinbau Deutschlands (S. 26).

Das Stift St. Philipp zu Zell

In der zweiten Hälfte des 8. Jahrhunderts gründete der englische Priester Philipp eine Klause: »cellula« – eben das spätere *Stift Philipp zu Zell.* Es wurde rasch ein religiöser Mittelpunkt und darf als Beispiel eines Kollegiatsstiftes in unserem Raum wegen dessen enger Verflechtung mit der Pfälzer Geschichte etwas ausführlicher behandelt werden. Bald nach dem Tode seines Gründers Philipp lehnte sich das Kloster an das in dieser Gegend begüterte Benediktinerkloster Hornbach an. Von ihm aus ist wohl auch etwa

850 die Heiligsprechung Philipps und die Erbauung einer den Gebeinen des Heiligen zukommenden größeren Kirche betrieben worden. Nach einer kurzen Unterbrechung des geistlichen Lebens – wahrscheinlich durch die Ungarneinfälle – wurde 975/76 durch den Hornbacher Abt Adalbert in Zell ein Kollegiatstift errichtet, das unter einem Dekan stand, der wegen der räumlichen Entfernung des Mutterklosters eine weitgehende Selbständigkeit besaß. Die ihm unterstellten Kanoniker wohnten nicht in klösterlicher Gemeinschaft, sondern hatten eigene Häuser oder Höfe im oder in der Nachbarschaft des Kirchenbezirks. Sie führten ein religiöses Leben ähnlich den Ordensregeln, versahen den Gottesdienst in ihrer Hauptkirche und einigen zum Stift gehörenden Pfarrkirchen, unterhielten eine Schule und verwalteten den Stiftsbesitz, der meist in der unmittelbaren Nachbarschaft lag. Die Einnahmen standen teils dem Stift als Ganzem zu, teils als Pfründe den einzelnen Kanonikern. Anfangs wurde die Residenzpflicht des Kanonikers streng beachtet. Mit den zunehmenden Verfallserscheinungen im klösterlichen Leben änderte sich das: ein Kanoniker konnte nun auch Pfründen von verschiedenen Kirchen beziehen.

Eine Blütezeit leitete für das Stift zu Zell die Gründung der *St. Philippsbruderschaft* im Jahre 1407 ein, die vor allem in der zweiten Hälfte des 15. Jahrhunderts sich einer mächtigen Ausstrahlungskraft rühmen konnte. Männliche und weibliche Angehörige von Fürsten- und Adelshäusern – selbst aus weit entfernten Gegenden – sowie Bürger und Bauern aus der näheren Umgebung waren Mitglieder. Der Ruf des Philippsstifts stieg nach 1447 an, als einer Wallfahrt des Kurfürsten Ludwig IV. von der Pfalz im nächsten Jahr die Geburt des langersehnten Thronerben – des nachmaligen Kurfürsten Philipp – folgte. Viele als Weihgaben dargebrachte *»silbern kindgin«* deuteten die Wünsche der Wallfahrer an. Die Pfalzgrafen standen dem Stift auch als Vögte nahe, ein Amt, das sie von den Grafen von Leiningen übernahmen, die die Schutzrechte ihrerseits von den Saliern und ihren Vorläufern, den Widonen, erlangt hatten. Da das Stift, von dessen Gebäuden kaum etwas erhalten ist, im Erzbistum Mainz (hart an der Wormser Grenze) lag, ergaben sich über die Jahrhunderte hinweg Streitigkeiten zwischen dem Abt von Hornbach, der auf die von der Bischofsgewalt ausgenommenen Rechte auch für sein Filialkloster pochte, und dem Erzbischof von Mainz, der alle Geistlichen seines Kirchensprengels unter seine Aufsicht bringen wollte. Dazu kam als dritter Beteiligter der Pfälzer Kurfürst als weltlicher Schutzvogt, der das Klostergut allmählich seiner Territorialherrschaft unterwarf. Begünstigt durch die Reformationsbewegung konnte Kurfürst Friedrich II. 1550/53 mit Zustimmung des Kaisers und Papstes, der das Stift nicht in evangelische Hände fallen lassen wollte, den Grundbesitz und die Rechte des Stifts zu Gunsten der damals noch katholischen Universität Heidelberg einziehen. Bis zu den französischen Revolutionskriegen bezog die Universität aus diesen und anderen pfälzischen Besitzungen einen wesentlichen Teil ihrer Einkünfte.

Die Abtei Sinsheim

Unter Bischof Johannes I. von Speyer, einem Enkel von Kaiser Heinrich III., ist die Stiftungsurkunde der schon im 11. Jahrhundert bezeugten Abtei *Sunisheim* auf dem Michaelsberg bei Sinsheim ausgestellt. Das von Benediktinern besetzte Kloster blieb zunächst weitgehend dem Kraichgauer Adel vorbehalten. Die von Gemmingen, von Venningen und von Wiser sind in den Abtslisten zu finden. Im Jahr 1496 wurde die Abtei in ein Stift umgewandelt. Die Mitgliedschaft war auf den Adel beschränkt, und man nannte sich *»Das adlige von Kaisern und Königen privilegierte Ritterstift«*. Zur Verwaltung des meist in der Rheinebene gelegenen Grundbesitzes und zur Einziehung der ihm vermachten Abgaben war in St. Ilgen eine Propstei errichtet worden. Von ihrer dortigen Kirche zeugen die romanischen Teile der heutigen St. Ägidiuskirche mit einem beachtlichen Eingangsbogen. Das 1565 durch Kurfürst Friedrich III. aufgehobene Stift ist im Dreißigjährigen Krieg wieder aufgelebt, aber 1649 endgültig geschlossen worden. Bauteile werden heute als Landesjugendheim genutzt. Der mächtige Stiftsturm ist Wahrzeichen von Sinsheim.

Das Stift Neuburg

Dieses um 1130 von Lorsch aus gegründete und mit Benediktinern besetzte Kloster nimmt insofern eine Sonderstellung in der Reihe der hier behandelten Klöster ein, als es das einzige ist, das – wenn auch mit zeitlicher Unterbrechung – noch heute seine alte Funktion erfüllt. Auf einem das Neckartal beherrschenden Hügel stand anscheinend einst die *»Niwenburg«*. Aus ihren Resten könnten die später erweiterte gotische Kirche und die Klostergebäude errichtet worden sein, die nach manchen Umbauten und Ergänzungen noch heute das geschlossene Bild einer klösterlichen Niederlassung des Mittelalters geben. Schon 1195 wandelte Pfalzgraf Konrad das Stift in ein Nonnenkloster um, das 1562 aufgehoben wurde. 1671 erneuerte es Kurfürst Karl Ludwig als evangelisches adliges Fräulein-Stift. Im 18. Jahrhundert waren dort zeitweise Jesuiten und Lazaristen heimisch, bis es 1825 von dem Frankfurter Rat Fritz Schlosser erworben wurde. Er war ein Verwandter des Frankfurter Bankiers Schlosser, der der Familie Goethe nahestand. Die Frau eines anderen Frankfurter

Bankiers, Marianne von Willemer, die Freundin Goethes, von dem Dichter im *»West-östlichen Diwan«* als »Suleika« in die deutsche Literaturgeschichte eingeführt, weilte öfters in Stift Neuburg. In der Zeit der *Heidelberger Romantik* war das Stift ein beliebter Treffpunkt der Dichter und Träumer. Der Komponist Carl Maria von Weber ließ sich von dem zur Stiftsmühle führenden tief eingeschnittenen Bachbett zur Wolfsschlucht des *»Freischütz«* inspirieren. Durch Erbschaft wurde die Familie von Bernus Eigentümer, von der es 1926 die Benediktinerabtei Beuron zurückerwarb, um in diesen historischen Gebäuden ein bald selbständig gewordenes Filialkloster zu gründen.

Das Kloster Schönau

Eine größere Bedeutung für die pfälzische Landesgeschichte als das vorgenannte Kloster erwarb das vom Wormser Bischof Burkhard II. als Gegengewicht zu Lorsch 1142/45 gegründete Zisterzienserkloster *Schönau,* in der Nähe der späteren Hauptstadt Heidelberg. Das im Wormser Eigentum stehende Steinachtal entsprach damals in idealer Weise den Forderungen der Zisterzienserregel nach Weltabgeschiedenheit. Der Odenwald war noch fast unbesiedelt, die »Schöne Aue« war von riesigen Wäldern umgeben. Der einzige Zugang zu besiedelter Gegend ging entlang der Steinach zum Neckar. Der bisher an die Grafen von Lauffen und von diesen an die Herren von Steinach verlehnte Wiesengrund mit einigem anstoßendem Wald wurde wieder in die direkte Gewalt des Wormser Bischofs übergeführt und von diesem dem Kloster übergeben, das damit direkt dem Bistum und keiner weltlichen Gewalt unterstand. Der weltliche Schutz wurde zunächst vom König ausgeübt, bis es die Pfalzgrafen durch Schenkungen und praktische Hilfe verstanden, die Schutzherrschaft zu erwerben, wohingegen das Kloster Unterstützung bei Jagd- und Kriegszügen stellen mußte.

Wenn auch vom Urkundenmaterial über die Geschichte des Klosters wenig erhalten ist, so beweisen die bei der Säkularisierung durchgeführten Besitzaufstellungen, welch bedeutende Rechte und welch großer Landbesitz, insbesondere am Rande des Odenwaldes und in der Rheinebene, aber auch um Frankfurt, in Speyer und Dürkheim, vom Kloster im Lauf der Zeiten erworben worden waren. Einzigartig und kulturhistorisch hochinteressant sind die im Germanischen National-Museum in Nürnberg aufbewahrten, aus dem 16. Jahrhundert stammenden Zeichnungen von der Baugeschichte und der sich um das Kloster bildenden Legende.

Mit den Pfalzgrafen und der Stadt Heidelberg verbanden Schönau über Jahrhunderte enge Beziehungen, ebenso zur

Die Gründung des Klosters Schönau: Das Kloster wird in den Schutz des Kaisers gegeben · Germanisches Nationalmuseum Nürnberg

Universität, zu der auch andere Zisterzienserklöster Novizen zur Ausbildung schickten.

Die Reformation wurde nach einer Übergangszeit endgültig von Ottheinrich auch in Schönau durchgeführt. Das verwaiste Klostergelände erhielten 1562 von Kurfürst Friedrich III. die aus Holland vertriebenen Calvinisten als Wohnsitz zugewiesen. Wie linksrheinisch nach Frankenthal und Lambrecht brachten sie aus ihrer alten Heimat die Tuchmacherei als willkommenen Gewerbezuwachs in die Pfalz. Als hier die Calvinisten von den Lutheranern verdrängt wurden, zogen sie nach Otterberg, kamen aber nach Schönau zurück, als Johann Kasimir 1583 Verweser wurde und die reformierte Lehre wieder einführte. Ein weltlicher Pfleger, der im Neuenheimer Mönchhof saß, verwaltete den ehemaligen Klosterbesitz. Noch heute besteht die *»Pflege Schönau«* als Verwalterin des unterbadischen evangelischen Kircheneigentums. In Schönau selbst wurden die Klostergebäude in Häuser und Höfe umgewandelt. Nur wenige Reste aus der Klosterzeit sind erhalten, als bedeutendster das zur evangelischen Kirche umgebaute ehemalige Refektorium. Bis 1750 war Schönau die führende pfälzische Tuchweberstadt. Im Laufe des 18. und 19. Jahrhunderts ging die Tuchmacherei trotz in badischer Zeit erteilter Militäraufträge immer weiter zurück. An die Stelle der Tuchmacherei trat dann ab dem Jahre 1869 die Lederfabrikation.

Eingangsfront der Zisterzienser-Klosterkirche Otterberg bei Kaiserslautern · Erste Hälfte des 13. Jahrhunderts

Königshalle im ehemaligen Kloster Lorsch, erbaut um 774, ältester Steinbau Deutschlands

Das Kloster Eußerthal

Ähnlich Schönau liegt das im Jahre 1148 gegründete, von lothringischen Mönchen besiedelte Zisterzienserkloster in einem lieblichen Wiesental nahe Annweiler auf späterem Pfälzer Gebiet. Die stattlichen Klosterbauten wurden in den Fehden zwischen Kurpfalz und Pfalz-Zweibrücken sowie im Bauernkrieg zerstört, so daß nur Teile der schönen Klosterkirche erhalten blieben, beziehungsweise wieder aufgebaut werden konnten. Als besondere Aufgabe war dem Kloster die Verpflichtung auferlegt, die Hüter der in der Reichsfeste Trifels verwahrten Reichskleinodien zu betreuen. 1560 wurde das Kloster im Zuge der Reformation aufgelöst. Durch die Glaubenskämpfe vertriebene italienische Flüchtlinge aus Piemont fanden im Kloster, das sie zu einer dörflichen Siedlung ausbauten, eine neue Heimat.

Das Kloster Otterberg

Wie Schönau wurde auch *Otterberg* von Zisterziensern aber aus Eberbach im Rheingau gegründet. 1144 errichteten sie eine erste Anlage in der ihnen vom Ritter Siegfried von Kesselberg geschenkten Otterburg. 1190 wurde das Kloster ins Tal verlegt und in sechs Jahrzehnten die riesige noch ganz erhaltene Kirche erbaut, die mit dem Speyerer Dom und der Heiliggeistkirche in Heidelberg zu den größten Kirchenbauten der Pfalz gehört. Leider beeinträchtigt ihre Raumwirkung immer noch die nach der Reformation durch das Kirchenschiff gezogene Scheidemauer, die man entgegen dem in der Heidelberger Heilig-Geist-Kirche gegebenen Beispiel bestehen ließ. Aus den spanischen Niederlanden geflüchtete Reformierte brachten es auch hier durch ihren Fleiß zu Wohlstand. Pfalzgraf Johann Kasimir, zu dessen Oberamt Kaiserslautern die Gemeinde Otterberg gehörte, erhob die im Anschluß an den Klosterbereich entstandene Siedlung 1581 zur Stadt.

Weiterer geistlicher Besitz

Auch bedeutende außerhalb unseres Raumes liegende Stifte besaßen in der rheinischen Pfalz größere Ländereien: Die Zisterzienserklöster *Maulbronn* und in Nachfolge von *Prüm* die Abtei *Himmerod*, später das Stift *St. Goar*, hatten bis in die Zeit der Reformation verschiedenen Grundbesitz am Neckar. Auch der *Deutsche Ritterorden* war von der Mitte des 13. Jahrhunderts ab im pfälzischen Bereich links und rechts des Rheines in den Besitz von Gütern gelangt.

6. Die Rheinische Pfalz von Konrad von Staufen bis zur Reformation

Nachdem bisher die Ur- und Frühgeschichte des rheinpfälzischen Raums geschildert und mit den Königshöfen und Kaiserpfalzen sowie den Abteien und Klöstern die politischen, kirchlichen, wirtschaftlichen und kulturellen Schwerpunkte des frühen und hohen Mittelalters behandelt worden sind, beginnt mit dem 12. Jahrhundert die eigentliche rheinpfälzische Landesgeschichte.

Die frühen Pfalzgrafen

Die Bezeichnung »*Pfalz am Rhein*« geht auf die Inhaber des Richteramtes am fränkischen Königshof zurück, die man »*Pfalzgrafen*« nannte. In der Ottonenzeit wurde dieses Amt umgeformt und für jedes Stammesherzogtum geschaffen. Zu besonderer Bedeutung gelangten jedoch nur die lothringischen Pfalzgrafen, die sich seit 1090 »*comites palatini Rheni – Pfalzgrafen bei Rhein*« nannten. Die Reihe der lothringischen Pfalzgrafen, deren Hausmacht sich – von Aachen ausgehend – immer mehr rheinaufwärts verlagert hatte, endete mit *Hermann von Stahleck* (1142–1156) – die Burg Stahleck liegt oberhalb von Bacharach am Rhein. Nach dessen Tod 1156 übertrug der Kaiser Friedrich I. Barbarossa die Würde eines Pfalzgrafen bei Rhein seinem Halbbruder *Konrad von Staufen*. Dadurch wurde die Grundlage zur Bildung des rheinpfälzischen Territoriums gelegt; hier hat sich in der Folge der Begriff »*Pfalz*« auf ein Territorium übertragen, ausgehend von den Ländereien um Burg *Stahleck, Stromberg* und vor allem *Alzey*, einer uralten Siedlung aus vorrömischer Zeit, wo in dieser Zeit der Hauptort der sich bildenden Pfalzgrafschaft war.

Der Konrad zugefallene staufische, zum Teil noch auf altes salisches Erbgut zurückgehende Besitz war kein auch nur annähernd geschlossenes Gebiet. Es war ein Konglomerat von eigentlicher Territorialherrschaft, passiven und aktiven Lehen, Vogtei-, Zoll-, Steuer-, Jagd-Rechten und so weiter, durchsetzt mit weltlichen und vor allem geistlichen Gebieten, deren Herren den jeweiligen Pfalzgrafen teilweise als Vogt frei- oder widerwillig anerkannten. Das Bemühen, aus diesen buntscheckigen Rechten zielbewußt durch Heirat, Kauf, Tausch, Einziehen von Lehen oder auch mit Gewalt möglichst zusammenhängende unmittelbare Herrschaftsansprüche durchzusetzen, kennzeichnet den *Anfang der 650 Jahre rheinpfälzischer Landesgeschichte*. Dies war in den Nachbargebieten nicht anders, sondern das allgemeine deutsche Schicksal nach dem Scheitern aller Versuche zur Errichtung einer starken zentralen Reichsgewalt, für die nach der staufischen Konzeption die Rheinpfalz ein Eckpfeiler hätte werden können. Aber Friedrich I. wollte seinen Halbbruder Konrad auch nicht zu mächtig werden lassen und begünstigte die Erzbischöfe von Trier, Mainz und Köln, die er das Reichs- und Hausgut verwalten ließ.

Gestützt auf die Kaiserpfalz in Lautern, auf den Trifels und die Pfalzen in Wimpfen und Hagenau im Elsaß sowie die in deren Umkreis systematisch angelegten Burgen, hatte sich hier in besonderer Weise der vom staufischen Geschichtsschreiber Otto von Freising für die Oberrheinlande von Basel bis Mainz geprägte Begriff: *maxima vis imperi – Kerngebiet, Machtzentrum des Reichs,* herausgebildet. In den Pfalzen und Burgen saßen die *Reichsministerialen,* zuverlässige ursprünglich unfreie Gefolgsmänner, auf die die Staufer in Verwaltung und bei Kriegszügen – in Deutschland und Italien – sich stützen konnten. Von ihnen nahmen viele Adelsgeschlechter ihren Ausgang, die auch in der späteren Pfälzer Geschichte eine Rolle spielten und die zum Teil auch eigene Landesherrschaft erlangten. Dadurch kamen manche im Gegensatz zu den Pfalzgrafen. Hier seien nur die hervorragendsten staufischen Ministerialen genannt: die *Werner von Bolanden,* in mehreren Generationen treue Helfer der Staufer; als Dank bekamen sie das Amt der Reichstruchsessen erblich übertragen. Unter Heinrich VI. war *Markward von Annweiler* in Deutschland und Italien der bedeutendste Vertreter der staufischen Macht. Seine Familie war auch in der Umgebung von Mannheim, so in Rheinhausen, Schar und Sandhofen, begütert.

Die Stauferzeit brachte aber nicht nur eine neue Machtent-

Friderich von Husen · Manessische Handschrift Nummer 116

Friderich von Leiningen · Manessische Handschrift Nummer 26

faltung des römischen Kaisertums deutscher Nation, sondern war auch eine Periode kultureller Blüte, deren Träger die im 12. Jahrhundert entstehende *Ritterschaft* war. Diese Entwicklung erfaßte ganz Europa und schuf ein einheitliches Kulturbewußtsein. Turniere und glanzvolle Feste wie das Mainzer Pfingstfest im Jahre 1184, das Tausende von Rittern zusammenführte, waren Ausdruck des Rittertums, das in den Kreuzzügen eine gemeinsame Aufgabe fand.

Wolfram von Eschenbach dichtete auf der Wildenburg bei Amorbach seinen Parzival, wobei ihm zur Gralsburg vielleicht der Trifels Vorbild war. *Bligger von Steinach, Friedrich von Hausen, Friedrich von Leiningen* und der *Tagliedsänger von Wiesloch* sind die aus der Manessischen Handschrift bekannten Vertreter des Minnesangs im rheinpfälzischen Raum. Dazu kommt der auch in der Manessischen Handschrift aufgenommene Spruchdichter *Herger,* der um 1175 als Gast auf dem Steinsberg lebte, einer *»Kompass des Kraichgaus«* genannten Burg. Neben der Geistlichkeit und der Ritterschaft bildete sich im Bürgertum der durch Handel und Gewerbe aufblühenden Städte ein dritter Machtfaktor. Auch die Bauern nahmen am steigenden Wohlstand teil und vergrößerten durch Rodungen die landwirtschaftliche Nutzungsfläche.

Pfalzgraf Konrad starb im Jahre 1195 und ward in dem von ihm reichbeschenkten Kloster Schönau bei Neckarsteinach begraben. Nachfolger wurde sein Schwiegersohn *Heinrich*

der Welfe, Sohn Heinrichs des Löwen, dem die Erbtochter *Agnes* zur Versöhnung der feindlichen Familien der Staufer und Welfen schon als Kind versprochen worden war.

Die romanhafte Geschichte dieser Verbindung der Staufer mit den Welfen sei hier nach Häusser, *»Geschichte der Rheinischen Pfalz«* erzählt: *Schon im Kindesalter waren der Welfensohn Heinrich und die Staufentochter Agnes – nach dem frühen Tod ihrer Brüder alleinige Erbin des pfälzischen Stauferbesitzes – einander verlobt worden. Damals war gerade eine Versöhnung dieser beiden mächtigsten Herrscherfamilien Deutschlands erfolgt, und der Bund sollte durch die geplante Heirat bekräftigt werden. Aber später hatten sich die Welfen gegen den Kaiser empört, waren geschlagen und in die Verbannung geschickt worden. Inzwischen waren die füreinander bestimmten Kinder herangewachsen und Kaiser Heinrich VI. wollte von der früheren Vereinbarung nichts mehr wissen. Er gedachte, seine Base mit dem französischen König Philipp II. zu vermählen, und gewann auch seinen Onkel, den Pfalzgrafen Konrad, für diesen von der Politik diktierten Plan. Aber Agnes' Mutter wollte ihre Tochter nicht einem Manne geben, dessen Frauengeschichten ihn weithin berüchtigt gemacht hatten. Da auch Agnes zu ihrem Jugendfreund hielt, wurde dieser heimlich zur Burg Stahleck bestellt; nach der Trauung durch den Schloßkaplan wurde die Ehe vollzogen. Als der Vater ankam, war nichts mehr zu ändern. Er fand sich, wie auch*

Bligger von Steinach · Manessische Handschrift Nummer 182

Tagliedsänger von Wizzenlo · Manessische Handschrift Nummer 229

später der erbitterte Kaiser Heinrich VI., mit der Tatsache ab, die dann schließlich wieder eine Versöhnung der Welfen und Staufer zustande brachte. Die Reichskrise nach der Doppelwahl 1198, die schließlich zum Bürgerkrieg zwischen Welfen und Staufern führte, ließ Heinrich dem Welfen wenig Zeit, sich um die Rheinpfalz zu kümmern. 1211 übertrug er die Pfalzgrafenwürde seinem Sohn *Heinrich Welf dem Jüngeren,* der aber schon 1214 kinderlos starb.

Die ersten Wittelsbacher bis 1410

Kaiser Friedrich II. verlieh nunmehr die Pfalzgrafschaft als Belohnung für treue Dienste der *Wittelsbacher* an *Herzog Ludwig von Bayern.* Um den Rechtsanspruch seines Hauses auf die Pfalzgrafschaft zu sichern, verlobte Herzog Ludwig seinen Sohn *Otto II.* mit Agnes, der Tochter Heinrich Welf des Älteren. Er führte die Pfalzgrafenwürde auch nur bis 1228, als Otto Agnes heiratete. Auch deren Sohn *Ludwig II.* der Strenge war Pfalzgraf bei Rhein und Herzog von Bayern, nach dessen Tod 1294 seine beiden Söhne *Rudolf* und *Ludwig* gemeinsam die Herrschaft über die Pfalzgrafschaft und Bayern antraten. 1310 teilten die zer-

strittenen Brüder das Erbe: *Rudolf I.* wurde Pfalzgraf bei Rhein und *Ludwig IV.* Herzog von Bayern. Dieser wurde 1314 zum deutschen König gewählt und übernahm nach des Bruders Abfall und frühem Tod wieder die Pfalzgrafschaft, übertrug sie aber 1329 im berühmten *Familienvertrag von Pavia* an die Nachkommen seines verstorbenen Bruders Rudolf I., während er sich und seinen Nachfahren Bayern vorbehielt.

Nach dem Tod seines älteren Bruders *Rudolf II.* (1329–1353) brach mit der Regierung von *Ruprecht I.* (1353–1390) eine glückliche Epoche der Pfälzer Landesgeschichte an. Seine kaisertreue Politik trug ihm zunächst in der *Goldenen Bulle* von 1356 die Bestätigung ein, daß ihm und seinen Nachfolgern die *Kurwürde* ständig und nicht abwechselnd mit den bayrischen Wittelsbachern zustehe. Dazu kamen Vorrechte, die den Pfälzer zum ersten unter den vier weltlichen Kurfürsten machten: Der Pfälzer hatte mit der *Erztruchseßwürde* das oberste Hofamt, vertrat bei längerer Abwesenheit oder nach dem Tode eines Königs als *Reichsvikar* bis zu einer Neuwahl das Oberhaupt des Reiches und war im Gebiet des fränkischen Rechts oberster Gerichtsherr, vor dem sich unter Umständen auch der König zu verantworten hatte. Die Goldene Bulle von 1356 brachte dabei nur die Bestätigung und Kodifizierung bestehenden Rechts, da sich die Kurwürde der Pfalzgrafen bei Rhein schon im 13. Jahrhundert herausgebildet hatte;

29

schon der Schwabenspiegel stellte fest, daß die Fürsten den König nur vor dem Pfalzgrafen verklagen konnten: »diz ere hat der hohe phalzgrave von rine«.

Wenn man sich ein Bild vom Gebietsumfang der damaligen Pfalz machen will, darf man nicht mit modernen Maßstäben messen. Neben den altpfälzischen Gebieten mit voller Landeshoheit um *Heidelberg, Neustadt, Alzey, Kaub* gab es eine Reihe von Städten und Dörfern, an denen die Pfalzgrafen die Landeshoheit mit anderen Fürsten teilten oder nur Lehnsrecht hatten, die aber im Laufe der Jahrzehnte und Jahrhunderte vollständig an die Pfalzgrafschaft kamen. Daneben gab es Orte, mit denen eigene Lehnsträger belehnt waren. Anderswo besaß man nur Teilrechte der Besteuerung oder der Gerichtsbarkeit, Geleitsrechte auf bestimmten Straßen. Dazu kamen die Vogteirechte über geistliche Territorien und die ergiebigen Zollstätten am Rhein wie *Germersheim, Schloß Rheinhausen,* später *Eichelsheim bei Mannheim, Oppenheim, Bacharach* und *Kaub.* Bei vielen dieser Rechte konnten die Pfalzgrafen auch über die ihnen nicht unmittelbar gehörenden Territorien ihre Macht ausüben oder die betreffenden kleineren Herren an ihren Hof ziehen. Sie vergaben hier die gleichen Ämter und Vorrechte an ihre Lehnsträger, wie sie von ihnen und den anderen Kurfürsten am Kaiserhof ausgeübt wurden. Teilweise haben sich Steuerrecht und Gerichtsherrschaft überschnitten. Es kam im Laufe der Jahrzehnte darauf an, wer sein Teilrecht auf irgendeine Weise so ergänzen konnte, daß sich daraus eine umfassende Territorialhoheit entwickelte. Wenn sich größere Komplexe innerhalb der pfälzischen Oberhoheit konsolidiert hatten, wurden sie verwaltungsmäßig in Ämter, beziehungsweise *Oberämter* zusammengefaßt, teilweise in *Zenten* unterteilt. Diese sind jedoch nur in der rechtsrheinischen Rheinpfalz nachweisbar: *Schriesheimer-, Kirchheimer-, Meckesheimer-, Reichhardtshauser-* oder *Stüber-* und *Mosbacher-Zent.* In den »*Weistümern*« einzelner Zenten und Ortschaften besitzen wir wichtige Quellen für die mittelalterlichen Besitz- und Rechtsverhältnisse. Eine weitere von den Pfalzgrafen und schon von Ruprecht I. weitgehend genutzte Möglichkeit der Gebietsvergrößerung war die Inpfandnahme von Ländern geldknapper Fürsten, voran vom Kaiser, in der meist bestätigten Hoffnung, daß die in Pfand gegebenen Gebiete nicht wieder ausgelöst würden. So verpfändete Karl IV. 1375 dem Pfälzer die Reichsstädte Kaiserslautern und Oppenheim sowie viele Orte aus altem Reichsgut wie Nierstein und Ingelheim.

Mit dem letzten Grafen von Zweibrücken schließlich machte Ruprecht I. 1385 einen kombinierten Kauf- und Lehnvertrag, der schließlich dessen Gebiet mit Zweibrücken, Hornbach, Bergzabern und vielen Dörfern ganz zur Pfalz brachte. Die letzte große Tat dieses erfolgreichen Fürsten war die Gründung der *Universität Heidelberg.*

Kurfürst *Ruprecht III.* betrieb 1400 die Absetzung des trägen deutschen Königs Wenzel von Böhmen und ließ sich dafür zum König wählen. Er konnte sich jedoch im Norden und Osten des Reiches nie durchsetzen, da ihm der Geruch eines Gegenkönigs anhaftete. Auch war die pfälzische Hausmacht zu gering, um in Rom die Kaiserkrone erringen zu können. Doch benutzte er die Königswürde dazu, das pfälzische Gebiet zu vergrößern. Verhängnisvoll war sein Testament: Als er 1410 starb, teilte er die Pfalz unter seine vier Söhne. Der älteste überlebende Sohn *Ludwig* erhielt die rheinpfälzischen Kernlande mit der Kurwürde, zwei jüngere Söhne begründeten in *Neumarkt/Oberpfalz* und *Mosbach* Nebenlinien, die bald ausstarben und deren Länder an die Kurlinie zurückfielen. Der vierte Sohn *Stephan* wurde Begründer der sich später weiter teilenden *Zweibrücker Linie.* König Ruprecht wurde in der von ihm begonnen Heiliggeistkirche in Heidelberg begraben, die er statt der Stiftskirche in Neustadt zum Erbbegräbnis seiner Familie bestimmte.

Ludwig III. und Ludwig IV.

Der Nachfolger Ruprechts III. in der verkleinerten Kurpfalz, *Ludwig III.,* hat in seiner Regierungszeit von 1410 bis 1436 je drei sich um die Herrschaft streitende deutsche Könige und Päpste erlebt. Bei den anhaltend heftigen Wirren um die deutsche Königskrone hatte er die Genugtuung, daß der von ihm begünstigte Kandidat Sigismund von Luxemburg schließlich obsiegte. Zur Beseitigung des Schismas in der Kirche war 1414 ein *Konzil* nach *Konstanz* einberufen worden. Kurfürst Ludwig zog in den ersten Tagen des Jahres 1415 mit seinem Bruder Stephan, Herzog von Zweibrücken-Simmern, und einem großen Gefolge von pfälzischen Rittern und Gelehrten dorthin und übernahm als Reichsvikar und oberster Richter sogleich die Sorge für die Sicherheit und den geregelten Ablauf der Versammlung in der durch Gesandtschaften und Zuschauer aus ganz Europa überfüllten Stadt. Nach der Chronik von Ulrich Richental spielte sich das Konzil – unter Berücksichtigung der Rolle Ludwigs III. – wie folgt ab:

»An sant Hylarientag (13. 1. 1415), do zoch in gen Costentz der durchlüchtig churfürst hertzog Ludwig von Bayern von Haidelberg und pfaltzgraf by Rin, mit vier hundert pfäriten (Pferden) und so vil personen und mit 9 wägen in Jakob Swartzen huß am Vischmarckt. Und danach über dry monot, do zoch er in des von Fridingen hof hinder dem Münster, dar inne er och belaib, und empfieng zu lehen von unserem herren dem küng die Pfallentz by Rin zu Costentz

Grabmal von König Ruprecht († 1410) und Königin Elisabeth in der Heiliggeistkirche zu Heidelberg

an dem Obern Marckt mit großer gezierd als hienach bemalt ist.«

Der in Rom verbliebene Papst Gregor XII., dankte freiwillig ab, der in Konstanz anwesende Papst Johannes XXIII. wurde nach einem Fluchtversuch vom Konzil abgesetzt und dem Kurfürsten Ludwig III. zur Bewachung übergeben, bis ein künftiger Papst gewählt sei. *»Der möcht dann mit im tůn, was er wolte. Und also nam in hertzog Ludwig von Bayern und fürt in von Gottlieben (des Papstes Gewahrsam in Konstanz) zů der alten Haidelberg und von da dannen gen Manhaim. Da belaib er ouch bis babst Martinus erwelt ward.«* Erst im April 1419 – ein Jahr nach Ende des Konzils – ließ man ihn frei.

Auch bei einer anderen kirchlichen Angelegenheit hatte Kurfürst Ludwig III. eine wichtige Rolle zu spielen, im Prozeß gegen *Johann Hus,* den Kirchenreformator aus Böhmen. Hus war zunächst einem geistlichen Gericht überlassen worden, das zu seiner Verurteilung kam. Unter Bruch des versprochenen freien Geleits befahl Kaiser Sigismund in der Hoffnung, damit dem Kirchenfrieden zu dienen, das Urteil durch Verbrennen zu vollstrecken. Die weltliche Gerichtsbarkeit übte die Kurfürst Ludwig aus.

Der Kurfürst übergab Hus dem kaiserlichen Vogt von Konstanz mit dem Auftrag, ihn gut bewacht vor die Stadt zu führen und zu verbrennen. Hus wurde eine Papiermütze mit der Aufschrift *»Heresiarcha – Erzketzer«* aufgesetzt

und Holz und Stroh um ihn bis zum Hals geschichtet. Er lehnte das Angebot, zu beichten und zu widerrufen, ab und fing an, deutsch zu predigen, *»das wolt im hertzog Ludwig nit vergünnen und hiess in brennen«.* Die Asche und Knochenreste wurden in den Rhein geschüttet.

Nach Beendigung des Prozesses gegen Hus und nach dem Verzicht, beziehungsweise der Absetzung von zwei Päpsten blieb die Bereinigung des Kirchenregiments. Kaiser Sigismund führte die Verhandlungen persönlich. Während seiner Abwesenheit waltete Kurfürst Ludwig III. seines Amtes als Stellvertreter; er war der weltliche Beschützer des Konzils, das in Nationen geteilt war. Nach der Wahl Martins V. zum Papst trat die Rolle der weltlichen Konzilsteilnehmer in den Hintergrund, und Kurfürst Ludwig III. kehrte nach Abkühlung seines Verhältnisses zum Kaiser nach Heidelberg zurück. Die Zustände im Reich wurden in den kommenden Jahrzehnten immer trostloser. Ständige Fehden zerrütteten das Verhältnis zwischen Fürsten, freien Reichsstädten, geistlichen Territorien und kleinen weltlichen Machthabern verschiedenen Ranges. Es war eine Zeit der Abrundung der sich bildenden Territorien, aber auch des Kampfes aller gegen alle in wechselnden Bündnissen. Ludwig III. trat schon vor seinem Tode die Regierung an einen Regentschaftsrat unter seinem jüngsten Bruder Otto von Mosbach ab, der dann auch für den zwölfjährigen *Ludwig IV.* bis zu dessen Volljährigkeit die Vormundschaft führte. Es war eine relativ ruhige Zeit für die Pfalz, auch in den sieben Jahren der selbständigen Regierung Ludwigs IV. Bei seinem frühen Tod 1449 hinterließ Ludwig nur einen einjährigen Sohn *Philipp,* für den der Oheim *Friedrich* nicht nur die Vormundschaft, sondern die volle Herrschaft führte. Unter der Bedingung, nicht zu heiraten und sein Mündel zu adoptieren, gaben die versammelten pfälzischen Notablen und Amtsleute sowie die Witwe des verstorbenen Bruders Friedrich ihr Einverständnis zur Übernahme der Kurfürstenwürde. Über die verweigerte Zustimmung des Kaisers setzte sich Friedrich hinweg; er führte sein Amt trotzt starker Anfeindung so erfolgreich, daß er die glänzendste Erscheinung in der Pfälzer Geschichte wurde.

Friedrich der Siegreiche und Philipp der Aufrichtige

Doch nun zum *„Pfälzer Fritz",* der von seinem Pfälzer Landsleuten als *„Friedrich der Siegreiche"* verherrlicht und gepriesen und von seinen vielen Feinden als *„der böse Fritz"* gefürchtet und geschmäht wurde. Zahlreiche Fehden, vor allem mit Kurmainz, dessen Gebiet an der Bergstraße bis nahe Heidelberg reichte, brachten beiderseitige Verwüstungen. Am meisten hatte die Landbevölkerung unter dem Streit ihrer Herren zu leiden. Bei dieser Gelegenheit wurden *Handschuhsheim, Dossenheim, Schriesheim, Heppenheim* und andere Orte an der Bergstraße von pfälzischen Truppen besetzt, die Schauenburg oberhalb Dossenheims bis auf die Grundmauern abgetragen. Die Fehden mit Leiningen und dem zweibrückischen Vetter, die mit ihren Verbündeten in der *Schlacht von Pfeddersheim 1460* vernichtend geschlagen wurden, seien hier übergangen.

Als Beispiel für die vielen weiteren Kämpfe in Friedrichs langer Regierungszeit bis 1476 sei nur noch die Fehde zwischen Württemberg, Baden, Brandenburg-Bayreuth, Nassau, Kurtrier, Bistum Metz sowie einer weiteren Reihe kleinerer Verbündeter einerseits und Kurpfalz andererseits geschildert, weil sie zu den im pfälzischen Volk besonders lebendig gebliebenen Ereignissen seiner frühen Geschichte gehört. Friedrich konnte sich nur auf seine eigenen Lehnsleute und den kurz vorher zu ihm übergegangenen Kurfürsten von Mainz stützen. Seine Gegner bewogen den Papst zur Verhängung des Kirchenbanns. Die Pfalz schien verloren. Die Feinde zogen ein großes Heer zusammen, das den üblichen Verwüstungen des gegnerischen flachen Landes eine neue Variante zufügte, indem man Pferden kleine Bäume und Zweige anband und sie durch die Getreidefelder trieb. Die Dörfer am Rande der Pfalz bis in die Rheinebene nahe Heidelberg wurden angezündet. Man wähnte den Kurfürsten auf dem Weg nach Bayern zur Hilfeleistung für einen ebenfalls in Fehden verwickelten Vetter und beschloß, Heidelberg anzugreifen. Als die Verbündeten die Masse des Fußvolks bei St. Leon zurückließen und die Ritter mit ihren Reisigen vor dem geplanten Sturm auf Heidelberg erst noch nach *Seckenheim* zogen, um die Dörfer am Neckar zu brandschatzen, holte Friedrich, der sie heimlich beobachtet hatte, in der Nacht aus Leimen und Heidelberg zur Verstärkung seiner Truppen auch Bürger und Bauern. Am frühen Morgen des *30. Juni 1462* rückte er unbemerkt durch den Seckenheimer Wald und baute vor dem überraschten Feind seine Schlachtordnung auf. 40 Knappen und der Pfalzgraf selbst wurden feierlich zu Rittern geschlagen, dann stürzten sie sich mit dem in Pfeddersheim bewährten Kampfruf: »*Heut Pfalzgraf oder nimmermehr*« auf den durch den Neckar im Rücken am Ausweichen gehinderten Feind. Friedrichs Ritter, Bürger und Bauern hatten sich zur Kenntlichmachung Eichenlaub, die Gegner, wie zum Hohn, herausgerissene Getreidebüschel an die Helme gebunden. Im Reiterkampf waren die Feinde zunächst überlegen. Der Kurfürst selbst geriet in Bedrängnis, sein Pferd wurde erstochen. Dann brachte das zahlenmäßig überlegene Fußvolk die Wen-

dung, und die Pfälzer Ritter, unter anderem die Herren von Adelsheim, Berlichingen, Erbach, Gemmingen, Helmstadt, Hirschhorn, Neipperg, Schauenburg, Seldeneck, geführt vom pfälzischen Erbmarschall Rheingraf Johann, erfochten den Sieg. Hans von Gemmingen übergab seinem Kurfürsten Kolben und Handschuh des im ritterlichen Zweikampf besiegten Grafen Ulrich von Württemberg. Auch der Markgraf von Baden wurde nach Heidelberg ins Schloßverlies gebracht. Den Bischof von Metz hielt man wie ehedem Papst Johannes in Schloß Eichelsheim bei Mannheim in milderer Haft. Die erbeuteten Fahnen und Feldzeichen wurden zum Dankgottesdienst in der Heiliggeistkirche zu Heidelberg aufgehängt. Das Volk jubelte seinem Beschützer zu und schmückte seine Taten mit mancherlei Sagen aus. So entstand auch die Geschichte vom *Mahl zu Heidelberg,* die Gustav Schwab in volkstümliche Reime gebracht hat.

Der Kaiser konnte trotz des Entgegenkommens von Friedrich und der Erklärung des inzwischen volljährig gewordenen Kurprinzen Philipp, daß er seinem Onkel die Herrschaft auf dessen Lebenszeit freiwillig überlasse, nicht zur Anerkennung Friedrichs als Kurfürst bewogen werden. Nach Ausbruch neuer Streitigkeiten verhängte er 1474 sogar die Reichsacht über ihn. Bei der Ohnmacht des Kaisers bedeutete das nicht viel. In diplomatischem Ränkespiel gelang Friedrich dafür die Lösung vom Kirchenbann, und seine letzten Regierungsjahre verliefen verhältnismäßig ruhig. Er förderte humanistische Studien und Dichtungen. Auch an Musik hatte er Gefallen. Nachdem er zur Sicherung der Nachfolge seines Mündels auf eine standesgemäße Heirat verzichtet hatte, verband er sich morganatisch mit der schönen und klugen Augsburger Sängerin Klara Tettin. Ein Sohn aus dieser Ehe wurde Stammvater des gräflichen, später fürstlichen Hauses *Löwenstein-Wertheim.* Nach Friedrichs Tod 1476 übernahm sein Mündel Philipp die Herrschaft in Kurpfalz.

Nach der unruhigen, im Gedächtnis der Pfälzer aber glanzvoll verklärten Regierungszeit Friedrichs des Siegreichen folgte unter seinem Neffen *Philipp* von 1476–1508 eine durch den sehr blutigen bayerischen Erbfolgekrieg beendete friedliche Epoche. Bis zu seinem 28. Lebensjahr hatte er loyal seinen Oheim und Adoptivvater unterstützt, zuletzt als Regent der *Oberpfalz* in der Hauptstadt *Amberg.* Diese sollte später noch öfters das Lehrgebiet in der Regierungskunst für die Nachfolger in der Pfälzer Kur werden. Hier müssen die schon lange schwelenden und nun zu Ende des 15. Jahrhunderts zum offenen Ausbruch kommenden Streitigkeiten der verschiedenen wittelsbachischen Linien angedeutet werden. So wie die pfälzischen Wittelsbacher sich vor der Durchsetzung des Erstgeborenen-Vorrechts in verschiedene Zweige mit kleinen und kleinsten Herrschaftsgebieten aufspalteten, waren auch die bayeri-

Aus dem Turnierbuch der Herren Greck von Kochenburg · Hans von Gemmingen (links) besiegt in der Schlacht bei Seckenheim Herzog Ulrich von Württemberg (rechts) am 30. Juni 1462 · Archiv der Familie von Gemmingen-Hornberg

schen Verwandten durch Erbteilung in die Linien *Landshut, Ingolstadt* und *München* getrennt. In Niederbayern mit Landshut als Hauptstadt regierte vor der Wende zum 16. Jahrhundert Herzog *Georg »der Reiche«* ohne männliche Nachkommen. Er war mit seinen Münchner Vettern verfeindet. Um so besser verstand er sich – wie schon sein Vater – mit den Heidelberger Verwandten, und so wurde die Heirat einer seiner Töchter mit dem dritten Sohn des Pfälzer Kurfürsten Philipp beschlossen und beide testamentarisch zu alleinigen Erben der Landesherrschaft eingesetzt. Die Münchner Verwandten bekamen vorzeitig Kenntnis von dieser den wittelsbachischen Hausverträgen widersprechenden Maßnahme und erreichten bei Kaiser Maximilian die Ungültigkeitserklärung der Erbverfügung. Über den Verhandlungen starb Georg der Reiche, und nun bildete sich mit dem Kaiser eine Koalition all derer, die Vergeltung nehmen wollten für die ihnen von Friedrich dem Siegreichen beigebrachten Niederlagen und Landverluste. Die pfälzische Sache wurde nur vom Bischof von Würzburg unterstützt, während mit dem Kaiser Oberbayern, Brandenburg-Bayreuth, Württemberg, Hessen, Pfalz-Zweibrücken, Veldenz, Hohenlohe, Leiningen, Nürnberg und der schwäbische Bund konzentrisch in Bayern-Landshut und in die Kur- und Oberpfalz mit ihren Nebenlanden einfielen. Kurfürst Philipp und sein tapfer kämpfender Sohn *Ruprecht* mußten ihre Kräfte zersplittern. In der gegenseitigen Verwüstung des flachen Landes und der kleinen unbefestigten Orte kamen sich die Gegner gleich. Die befestigten Pfälzer Städte hielten sich gut, und Kurfürst Philipp konnte durch geschickte Züge die Vereinigung der gegnerischen Streitkräfte verhindern. Während die Sache seines Sohnes in Bayern trotz größten persönlichen Einsatzes verlorenging, als er und seine tapfere Gemahlin an der Ruhr gestorben waren, gab es am Rhein keine eindeutige Entscheidung. Kurfürst Philipp nutzte die Kriegsmüdigkeit seiner Gegner zu einem vom Markgrafen von Baden beim Kaiser unterstützten Waffenstillstandsgesuch mit der Zusage, sich dem Spruch eines Reichstags zu unterwerfen. Um seine Stellung zu festigen, rief er, wie seinerzeit sein Oheim bei dessen Übernahme der vollen Herrschaft, die Notabeln und vornehmsten Räte zur Beratung des Friedensangebots zusammen. Ein Reichstag in Konstanz sprach den Münchner Wittelsbachern das Landshuter Erbe in Niederbayern zu mit Ausnahme eines Gebiets um *Neuburg an der Donau,* das die unmündigen Kinder Ruprechts, *Ottheinrich* und *Philipp,* unter einem Vormund erhielten. Die Rheinpfalz mußte im wesentlichen die Eroberungen Friedrichs des Siegreichen zurückgeben und auch sonst Verluste hinnehmen. Sie wurden dadurch verstärkt, daß der verarmte Kurfürst weitere Ortschaften und Rechte verkaufen oder verpfänden mußte.

Kurfürst Philipp der Aufrichtige · Kirchenfenster aus Neckarsteinach · Hessisches Landesmuseum Darmstadt

Kurfürst Ludwig V. der Friedfertige mit seiner Gemahlin Sibylle von Bayern · Kupferstich von Jost Amman um 1570

Bauernkrieg und Reformation

Seinem Sohn *Ludwig V.* gelang es, der Pfalz die alte Stellung im Reich wieder zu verschaffen und die Kriegswunden allmählich zu heilen. Bei der Festigung seiner Lage half ihm die Heirat mit einer bayerischen Verwandten, so daß die wittelsbachschen Linien sich nicht mehr gegenseitig bekämpften. Nach anfänglichem Schwanken zugunsten des nach dem Tode Maximilians sich um die deutsche Kaiserkrone bemühenden und Subsidien anbietenden französischen Königs Franz I. setzte sich Kurfürst Ludwig V. für Maximilians Enkel Karl ein, nicht ohne vorher möglichst viele Vorteile zum Ausgleich der durch die Habsburger so drückend gewordenen Pfälzer Niederlage auszuhandeln. Er überbrachte dann auch Karl die Nachricht seiner 1519 einstimmig erfolgten Wahl nach Spanien und wurde bei der Krönung in Aachen und auf dem Wormser Reichstag 1521 von Karl V. in seiner Stellung als vornehmster weltlicher Kurfürst bestätigt. In dem aufkommenden Religionsstreit suchte Kurfürst Ludwig eine vermittelnde Haltung einzunehmen, was ihm aber bei dem rebellischen Geist seines Vasallen *Franz von Sickingen* und den immer wieder aufbrechenden Unruhen in der Landbevölkerung auf die Dauer nicht möglich war.

Die Pfälzer Kurfürsten hatten es immer verstanden, sich mit der Ritterschaft innerhalb ihres Landes und in den angrenzenden Gebieten gut zu stellen. Während anderswo der hohe Adel sich der landesherrlichen Gewalt der erstarkenden Territorialherren zu entziehen suchte, hatten die meisten *Ritter im Kraichgau* schon 1488 erklärt, daß sie keine andere Autorität anerkennen wollten als den Pfalzgrafen, unter den sie unmittelbar gehörten. Auch in anderen Gegenden waren die Rittergeschlechter pfälzische Lehnsträger und mancher lebenslang oder zeitweise im pfälzischen Hof- oder Verwaltungsdienst tätig.

So auch *Franz von Sickingen,* der verschiedene Besitzungen als pfälzische Lehen verwaltete und mehrere Jahre pfälzischer Amtmann in Kreuznach war. Das hatte ihn nicht gehindert, private Fehden mit seinesgleichen auszutragen und einmal sogar den Landgrafen von Hessen kriegerisch anzugreifen.

Später suchte der Kaiser, ihn an sich zu ziehen, und ernannte ihn zum Reichsfeldherrn. Das durch die religiösen Spannungen verstärkte Selbstbewußtsein einiger Führer der Ritterschaft, wie *Ulrich von Hutten* und *Franz von Sickingen,* reizte sie schließlich zu dem Versuch, unter Duldung Habsburgs die im letzten Jahrhundert gewachsene Macht der Territorialfürsten zugunsten des Kaisers und des ritterschaftlichen Adels zu brechen. Das Verhältnis des Sickingers zu Kurpfalz mußte daher erkalten. Als Franz von Sickingen 1522 dem Kurfürsten von Trier den

Goetz von Berlichingen · Kupferstich von Schillinger aus dem Historischen Almanach für den Deutschen Adel 1793

ALLEIN·GOT·DI·ER·LIEB

Franz von Sickingen 1481–1523 · Kupferstich von Hieronymus Hopfer · Historisches Museum der Pfalz Speyer

Krieg erklärte und vom Kaiser geächtet wurde, zögerte Kurfürst Ludwig nicht, zusammen mit dem Landgrafen von Hessen die Reichsexecution auszuführen. Sickingen, der auf eine Erhebung der ganzen Ritterschaft, ja des ganzen Volkes gehofft hatte, wurde zum Rückzug in seine Burg *Landstuhl* bei Homburg gezwungen. Dort wartete er vergebens auf Entsatz durch seine Standesgenossen. Herangeführte neuartige Geschütze schossen solche Breschen in seine als uneinnehmbar geltende Feste, daß er sterbend sich ergeben mußte.

So wie die religiöse Reformbewegung bei Teilen der Ritterschaft Bestrebungen zum Umsturz der bestehenden Ordnung ausgelöst hatte, entzündete sich die im Bauernstand angesammelte Unzufriedenheit an den Schriften der neuen Lehre, zumal die Landbevölkerung unter den häufigen Fehden der Ritter und Landesfürsten am meisten zu leiden hatte. Bereits im 15. Jahrhundert war es im Südwesten des Reiches zu Bauernunruhen unter dem Zeichen des *„Bundschuhs"* gekommen, zuletzt 1502 und 1517 unter der Führung von Jost Fritz aus Untergrombach im Bistum Speyer. 1524 flammte die Aufstandsbewegung in Thüringen, Franken, Schwaben und am Rhein gleichzeitig auf; die Haufen verbanden sich zu losem Zusammenwirken. Einzelne Ritter, wie *Florian Geyer* und der pfälzische Lehensträger *Goetz von Berlichingen,* stellten sich an ihre Spitze. Während sich die Kämpfe mit den Bauern im schwäbischen und

mainfränkischen Raum abspielten, griff vom Elsaß her die Aufstandsbewegung gegen weltliche und geistliche Grundherren auf die linksrheinische Pfalz und insbesondere das speyerische Gebiet über. Die rechtsrheinische Pfalz und der Kraichgau blieben verschont. Kurfürst Ludwig suchte entsprechend seiner Natur zu vermitteln; er ermahnte die Grundherren, ungerechte Fronden und Abgaben zu streichen. Ein andermal begab er sich mit nur 30 Bewaffneten nach Forst, wo 8000 Bauern versammelt waren, und erhielt das Versprechen, sie würden nach Hause ziehen, während der Kurfürst die in 12 Artikeln zusammengefaßten Forderungen prüfen wollte. Die Massen waren aber schon zu aufgewühlt, als daß solch einzelne Aktionen zu einer allgemeinen Befriedigung hätten führen können.

Als dann immer mehr wehrlose Klöster und kleinere Burgen gebrandschatzt wurden, entschloß sich der von seinen geistlichen Nachbarn um Hilfe gerufene Kurfürst Ludwig V. zu scharfem Durchgreifen. Er unterstützte mit seinen Truppen die Nachbarn, um das Übergreifen des Aufstandes auf die Pfalz zu verhindern. Im eigenen Gebiet war für das Schicksal der Aufständischen die Schlacht von *Pfeddersheim* im Juni 1525 entscheidend. Viele tausend Bauern und ihre städtischen Helfer wurden niedergehauen; Neustadt verlor vorübergehend seine Stadtrechte. Kurfürst Ludwig erwarb sich nach dem Sieg im Gegensatz zu vielen seiner Standesgenossen ein großes Verdienst durch seine

Mäßigung. Er rief seine Grafen und Ritter zusammen, um sie zur Prüfung der bäuerlichen Beschwerden anzuhalten. Hierfür wurde eine Kommission eingesetzt, der als bedeutendste Forderung vorgelegt wurde, man möge die Verkündung der neuen Lehre des reinen Evangeliums gestatten.

Bisher hatte Pfalzgraf Ludwig in der religiösen Bewegung eine abwartende Stellung eingenommen. Er hing persönlich der alten Lehre an. Doch konnte *Martin Luther,* der 1518 zu einem Augustinerkonvent nach Heidelberg gekommen war, in einer gelehrten Disputation ungehindert seine Thesen verfechten. 1521 hatte Ludwig auf dem Reichstag zu Worms den Bestrebungen, Luther wie ein Jahrhundert früher Hus unter Bruch des zugesagten freien Geleits festzunehmen, energisch widersprochen. Dagegen unterschrieb er nicht die Speyerer *Protestaktion* – daher die Bezeichnung *Protestanten"* – von 1529 und verbot einigen zur Reformation übergetretenen Gelehrten die Hörsäle der Universität. Während die zweibrückischen Vettern sich offen zur neuen Lehre bekannten, blieb in der Kurpfalz alles in der Schwebe. Eine vermittelnde Politik verfolgte Ludwig auch in seinen letzten von schweren körperlichen Leiden heimgesuchten Lebensjahren. Er starb 1544, ohne Söhne zu hinterlassen. Nach den Hausverträgen folgte ihm sein Bruder *Friedrich II.*

Als Kurfürst von 1544–1556 versuchte er zunächst die zwischen den religiösen Parteien vorsichtig lavierende Politik seines verstorbenen Bruders fortzuführen. Er trat der von seinem bei der Bevölkerung sehr beliebten Neffen Ottheinrich begünstigten und sich ausbreitenden evangelischen Lehre nicht entgegen. Auf Grund eines Gutachtens von *Melanchthon* wurden um die Jahreswende 1545/46 in der Schloßkapelle und der Heiliggeistkirche Abendmahl und Gottesdienst nach protestantischer Art abgehalten. Friedrich suchte auch Fühlung mit dem Schmalkaldischen Bund, dem die Pfalz nicht angehörte. Als Kaiser Karl V. nach seinem Sieg über die Schmalkaldener 1547 den bayerischen Wittelsbachern die Kurstimme in Aussicht stellte, strebte Friedrich danach, den Kaiser zu versöhnen. Das gelang ihm durch das Versprechen, die Reformationsanfänge wieder zurückzunehmen. Dem sogenannten Augsburger *Interim,* das den damaligen Besitzstand der Konfessionen vorläufig belassen sollte, stimmte Friedrich zu. Die Erfolge von Moritz von Sachsen und das Eingreifen Frankreichs 1552 verschafften den protestantischen Fürsten im Ringen mit dem Kaiser wieder Luft. Friedrich II. suchte gleichwohl bis in seine letzten Lebensjahre zu vermitteln, war sich aber wohl klar, daß sein Nachfolger als protestantischer Parteigänger das Steuer entschieden herumwerfen werde.

Ottheinrich und sein jüngerer Bruder Philipp waren während des Bayerischen Erbfolgekrieges (S. 33) geboren und

hatten als kleines Fürstentum die *»junge Pfalz«,* mit *Neuburg an der Donau* als Hauptstadt, erhalten. Unter der Vormundschaft des Pfalzgrafen und späteren Kurfürsten Friedrich II., eines jüngeren Bruders Ihres Vaters, wuchsen die beiden heran. 1522 wurden die beiden Brüder für mündig erklärt und übernahmen die Regierung von Neuburg. Ottheinrich pflegte die Beziehung zu den Heidelberger Verwandten. Seine zwei dort nacheinander regierenden Onkel blieben ohne männliche Erben. Ottheinrich schrieb in seinem Tagebuch mehrfach vom *»wartend Erb«.* In seine Neuburger Zeit fällt die entschiedene Einführung der Reformation. Die für das kleine Land zu aufwendige Lebensführung der beiden Herzöge führte zu einem schlimmen Ende: Die Gläubiger ließen sich nicht mehr vertrösten. Nach Verkauf aller Kunstschätze übernahm die *Landschaft* (Stände) die restlichen Schulden, aber auch und die Verwaltung. Die Herzöge mußten mit einer kleinen Rente das Land verlassen. Ottheinrich zog nach Heidelberg in ein Haus am Karlsplatz, später, als der Kurfürst ihn mehr im Hintergrund halten wollte, nach Weinheim, wo er trotz seiner beschränkten Mittel wieder mit dem Sammeln von Kunstgegenständen, jetzt Münzen und Bücher, anfing. Als er 1556 für drei Jahre zur Kurwürde gelangte, war er ein durch Leibesfülle geplagter kranker Mann. Wenn dieser Fürst trotz seiner kurzen Regierungszeit in der Erinnerung des Pfälzer Volkes so lebendig blieb, ist dies auf verschiedene Ursachen zurückzuführen. Einmal war er vor der Regierungsübernahme als designierter Nachfolger des kinderlosen Kurfürsten in Heidelberg und Weinheim ansässig gewesen. Ferner hatte er durch sein frühes entschiedenes Eintreten für die neue Glaubensform Sympathien bei dem protestantisch gesinnten Teil der pfälzischen Bevölkerung gewonnen, der des vorsichtigen Lavierens seiner beiden Vorgänger in der Kur müde war. Sein in Neuburg an der Donau erprobtes Bauverständnis fand in dem von ihm maßgebend beeinflußten *Ottheinrichsbau* des Heidelberger Schlosses sichtbaren Ausdruck, sowie seine Sammlerleidenschaft in der Vergrößerung der Heidelberger Kunstschätze und Bücherbestände zur Auswirkung kam. Nicht zuletzt ist ihm die Wiederbelebung der in engem Dogmatismus erstarrten Universität zu verdanken, der er eine neue Satzung gab.

Als Ottheinrich 1559 kinderlos starb, erlosch mit ihm die alte Kurlinie. Er selbst und seine Umgebung haben dies als eine Strafe Gottes angesehen dafür, daß sein Vorfahr Ludwig III. Hus zum Scheiterhaufen geführt hatte.

7. Das pfälzische Heidelberg

Die Anfänge

Heidelberg ist eine Gründung des Pfalzgrafen *Konrad von Staufen* in der zweiten Hälfte des 12. Jahrhunderts. Die Stadt ist planmäßig angelegt, nicht gewachsen, und einer Burg zugeordnet. Sie gehört somit zu den Stadtgründungen der Stauferzeit. Die erste Erwähnung Heidelbergs findet sich im Jahr 1196 anläßlich der Beisetzung Konrads im Kloster Schönau. Der dabei erwähnte Leutpriester aus Heidelberg ist der ältesten Pfarrkirche *St. Peter* zuzuordnen, die in ihrem Peterspatrozinium auf die Wormser Domkirche verweist. Eine ausdrückliche Verleihung des Stadtrechts ist also nicht überliefert.

1203 wird ein Schultheiß von Heidelberg erwähnt. 1217 spricht eine Urkunde von der *Stadt Heidelberg* und ihren Bürgern. Nachdem die Pfalzgrafenwürde 1214 auf die Wittelsbacher übergegangen war, erfolgte 1225 die Belehnung Herzog Ludwigs I. von Bayern mit der Burg Heidelberg und der Grafschaft am unteren Neckar durch den *Bischof von Worms*. 1225 und 1235 ist von Befestigungen und Mauern die Rede, die ein Kennzeichen städtischer Gemeinwesen waren. 1229 kam Pfalzgraf Ludwig II. in der Heidelberger Burg zur Welt, die also schon eine Residenz gewesen sein muß. Die neben der lange selbständig gebliebenen Burgsiedlung in der Ebene zwischen der Grabengasse bei der heutigen Universität und der Plankengasse im Osten entstandene Talgemeinde war mit parallel und senkrecht zur Hauptstraße laufenden Gassen angelegt. Am Marktplatz als Mittelpunkt der Stadt stand eine 1329 erstmals erwähnte, von der Peterskirche betreute Kapelle *»Zum Heiligen Geist«*. Zunächst bewohnten die Stadt Ministerialenfamilien, die mit den Pflazgrafen durch Dienstleistungen verbunden waren, und begüterte Bürger, die auch in enger Beziehung zum Deutschen Ritterorden oder zum Kloster Schönau standen. Handel und Gewerbe spielten nur eine geringe Rolle. Seit Mitte des 13. Jahrhunderts sind ein Augustiner- und ein Franziskaner-Kloster nachgewiesen. 1303 werden in einer Urkunde die *»stat ze Heidelberch und di burgen bede daselben«* erwähnt. Auch im Vertrag von Pavia, der die Trennung von Bayern und Pfalz brachte, ist von der *»obern und nidern burch«* die Rede. Frühgotische Fenster, die im heutigen Schloß bei Renovierungsarbeiten wieder aufgefunden wurden, dienten vielen Forschern als Beweis dafür, daß die untere Burg die ältere und die obere 1527 auf dem Molkenkurhügel durch Blitzschlag zerstörte eine zusätzliche Befestigung gewesen ist. Neuerdings stößt diese Theorie auf Widerspruch.

Einen ersten Höhepunkt erlebten Burg und Stadt Heidelberg unter Kurfürst Ruprecht I.. Die Ausweitung des rheinpfälzischen Territoriums kam auch der immer mehr zum Mittelpunkt werdenden Hauptstadt der Pfälzer Wittelsbacher zugute. Zunächst jedoch waren die äußeren Zeitumstände einer Aufwärtsentwicklung nicht günstig. Eine Pestepidemie (1348–50) durchzog Europa. Aberglaube breitete sich aus: Flagellantenzüge streiften umher, die Juden wurden der Brunnenvergiftung bezichtigt und aus den alten Städten am Rhein, in denen sie zum Teil seit der Römerzeit ansässig waren, vertrieben. Ruprecht I. nahm sie in Schutz und wies ihnen Heidelberg als Wohnsitz an. Auch ließ er Mühlen am linken Neckarufer errichten und Märkte abhalten.

1284 trat an die Stelle der vom Kloster Schönau betriebenen Fähre eine feste hölzerne Brücke, die trotz häufiger Zerstörung durch Hochwasser, Eisgang und Kriegsereignisse bis in die zweite Hälfte des 18. Jahrhunderts immer wieder erneuert wurde, um dann erst 1786 durch die *»Alte Brücke«* aus rotem Sandstein ersetzt zu werden, ohne die wir uns Heidelbergs Stadtbild nicht mehr vorstellen können.

Die Universität

Aber die entscheidende, bis auf unsere Tage sich auswirkende Tat war die Gründung der *Universität* als *»studium generale«* im Jahre 1386. Ruprecht selbst war nach damaligen Begriffen kein gebildeter Mann, da dies die Beherrschung der lateinischen Sprache vorausgesetzt hätte. Aber durch seine Jugendfreundschaft mit dem hochgebildeten, kunstverständigen Kaiser Karl IV., der 38 Jahre zuvor die Universität Prag als erste im damaligen Deutschen Reich gegründet hatte, war Ruprecht I. geistigen Fragen gegenüber aufgeschlossen. So erkannte er die durch das Schisma in der Kirche geschaffene Gelegenheit, die durch Anhänger des Gegenpapstes in Avignon von der Pariser Universität vertriebenen deutschen Professoren und Studenten nach Heidelberg zu ziehen. Mit Genehmigung des römischen Papstes – das Studium spielte sich ja noch ganz im kirchlichen Rahmen ab – wurde die Hochschule mit zunächst drei Fakultäten: der theologischen, der juristischen und der die Vorstufe bildenden Fakultät der freien Künste eröffnet. Die vierte, die medizinische Fakultät, kam erst 1390 hinzu. Erster Rektor wurde *Marsilius von Inghen,* der diese Würde schon in Paris bekleidet hatte. Am 18. Oktober 1386 erfolgte die Eröffnung mit einer Messe in der noch kleinen Heiliggeistkirche. Drei Tage später begannen die Vorlesungen von zunächst drei *Magistern* vor wenigen *Scholaren,* die noch in Bürgerhäusern wohnten. Der neugegründeten Universität kam die fortschreitende Tschechisierung der Prager Hochschule zugute. Sie vertrieb viele Lehrer und Studenten, die nach Wien, Leipzig, Erfurt, zum großen Teil aber nach Heidelberg kamen, so daß Ostern 1387 schon 31 Magister und über 450 Scholaren immatrikuliert waren. Jetzt wurden *Bursen* und neue Vorlesungsräume errichtet, und die Hochschule begann das Gesicht der Stadt zu prägen und in ihr auch wirtschaftlich eine Rolle zu spielen. Organisation und Methode des Lehrbetriebs waren von Paris übernommen.

Für das Hochschulstudium bestanden feste Regeln. Zunächst mußte man 3 bis 4 Jahre Vorlesungen in der Fakultät der sieben freien Künste, der *Artistenfakultät,* hören, die mit Grammatik, Dialektik und Rhetorik – dem *Trivium* – sowie mit Geometrie, Arithmetik, Astronomie und Musik – dem sogenannten *Quadrivium* – die Vorstufe für das weitere Studium bildeten. Nach der Abschlußprüfung in der Fakultät der freien Künste – der Vorläuferin der philosophischen Fakultät – konnte der *Baccalaureus* sich für ein Fachstudium an einer der drei anderen Fakultäten entscheiden. Dies schloß in der Regel mit der Magisterprüfung ab. Damit war die Lehrberechtigung in *der Artistenfakultät* gegeben. Ein weiteres Studium konnte nach insgesamt 9 Jahren zum *Doktor* führen. Bei beiden Prüfungen, aber auch ohne solchen Anlaß, fanden öffentliche Disputationen statt, an denen im Prinzip die ganze Universität Anteil nahm.

Durch einen Zufall sind aus den ersten Jahrzehnten der schnell an Bedeutung gewinnenden Hochschule Bilder der hervorragendsten theologischen und juristischen Professoren erhalten in einem Notariatsinstrument des Bacharacher Notars Thomas Cube über die Zollfreiheit des Pfarrweins von Bacharach. In diesem Rechtsstreit gaben nicht weniger als 70 rheinische Theologieprofessoren und solche des kanonischen und römischen Rechts von Heidelberg bis Köln eine Stellungnahme ab. Vor jeder Äußerung wurde ein Bild des Betreffenden in die Handschrift gezeichnet.

Stadt und Universität bis 1556

Der gleichnamige Neffe und Nachfolger von Kurfürst Ruprecht vergrößerte die Residenzstadt durch Ummauerung der bis zur heutigen Sofienstraße reichenden »*Neuen Stadt*«. Die Besiedlung dieses großen Geländes war noch lange Zeit recht locker und wurde erst im 19. Jahrhundert vollendet. Zwischen Hauptstraße und Plöck lagen weite Grünflächen, insbesondere ein Turnierplatz. Um das Wachstum des neuen Stadtteils zu beschleunigen, wurden 1392 die Bewohner des benachbarten Dorfes *Bergheim* gezwungen, ihre Heimstätten in die Stadt zu verlegen. Zur Förderung der Hochschule vertrieb Ruprecht II. die von seinem Onkel beschützten Juden, die schnell Haus- und Grundbesitz erworben hatten. Dieser wurde den neu zugezogenen Professoren und Scholaren als Wohnungen zugewiesen, die Synagoge zum Vorlesungsgebäude umgestaltet. Ruprecht III. sicherte die wirtschaftliche Existenz der Universität durch Umwandlung der *Heiliggeistkirche* aus einer Filiale der Peterskirche zu einem Stift mit 12 Kanonikerstellen, die fast ganz Professoren der Hochschule vorbehalten blieben und durch entsprechende Pfründen dotiert wurden. Von dem eifrig betriebenen Neubau an Stelle einer spätromanischen Kapelle und einer frühgotischen Filialkirche zur Peterskirche, in der noch die Eröffnung der Universität erfolgt war, erlebte er nicht einmal die Fertigstellung des Chors, in dem er 1410 beigesetzt wurde. Entsprechend dem durch die Wahl zum deutschen König gestiegenen Selbstbewußtsein sollte die neue Heiliggeistkirche Erbbegräbnis der pfälzischen Wittelsbacher werden nach Kloster Schönau und der St. Ägidiuskirche in Neustadt. Die Grabplatte Ruprechts und seiner Gemahlin ist noch im Chor von Heiliggeist zu sehen. Das neuerliche Schisma in der Kirche und seine Beseitigung durch das Konstanzer Konzil berührten die Universität stark. Ihre Abordnung trat mit Kurfürst Ludwig für Gregor XII., nach dessen Rücktritt für Martin V. ein. In der Verdammung von Hus und der Wicliffschen Reformbewegung waren sich die Heidelberger Theologen mit König und Kurfürsten einig. Die Spätscholastik erstarrte in Formenzank. Um dem abzuhelfen, stellte Friedrich der Siegreiche 1452 beide scholastischen Lehrmeinungen, die »*via antiqua*« und die »*via moderna*«, gleich.

Schon früh wurde der Hof Friedrichs des Siegreichen von der großen geistigen Bewegung des *Humanismus* ergriffen. Nach anfänglichem Widerstand folgte auch die Universität im Ausgang des Jahrhunderts. Unter *Philipp dem Aufrichtigen* (1476–1508) ist Heidelberg ein Mittelpunkt des Humanismus. Gefördert von dem hochgebildeten kurpfälzischen Kanzler *Johann von Dalberg* – später Bischof von Worms – wirkten der berühmte Humanist *Agricola* und der

Ältere Darstellung von Heidelberg mit den zwei Burgen · Holzschnitt von Sebastian Münster aus dem Calendarium hebraicum 1528

Hohe Schul zu Heydelberg · Holzschnitt aus der Cosmographie von Sebastian Münster 1544

Dichter *Konrad Celtis* in Heidelberg. *Johann Reuchlin* kam aus Pforzheim nach Heidelberg und führte dort das Studium des Griechischen ein. Wie sein Freund *Jacob Wimpfeling* aus Schlettstadt war er auch als Erzieher der pfälzischen Prinzen tätig. Eine weitere Leuchte der Heidelberger Universität aus humanistischem Geist war Reuchlins Großneffe *Philipp Melanchthon* aus Bretten, der 14jährig hier 1511 das Baccalaureat erwarb. Auch der Ausbau von Stadt und Schloß ging weiter. Aus dieser Epoche sind zu erwähnen insbesondere das Zeughaus und der Turm von Heiliggeist. Auf dem Schloß entstand der Ruprechtsbau, später der Ludwigs- und Bibliotheksbau, viele Wirtschaftsgebäude und die Brunnenhalle im Schloßhof mit den römischen Säulen aus der Ingelheimer Pfalz Karls des Großen. Das älteste *Einwohnerverzeichnis* der Stadt Heidelberg von 1439 war anläßlich der Erhebung einer einmaligen Vermögensabgabe von 5 Prozent aufgestellt worden. Die 11 Zünfte hatten 525 Mitglieder. Die größte Zunft war die der Weingärtner und Ackerbauer mit 129, dann kam die der Schmiede mit 91 Mitgliedern. Erstere waren nicht so wohlhabend, denn sie zahlten zusammen weniger als die Schmiede. Unter den insgesamt 732 Steuerpflichtigen befanden sich 12 Geistliche und 12 Stadträte. Mit Familienangehörigen, Gesinde, Lehrlingen und Gesellen kann man die Einwohnerzahl Heidelbergs in der ersten Hälfte des 15. Jahrhunderts auf etwa 4200 schätzen. Kurfürst Fried-

rich I. erließ 1465 eine Stadtordnung, in der auch die Steuern und Abgaben geregelt wurden, von denen die Stadt ein Viertel, später ein Drittel behalten durfte, daraus aber die Unterhaltung der Stadtbefestigung bestreiten mußte. Im gleichen Jahr wurde auch das aus Adeligen und rechtsgelehrten Bürgern zusammengesetzte *Hofgericht* gebildet, das als oberstes pfälzisches Appellationsgericht das Zusammenwachsen der pfälzischen Territorien förderte. Durch den Bayerischen Erbfolgekrieg litt mit dem ganzen Land auch die Hauptstadt Heidelberg. Unter Ludwig V. wurden die Befestigungsanlagen von Stadt und Schloß den neu aufgekommenen Feuerwaffen angepaßt. Die großen Wehrtürme an den Flanken des Schlosses entstanden, die Grundfläche der Gesamtanlage wurde durch Planierung und Aufschüttung vergrößert.

Jahrzehnte der Blüte bis 1622

Die Reformation fand trotz der berühmten Disputation Luthers im Augustinerkloster – bereits 1518 – nur langsam Eingang in der Stadt und der Universität. Erst Ottheinrich setzte nach 1556 das Luthertum entschieden durch, ohne daß allerdings damit eine endgültige Entscheidung über die

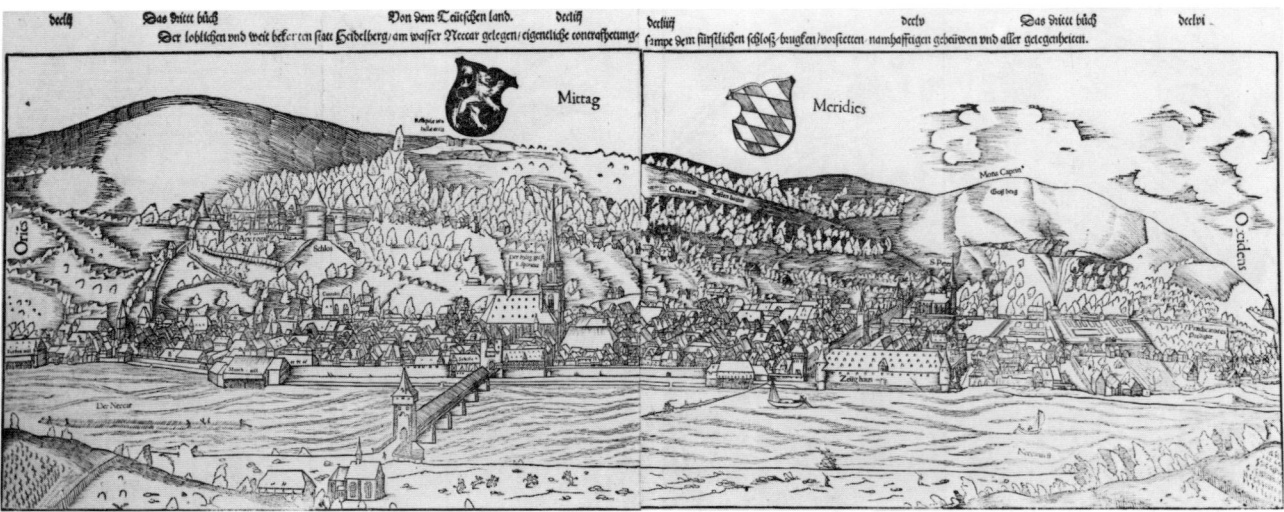

Gesamtansicht Heidelbergs aus dem Jahre 1550 · Holzschnitt von Sebastian Münster

Konfession in der Pfalz getroffen worden wäre; ist doch in der Folge gerade die *Pfälzer Reformation* durch mehrere gewaltsame Umbrüche gekennzeichnet.

Jeden Religionswechsel mußten Professoren und Studenten mitmachen oder Heidelberg verlassen. So zog 1578 eine große Anzahl von ihnen nach *Neustadt,* das der reformiert gebliebene Pfalzgraf Johann Kasimir als Residenz des ihm zur Verwaltung überlassenen Landesteils bewohnte. Das hier begründete *Collegium Casimirianum* erwarb sich hohen wissenschaftlichen Ruf. 1583 übernahm Kasimir als Vormund des minderjährigen Kurprinzen die Regentschaft in Heidelberg und verlegte diese Tochterhochschule wieder nach Heidelberg zurück Dies war nicht der erste Auszug, denn schon mehrmals war die Heidelberger Hochschule der Pest wegen aus der Stadt nach Eberbach, 1542 nach Oppenheim am Rhein, 1564/65 nach Eppingen im Kraichgau verlegt worden. Wie klein die Verhältnisse waren, sieht man an dem in diesem ehemaligen Reichsstädtchen erhaltenen Fachwerkhaus, das damals die Heidelberger Universität beherbergte. Trotz mancher Engherzigkeit war die Epoche von 1556 bis 1619 eine *Blütezeit der Heidelberger Universität,* die wieder europäisches Ansehen genoß, vor allem als Vorort reformierten Glaubens, dem aus anderen Ländern vertriebene Gelehrte zuströmten.

Neben dem Aufblühen der nunmehr *humanistisch* eingestellten Universität ist in der zweiten Hälfte des 16. und in den beiden ersten Jahrzehnten des 17. Jahrhunderts ein beachtlicher Aufschwung künstlerischer Betätigung festzustellen, dem allerdings der Verlust vieler mittelalterlicher religiöser Kunstwerke durch den Bildersturm fanatischer Calvinisten gegenübersteht. Insbesondere Kurfürst Ottheinrich hat in seinen drei Regierungsjahren 1556–1559 viel für Heidelberg getan. Es sei nur an das Glanzstück der deutschen Renaissance-Baukunst, an den *Ottheinrichsbau*

im Heidelberger Schloß, erinnert, an dessen Ausgestaltung der Kurfürst persönlich regen Anteil genommen hat. Seine besondere Liebe galt den Büchern. Schon in der langen Wartezeit auf das Kurfürstenamt hatte er trotz beschränkter Mittel eine Reihe von Kunstwerken und Büchern gesammelt. Diese und die aus dem Kloster Lorsch nach Heidelberg gebrachten Folianten fügte er den ererbten, auf den Seitenemporen der Heiliggeistkirche aufgestellten Bücherschätzen bei. So entstand die berühmte *»Bibliotheca Palatina«.*

In auffälligem Gegensatz zu dieser wissenschaftlichen und künstlerischen Großzügigkeit steht die Unduldsamkeit in Religionsfragen. Ein besonders krasser Fall war das unbarmherzige Vorgehen gegen den Ladenburger geistlichen Inspektor (Dekan) *Johannes Silvanus* und die übrigen Beteiligten an der sogenannten *»Arianischen Verschwörung«.* 1570 hatte man Briefe von Silvanus an Anhänger der das Trinitätsdogma ablehnenden Arianer in Siebenbürgen abgefangen und bei einer Haussuchung ein die Lehre von der Dreieinigkeit ablehnendes Manuskript gefunden. Kurfürst Friedrich III. zögerte zwei Jahre, das von seinen Theologen geforderte und nach geltendem Recht gefällte Todesurteil vollstrecken zu lassen. Als aber die eingeholten juristischen und theologischen Gutachten die Rechtmäßigkeit des Urteilsspruches bestätigten, setzte er seine Unterschrift unter das Urteil, das im Dezember 1572 auf dem Marktplatz zu Heidelberg vollzogen wurde. Nachdem an Silvanus ein Exempel statuiert worden war, ließ man gegen die übrigen Beteiligten Milde walten: sie wurden des Landes verwiesen oder konnten fliehen. Aus den letzten Jahren des 16. Jahrhunderts sind als weitere Beispiele von Bauten im deutschen Renaissancestil das vom Regenten Johann Kasimir errichtete Kolleggebäude Casimirianum auf dem Platz der heutigen alten Universität zu nennen.

Gesamtansicht Heidelbergs aus dem Jahre 1620 · Kupferstich von Matthäus Merian

Im letzten Jahrzehnt vor dem Dreißigjährigen Krieg ließ Kurfürst *Friedrich V.* den weitberühmten *»Hortus Palatinus – den pfälzischen Garten«* auf den eingeebneten Terrassen neben dem Schloß anlegen. Gartenarchitekt war der Franzose Salomon de Caus. Für die Anlage dieses Gartens nahm man die Schwächung der Schloßbefestigung in Kauf: Der Reichtum dieser Epoche kam in dem Streben nach höfischer Repräsentation und Geselligkeit zum Ausdruck. Der *englische Bau* und das *Elisabethentor* im Schloßgarten, das Friedrich seiner Frau in einer einzigen Nacht als Geburtstagsüberraschung hatte errichten lassen, gehören auch in die letzte Ausbauphase des Heidelberger Schlosses. In diesen Jahren vor dem Weggang des Kurfürstenpaares nach Böhmen war das Heidelberger Schloß ein europäischer Kulturmittelpunkt. Theater und Musik, deren Pflege auf dem Schloß eine über zweihundertjährige Tradition hatte, erfuhren gerade unter den Kurfürsten des simmerischen Hauses großzügige Förderung. So erlebte das Schloß die deutsche Erstaufführung vieler Dramen Shakespeares durch englische Theatertruppen noch zu Lebzeiten des Dichters.

Das Ende dieser glückhaften Entwicklung brachte die Maßlosigkeit der politischen Ziele Friedrichs V., die die Katastrophe des Dreißigjährigen Krieges auslöste. Der Kurfürst reiste Anfang Oktober 1619 von Heidelberg nach Prag und ließ Herzog Johann von Zweibrücken als Statthalter zurück. Nach der Schlacht am Weißen Berg (8. 11. 1620) überließ Friedrich V. die Pfalz sich selbst.

Der Dreißigjährige Krieg

Bereits 1620 waren die ersten Spanier unter Spinola bis vor Heidelberg vorgestoßen; 1621 warfen die Bürger Schanzen auf, um die Stadt gegen den spanischen General Cordova zu verteidigen. Die Regierung und die Professoren waren schon geflohen. Ernst wurde es, als *Tilly* im Frühsommer 1622 Heidelberg einschloß und beschießen ließ. Am 19. 9. 1622 begann der Sturm auf die Stadt vom Gaisberg herunter; die kroatischen Reiter drangen wie die Teufel durch den Neckar in die untere Stadt ein. Drei Tage war die Stadt zur Plünderung freigegeben, die die wütenden Sieger gründlich besorgten. Etwas später wurde auch das Schloß eingenommen. Das Universitätsarchiv mit den wertvollen Gründungsurkunden und Privilegienbriefen war durch den Medizinprofessor Peter von Spina bereits 1620 nach Frankfurt gerettet worden. Aber die Bibliotheca Palatina war die wertvollste Kriegsbeute des ligistischen Heeres. Nachdem Herzog Maximilian von Bayern 1623 die Regierung der rechtsrheinischen Pfalz übernommen hatte, mußte er als Entschädigung für die ihm vom Papst gewährten Kriegskredite die 8800 kostbaren Manuskripte und Erstdrucke dem Ludovisi-Papst Gregor XV., der ein großer Bücherfreund war, überlassen. In 184 Kisten verpackt und auf fünfzig Planwagen verteilt wurde die berühmte Bibliothek über die Alpen nach Rom transportiert. Dort war Papst Gregor XV. inzwischen verstorben. Sein Nachfolger, Urban VIII., ließ die pfälzische Bibliothek in dreißig Schränken, getrennt von den übrigen Beständen der Vaticana, aufbewahren. Um die Herkunft der Bücher nicht vergessen zu lassen, hatte Herzog Maximilian in jeden Band ein Etikett in lateinischer Sprache einkleben lassen, das folgendes besagte: *»Ich stamme aus der Pfälzer Biblio-*

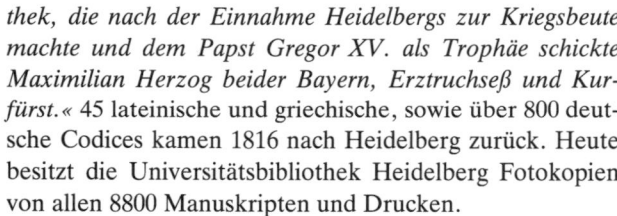

Johann von Dalberg (1445–1503). Kanzler der Universität Heidelberg und als Johann III. 1482 Bischof von Worms · Kupferstich

Caspar Olevianus (1536–1587), überzeugter Calvinist und Verfasser des Heidelberger Katechismus · Kupferstich

thek, die nach der Einnahme Heidelbergs zur Kriegsbeute machte und dem Papst Gregor XV. als Trophäe schickte Maximilian Herzog beider Bayern, Erztruchseß und Kurfürst.« 45 lateinische und griechische, sowie über 800 deutsche Codices kamen 1816 nach Heidelberg zurück. Heute besitzt die Universitätsbibliothek Heidelberg Fotokopien von allen 8800 Manuskripten und Drucken.

Nachdem der nunmehrige Kurfürst *Maximilian* die Regentschaft über die Pfalz angetreten hatte, wurde die Universität den Jesuiten übergeben. Nur die Professoren, die katholisch wurden, konnten bleiben. Auch die Rekatholisierung der Stadt wurde in den Jahren bis 1632 durchgeführt. Die Universität war übrigens nur in den Jahren 1626 bis 1629 geschlossen; in den übrigen Jahren des Dreißigjährigen Krieges wurde – wenn auch unter großen Einschränkungen – der Lehrbetrieb aufrechterhalten. Am 15. 5. 1633 vertrieben die Schweden die Bayern aus der Stadt – wieder nach einer langen Belagerung. Für gut ein Jahr wurde das Schloß wieder Sitz des Pfalzgrafen Ludwig Philipp, der für Kurfürst Friedrich V., der 1632 gestorben war, die Regentschaft ausübte. Nach der Schlacht bei Nördlingen 1634 mußten sich die Schweden zurückziehen. Die Kaiserlichen besetzten am 16. 11. 1634 erneut Heidelberg, während das Schloß von den Schweden bis zum Juli 1635 gehalten wurde. Bis 1649 bleibt Heidelberg bayerisch, obwohl die Neckarpfalz zwischen 1645 und 1648 mehrmals von Franzo-

sen und anderen Heeren besetzt und ausgeplündert wurde. Am 5. 10. 1649 übergab die bayerische Besatzung Heidelberg dem zurückgekehrten Pfälzer Kurfürsten *Karl Ludwig,* der 1619 als Zweijähriger mit seinen Eltern die Stadt verlassen hatte. Zunächst galt es, die Kriegsschäden am Schloß und in der Stadt zu beseitigen.

Die letzte Zeit als Residenz und Hauptstadt

Dies war in der verarmten und entvölkerten Stadt nicht leicht. Aber der mit eiserner Sparsamkeit energisch zu Werk gehende Kurfürst spornte die verbliebenen und langsam zurückkehrenden Einwohner durch Steuerbefreiung zu Wiederherstellung und Neubau von Häusern sowie gewerblicher und landwirtschaftlicher Tätigkeit an. Auch um Zuwanderer wurde geworben. Nachdem in der Stadt das Nötigste getan war, wurde das im ganzen nicht eigentlich zerstörte, aber sehr heruntergekommene Schloß instandgesetzt. Viel kunstvoller Zierat im Schloßinnern war allerdings, ebenso wie die berühmte Gartenanlage des *»hortus palatinus«,* endgültig zerstört worden. 1650 konnte der Kurfürst nach der Heirat mit Charlotte von Hessen-Kassel einen wiederhergestellten Schloßflügel beziehen.

Der Universitätsplatz im Jahre 1758 · Kupferstich von B. de la Roque

Nun war auch an die Universität zu denken. Durch einen Gottesdienst in der Heiliggeistkirche wurde am 1. 11. 1652 der Universitätsbetrieb mit 3 Professoren feierlich wieder eröffnet. In den nächsten Jahren gelang es, bedeutende Gelehrte für Heidelberg zu gewinnen. Am bekanntesten ist *Samuel Pufendorf,* der 1661–69 als Extraordinarius für Philologie und Völkerrecht berufen wurde. Einen von der philosophischen Fakultät an *Spinoza* nach dem Haag ergangenen Ruf lehnte der Philosoph ab; es bewies aber, daß die Schrecken des Dreißigjährigen Krieges die Toleranz auch an der Heidelberger Universität gefördert hatten. Alle Lehrstühle außer den theologischen waren von der konfessionellen Bindung befreit. Niemand ahnte, daß die zur Sicherung vor dem mächtigen französischen Nachbarn gedachte Vermählung von Elisabeth Charlotte mit dem Bruder Ludwig XIV. der Anlaß zur völligen Zerstörung Heidelbergs sein sollte. Mit der übrigen Pfalz wurde Heidelberg von 1688 bis 1693 besetzt, nach Plünderung und grausamster Behandlung der Einwohner von den Franzosen zerstört und in Brand gesteckt. Das Schloß erhielt damals die uns jetzt so vertraute Ruinengestalt. (Durch Blitzschlag brannten 1764 einige Räume aus, die Karl Theodor hatte herrichten lassen, der Friedrichsbau wurde in den 1890er Jahren überdacht und restauriert.) In der Stadt zeugen im wesentlichen nur noch *Heiliggeist-* und *Peterskirche* sowie der *Marstall* vom Heidelberg des Mittel-

alters und das Haus zum *Ritter* von den Bauten der Renaissance. Ludwig XIV. ließ eine Medaille prägen mit der trauernden Stadtgöttin und der Umschrift: *Heidelberga deleta.*

Erst ab 1697 nach dem Frieden von Rijswijk kam ein Teil der geflüchteten Einwohner zurück und wurde durch Zuwanderer aus verschiedenen Gegenden Deutschlands ergänzt. Der Wiederaufbau erfolgte im süddeutschen Barockstil nach dem Vorbild verschiedener Bauten, die Hofbaumeister *Galli-Bibiena* in mehreren Städten der Kurpfalz errichtet hatte. Straßen und Plätze der Altstadt Heidelbergs tragen noch heute das Aussehen dieser Aufbauperiode von 1697 bis 1720. Die Universität erhielt ein Kollegienhaus in Gestalt der heutigen »*Alten Universität*«. Jesuiten schufen sich um die unter Leitung der Baumeister Breuning und Rabaliatti im Barockstil erbauten *Jesuitenkirche* ein Zentrum ihrer Tätigkeit.

Kurfürst *Johann Wilhelm* (1690–1716) hatte nach Beendigung des pfälzischen Erbfolgekrieges vor, Heidelberg zu einer barocken Residenzstadt auszubauen. Vor dem Speyerer Tor in der Ebene sollte ein großes Residenzschloß entstehen, während das teilzerstörte vorhandene Schloß nur in beschränktem Ausmaß wieder aufgebaut werden sollte. Die Heidelberger erkannten diese Chance nicht, als sie die Angebote des Kurfürsten ausschlugen. Johann Wilhelm verließ die Pfalz und baute Düsseldorf zu seiner prächtigen Residenz aus. Damit deutete sich der *Verlust der Hauptstadtfunktion* für Heidelberg an, die unter Kurfürst *Karl Philipp* Wirklichkeit wurde, als er wegen des bekannten Streits um die Heiliggeistkirche 1721 seine Residenz nach Mannheim verlegte. Das bedeutete einen schweren Schlag für die Stadt; denn die Behörden mit der ganzen Beamtenschaft mußten nach Mannheim übersiedeln. Erst später gestattete der Kurfürst auf mehrmalige dringende Bitten des Stadtrates hin, daß der Reformierte Kirchenrat und die Geistliche Administration ihren Sitz nach Heidelberg zurück verlegten. Von den staatlichen Behörden war nur die Verwaltung des Oberamtes in der Stadt geblieben. Die Stadt hatte damals 6100 Einwohner.

Erst Karl Theodor hat wieder mehr für Heidelberg getan. Für das Stadtbild entscheidend war 1784 der Bau der »Alten Brücke« an Stelle der mehrfach durch Hochwasser und Eisgang zerstörten hölzernen Brücke. Um 1780 wurde zu Ehren des Kurfürsten an der Stelle des alten Neckartors der alten Stadtbefestigung das Karlstor errichtet. Die merkantilistische Wirtschaftsförderung ließ auch in Heidelberg einige Manufakturen entstehen. Die Universität förderte Karl Theodor durch Errichtung einiger neuer Lehrstühle. 1784 wurde die in Kaiserslautern zu gewisser Bedeutung gelangte *Staatswirthschafts hohe Schule* nach Heidelberg verlegt und bildete hier die Grundlage für eine neue staatswirtschaftliche Abteilung der Universität.

Als 1786 die Universität die 400. Wiederkehr ihrer Gründung feierte, waren 26 Professoren an ihr tätig; es gab rund 260 Studenten. In dieser Zeit kam auch die Bezeichnung *Ruperta* für die Universität auf. Im Jubiläumsjahr erließ Karl Theodor neue Universitätsstatuten, die auch religiöse Toleranz anordneten. Doch erst die allgemeine Gleichstellung aller Bekenntnisse in der Pfalz durch *Max Joseph* 1799 schuf hier klare Verhältnisse. Inzwischen aber war die Universität durch die Wegnahme der linksrheinischen Pfalz in den Revolutionskriegen ihrer wirtschaftlichen Grundlage beraubt worden, womit auch ihre Selbständigkeit bedroht war. Zwar wandte ihr der Kurfürst nicht unbeträchtliche Mittel zu, die jedoch nur ausreichten, einen Teil der Schulden zu tilgen. Darüberhinaus drohte in diesen Jahren die Verlegung der Hochschule nach Mannheim. Der rührige Minister und Intendant Heribert von Dalberg schlug, um die Kurpfälzer Akademie der Wissenschaft für Mannheim zu retten, die Vereinigung beider Institute bei Kurfürst Karl Theodor und nochmals bei Maximilian Joseph vor.

8. Das Herzogtum Pfalz-Zweibrücken bis zur Reformation

Als im 10. und 11. Jahrhundert einzelne Adelsfamilien unmittelbare Gebietsherrschaft errangen, ragten im *Bliesgau* neben den Grafen von *Blieskastel* die Grafen von *Saarbrücken* hervor, die außer ihren Landen an der Saar auch die Kernlande des späteren Herzogtums *Zweibrücken* beherrschten. Nach dem Tode des Grafen Simon im Jahre 1182 teilten die Söhne Simon und Heinrich von Saarbrücken ihr väterliches Erbteil derart, daß jener die Länder an der Saar erhielt und dieser die Grafschaft Zweibrücken. Als Heinrich I. nannte er sich nunmehr Graf von Zweibrücken, nahm ein eigenes Wappen an und bezog die kleine, vielleicht auf den Grundmauern eines römischen Kastells gebaute, von verschiedenen Armen des Erbaches umflossene dortige Burg. Daß man zu deren Südtor nur über zwei hintereinanderliegende Brücken gelangen konnte, hat ihr und der später in ihrem Schutz entstehenden Stadt den Namen gegeben.

Über 200 Jahre herrschten in fünf Generationen die Grafen von Zweibrücken, denen *Crollius,* der berühmte pfälzische und speziell zweibrückische Geschichtsschreiber, nach den streitbaren Grafen Walram I. und II. den Beinamen Walramiden gegeben hat. Unter ihrer Regierung vergrößerte sich die Grafschaft durch Kriegsglück und Heirat, bis der letzte dieses Geschlechts, der unglückliche und schwächliche Graf Eberhard zur Behebung chronischer Geldnöte im Jahr 1385 seine hauptsächlichen Besitzungen für 25 000 Gulden an Kurfürst Ruprecht I. von der Pfalz verkaufte. Im Kaufakt werden unter anderem aufgezählt: Burg und Stadt *Zweibrücken, Hornbach, Bergzabern* mit Herrschaften, Vogteien, Mannen, Burgmannen, Lehen, Freiheiten, Ehren, Rechten und Gewohnheiten nebst allen Dörfern, Weilern, Höfen, Gerichten, Einkünften und sämtlichen Zubehören. Davon sollte die eine Hälfte voll in kurpfälzisches Eigentum übergehen, die zweite Hälfte erhielt Graf Eberhard II. als kurpfälzisches Lehen zurück, nachdem schon von früher her einige zweibrückische Teilgebiete unter kurpfälzischer Lehnshoheit gestanden hatten. Nach dem Tode von Graf Eberhard II. 1394 und seiner Witwe 1399 endete die Selbständigkeit der Grafschaft Zweibrücken, die nunmehr ein Teilgebiet von Kurpfalz wurde. Durch diesen Kaufakt wurde bewußt ein Erbübergang an die entfernten Verwandten Graf Eberhards, die Grafen von Zweibrücken-Bitsch oder die Grafen von Saarbrücken, verhindert.

In der Ausdehnungspolitik Kurfürst Ruprechts I. war der Erwerb dieser Grafschaft ein entscheidender Schritt. Doch gehörte Zweibrücken nur anderthalb Jahrzehnte zur Kurpfalz, da nach König Ruprechts letztem Willen 1410 die Pfälzer Lande unter seine vier ihn überlebenden Söhne geteilt wurden. Das Vorrecht des Erstgeborenen sollte sich bei den pfälzischen Wittelsbachern erst spät durchsetzen. Sein vierter Sohn Stephan, der mit der geschwisterlosen Tochter des Grafen von Veldenz verheiratet war, bekam bei dieser so entscheidenden pfälzischen Erbteilung die Grafschaften *Zweibrücken im Westrich* und *Simmern im Hunsrück.* Damit beginnt die fast 400jährige selbständige Geschichte des *»Herzogtums Pfalz-Zweibrücken«* – 1410–1799. Ihre Anfänge sind durch rasches Anwachsen – Erbanfall von *Veldenz* und von Teilen der Grafschaft *Sponheim* – und die daraus entstehende heftige Gegnerschaft zur Kurpfalz gekennzeichnet.

Pfalzgraf Stephan regierte nach Auslösung der zu einem großen Teil an das Herzogtum Lothringen verpfändeten Erblande seine verzweigten und im Gemenge mit kurpfälzischen, gräflichen und geistlichen Herrschaften liegenden Gebiete in *Meisenheim,* der bisherigen Hauptstadt der Grafschaft Veldenz. Die Stadt Zweibrücken erhielt eine verstärkte Ummauerung und einige stattliche Gebäude. Ihre schon länger bestehenden Stadtrechte waren 1352 von König Karl IV. durch Privilegien und Zuerkennung des Hagenauer Stadtrechts erneuert und erweitert sowie von den nachfolgenden Kaisern mehrfach bestätigt worden. Um die Bedeutung und den äußeren Glanz dieser noch recht kleinen Stadt zu heben, wollte sie Herzog Stephan auch zu einem religiösen Mittelpunkt machen. Zu diesem Zweck betrieb er die Unterstellung des zu Zweibrücken gehörenden Frauenklosters der Reuerinnen unter die Zweibrücker Kirche und deren Lösung aus dem bisherigen Filialverhältnis zur uralten Dorfkirche von Ixheim. 1431 hatte er von König Sigismund die Münzgerechtsame erhalten, ab 1439 ließ er in Wachenheim Goldgulden, Weißpfennige und Kupferheller prägen. Er kaufte *Schriesheim*

Ludwig der Schwarze, Herzog von Zweibrücken · Posthumes Ölgemälde · Kurpfälzisches Museum Heidelberg

Die spätgotische Alexanderkirche in Zweibrücken, zwischen 1493
und 1510 von Herzog Alexander von Pfalz-Zweibrücken erbaut

mit der Strahlenburg und *Wiesloch,* die beide später an
Kurpfalz kamen. Feierliche Belehnung durch König Sigismund bestätigten seine Rechte auf Burg *Kirkel.* Von seinen
fünf Söhnen ergriffen drei die geistliche Laufbahn. Die
zwei anderen teilten schon zu des Vaters Lebzeiten die
Besitzungen: Der ältere Sohn Friedrich wurde Gründer der
Zweiglinie *Pfalz-Simmern;* Prinz Ludwig setzte die *Zwei-
brücken-Veldenzer* Linie fort und verlegte den Regierungssitz nach Zweibrücken zurück; wegen seiner dunklen Haut-
und Haarfarbe *»Der Schwarze«* genannt, geriet er bald in
Konflikt mit seinem Vetter, dem Pfälzer Kurfürsten Friedrich I.

Der Hintergrund dieses lang andauernden Konfliktes war
die eigenmächtige Annahme der Kurwürde durch Friedrich I., deren Nichtanerkennung durch den Kaiser Pfalzgraf Ludwig zum Anlaß nahm, die pfälzische Lehenshoheit
zu bestreiten. Denn reichsrechtlich konnte ein vom Kaiser
nicht belehnter Kurfürst seinerseits keine Lehen ausgeben.
Er verbündete sich mit den anderen Gegnern Friedrich I.
wie dem Grafen von Leiningen und dem Erzbischof von
Mainz. Doch hatte er in den folgenden kriegerischen Auseinandersetzungen das Kriegsglück nicht auf seiner Seite.
Friedrich I. besiegte ihn jedesmal, wie 1455 bei Bergzabern
oder 1462 bei Meisenheim. Durch diese Niederlagen sah
sich Pfalzgraf Ludwig schließlich gezwungen, die Lehenshoheit Friedrich I. anzuerkennen.

Erneute Konflikte entstanden, als Kaiser Friedrich III.
wegen eines Streites um das Kloster Weißenburg dem
Kurfürsten die Vogtei über das Elsaß entzog und in Ausnutzung des noch schwelenden Gegensatzes den Zweibrük-
ker Vetter zum Reichshauptmann im Elsaß ernannte. Da
ihn der machtlose Kaiser nicht unterstützte, zog es Ludwig
der Schwarze aber vor, mit dem Kurfürsten in Heidelberg
Frieden zu schließen, zumal er im eigenen Hause Schwierigkeiten bekommen hatte. Sein ältester Sohn Kaspar
erhob sich gegen ihn und den vom Vater begünstigten
zweiten Sohn Alexander. Nach der Aussöhnung und des
Vaters Tod regierten die beiden Brüder eine Zeitlang
gemeinsam. 1490 nahm aber Alexander seinen Bruder
kurzerhand in der Burg Kirkel gefangen. Er wurde in die
Burg Nohfelden (bei St. Wendel) gebracht, wo er 1527
starb. Die wahren Hintergründe dieser grausamen Episode
sind ungeklärt. Alexander wurde zum alleinigen Nachfolger erklärt. 1495 machte er mit seinem Schwager, dem
Grafen Johann Ludwig von Saarbrücken, eine Pilgerfahrt
ins Heilige Land. Nach seiner Rückkehr erbaute er die
Alexanderkirche in Zweibrücken. Um für die Zukunft
Thronstreitigkeiten auszuschalten, führte Herzog Alexander vor seinem Tode 1514 testamentarisch die Nachfolge
des Erstgeborenen in Pfalz-Zweibrücken ein. Sein ältester
Sohn Ludwig II. trat, erst 12jährig, unter einem von seiner
Mutter geführten Vormundschaftsrat die Erbschaft an.

46

9. Die geistlichen Territorien und die Reichsstädte

Speyer – Stadt und Bistum

Speyer hat sich aus einer keltischen Siedlung entwickelt, deren Name *Noviomagus* lautete. Etwa 70 vor Christus eroberte der germanische Stamm der Nemeter das Gebiet, wurde aber schon 58–52 vor Christus von Caesar unterworfen, als dieser die Grenze des römischen Reiches an den Rhein vorschob. Ab etwa 10 nach Christus sicherte ein Kastell den wichtigen Flußübergang bei Noviomagus. Vom dritten Jahrhundert an hieß die Stadt *civitas Nemetum – Stadt der Nemeter;* sie mußte ab 406 die Wirren der Völkerwanderung über sich ergehen lassen und wurde 451 von den Hunnen zerstört. Nach dem Sieg Chlodwigs über die Alamannen etwa 496 wurde *Spira,* wie die Stadt nach dem *Speyerbach* nun genannt wurde, von den Franken am Rand der römischen Stadt neu aufgebaut; in der zerstörten Stadt sind möglicherweise Reste der gallorömischen Bevölkerung verblieben. Nachdem schon in römischer Zeit das Christentum Fuß gefaßt hatte, wurde Speyer von den fränkischen Herrschern zum Ausgangspunkt für die Christianisierung des rechtsrheinischen Gebietes gemacht über den Kraichgau hinaus bis ins mittlere Neckarland. Das älteste, dem heiligen *Germanus* geweihte Kloster befand sich außerhalb der römischen Stadtmauer an einem alten Rheinarm. Als erster namentlich bekannter nachrömischer Bischof von Speyer wird auf der Pariser Synode von 614 *Hulderich* erwähnt. Der kleine, merowingische, der Überlieferung von Dagobert (622–638) gegründete *Dom* stand vermutlich etwas südlich des heutigen. Die Stadt erweiterte sich erstmalig durch eine Kaufmannssiedlung, die schon 969 gemeinsam mit der Bischofsstadt von einer Mauer umschlossen wurde. Die in Domnähe befindliche Königspfalz wurde vom Bischof mitbenutzt und ging später ganz in seine Hände über. Schon Herzog Konrad der Rote (gest. 955) hatte alle seine Rechte Bischof *Reginbald* übertragen. In der Salierzeit kamen große Schenkungen aus Königsgut hinzu, so 1056 der Hof *Bruchsal* und der Wald *Lußhard.* Der wirtschaftliche Aufschwung des Gemeinwesens machte im 11. Jahrhundert eine großzügige Stadterweiterung auf fast das Zehnfache des merowingisch-karolingi-schen Stadtgebietes unter Einbeziehung des Dorfes Altspeyer nötig. Mehrere Kirchen und Klöster wurden im Diözesangebiet neu erbaut, so 987 die Benediktinerabtei *Lambrecht,* Kloster *Limburg* und 1100 die Abtei *Sinsheim.*

Um 1030 legte Kaiser *Konrad II.* den Grundstein zum heutigen Dom, der 1125 fertiggestellt war als neue Grablege der deutschen Herrscher; acht Kaiser und Könige (Konrad II., Heinrich III., Heinrich IV., Heinrich V., Philipp von Schwaben, Rudolf und Albrecht I. von Habsburg sowie Adolf von Nassau) mit drei Kaiserinnen und anderen Familienangehörigen sind hier begraben. 1111 wurde der wegen des Kirchenbanns zunächst in einer ungeweihten Nebenkapelle beigesetzte Leichnam Heinrichs IV. – den berühmten Gang nach Canossa hatte er 1076 von Speyer aus angetreten – von Heinrich V. in den Dom übergeführt. Aus diesem Anlaß verlieh der Kaiser den Speyerer Bürgern Freiheitsprivilegien, auf Grund deren die weltliche Macht des Bischofs in der Stadt unter schweren Kämpfen schrittweise, ab 1284 endgültig beseitigt wurde. 1146 kam *Bernhard von Clairvaux* nach Speyer, um König Konrad III. für den zweiten Kreuzzug zu gewinnen.

Bis ins 14. Jahrhundert weilten deutsche Herrscher gerne in Speyer; weit über 100 Aufenthalte deutscher Kaiser und Könige von Karl dem Großen bis Karl IV. sind nachgewiesen. Wichtige Ereignisse der Reichs- und Kirchengeschichte spielten sich in seinen Mauern ab. Der Speyerer Klerus stellte vor allem vom 11. bis 13. Jahrhundert viele bedeutende Beamte für die Reichskanzlei. Man sprach von einer mittelalterlichen *Speyerer Diplomatenschule.* Während die Stadtherrschaft erst in den Händen des Patriziats, der großen Kaufherrn lag, drängten die 13 Zünfte im 14. Jahrhundert nach Beteiligung am Stadtregiment, 1349 setzten sie sich durch. Eine große Rolle im Wirtschaftsleben spielte die Judenschaft, welche in der staufischen Stadterweiterung wohnte *(Judenbad).*

In den ständigen Auseinandersetzungen zwischen Reichsstadt, Bischof und Domkapitel suchten alle Parteien Unterstützung bei den Pfälzer Kurfürsten, die so vom 14. bis zum 16. Jahrhundert starken Einfluß auf Stadt und Fürstbistum gewannen. So waren *Hraban von Helmstadt (1396–1430)*

Nordansicht des Speyerer Doms 1606 vor der Zerstörung · Zeichnung · Albertina Wien

und *Matthias von Ramung (1464–1478)* Bischöfe und pfälzische Kanzler zugleich.

In der Reformationszeit rückte Speyer in den Mittelpunkt der religiösen Auseinandersetzungen. Hier protestierten auf dem Reichstag von 1529 die sich zur Reformation bekennenden Fürsten und Reichsstädte gegen den die reformatorische Lehre verwerfenden Beschluß der Reichstagsmehrheit – ein Vorgang, aus dem sich die Bezeichnung der Anhänger der Reformation als *»Protestanten«* herleitet.

1521 bis 1531 tagte in Speyer das ständige *Reichsregiment* und 1527 bis 1689 das *Reichskammergericht.* 1540 wurde die Reichsstadt evangelisch, was den Gegensatz zum Fürstbischof verschärfte, zumal als die Stadt 1608 der protestantischen Union beitrat, während der Bischof zur katholischen Liga gehörte. Trotz häufiger Kämpfe um die Festung Philippsburg überstand die Stadt Speyer den Dreißigjährigen Krieg glimpflich. Die schwersten Schicksalsschläge aber erlitt Speyer wie die ganze Pfalz im Pfälzischen Erbfolgekrieg. An Pfingsten 1689 zündeten die Truppen Ludwigs XIV. die Stadt an. In einem Inferno von drei Tagen brannte sie völlig nieder, zuletzt auch der Dom, in den sich die Bürger mit ihrer Habe geflüchtet hatten. Die ungeheure Glut sprengte die Gewölbe. Die Soldaten plünderten die Ruinen und brachen die Kaisergräber auf; nur die tiefer liegenden blieben unversehrt. Neun Jahre durften die

Bürger ihre Stadt nicht betreten. Sie zerstreuten sich in alle Richtungen; die Stadträte flohen nach Heidelberg und Frankfurt, wo sie auch Sitzungen abhielten. Der Wiederaufbau ging unter den Kriegswirren des folgenden Jahrhunderts nur langsam voran. Etwa 1750 war die Wiederbesiedlung der kaum 2000 Einwohner umfassenden Stadt, die neben der kleinen Kaufmannsschicht überwiegend Handwerker sowie Ackerbürger zählte, einigermaßen vollendet. Es entstanden einige beachtliche barocke Bauwerke. Langsam erholte sich auch die Wirtschaft, und neues eigenständiges kulturelles Leben entfaltete sich. Die von Goethe geschätzte Jugendfreundin Wielands, Sophie von La Roche, lebte einige Jahre in Speyer. Im 19. Jahrhundert wirkten mehrere bedeutende Gelehrte am Speyerer Gymnasium, so der Archäologe Anselm Feuerbach, dessen gleichnamiger Malersohn hier zur Welt kam. Der Dom erhielt in der Mitte des vorigen Jahrhunderts an Stelle des barocken Westwerks (1770 bis 1778) seine heutige Fassade. Die Renovierungsarbeiten der Gegenwart sind wohlgelungen. Die Denkmalspflege hat es verstanden, den mittelalterlichen Zustand des romanischen Domes weitgehend wieder herzustellen.

Die Fürstbischöfe regierten ihre 50 000 Untertanen erst von *Udenheim-Philippsburg,* dann von *Bruchsal* aus. Die Verwaltung wurde rationalisiert, die Landwirtschaft gefördert, vor allem der Weinbau um Deidesheim, und Fabriken

Der Speyerer Dom nach der Zerstörung · Zeichnung vor 1752 · Historisches Museum der Pfalz Speyer · Die Abbildung zeigt nur noch den zerstörten Mittelteil, während die übrigen Teile bereits wieder aufgebaut waren

(Tabak, Salinen) errichtet. Unter den drei tüchtigen Bischöfen *Kardinal Damian von Schönborn (1719–43), Christoph von Hutten (1743–70)* und *Philipp Graf von Limpurg-Styrum (1770–97)* wurde das Fürstbistum zu einem der bestverwalteten deutschen Staaten.

Im Zuge der französischen Revolutionskriege kamen Speyer und der linksrheinische Teil des Fürstbistums 1797/1801 an Frankreich, verwaltungsmäßig ins *Departement Donnersberg,* der rechtsrheinische Teil fiel durch den Reichsdeputationshauptschluß von 1803 an Baden. 1816 wurde Speyer in die bayerische Rheinprovinz eingegliedert und ihre Hauptstadt. Das Bistum wurde 1817 für »Rheinbayern« neu errichtet und Suffragan von Bamberg. In den Revolutionsjahren 1848/49 war Speyer Stützpunkt der gemäßigten Liberalen. Das ausgehende 19. Jahrhundert und die Jahre nach dem Zweiten Weltkrieg brachten der Stadt neuen wirtschaftlichen Aufstieg.

Worms – Stadt und Bistum

Worms, die keltische Siedlung *Borbetomagus,* wurde nach Besetzung durch die Römer und Verdrängung der Kelten etwa 50 vor Christus zur Hauptstadt des Germanenstammes der *Vangionen.* Unter Kaiser Augustus war die *Civitas Vangionum* ein wichtiger militärischer Stützpunkt. Nach Vorverlegung der Grenze des römischen Reichs auf das rechte Rheinufer entwickelte sich dank der günstigen Verkehrslage schnell eine bedeutende Zivilsiedlung, seit dem 4. Jahrhundert Sitz eines Bischofs. 413 siedelte Kaiser Honorius den vorher rechtsrheinisch wohnenden Stamm der *Burgunder* als Grenzwache in der Gegend um Worms an. 415 traten die Burgunder zum Christentum über und wurden 436 unter König Gunthachar von den um diese Zeit in das linksrheinische Römerreich einfallenden *Hunnen* vernichtend geschlagen. 443 verpflanzte der römische Statthalter Aetius die Burgunder an den Oberlauf von Rhône und Saône. Die Kämpfe mit den Hunnen wurden, vermischt mit Ereignissen aus der Regierungszeit der zeitweise in Worms residierenden grausamen Königin des burgundisch-austrasischen Frankenreichs Brunichildis *(† 613)* und anderen geschichtlichen und sagenhaften Erzählungen, die Grundlage für das *Nibelungenlied,* das großenteils in Worms und seiner weiteren Umgebung spielt.

Dank der intakt gebliebenen spätrömischen Stadtmauer konnte sich ein Teil der Bevölkerung in der Völkerwanderungszeit halten. In der zweiten Hälfte des 5. Jahrhunderts hatten Alamannen, gegen 500 die Franken das Wormser Gebiet besiedelt, das künftig in der fränkischen Reichsgliederung den *Wormsgau* bildete. In der ersten fränkischen Zeit wurden eine Pfalz und der erste Dom errichtet. Das Christentum hatte sich wohl über alle Wirrnisse erhalten, wenn auch eine ununterbrochene Bischofsliste, wie in Trier oder Köln, nicht überliefert ist. Der Übergang von der Römerzeit über die burgundische und alamannische zur fränkischen Herrschaft, von der römischen Kultur und Religion zur Merowinger- und Karolingerzeit wird durch den Zusammenhang der großen spätrömischen Gräberfelder mit heidnischen und christlichen Begräbnisstätten des frühen Mittelalters im Bereich der Liebfrauenkirche im Norden und des Marienmünsters im Süden erwiesen. Schon unter den Merowingern, aber besonders unter den Karolingern war Worms ein beliebter Aufenthalt der Herrscher, die hier glanzvolle Reichsversammlungen abhielten. Das Wormser Bistum beteiligte sich an der Christianisierung auch der rechtsrheinischen Gebiete. *Ladenburg, Heidelberg* und *Wimpfen* wurden die Hauptstützpunkte der im Tal des Neckars und seiner Zuflüsse sich ausbreitenden Tätigkeit, die südlich vom gleichartigen Vorgehen des Speyerer und nördlich von dem des Mainzer Bischofs begrenzt wurde. Schließlich wurde Worms in seiner missionarischen Tätigkeit 742 durch Errichtung des Bistums Würzburg unter Bonifaz und 764 durch die Gründung des Klosters Lorsch eingeengt, das Worms bald an Reichtum und Einfluß überflügelte. Trotz der in Ingelheim und Trebur entstehenden Pfalzen blieb Worms ein häufiger Aufenthaltsort der fränkischen und sächsischen Könige und Kaiser. Der Ahnherr des salischen Kaiserhauses, *Konrad der Rote,* war Graf im Wormsgau und Herzog von Lothringen. Seine Empörung gegen *Otto den Großen* – seinen Schwiegervater – sühnte er durch einen heldenhaften schlachtentscheidenden Einsatz gegen die Ungarn auf dem Lechfeld bei Augsburg 955, wo er den Tod fand. Er wurde im Wormser *Dom* beigesetzt, der bis zum Jahr 1030 die *Grablege der Salier* blieb.

Gregor V., der erste deutsche Papst, stammte aus dieser Wormser Familie. Eine Blütezeit erlebte das mittelalterliche Worms unter dem großen Bischof *Burchard I. (1000–1025).* Kaiser Heinrich II., dem er ein treuer Ratgeber war, übertrug ihm 1002 auch die weltliche Herrschaft über Stadt und Gau. Er sicherte die Stadt durch Verstärkung und Vollendung der Stadtmauern und ließ auf dem Gelände der römischen Basilika, des merowingischen und karolingischen Doms, mit dem Bau des in staufischer Zeit vollendeten größeren Doms beginnen. An Stelle der Salierburg errichtete er die Pauluskirche. 1048 fand die Wahl von *Papst Leo IX.* in Worms statt. 1052 feierte dieser hier mit Kaiser Heinrich III. das Weihnachtsfest. 1076 sprach eine in Worms abgehaltene Synode der deutschen Bischöfe die Absetzung des Papstes Gregor VII. aus, worauf dieser Heinrich IV. mit dem Bann belegte. In dem nun folgenden Kampf Heinrichs IV. mit dem Papst hielt die Bürgerschaft zum Kaiser. Als die Dienstmannen des Bischofs dem schwer krank in Ladenburg weilenden Kaiser den Zutritt zu seiner Pfalz in Worms verweigerten, erzwangen die Bürger den Einlaß für ihren Herrn. Als Dank erhielten sie Befreiung von Abgaben in wichtigen kaiserlichen Zollstätten. Den Abschluß des Ringens zwischen Kaiser und Papst bildete das *Wormser Konkordat* unter Heinrich V. von 1122.

Worms war über mehrere Jahrhunderte auch ein Mittelpunkt für das über alle Länder zerstreute jüdische Volk. Nachdem wohl schon in römischer Zeit sich am Rhein jüdische Händler niedergelassen hatten, wurde im *Wormser Ghetto* 1034 auf den Fundamenten eines alten Bethauses die erste *Synagoge* errichtet, die im Laufe der Jahrhunderte mehrfach, zuletzt 1938, zerstört wurde. Die jüdische Gemeinde von Worms genoß in der Judenschaft Europas höchstes Ansehen; ihre Rabbiner waren weithin berühmt. Auf dem 2000 Gräber umfassenden 1000 Jahre alten *jüdischen Friedhof* zu Worms sind demzufolge auch viele auswärtige bedeutende jüdische Gelehrte und andere führende Persönlichkeiten begraben.

Die Hohenstaufen begünstigten Worms erneut. Die Stadt war mehrere Jahrzehnte ein Mittelpunkt des Reiches. Friedrich I. bestätigte und faßte in der Freiheitsurkunde von 1184 die von seinen Vorgängern verliehenen Privilegien zusammen; 1235 feierte Friedrich II. in Worms mit großem Aufwand seine Hochzeit mit Isabella von England. Die Bürgerschaft suchte 1254 im Rheinischen Städtebund Schutz gegen die sich ausdehnenden Nachbarn: Kurmainz und Kurpfalz. Ab 1233 ist mit der Konsolidierung des Rats die Stadtgemeinde als eine der sieben freien Städte des Reiches anzusehen. Die weltliche Herrschaft des Wormser Bischofs schmolz seit dem 14. Jahrhundert auf geringe Reste zusammen. Die verbliebenen Territorien mußte er mit dem Pfälzer Kurfürsten teilen, den er teils mit altem Wormser Besitz belehnte wie Heidelberg, mit der er andererseits gemeinsam die Herrschaft ausübte wie in Ladenburg. Die Bindung an die Pfalz war von dieser Zeit an bis ins 16. Jahrhundert noch enger als im Falle Speyer. Das Domkapitel wählte fast nur pfälzische Adelige zu Bischöfen, die immer auch die Kanzlerwürde der Heidelberger Universität innehatten und die sich ebensooft am Hofe in Heidelberg aufhielten wie in ihrer Ladenburger Residenz. So war z. B. der Wormser Bischof *Johann von Dalberg* als Kanzler der Universität Heidelberg einer der bedeutendsten Vertreter des deutschen Humanismus und zugleich Kanzler der Pfalz.

Eine neue Epoche begann 1495, als Kaiser Maximilian auf dem Reichstag in Worms die Neuorganisation des Reiches beraten ließ. Der *Wormser Reichstag von 1521* wurde nach dem Bekenntnis *Martin Luthers* und seiner Ablehnung

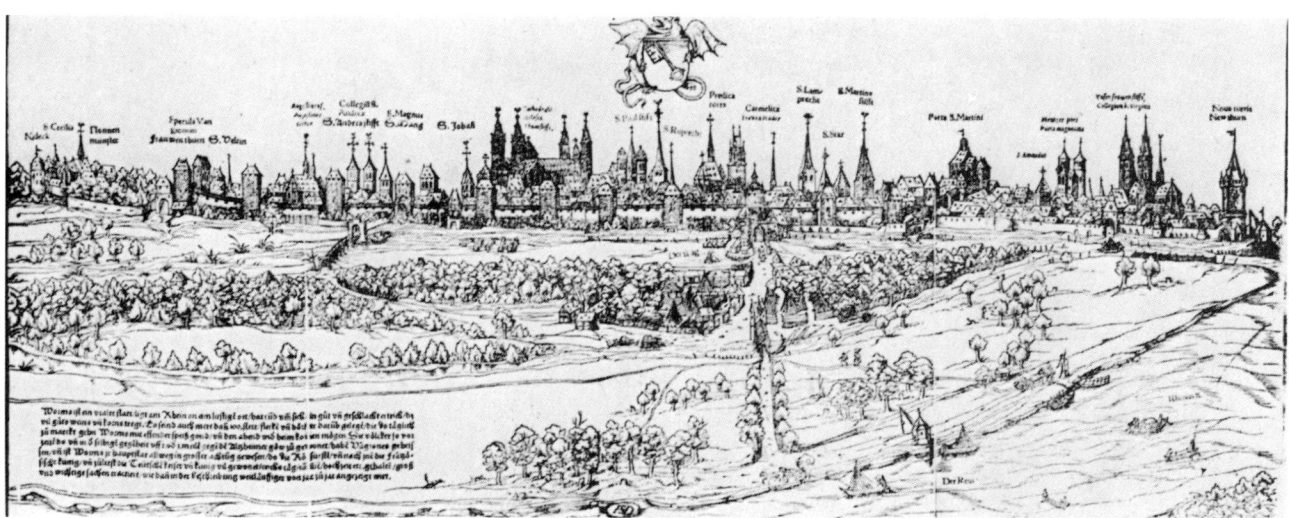

Worms um 1550 · Gesamtansicht aus der Cosmographie von Sebastian Münster · Stadtarchiv Worms

durch Kaiser und Reichstagsmehrheit zum Beginn der Glaubensspaltung. Die Reformation, der sich die Reichsstadt früh anschloß, beraubte die Diözese Worms der Hälfte ihrer rund 250 Pfarreien. Kurfürst Friedrich III. beseitigte auch im bischöflichen Gebiet den Katholizismus (Ladenburg) und strebte offen danach, das Bistum zu säkularisieren. Erst um 1600 festigte sich die Gegenreformation und das Bistum. Im 30jährigen Krieg wurde Worms beschädigt und war 1644–48 von den Franzosen besetzt. Von 1654 an geriet das Bistum ganz unter den Einfluß von Mainz, im 18. Jahrhundert auch den von Kurtrier – teilweise durch Personalunion der Bischöfe; denn das Fürstbistum war allein nicht lebensfähig. Frankreich 1801 und Hessen 1803 teilten sich das kleinste deutsche Fürstbistum mit seinen 8 qkm und 20 000 Einwohnern. Die Reichsstadt, der 1659 Kurfürst Karl Ludwig vergeblich das Angebot gemacht hatte, *Hauptstadt der Kurpfalz* zu werden, litt unter den Kriegen Ludwigs XIV. sehr – von Mélac wurde sie bis auf eine Scheune zerstört – und konnte ihre frühere Bedeutung nicht wiedererlangen. Im 18. Jahrhundert wurde sie wirtschaftlich von Frankenthal und Mannheim überflügelt. 1797/1801 fiel sie an Frankreich und 1816 an Hessen.

Die neu gezogenen Landesgrenzen ließen die einst so stolze Reichsstadt zu einer Landstadt schrumpfen. Viele Kirchen und Klöster wurden abgerissen. Acker- und Weinbau ernährten neben Kleingewerbe die 5000 Einwohner, bis im 19. und 20. Jahrhundert ein neuer wirtschaftlicher und kultureller Aufschwung begann, vor allem durch die 1834 von *Cornelius Heyl* begründete Lederfabrikation. Der nach Aufhebung des Bistums zur katholischen Pfarrkirche gewordene Dom wurde 1925 anläßlich der 900. Wiederkehr des Todes seines Erbauers, des großen Bischofs Burchard, zur *Basilica minor* erhoben. Die Schäden des Zwei-

ten Weltkrieges sind am Dom und an den anderen noch erhaltenen Baulichkeiten einer großen Vergangenheit inzwischen weitgehend beseitigt. Bei der Neugliederung der Länder nach dem Zweiten Weltkrieg kam Worms zum Bundesland Rheinland-Pfalz.

Kleinere geistliche Herrschaften

Neben den Hochstiften Speyer und Worms waren reichsunmittelbar: Der Johanniterorden mit dem Amt Hainbach und die gefürstete Propstei Weißenburg mit der an die Freiherren Schenk von Waldenburg als Lehen vergebenen Herrschaft Berwartstein.
Unter kurpfälzischer Oberhoheit gab es folgende geistliche Herrschaften:
St. Martinstift Worms mit der Ortschaft Bubenheim, Dompropstei Worms mit der Ortschaft Studernheim, Deutschherrenkommende Einsiedel bei Kaiserlautern.
Unter der Oberhoheit des Hochstiftes Speyer standen das Domkapitel Speyer mit der Ortschaft Rödersheim, St. Guidostift mit der Ortschaft Otterstadt, Freiherr von Gemmingen-Hornberg mit der Herrschaft Ingenheim, südlich Landau.

Die ehemaligen Reichsstädte

Von den Reichsstädten, die sich im Mittelalter – fast alle von den Staufern zu diesem Stand erhoben – im Bereich

Der tausendjährige Jüdische Friedhof in Worms

der Pfalz am Rhein befanden, haben nur Speyer und Worms ihren Status bis zum Ende des alten Reichs aufrechterhalten können. Alle anderen kamen früher oder später meist über den Weg einer nicht mehr eingelösten Verpfändung an Kurpfalz, beziehungsweise Pfalz-Zweibrücken. Es handelt sich hierbei um:

Annweiler

Annweiler, das Anfang des 12. Jahrhunderts durch Herzog Friedrich von Schwaben vom Straßburger Bischof gegen ein elsässisches Dorf eingetauscht worden war. Bedeutung erlangte die von Kaiser Friedrich II. 1219 zur Reichsstadt nach Speyerer Recht erhobene Siedlung durch ihre Schutzpflicht gegenüber der Reichsfeste Trifels (S. 20 Marquard von Annweiler). 1330 erfolgte für 6000 Mark Silber die Verpfändung Annweilers an die Pfalzgrafen. 1420 kam die Stadt zu Pfalz-Zweibrücken. Die Rechte der Reichsstadt standen mit der Zeit nur noch auf dem Papier. Die Bürger ließen sie sich bis 1703 gegen gutes Geld von jedem neuen Kaiser in einer feierlichen Urkunde bestätigen, obwohl tatsächlich die Kurfürsten und Herzöge, auf die als Pfandinhaber nun die kaiserlichen Rechte übergegangen waren, in Annweiler wie Landesherren regierten.

Germersheim

Germersheim entstand neben einer am Rhein gelegenen Reichsburg. Rudolf von Habsburg verlieh dem Ort 1276 das Stadtrecht von Speyer. Im 14. Jahrhundert erwarb Kurpfalz die Stadt als Pfand und machte sie zum Verwaltungssitz eines sich allmählich bildenden Oberamts. Wie alle pfälzischen Städte wurde Germersheim mehrfach zerstört, wechselte oftmals zwischen Pfalz, Österreich, Schweden, Frankreich die Herrschaft und kam 1816 mit der übrigen linksrheinischen Pfalz an Bayern. Die Stadt wurde zu einer Festung ausgebaut, die in den Revolutionsjahren 1848/49 Regierungsstützpunkt war. Die Schleifung erfolgte erst auf Grund des Versailler Vertrags. Noch heute erinnern zahlreiche Gebäude an diese militärische Vergangenheit.

Landau

Mit der Thingstätte des alten Speyergaus in seiner Nähe, hat *Landau* sich schon im frühen Mittelalter von den Nachbarsiedlungen abgehoben. Rudolf von Habsburg machte den Ort zur Reichsstadt nach Hagenauer Stadtrecht. 1324 wurde Landau vom Reich an den Bischof von

Germersheim · Kupferstich von Matthäus Merian 1645

Speyer verpfändet, konnte sich aber 1511 wieder freikaufen, führte die Reformation ein und trat dem Elsässer Städtebund bei. Dies geriet der Stadt zum Verhängnis. Denn obwohl wie Weißenburg zum Speyergau gehörig, wurde sie im Westfälischen Frieden an Frankreich abgetreten, das den Platz zu einer starken Festung ausbaute. Der Zusammenhang mit der umliegenden Pfälzer Landschaft blieb trotzdem erhalten. Der Versuch, die französische Sprache einzuführen, mißlang. Erst der Zweite Pariser Friede von 1815 brachte Landau wieder in deutsche Hände.

Odernheim

Die alte fränkische Siedlung *Odernheim* (seit 1896 Gau-Odernheim) im Kreise Alzey stand vom Ende des 12. bis Ende des 13. Jahrhunderts unter der Vogtei der Herren von Bolanden, die sie 1282 an Rudolf von Habsburg verkauften. Dieser machte Odernheim zur Reichsstadt. Sie wurde zunächst an Mainz, 1407 von König Ruprecht an seinen Sohn, den Pfalzgrafen Ludwig verpfändet, aber nie mehr eingelöst. Als Unteramtsstadt bildete sie den Mittelpunkt der umliegenden pfälzischen Gebiete und fiel 1816 an Hessen.

Oppenheim

Von 765 an kam durch vielfache Schenkungen fast das ganze Gebiet des Dorfes *Oppenheim* in den Besitz des Klosters Lorsch, das von Kaiser Heinrich II. 1008 die Genehmigung erhielt, dort einen Wochenmarkt abzuhalten. Der aufblühende Marktflecken wurde in einer Fehde des Erzbischofs von Mainz mit dem Staufer Herzog Friedrich von Schwaben 1118 zerstört. Da die gesunkene Macht des Klosters Lorsch keine Hilfe bot, trat Oppenheim direkt in den Schutz des Reichs, das die später »Landskron« genannte Burg wieder aufbaute und 1225 durch Mauern mit der zur Reichsstadt nach Frankfurter Recht erhobenen Siedlung verband. Als stolzes Zeichen reichsstädtischer Blüte ist der zwischen Stadt und Burg erbaute gotische Katharinendom erhalten. Wie viele andere Städte wurde auch Oppenheim von den Herrschern mehrfach verpfändet und wieder eingelöst. Um die Pfälzer Kurstimme für die Wahl seines Sohnes Wenzel zum deutschen König zu erhalten, gab Kaiser Karl IV. Oppenheim dem Kurfürsten Ruprecht I. in Pfand. König Wenzel wandelte das einfache Pfandrecht in ein erbliches um. Damit war der Weg frei zur Eingliederung in das Pfälzer Territorium, obwohl einige Sonderrechte erhalten blieben. In der pfälzischen Oberamtsstadt hatten viele Adelsgeschlechter ihre Stadtquartiere. Die Zerstörungen des 17. Jahrhunderts haben vom

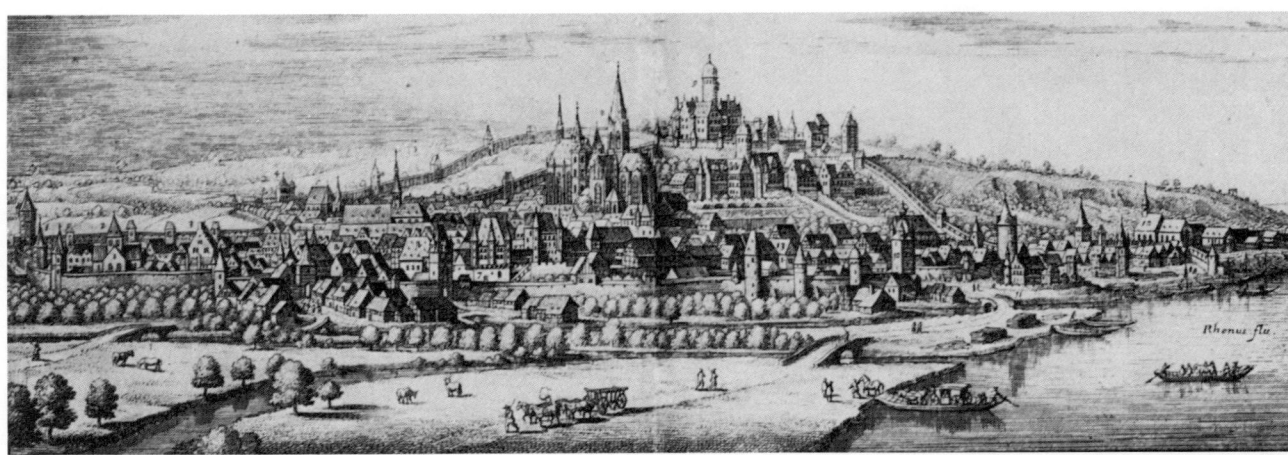

Oppenheim am Rhein · Kupferstich von Matthäus Merian 1645

mittelalterlichen Oppenheim nur wenig übriggelassen. Das heutige Stadtbild ist vom Wiederaufbau im Barockstil geprägt. Nach der Französischen Revolution und der Napoleonischen Zeit kam Oppenheim zu Hessen.

Pfeddersheim

In *Pfeddersheim* bei Worms wechselten im frühen Mittelalter kirchliche und weltliche Herrschaft, bis König Albrecht I. das befestigte Dorf zur Reichsstadt nach Oppenheimer Recht erhob. Auch hier Verpfändung, zuletzt 1465 an Kurpfalz nach den Kämpfen mit dem Erzbischof von Mainz. 1525 erlitten hier die aufständischen linksrheinischen Bauern ihre entscheidende blutige Niederlage. Die Ortschaft, deren mittelalterliche Befestigung sich teilweise erhalten hat, verlor ihr Stadtrecht im 19. Jahrhundert, erhielt es aber 1954 zur 1200-Jahr-Feier der Ersterwähnung wieder.

Eberbach

Die Umgegend von *Eberbach* kam durch Verleihung des Wildbanns auf dem südlichen Neckarufer und des Waldbesitzes nördlich des Neckars im Anschluß an die Lorsch zugesprochene bis zum Ittertal reichende Mark Heppenheim an den Bischof von Worms, der sein Einflußgebiet neckaraufwärts bis Wimpfen ausdehnte. Zur Sicherung ihrer Herrschaft legten die Bischöfe auf der »*Burghalde*« eine kleine Burg an. Zusammen mit Wimpfen erhielt sie 1227 König Heinrich zu Lehen. Die Staufer erbauten zwei weitere Burgen und eine befestigte Stadtsiedlung, die urkundlich erst 1297 nachgewiesen werden kann, wahr-

scheinlich aber schon von König Heinrich (VII.) stammt. Sie erhielt das Wimpfener Stadtrecht, wurde aber schon bald verpfändet, so 1330 an Kurpfalz, das die Stadt im Laufe der Zeit ganz in ihr Territorium eingliederte.

Eppingen

Die kleine Kraichgaustadt *Eppingen* – an der für den Ost-West-Verkehr wichtigen Straße von Nürnberg über Heilbronn und Bretten ins Elsaß – ist schon im 10. Jahrhundert als Reichsbesitz, 1188 als staufisches reichsunmittelbares befestigtes Dorf erwähnt. In einer Urkunde Kaiser Friedrichs II. von 1219 wird es zusammen mit den Reichsstädten Lauffen und Sinsheim als civitas an den Markgrafen Hermann V. von Baden verpfändet. 1303 wurde Eppingen das Recht der Reichsstadt Heilbronn verliehen. Nachdem die Stadt schon mehrfach kurzfristig an Kurpfalz verpfändet gewesen war, mußte sie der Markgraf von Baden nach der Schlacht von Seckenheim als Lösegeld endgültig an Kurpfalz abtreten. Das altertümliche Stadtbild dieses wichtigen pfälzischen Stützpunkts hat sich über alle Kriegszeiten hinweg erhalten, da die wohlhabende Stadt sich durch große Lösegelder vor Zerstörung bewahren konnte.

Sinsheim

Weniger glücklich war das Schicksal *Sinsheims*. Dieser Hauptort des Kraichgaus – ebenfalls an der Durchgangsstraße von Ost nach West gelegen – ist 774 im Lorscher Urkundenbuch erstmals genannt. Ein Kloster, später zur Abtei erhoben, beeinflußte die Entwicklung der Siedlung, die 1108 von der Abtei an König Heinrich V. überlassen

Sinsheim · Kupferstich von Matthäus Merian 1645

wurde. Kaiser Heinrich VI. verlieh 1192 Sinsheim das Stadtrecht. Auch Sinsheim wurde vom Reich mehrfach an die verschiedensten Herren verpfändet, unter anderen an die Markgrafen von Baden. Zuletzt erwarb Kurpfalz die Pfandschaft. Kurfürst Ruprecht I. gliederte 1362 mit Zustimmung von Kaiser Karl IV. die Stadt endgültig in die Pfalz ein. Zwischen Abtei und Stadt bestanden ständig Streitigkeiten. Von 1410 bis 1499 gehörte Sinsheim zur sogenannten »Kleinen Pfalz« unter den Pfalzgrafen *Otto I.* und *Otto II. von Mosbach.* 1496 wandelte der Konvent die Abtei in ein freies adliges Kollegiatstift um. Ab 1520 verbreitete sich die Reformation im Kraichgau und in Sinsheim. Im Jahre 1553 mußte das Stift einen evangelischen Pfarrer aufnehmen. Da sich die Stiftsherren weigerten, die neue Lehre anzuerkennen, ritt Kurfürst Friedrich III. im April 1565 persönlich nach Sinsheim und hob das Stift auf. Im 17. Jahrhundert wurde die Stadt mehrfach zerstört, so daß nur Teile der alten Kirchen- und Stiftsgebäude erhalten sind. Geschichtliche Bedeutung hatte die Schlacht bei Sinsheim, in der die Franzosen unter Turenne 1674 die von Herzog Karl IV. von Lothringen befehligten Reichstruppen unter schweren Verlusten zurückschlugen. Die Franzosen hielten diese Schlacht für so entscheidend, daß sich unter den Gemälden der siegreichen Schlachten im Schloß zu Versailles auch ihre Darstellung befindet. Die Stadt wurde dann im Orléans'schen Krieg 1689 völlig niedergebrannt. Die Bevölkerungsverluste wurden wie im übrigen Kraichgau in der zweiten Hälfte des 17. Jahrhunderts, insbesondere durch eine starke Einwanderung aus der Schweiz, ausgeglichen. 1803 bis 1806 kam Sinsheim mit dem ganzen Oberamt Mosbach als Entschädigung für die linksrheinischen Verluste zum Fürstentum *Leiningen* und, als dieses mediatisiert wurde, zum Großherzogtum Baden. In den Revolutionswirren 1848/49 spielte Sinsheim als

Geburtsstadt des Revolutionsgenerals *Franz Sigel,* der zeitweise dort sein Hauptquartier hatte, eine Rolle. Im weiteren Verlauf des 19. und 20. Jahrhunderts nahm Sinsheim als badische Amtsstadt und Mittelpunkt des Kraichgaus einen neuen Aufschwung.

Heidelsheim

Im Mosaik der territorialen Gliederung des Kraichgaus im Mittelalter war das auf uraltem Siedlungsboden gegründete, 770 im Lorscher Kodex erwähnte *Heidelsheim* bei Bruchsal wohl die kleinste Reichsstadt mit weniger als 1000 Einwohnern. Von den Kaisern mehrfach verpfändet, kam Heidelsheim 1424 zur Kurpfalz und wurde 1689 von den Franzosen niedergebrannt. Im Pfarrhaus zu Heidelsheim verbrachte der 1832 in Neckarau bei Mannheim geborene Philosoph *Wilhelm Wundt* seine Jugend.

Waibstadt

Die schon früh befestigte Siedlung *Waibstadt* wurde vermutlich um das Jahr 1200 zur Stadt erhoben. Durch einen Brand fielen mit der alten Stadt auch alle Urkunden der Vernichtung anheim. Unter Bezugnahme darauf erneuerte und erweiterte Kaiser Ludwig der Bayer 1347 die Stadtrechte nach Wimpfener Vorbild. Da der Kaiser in großer Geldnot war, verpfändete er Waibstadt zusammen mit Landau an den Bischof Gerhard von Speyer, der ihn mit seiner Verwandtschaft im Kampf mit dem Gegenkönig Karl von Böhmen unterstützt hatte. Damit war den Freiheitsrechten viel von ihrem Wert genommen, denn aus der Pfandschaft, die mehrfach den Herrn wechselte – zeitweise

Neckargemünd · Kupferstich von Matthäus Merian 1645

Ritter Wyprecht von Helmstadt und der Pfalzgraf –, erwuchs eine Oberherrschaft. Die Fürstbischöfe entzogen der Stadt im Laufe der Zeit ein Recht nach dem anderen, so daß Waibstadt wie eine bischöfliche Landstadt verwaltet wurde. Versuche der Bürgerschaft, sich der bischöflichen Herrschaft zu entziehen, hatten keinen durchschlagenden Erfolg. Im Dreißigjährigen Krieg hatte Waibstadt wie der ganze Kraichgau schwer zu leiden. Mit der Aufhebung des geistlichen Fürstentums Speyer wurde Waibstadt 1803 badisch. Infolge mehrfacher Brände sind von den mittelalterlichen Gebäuden nur noch Reste vorhanden. Von den Stadthäusern des Kraichgauer Adels sind ein Degenfeldscher Hof und ein Helmstadtsches Haus erhalten.

Neckargemünd

In der Stauferzeit entwickelte sich aus einer Burgsiedlung an der Mündung der Elsenz in den Neckar die kleine Reichsstadt *Neckargemünd,* die mehrfach verpfändet 1329 von den Pfalzgrafen erworben wurde. Auf einer südlich Neckargemünds von drei Seiten vom Neckar umflossenen steilen Anhöhe hatten die Grafen von Lauffen um 1200 die Feste *Dilsberg* erbaut. Durch Erbgang folgten die Herren von Düren aus Walldürn, die sich nunmehr Grafen vom Dilsberg nannten. 1300 kauften die Pfalzgrafen die Burg

und die in ihrem Schutz entstandene Siedlung und betrauten die Grafen vom Dilsberg mit der Beschützung des Heidelberger Schlosses bei Abwesenheit des Hofes. 1622 widerstand der Dilsberg einer Belagerung Tillys, wechselte aber im Verlauf des Dreißigjährigen Krieges mehrfach den Besitzer. Nachdem die Festung durch die Entwicklung der Waffentechnik überholt worden war, dienten die Gebäude als Unterkunft für ausgediente Soldaten, als Staatsgefängnis und als Karzer der Universität Heidelberg bei schwereren Fällen. Daß es dabei nicht sehr streng zuging, beweist eine Revision durch die Aufsichtsbehörde. Als der Karzer besichtigt werden sollte, konnte man nicht aufschließen, da die Schlüssel von den Insassen zu einem Tagesausflug mitgenommen worden waren! Das Spitzweg-Idyll wurde 1799 unterbrochen von einer tapferen Verteidigung der Bergfeste durch die Invaliden gegen durchziehende französische Truppen.

Dilsberg war auch Amtssitz eines pfälzischen Unteramtes, das die Meckesheimer und Reichardtshäuser oder Stüber Zent umfaßte. Das Meckesheimer Zentgericht tagte unter einer alten Linde vor dem Festungstor. Diese uralte Linde ist erst vor rund hundert Jahren umgestürzt. In der badischen Zeit wurde das Unteramt nach Neckargemünd verlegt. Dieses erlebt im 20. Jahrhundert einen Aufschwung als beliebter Wohn- und Erholungsort. Die Weinhandlung des durch seine sozialen Leistungen vorbildlichen griechischen Konsuls *Julius Menzer* und das von der Mannheimer Industriefamilie *Lenel* gestiftete Kinderheim haben die Stadt in neuerer Zeit weithin bekannt gemacht. Letzteres wurde von der Stiftung Rehabilitation Heidelberg übernommen und für behinderte Kinder großzügig ausgebaut.

10. Reichsunmittelbare Territorien. Lehnsleute, Hof- und Beamtenadel der Rheinischen Pfalz

Neben den Fürstbistümern und den Reichsstädten gab es noch die reichsunmittelbaren Gebiete der uradligen Grafengeschlechter und der Ritterschaft: 1789 waren es an die 40 reichsunmittelbare Herrschaften, die das Territorium der Kurpfalz und des Herzogtums Pfalz-Zweibrücken wie einen Flickerlteppich durchsetzten.

Rechtsrheinisch sind hier unter den älteren Familien beispielsweise zu nennen die Edelfreien von *Strahlenberg* als Gründer der Stadt Schriesheim; sie waren dem Kloster Ellwangen lehnspflichtig. Oberhalb Dossenheim hatten die Edelfreien von *Schauenburg* als Lehnsleute von Lorsch und Speyer ihren Sitz. Die Herren von *Düren,* die sich später von *Dilsberg* nannten, übernahmen zeitweise in Abwesenheit des Pfalzgrafen den Schutz des Heidelberger Schlosses. Die Herren von *Handschuhsheim* waren kurmainzische Lehnsleute, dienten aber in vielen Generationen den Pfalzgrafen als Hof- und Verwaltungsbeamte. Der letzte dieses Geschlechts starb 1600 als Opfer eines Zweikampfs auf dem Marktplatz von Heidelberg mit dem letzten Vertreter der in der Pfalz und darüber hinaus reich begüterten Familie von *Hirschhorn,* die am pfalzgräflichen Hof durch viele Jahrzehnte das Erbtruchseßamt versah. Die *Landschad* (althochdeutsch = Landschwalbe) von *Steinach* saßen als Speyerer, Mainzer und Kurpfälzer Lehnsleute auf der als »Schwalbennest« bekannten Burg, oberhalb Neckarsteinach und seit 1550 in Ilvesheim; am berühmtesten war der Minnesänger Bligger von Steinach (S. 29).

Die Grafen von Leiningen

Vorfahren der Grafen von *Leiningen* waren wahrscheinlich die im 10. Jahrhundert als Grafen im Nahe- und Wormsgau nachweisbaren *Emichonen.* Aus dem salischen Erbe stammte wohl der Hauptbesitz der Grafen; hinzu kamen Wormser und Kurpfälzer Lehnsgut. Kaiser Friedrich II. bekräftigte die Oberherrschaft des Königs: die Leininger wurden Lehnsleute und Verwaltungsbeamte der Staufer. Friedrich I., der letzte des altgräflichen Leiningschen Man-nesstammes, wird in Liedern der Minnesänger als einer der bedeutendsten Begleiter des Landgrafen Ludwig von Thüringen auf dem dritten Kreuzzug 1190 gepriesen (S. 28). Wahrscheinlich ist er selbst Verfasser des in der Manessischen Liederhandschrift unter Nummer 13 verzeichneten Abschiedsliedes des »*Grave Friderich von Leiningen*« von seiner Frau vor seinem Kreuzzug über Apulien – „*Pülle*" ins Heilige Land. Von der durch Erbteilung in mehrere Linien gespaltenen Familie zog Kurpfalz im Spätmittelalter immer mehr Besitz und Rechte an sich. Die Reformation fand frühzeitig Eingang bei allen Leininger Zweigen. In den Zwistigkeiten zwischen den Wittelsbacher Linien Kurpfalz und PfalzZweibrücken hielten die Leininger zu den letzteren, mußten aber schließlich die Rechte der Kurlinie anerkennen. Stammburgen waren *Altleiningen* und *Neuleiningen* an der Haardt. Hervorzuheben als Begründer einer der Zweiglinien ist Friedrich II., Graf von Saarbrücken, der als Sohn einer Leininger Erbin Wappen sowie Namen der mütterlichen Familie übernahm und Anfang des 13. Jahrhunderts auf dem Boden der alten Abtei Limburg die *Hartenburg* bei *Bad Dürkheim* als Stammsitz dieses Zweiges erbaute. 1794 in den Reichsfürstenstand erhoben, erhielt sie 1803 nach der Vertreibung durch die französischen Revolutionsarmeen zur Entschädigung für die linksrheinischen Gebietsverluste ein Fürstentum im Odenwald mit *Amorbach* als Residenz aus Teilen der Territorien des säkularisierten Erzbistums Mainz sowie das kupfälzische Amt Mosbach und das Amt Hilsbach beziehungsweise Sinsheim. Bei der weiteren rechtsrheinischen Territorialbereinigung wurde das Gebiet 1806 zwischen Baden, Bayern und Hessen aufgeteilt. Als mediatisierte Standesherrn mit gewissen Vorrechten bis 1918 haben die Fürsten von Leiningen durch die Verwandtschaft mit vielen europäischen Fürstenhäusern im 19. Jahrhundert Einfluß ausgeübt. Fürst *Karl von Leiningen,* Halbbruder der Königin Victoria von England, spielte als liberal eingestellter Hocharistokrat um die Wende vom 19. zum 20. Jahrhundert eine bedeutende Rolle in der politischen Entwicklung Deutschlands.

Fürst Carl-Friedrich-Wilhelm zu Leiningen · Ölgemälde in Familienbesitz

Franz I., Schenk von Erbach · Ölgemälde in Familienbesitz

Die Grafen von Erbach

Die *Grafen von Erbach* sind als Vögte des Klosters Lorsch hochgekommen. Der Legende nach sind sie Nachkommen von *Emma,* Tochter Karls des Großen, und dessen Biographen *Einhard.* Das Langschiff der von Einhard in Steinbach gestifteten Michaelskirche ist einer der wenigen erhaltenen rein karolingischen Bauten in Deutschland. Kerngebiet der Grafschaft war die aus Lorscher Besitz langsam unter volle Erbacher Herrschaft gelangende Mark Michelstadt. Dazu kamen unter anderem als pfälzisches Lehen die Zent Beerfelden, das Amt Schönberg und die Bergstraßenämter Seeheim, Jugenheim und Bickenbach. Als Lehnsleute der Kurfürsten von der Pfalz bekleideten die Erbacher Grafen am Heidelberger Hof das ihnen erblich verliehene Amt des Mundschenken. Danach nannten sie sich bis zur Auflösung des alten Reichs »Schenk von Erbach«. Im Reichstag hatten die Grafen von Erbach zwei Stimmen im fränkischen Grafenkollegium. 1748 entstanden durch Realteilung die noch heute bestehenden drei Linien: *Erbach-Erbach, Erbach-Fürstenau* und *Erbach-Schönau.* Bei der Mediatisierung 1806 kamen sie zunächst unter die Herrschaft des Fürstprimas von Frankfurt und durch den Wiener Kongreß 1815 zu Hessen. Als Begründer der reichen Sammlungen in den Schlössern Erbach und Eulbach ist Graf *Franz von Erbach-Erbach* (†1823) zu nennen.

Die Herren von Dalberg

Die in der pfälzischen Geschichte eine große Rolle spielende Familie *von Dalberg* geht auf ein Ministerialgeschlecht des Bischofs von Worms zurück, das 1239 mit dem Kämmereramt erblich belehnt wurde. Von da an nannten sie sich Kämmerer von Worms und ab 1380 nach einer in der Nähe von Kreuznach gelegenen Burg von Dalberg. 1452 schlug Kaiser Friedrich III. Wolfgang von Dalberg auf der Tiberbrücke in Rom zum reichsunmittelbaren Ritter. Später erhielten die Dalberg wegen der Tapferkeit verschiedener Familienglieder den Titel: »Des heiligen römischen Reichs vorderste Reichsritter«. Bei jedem Ritterschlag durch den Kaiser hatten sie das Recht, zuerst berücksichtigt zu werden, und der Reichsherold rief vor dem Ritterschlag bei der Kaiserkrönung: »Ist kein Dalberg da?« Der 1455 in Oppenheim geborene *Johann von Dalberg* war zunächst Domprobst, von 1482 an Bischof von Worms und zugleich Kurpfälzischer Kanzler. Als Kanzler der Universität Heidelberg war er ein bekannter Wegbereiter des Humanismus.

Weitere berühmte Glieder dieser Familie sind *Karl Theodor Reichsfreiherr von Dalberg,* der als kurmainzischer Statthalter in Erfurt mit Goethe und Wieland verkehrte. 1802 wurde er der letzte Kurfürst und Erzbischof von Mainz, 1806 Fürstprimas des Rheinbunds und 1810 bis 1813

Grabmal des Ritters Hans von Handschuhsheim und seiner Schwester in der St. Vitus Kirche zu Heidelberg-Handschuhsheim

Großherzog von Frankfurt. Sein Bruder *Wolfgang Heribert* war als pfälzischer Beamter Schöpfer und 1778 bis 1803 Intendant des Mannheimer Nationaltheaters. Nach dem Wegzug des Hofs nach München blieb er als Staatsminister für die Pfalz in Mannheim (S. 115).

Der Kraichgauer Adel

Eine große Bedeutung in der pfälzischen Geschichte hatte die Familie *von Gemmingen*. Sie stammt ursprünglich aus der Wormser Gegend. Hans von Gemmingen gab 1462 der Schlacht bei Seckenheim (S. 32) die für den Kurfürsten Friedrich siegreiche Wendung, als er den Anführer der Gegenpartei Ulrich von Württemberg in ritterlichem Kampf besiegte, gefangennahm und seinem Lehnsherrn, dem Kurfürsten, übergab. Die auf Seite 33 wiedergegebenen Abbildungen sind dem 1617 entstandenen Buch von Vachenburg, dem Turnierbuch im Besitz der Familie von Gemmingen-Hornberg entnommen. Sie bilden den Abschluß der seit dem 10. Jahrhundert verzeichneten Turniere. Auch die anderen Familien des Kraichgauer Adels, die in der Pfälzer Geschichte eine Rolle spielten, wie die *Neipperg, Sickingen, Helmstadt, Venningen* sind in diesem Turnierbuch mehrfach vertreten. Nach der Schlacht bei Seckenheim wurde *Hans von Gemmingen* in Michelfeld bei Sinsheim ansässig. Ein Nachfahre kaufte 1612 vom Enkel des *Goetz von Berlichingen* die Burg *Hornberg,* auf der Goetz nach Schwören der Urfehde lebte und seine Lebenserinnerungen diktierte, die Goethe als Grundlage seines Goetz-Dramas dienten. Viele Gemmingen standen, wie Angehörige der anderen Kraichgauer Adelsfamilien in pfälzischen Diensten; andere wurden Stiftsherrn und Bischöfe in Worms, Speyer und Mainz. Auch wenn der Kraichgauer Kanton dem schwäbischen Kreis der Ritterschaft angehörte, blieben sie in der Mehrzahl den Versuchen des 1488 gegründeten schwäbischen Bundes und der württembergischen Herzöge, sie auf die schwäbische Seite zu ziehen, gegenüber ablehnend. Sie hielten fest zu den Pfälzer Kurfürsten. Schließlich gab Kaiser Friedrich III., der zur Sicherung des Landfriedens die Gründung des Schwäbischen Bundes begünstigt hatte, nach und verzichtete auf die Eingliederung des Kraichgaues in diesen Bund. Die territoriale Zersplitterung des alten Reichs zeigte sich im Kraichgau besonders deutlich. Etwa die Hälfte der Ortschaften war kurpfälzisch, aber verschiedenen Verwaltungseinheiten zugeteilt (Kellerei Cobach im Oberamt Mosbach, Ämter Hilsbach und Reichardshausen, Stüber und Meckesheimer Zent im Oberamt Heidelberg, beziehungsweise Oberamt Bretten). Andere Orte waren bischöflich speyerisch oder gehörten dem seit 1507 zu Bruchsal ansässigen Stift Odenheim, einer unterstand dem adligen Damenstift Pforzheim. Acht Orte gehörten der Familie von Gemmingen, davon der Ort Gemmingen selbst in Gemeinschaft mit der Familie von *Neipperg.* Die Familie von Venningen herrschte über 6 Dörfer. Zum Gebiet der Familie von *Helmstatt* gehörte das erstmals in einer Wildbannurkunde von 988 genannte, später zur Stadt aufgestiegene *Neckarbischofsheim,* in dem noch eine Reihe von mittelalterlichen Bauten und Kunstwerken erhalten geblieben ist. Von den oft oberste pfälzische Hof- und Verwaltungsstellen bekleidenden Mitgliedern der Familie von *Venningen* sei hier nur der kurpfälzische Oberjägermeister *Eberhard Friedrich von Venningen* erwähnt, im Volksmund und auch von Liselotte von der Pfalz in ihren Briefen aus Versailles *»Eberfritzen«* genannt. Er lebte von 1642–1709 und diente drei Kurfürsten im Felde und bei der Jagd. An seinem Heidelberger Stadtpalais *»zum Riesen«* (Hauptstraße 52) schaut sein überlebensgroßes Standbild auf das Straßenleben einer veränderten Welt.

Die anderen Adelsfamilien geboten – teils in Gemeinschaft – nur über je einen Ort. Dazu gehörten noch württembergische und hessische Teilrechte in einzelnen Ortschaften. Nach kurzer leiningischer Herrschaft kam der Kraichgau einschließlich aller reichsritterlichen Orte zu Baden.

Erwähnenswert ist die von 1781 bis 1959 in Wieblingen begüterte Familie *von La Roche-Starkenfels.* Vorfahren und Verwandte haben in preußischen, hessischen, österreichischen, englischen, pfälzischen und badischen Diensten als Offiziere in den Feldzügen des 17., 18. und beginnenden 19. Jahrhunderts gedient. Sie wurden wegen ihrer Tapferkeit in den Reichsfreiherrenstand erhoben und erhielten hohe Stellungen. Zwei erworbene reichsfreie Güter in der Nähe von Worms wurden 1782 verkauft, nachdem Friedrich Wilhelm Samuel La Roche von Starkenfels durch Heirat und Erbschaft Besitzer des Schloßguts Wieblingen geworden war, das heute dem Elisabeth-von-Thadden-Mädchengymnasium gehört.

60

11. Die Kurpfalz bis zum Verlust der Eigenstaatlichkeit

Die simmerische Kurlinie 1559–1619

Nach dem Hinscheiden des kinderlosen Kurfürsten Ottheinrich war *Friedrich III.*, der älteste Vertreter der Linie *Pfalz-Zweibrücken-Simmern,* nach den Pfälzer Hausgesetzen nachfolgeberechtigt. Unter seiner Regierung entzweiten religiöse Streitigkeiten das Land. Zunächst herrschten strenge Lutheraner, während Friedrich III. und ein Teil der Bevölkerung auf Grundlage der von Melanchthon gemilderten Augsburger Konfession zum Calvinismus neigten. Nach leidenschaftlich geführten theologischen Streitgesprächen mit den lutherischen Nachbarn und Verwandten tat Friedrich III. Anfang der 1560er Jahre, beraten von *Zacharias Ursinus* (Beer) und *Caspar Olevianus,* den entscheidenden Schritt zu dem aus der Schweiz und den Niederlanden herüberwirkenden Calvinismus. Dadurch war die Pfalz einer der ersten europäischen Staaten geworden, in dem der kämpferische Calvinismus Staatsreligion wurde. Die Pfalz wurde so Zentrum und Zufluchtsort der Reformierten in ganz Europa, stellte sich aber auch außerhalb des gerade geschlossenen Augsburger Religionsfriedens (1555), der im Reich den Calvinismus nicht anerkannt hatte.

1563 wurde unter des Kurfürsten persönlicher Mitwirkung der berühmte, später für alle Länder reformierten Bekenntnisses maßgebende und in viele Sprachen übersetzte Heidelberger Katechismus geschaffen sowie die reformierte Gottesdienstordnung. Stifte und Klöster wurden eingezogen, ihr Vermögen in Sonderverwaltungen zusammengefaßt – für die Umgebung Heidelbergs in der noch heute bestehenden Pflege Schönau – und zur Unterhaltung von Universität, Schulen und Krankenhäusern bestimmt. In den Klostergebäuden von *Schönau, Frankenthal* und *Lambrecht* fanden reformierte Flüchtlinge aus den Niederlanden und Frankreich Aufnahme.

Als reformierte Fürsten fühlten sich die Pfälzer Wittelsbacher verpflichtet, den französischen Protestanten zu Hilfe zu kommen. Des Kurfürsten Sohn *Johann Kasimir* und *Herzog Wolfgang* eilten mit Tausenden von Pfälzern dem Herzog von Navarra und den Hugenotten zu Hilfe und halfen, 1570 den für die französischen Protestanten günstigen Frieden von St. Germain zu erkämpfen. Nach der Bartholomäusnacht 1572 war die Pfalz das Ziel vieler flüchtender Hugenotten. Auch Graf Egmont, Friedrichs III. Schwager, und die Oranier wurden von der Pfalz gegen die spanischen Habsburger unterstützt. Des Kurfürsten dritter Sohn Christoph fiel 1574 in Holland im Kampf für die Freiheit der Niederlande. Nach Egmonts Enthauptung ergoß sich ein neuer Flüchtlingsstrom, die »Wallonen«, in die Pfalz. Trotz dieser äußeren Wirren herrschte im Innern Ruhe. Ein Aufschwung der Universität und der Schulen, die Neuordnung der Verwaltung, in der neben dem Adel immer stärker bürgerliche Juristen eine Rolle spielten, und die durch die Flüchtlinge geförderte Wirtschaftsblüte kennzeichnen diese Jahrzehnte bis 1620.

Kurfürst *Ludwig VI. (1576–83)* hatte als Kurprinz die Oberpfalz regiert und dort am Lutherturm festgehalten. Nach seinem Regierungsantritt verfolgte er nicht die Politik seines Vaters weiter, die in die offene Konfrontation zu Kaiser und Reich führte und auch in Gegensatz zu den Lutheranern unter der Führung Kursachsens geraten war, sondern suchte den Ausgleich, während sein Bruder Johann Kasimir an der bisherigen Politik festhielt. Innenpolitisch bedeutete das die Rückkehr zum Luthertum, die mit harten Maßnahmen erzwungen werden mußte. Alle reformierten Geistlichen, Professoren und Beamten wurden entlassen sowie großenteils des Landes verwiesen. Johann Kasimir nahm sich einer großen Zahl von ihnen an und verschaffte ihnen Anstellung in den ihm als Erbteil zugefallenen Ämtern Lautern und Neustadt, wohin er sich schließlich selbst mit seiner Mutter zurückzog. Dort entstand ein Sammelpunkt für alle Reformierten, die sich in Heidelberg nicht mehr halten konnten. Auch bedeutende Universitätsprofessoren kamen nach Neustadt, als dort in einem ehemaligen Nonnenkloster eine Hohe Schule, das *Casimirianum,* eingerichtet wurde, das in der Qualität seiner Professoren manche Universität übertraf, so auch Heidelberg, das durch strenges Vorgehen gegen jeden, der nicht die Concordienformel lutherischer Observanz unterschreiben wollte, fast alle bedeutenden Professoren

Schloßhof mit Blick auf Friedrichsbau und angrenzende alte Bauten · Kupferstich um 1680 von Ulrich Kraus

verloren hatte. Enger Dogmatismus und Gewissenszwang wurden nun im lutherischen Lager ausgeübt. Die Wogen glätteten sich etwas, als Kurfürst Ludwig älter wurde. Sein Wahlspruch, den er auch auf die unter ihm geschlagenen Münzen prägen ließ: *»All Ding zergenglich«,* bewahrheitete sich nach seinem frühen Tod 1583 insofern, als sein Bruder Johann Kasimir als Vormund des minderjährigen Kurprinzen Friedrich in seiner Regentschaft von 1583–1592 sofort das reformierte Bekenntnis wieder einführte und entgegen des Bruders Testament den Kurprinzen im reformierten Geist erziehen ließ.

Anfänglich versuchte er, den Lutheranern durch Milde entgegenzukommen und beide Seiten zur Achtung der anderen Auffassungen anzuhalten. Dies scheiterte aber an der Unduldsamkeit der jeweiligen Theologen, so daß schließlich derselbe gewaltsame Umsturz der Verhältnisse erfolgte wie unter umgekehrten Vorzeichen sieben Jahre zuvor. Die reformierten Gelehrten kehrten nach Heidelberg zurück. Ein neues Universitätsgebäude wurde errichtet. 1586 konnte die gefestigte und erweiterte Hochschule die 200. Wiederkehr ihres Gründungstages zuversichtlich begehen. Daneben wurde auch das übrige Schulwesen nicht vernachlässigt, allerdings auch hier das reformierte Bekenntnis wieder eingeführt, was viele Lehrer und Schüler des *Collegium sapientiae* und des *Pädagogismus* – beide höhere Schulen im heutigen Sinn – veranlaßte, die Schule

zu verlassen, wie es sieben Jahre früher ihre reformierten Vorgänger getan hatten. Auch auf dem Lande und in den kleineren Städten wurde das Schulwesen gefördert.

Johann Kasimirs militärische Unterstützung der Hugenotten und der Niederländer führte die Pfalz endgültig in die vorderste Linie des gewaltigen Ringens zwischen calvinistischer Reformation und erstarkender Gegenreformation. Der Weg, der in den Dreißigjährigen Krieg münden sollte, zeichnete sich bereits deutlich ab; denn seine Pläne hatten nichts Geringeres im Sinn als die Verdrängung der katholischen Habsburger vom Kaisertum. Doch starb er schon 1592.

Beim Regierungsantritt seines Mündels *Friedrich IV. (1583/92–1610)* gab es erneut Schwierigkeiten wegen der Konfession; denn der Kaiser Rudolf II. verweigerte die Belehnung eines calvinistischen Pfalzgrafen mit der Kurwürde. Nachdem die pfälzische Seite Zurückhaltung nach außen und Duldsamkeit gegen die Lutheraner im Innern versprochen hatte, erreichte die Fürsprache lutherischer Fürsten, daß ihn der Kaiser belehnte und die Mitkurfürsten ihn anerkannten. Doch bald danach gab Friedrich die Zurückhaltung auf und schwenkte wieder, beraten von Graf *Christian von Anhalt-Bernburg,* auf die alte Politik seines Onkels ein. Die Pfalz wurde so schnell das Haupt der Protestanten im Reich, während Kursachsen in den Hintergrund trat. Der Widerstand gegen den Kaiser auf

Hortus Palatinus auf dem Heidelberger Schloß um 1620 · Kupferstich von Wenzel Hollar nach Merian

den Reichstagen, indem man die Gewährung der Türkensteuer von Zugeständnissen über den Augsburger Religionsfrieden hinaus abhängig machen wollte, ist ebenso Teil dieser antihabsburgischen Politik wie die spektakuläre Gründung von *Mannheim* 1606/07 als Vorort und Festung der protestantischen Union, in die schließlich die Bündnisse mit gleichgesinnten protestantischen Fürsten wie Baden-Durlach, Hessen und Brandenburg eingemündet waren. Die Verbindung mit den Niederlanden, England und vor allem mit König Heinrich IV. von Frankreich, die über die Pfalz liefen, sicherten die Union nach außen ab, zogen aber auch fremde Mächte ins Reich herein.

Der politische Eifer des jungen Fürsten wurde jedoch immer mehr gelähmt durch seine maßlose Jagdleidenschaft und seine Trunksucht. Auf dem Heidelberger Schloß zeugt noch heute von ihm der 1601–07 im Stil der Spätrenaissance errichtete Friedrichsbau, in dessen Mauern so manches Fest gegeben wurde, wie der Kurfürst getreulich in seinem Tagebuch festhielt, auch – wenn er *»wieder voll gewest!«*

Inzwischen formierten sich die Bürgerkriegsparteien: 1608 wurde unter der Führung der pfälzischen Wittelsbacher die protestantische *Union,* 1609 unter dem Vorsitz der bayerischen Wittelsbacher die katholische *Liga* gegründet. Wie 100 Jahre zuvor standen sich die Häupter der beiden Zweige der Wittelsbacher in Feindschaft gegenüber. Die

Lage war so gespannt, daß jeder Streitfall im Reich zum Krieg führen konnte. Da trat 1609 der lang erwartete *jülich-klevische Erbfall* ein, der nicht nur wegen der überaus großen Ländermasse am Niederrhein mancherlei Erbansprüche anzog, sondern auch über die konfessionelle Zukunft des Niederrheins entschied. Der darüber drohende Krieg unterblieb noch einmal wegen der Ermordung Heinrichs IV. von Frankreich und des Todes Friedrichs IV. von der Pfalz im Jahre 1610. Die Ansprüche wurden 1614 ausgeglichen und das Land konfessionell geteilt: Pfalz-Neuburg, das katholisch geworden war und sich die Unterstützung der Liga gesichert hatte, erhielt Jülich und Berg, Kurbrandenburg, das calvinistisch wurde, um die Hilfe der Union und der Niederlande zu gewinnen, erhielt Kleve, Mark und Ravensberg.

Friedrich IV. hatte einen 14jährigen Kurprinzen, *Friedrich V.,* hinterlassen, dessen Vormund Herzog Johann von Pfalz-Zweibrücken wurde. Pfalzgraf Friedrich war einige Jahre am Hofe des reformierten Herzogs von Bouillon in Sedan erzogen worden, der den Plan einer ehelichen Verbindung der beiden mächtigsten reformierten Länder: England und Kurpfalz – die Vormacht der Protestantischen Union in Deutschland – als erster gefaßt haben soll. Nach sorgfältigen Vorverhandlungen gingen zwei pfälzische Adlige mit einem Werbebrief des Kurprinzen nach London, wo die calvinistische Partei den Plan wärmstens begrüßte. Man konnte bei der Werbung anknüpfen an frühere Verbindungen zwischen den Pfälzer Wittelsbachern und dem englischen Königshaus, insbesondere an Kurfürst Ludwig III., der 1402 Blanca, die Tochter König Heinrich IV. aus dem Hause Plantagenet-Lancaster, geheiratet hatte.

Als Pfalzgraf Friedrich 1612 in seiner strahlenden Jugend am englischen Hof erschien, gewann er sofort alle Herzen und vor allem das seiner Braut. Das Volk sah in ihm einen Ersatz für den während seiner Anwesenheit in London durch Giftmord verstorbenen Thronfolger Heinrich, Elisabeths ältesten Bruder. Die wegen dieses Todesfalles verschobene Verlobungsfeier erhielt durch die Aufführung von Shakespeares Drama »Sturm«, das dem jungen Paar gewidmet war, einen besonderen Glanz. Nach einer glanzvollen Hochzeit wurden Friedrich und Elisabeth von einer großen Flotte nach Holland gebracht. Während Elisabeth in verschiedenen holländischen Städten gefeiert wurde, eilte der Kurprinz nach Heidelberg, um die letzten Vorbereitungen zum Empfang seiner Frau in der Pfalz zu treffen. Gemeinsam fuhren sie dann rheinaufwärts über Cleve, Köln nach Bonn, wo sie eine kurpfälzische Flotte von 35 reich ausgestatteten Schiffen mitsamt dem Gefolge und der reichen Aussteuer abholte. Die Schiffsreise ging bis Oppenheim, von wo die Reise zu Pferd und im Wagen durch die geschmückten Ortschaften fortgesetzt wurde. In Ladenburg waren fast die gesamte Heidelberger Hofhaltung und der Adel aus der Pfalz zusammengekommen, um das Paar in einem riesigen Triumphzug nach Neuenheim und über eine Schiffsbrücke nach Bergheim und in die Hauptstadt zu geleiten. Durch unzählige Triumphpforten und immer wieder von Ansprachen des Rektors, der Dekane der vier Fakultäten sowie des Bürgermeisters aufgehalten, fuhren die Karossen zum Schloß hinauf. Hier begann nach achttägigen Festen der Alltag. Dem 17jährigen Kurprinzen überließ sein Vormund die innere Verwaltung und ein Jahr später bei seiner Volljährigkeit die Gesamtherrschaft. Der junge Kurfürst nahm seine Pflichten ernst, während Elisabeth, die im Januar 1614 unter großem Jubel der Pfälzer dem Kurprinzen Heinrich das Leben geschenkt hatte, mit ihren 18 Jahren unbeschwert ihr fürstliches Dasein genoß. Es folgten fünf glückliche Jahre mit der Geburt eines weiteren Prinzen und einer Prinzessin. Der Englische Bau mit modernen großen Fenstern zur Talseite und der runde Theatersaal im Dicken Turm entstanden und in Ergänzung dazu der *Hortus Palatinus* unter Leitung des aus England mitgekommenen Gartenarchitekten Salomon de Caus. Viele Terrassen und in den Berg eingebaute Grotten, südliche Pflanzen, Wasser- und Figurenspiele sollten klassischen Vorbildern nahekommen. Aus illustrierten Beschreibungen der ausgeführten und geplanten Kunstwerke kann man sich ein Bild machen, wie

Elisabethentor im Heidelberger Schloßgarten, 1615 zum 20. Geburtstag der Kurfürstin Elisabeth Stuart errichtet

der Hortus Palatinus geworden wäre, wenn der Dreißigjährige Krieg nicht alles – außer den Terrassenanlagen, Stützmauern und einigen Resten der Grotten – zerstört hätte. Als unversehrt überkommenes Bauwerk dieser friedlichen Epoche und als ein später Ausklang mittelalterlichen Minnedienstes entstand das vom Kurfürsten zum 20. Geburtstag seiner Gemahlin in Auftrag gegebene, von de Caus entworfene und angeblich in der Nacht vor dem Geburtstag aufgerichtete Elisabethentor.

Die Kurpfalz im Dreißigjährigen Krieg

Die überwiegend protestantisch gesinnten böhmischen Landstände hatten im Mai 1618 den Kampf gegen die habsburgischen Herrscher begonnen, obwohl sie im Jahr zuvor Erzherzog Ferdinand als böhmischen König anerkannt hatten. Im August 1619 setzten sie ihn wieder ab, neun Tage bevor Ferdinand in Frankfurt gegen die Bemühungen von Kurpfalz zum deutschen Kaiser gewählt wurde. Fast gleichzeitig wählten die Landstände in Prag den Pfälzer Kurfürsten zum *König von Böhmen*.

Obwohl ihm die meisten Mitglieder der Union und König Jakob I. von England abrieten, nahm Friedrich V. die

FRIDERICVS BOHEMIÆ REX S.R.IMP.ELECTOR PA
LATINVS RHENI BAVARIÆ MORAVIÆ, SILESIÆ, & LVSATIÆ.
PRINCEPS &c.

ELISABETHA BOHEMIÆ REGINA MAGNÆ BRI
TANNIÆ PRINCEPS PALATINA RHENI ELECTRIX &c:

Friedrich V. als böhmischer König mit Prag und Elisabeth Stuart als böhmische Königin mit Heidelberg im Hintergrund · Zeitgenössischer Stich

böhmische Krone an. Dieser verhängnisvolle Entschluß wird gern als ehrgeiziges und törichtes Unterfangen dargestellt, wobei man jedoch übersieht, daß es sich dabei um die folgerichtige Fortsetzung einer Politik handelte, die sich die Schwächung Habsburgs, die Änderung der Reichsverfassung zugunsten einer reichsfürstlichen Oligarchie und den Sieg des Protestantismus im Reich und in Europa zum Ziel gesetzt hatte. In Böhmen war die habsburgische Herrschaft am schwächsten, und die böhmischen Aufständischen waren nach Österreich vorgedrungen. Das mußte für *Christian von Anhalt* ein Fingerzeig des Himmels sein, und ein Erfolg dort würde alle mitreißen.

Im November 1619 erfolgte die Krönung in Prag, am 8. November 1620 wurden die Truppen des böhmischen Königs vom habsburg-bayerischen Heer in der *Schlacht am Weißen Berg* bei Prag vernichtend geschlagen. Die pfälzische Königsherrlichkeit in Prag währte also genau ein Jahr und nicht, wie der Spottname *»Winterkönig«* vermuten läßt, nur einen Winter. Friedrich, über den die Reichsacht verhängt wurde, floh mit seiner Frau nach Holland. Die Oberpfalz wurde von bayerischen, die Rheinpfalz von spanischen Truppen aus den Niederlanden besetzt. Erst kurz vorher hatte Jacob I. von England geringe Hilfstruppen gesandt, die auf die Festungen Heidelberg, Mannheim und Frankenthal verteilt wurden. Friedrich V., der bei den befreundeten Höfen den Widerstand gegen Habsburg und

Bayern zu organisieren suchte, kam 1622 mit nur zwei Begleitern unerkannt in die Pfalz, wo der *Graf von Mansfeld* die letzten Reste der Unionstruppen mit wechselndem Erfolg befehligte. Jacob I. von England, der sich vom böhmischen Abenteuer distanziert hatte, aber seiner Tochter die Pfälzer Stammlande erhalten wollte, verhandelte mit der Liga. *Mansfeld* hauste im Elsaß wie *Tilly* am Neckar, wo nur der Dilsberg widerstand. Bei *Mingolsheim* hatte Mansfeld Erfolg, dafür siegte Tilly entscheidend bei *Wimpfen* über den Markgrafen von Baden, der mit wenigen Getreuen dem Pfälzer zu Hilfe gekommen war. Nunmehr konnte Tilly die ganze Rheinpfalz besetzen. Heidelberg und Mannheim fielen nach kurzer Belagerung in seine Hand; nur Frankenthal widerstand unter einem englischen Kommandanten, der die Stadt erst 1623 den Spaniern übergab. Vorher waren schon im November 1622 auf einem Fürstentag in Regensburg die Pfälzer Kurwürde und die Landesherrschaft an die bayerischen Wittelsbacher übertragen worden. Sie führten die katholische Religion wieder ein, übergaben die Universität den Jesuiten und ließen die berühmte *Bibliotheca Palatina* als Kriegsbeute und Geschenk an den Papst nach Rom bringen (S. 41/42). Der Adel bekam zwei Monate Frist zur Konversion, widrigenfalls er des Landes verwiesen und seine Güter eingezogen wurden. In den Städten mußten alle, die nicht in den Schoß der Kirche zurückkehrten, ihren Hausbesitz an

Katholiken verkaufen. Daß es zu vielen Lippenbekenntnissen kam, ist nicht zu verwundern. 1629 wurde von Kaiser Ferdinand das *Restitutionsedikt* erlassen, wonach alle seit 1552 eingezogenen Kirchengüter zurückgegeben werden mußten. Das Edikt wurde auch in der Pfalz durchgeführt. Der Kaiser stieß aber durch diese Maßnahme seine protestantischen Anhänger vor den Kopf. Von den katholischen Parteigängern hatte ihm der französische *Kardinal Richelieu,* der sich immer mehr in die deutschen Angelegenheiten einmischte, einige abspenstig gemacht, denen die durch *Wallensteins* kriegerische Erfolge gestärkte Kaisermacht gefährlich zu werden schien. Die Verwirrung wurde noch größer, als die katholische Liga 1629 in Heidelberg, dem einstigen Vorort des Protestantismus, beschloß, ihre Truppen als Gegengewicht zu Wallensteins Heeresmacht unter Waffen zu halten und auf seinen Sturz hinzuarbeiten. Dieser gelang denn auch 1630 auf einem Fürstentag zu Regensburg, gerade in dem Augenblick, als durch die Landung *Gustav Adolfs von Schweden* in Pommern die evangelische Sache einen neuen Auftrieb erhielt.

Kurfürst Friedrich V. von der Pfalz sah schon das Ende seines Exils vor Augen, zumal sein naher Verwandter, Pfalzgraf *Johann Kasimir von Zweibrücken-Kleeburg,* als Feldherr und Schwager Gustav Adolfs bei den Schweden eine führende Rolle spielte. Der schwedische König hatte aber andere Pläne für eine Neuordnung in Deutschland, so daß er Kurfürst Friedrich mit seiner Bitte, ihn sofort wieder als Landesherrn in der Pfalz einzusetzen, hinhaltend beschied. Auch als große Teile der Pfalz von schwedischen Truppen besetzt waren, verharrte er bei seiner Verzögerungstaktik. Heidelberg und Frankenthal blieben in bayerischen und spanischen Händen. Gustav Adolf verlangte von Kurfürst Friedrich, er solle eine ins Gewicht fallende englische Truppenmacht herbeiholen, was diesem aber nicht gelang. Die schwedische Besatzung in der Pfalz war kaum weniger drückend als die spanisch-bayerische, wenn auch der protestantische Gottesdienst sofort wieder eingeführt worden war. Ungeduldig verlangte Friedrich V. von Gustav Adolf seine Wiedereinsetzung. Dieser legte ihm nun einen Vertragsentwurf vor, wonach er zwar seine Lande hätte zurückerhalten, aber schwedische Besatzungen in Mannheim, Bacharach und Caub dulden und dem lutherischen Bekenntnis gleiche Rechte wie dem Calvinismus einräumen sollen. Außerdem hätte er einen Teil der Kriegskosten übernehmen und den Oberbefehl des Schwedenkönigs anerkennen müssen. Im September 1632 schrieb der Kurfürst an seine Gemahlin: *»Es scheint mir, als wolle man die Bergstraße behalten und das Übrige so erschweren, daß ich nichts davon hätte. Ich hätte nie gedacht, daß Gustav so mit mir verfahre.«* Den Tod Gustav Adolfs in der Schlacht bei Lützen überlebte der kränkliche und durch diesen neuen Schicksalsschlag schwer getroffene Kurfürst

Friedrich V. nur wenige Tage. Er starb 1632 in Mainz. Sein Herz wurde in Oppenheim beigesetzt, der Leichnam sollte bis zur Möglichkeit einer Grablegung in der Heidelberger Heiliggeistkirche nach Sedan in Sicherheit gebracht werden, ist aber in den Kriegswirren verschollen.

Unter der Vormundschaft seines Onkels *Ludwig Philipp* trat der noch nicht 18 Jahre alte Kurprinz *Karl Ludwig* in die Ansprüche auf die Kurpfalz ein, die bis auf den Dilsberg und Heidelberg in schwedischer Hand war. Nachdem Anfang 1633 auch in Heidelberg die Schweden eingezogen waren, zögerte Karl Ludwig nicht, mit dem schwedischen Kanzler *Oxenstierna* ein Abkommen auszuhandeln: Frankenthal, Bacharach, Caub mußten weiterhin schwedische Besatzungen dulden, Mannheim, solange der Krieg dauerte, schwedischer Verwaltung überlassen bleiben. Das lutherische Bekenntnis erhielt die gleichen Rechte wie das reformierte. Der schnelle Vertragsabschluß wurde von Richelieu gefördert, der die Übermacht des schwedischen Verbündeten in Deutschland durch Stärkung der Partikularkräfte bekämpfen wollte.

Begünstigt durch die reiche Ernte des Jahres 1634 konnte das Land unter der einheimischen Verwaltung eine kurze Zeit aufatmen. Aber als im September dieses Jahres die Schweden, bei Nördlingen geschlagen, in voller Flucht sich nach dem Rhein zurückzogen, begannen die Leiden aufs neue. Erst die demoralisierten Schweden, dann die siegestrunkenen Kaiserlichen, schließlich die zur »Befreiung« einrückenden Franzosen hausten so schrecklich in der Pfalz, daß mehr Verwüstungen und Bevölkerungsverluste zu verzeichnen waren als in den 16 Kriegsjahren zuvor. Nach dem Sonderfrieden Sachsens mit dem Kaiser bekam dessen Partei die Oberhand. Auch die Pfalz wurde erneut von kaiserlichen Truppen besetzt, die allerdings wieder durch weimarische Truppen teilweise verdrängt wurden. Diese kamen aus dem von Frankreich nunmehr annektierten Elsaß. Die bayerisch-spanische Besatzung und Verwaltung führten in den von ihr beherrschten Gebieten die Katholisierung weiter. Der Krieg selbst erschöpfte sich allmählich in kleinen Streifzügen. Die Versuche Karl Ludwigs, durch englische und dänische Vermittlung zu seinem Recht zu kommen, waren erfolglos. Seit 1644 waren die Unterhändler der großen und kleinen Mächte in Münster und Osnabrück versammelt, um eine Lösung der verwickelten Probleme zu finden. Inzwischen begannen die Kriegszüge der Franzosen am Rhein aufs neue: Die Pfalz wechselte nochmals die Besatzung. Für die bedrückte Bevölkerung war es schließlich gleich schlimm, ob die verbündeten Franzosen und Schweden oder die feindlichen Spanier und Bayern das Land aussaugten. Der am 24. Oktober 1648 unterzeichnete Westfälische Frieden brachte zwar die Gleichstellung aller drei christlichen Bekenntnisse. Aber was war aus Deutschland geworden!

Der Ausgang des simmerischen Hauses 1650–1685

Die Pfalz war auf den Tiefpunkt ihrer Entwicklung abgesunken. Es drohte ihre Aufteilung: rechtsrheinisch Abtretung an Bayern, linksrheinisch kaiserliche Besatzung durch spanische Truppen. Schließlich setzten sich doch die Stimmen zugunsten der pfälzischen Wittelsbacher zu folgender Lösung durch: Friedrichs V. Sohn, Pfalzgraf *Karl Ludwig,* wurde ein verkleinertes Erbe zugewiesen. Die vornehme alte rheinische *Kurwürde* blieb bei Bayern, ebenso die *Oberpfalz* um Amberg. Für die pfälzischen Fürsten schuf man eine *achte Kurwürde,* die im Range allerdings allen anderen nachstand. Die rheinpfälzischen Gebiete wurden nach dem Stande von 1619 zurückgegeben mit Ausnahme der 1463 von Mainz an Kurpfalz verpfändeten Orte an der Bergstraße, wie *Lorsch, Bensheim* und *Heppenheim.* Auch die Zweibrücker Linie erhielt ihren alten Besitz wieder zurück. Für Mutter und Geschwister Karl Ludwigs wurden Entschädigungen festgelegt. Karl Ludwig selbst befand sich zur Zeit des Friedensschlusses in London, wo er die Katastrophe des Hauses Stuart und die Hinrichtung seines Onkels, des englischen Königs Karls I., miterlebte. Über Holland, wo er seiner Mutter die Nachricht vom Tode ihres Bruders überbrachte, und über Kassel, wo er sich bei der Landgräfin Amalie für ihr Eintreten für seine Sache bedankte und sich mit ihrer Tochter Charlotte verlobte, reiste er nach Nürnberg, um die noch offenen Teilfragen des Friedensschlusses und die Räumung der Rheinpfalz von den bayerisch-spanischen Truppen zu besprechen. Dabei half ihm sein zweibrückischer Vetter *Karl Gustav* (nachmaliger *König Karl X. von Schweden*), der als schwedischer Generalissimus die nötige Autorität hatte.

Anfang Oktober 1649 waren die meisten Dinge geregelt, so daß Karl Ludwig, der als zweijähriges Kind die Pfalz verlassen hatte, nach 30 leiderfüllten Jahren in die Heimat zurückkehren konnte. In Mosbach war der erste rührende Empfang auf Pfälzer Boden durch die ganze Bürgerschaft. Am 7. Oktober zog Karl Ludwig in Heidelberg ein, das die bayerischen Truppen zwei Tage zuvor verlassen hatten. In welchem Zustand er die einst so fruchtbare und gewerbefleißige Rheinpfalz vorfand, ist aus den zeitgenössischen Berichten unschwer zu entnehmen: Die Bevölkerung war auf ein Viertel der Vorkriegszahl zusammengeschmolzen. Manche Dörfer waren ganz verlassen und zerstört. Disteln und Gestrüpp wucherten auf den Feldern, die Weinstöcke waren herausgerissen. Die wenigen zurückgebliebenen und die allmählich zurückkehrenden Bewohner hausten in dürftigen Hütten. In den Städten sah es nicht viel besser aus: Die Häuser großenteils zerstört, die Bevölkerung verarmt, durch Epidemien geschwächt, die ganze staatliche, kirchli-

che und bürgerliche Ordnung durch den häufigen Herrschafts- und Religionswechsel zerrüttet. So fand Karl Ludwig auch Heidelberg vor. Im Schloß war keine Wohnmöglichkeit, so daß er in der Stadt provisorisch Quartier bezog. Mit aller Energie ging er an den Wiederaufbau in Stadt und Land. Das reformierte Bekenntnis wurde unverzüglich wiederhergestellt und die Bevölkerung zurückgeführt. Reformierte Geistliche rief man aus der Schweiz, Hessen, Brandenburg-Preußen und Ostfriesland herbei, da es in der Pfalz keine mehr gab. Die Ausübung der katholischen Religion wurde untersagt; denn für die Pfalz galt das Jahr 1618 als Normaljahr für den Konfessionsstand. Den Lutheranern und Wiedertäufern gegenüber zeigte man sich tolerant, auch wenn sie keine Kirchengüter bekamen, um ihre Geistlichen besolden zu können. Parallel zum Kirchenwesen wurden auch das Schulwesen und die Universität organisiert. An Steuern wurde nur das Notwendige erhoben. Alle Bewohner, die Häuser wieder aufbauten oder neu errichteten, waren für einige Zeit von jeglicher Abgabe befreit. Neu Hinzuziehende aus der Schweiz, aus Holland und Frankreich erhielten Privilegien. Zweifellos stellten nach dem Dreißigjährigen Krieg die neu Zugezogenen in der Pfalz einen Großteil der Bevölkerung. Durch die Assimilierungsfähigkeit der Altpfälzer wurden diese Neubürger bald völlig eingeschmolzen.

Erst 1652 war es gelungen, die spanische Besatzung aus Frankenthal zum Abzug zu bewegen. Mit Mainz wurden im *Bergsträßer Rezeß* von 1650/51 die Streitpunkte an der Bergstraße bereinigt: Im Tausch gegen *Viernheim* und andere Orte erhielt die Pfalz endgültig *Dossenheim, Handschuhsheim* und *Seckenheim* zurück.

Der Aufbau einer sparsamen und vorbildlichen Staatsverwaltung war die größte Leistung Karl Ludwigs. Trotzdem gesundete das ausgeblutete und verwüstete Land nur langsam. Immer wieder vereitelten Truppendurchzüge die bescheidenen Erfolge; auch die Pest von 1666 warf das Land sehr zurück, so daß viele Neubürger wieder abzogen. Dazu kam, daß der traditionelle Außenhandel der Pfalz, der Verkauf ihres Weins nach Holland und England, wegen der hohen Rheinzölle darniederlag. Auch hier schadete dem Land das Unvermögen des Kurfürsten, mit Kurmainz, das das Mainzer Stapelrecht rücksichtslos ausnützte, zu einem erträglichen Verhältnis zu kommen.

Schweres persönliches, aber auch dynastisches Unglück erwuchs Karl Ludwig aus seiner rasch zerrütteten Ehe, nachdem 1651 der Kurprinz *Karl* und 1652 *Elisabeth Charlotte,* die spätere »Liselotte von der Pfalz«, geboren worden waren. Dann aber entzweiten sich die jähzornigen Ehegatten völlig, so daß es auch in der Öffentlichkeit auffiel. Dazu kam, daß Karl Ludwig eine Neigung zu einer jungen Hofdame *Luise von Degenfeld* faßte, die aber zuerst alle Werbungen abwies. Bald aber kam es zu unerfreulichen Sze-

Kurfürstin Charlotte von Hessen-Kassel · Gemälde eines unbekannten Künstlers · Kurpfälzisches Museum Heidelberg

Raugräfin Luise von Degenfeld · Miniatur eines unbekannten Malers · Familienbesitz

nen, die noch dadurch kompliziert wurden, daß der aus englischen Kriegsdiensten zurückgekehrte Pfalzgraf Ruprecht sich ebenfalls in das schöne Hoffräulein verliebte. Die Eifersucht der Kurfürstin steigerte sich so, daß es zu Tätlichkeiten kam. Der Kurfürst verbot seinem Bruder den Aufenthalt im Heidelberger Schloß und brachte Luise von Degenfeld ins Jagdschloß Schwetzingen. Dort ließ sich der Kurfürst, nachdem er selbst als oberste geistliche Autorität seine, von der Kurfürstin allerdings nicht anerkannte Scheidung ausgesprochen hatte, mit ihr morganatisch trauen. Die zur Raugräfin erhobene Luise schenkte dem Kurfürsten in einem glücklichen Familienleben 14 Kinder. Charlotte blieb noch einige Jahre in einer abgesonderten Wohnung auf dem Heidelberger Schloß, bis sie 1662 nach Kassel zurückkehrte. Jetzt konnte Karl Ludwig seine Raugräfin im Winter nach Heidelberg holen. Kurprinz Karl war von schwächlicher Konstitution und wurde als der letzte Sproß der Linie Pfalz-Zweibrücken-Simmern sehr behütet. Um so lebhafter und lebenstüchtiger war seine Schwester Liselotte, die sich bis heute wegen ihres Pfälzer Temperaments und Lebensmuts der größten Beliebtheit unter den Pfälzern erfreut. Sie hatte ein herzliches Verhältnis zu ihren Halbgeschwistern, so daß ein ungetrübtes Familienleben den alternden Kurfürsten erfreute. Die Raugräfin starb 1677 an der Geburt ihres 14. Kindes und wurde in der Konkordienkirche der Mannheimer Fried-

richsburg begraben. Der mäßig lebende Kurfürst Karl Ludwig ließ 1664 zur Ansammlung der in Wein eingehenden Abgaben als Ersatz für das von Johann Kasimir erbaute große Faß ein neues erbauen, das öfters Mittelpunkt der Hoffeste war und auch bei der Hochzeit des Kurprinzen Karl mit Wilhelmine Ernestine von Dänemark, eine Rolle spielte. Die Braut war weniger schön, dafür brachte sie eine Mitgift von 100 000 Taler, die der verarmte Kurfürst in bar vorausgezahlt haben wollte. *»Point d'argent, point de Prince electoral«* schrieb er an seine die Heirat vermittelnde Schwester Sophie von Hannover!

Die außenpolitische Lage der Pfalz blieb schlecht, was nicht zuletzt auf den berüchtigten Jähzorn und das mangelnde diplomatische Talent Karl Ludwigs zurückzuführen war: er machte sich ständig Feinde vor allem unter den Nachbarn, von denen keiner mehr die frühere Führerrolle der Pfalz anerkannte, nicht einmal die Kraichgauer Ritterschaft. Diese Spannungen wurden natürlich durch die schroffen konfessionellen Unterschiede verschärft. Besonders Worms lehnte sich von 1654 bis 1691 eng an Kurmainz an, ja dieser älteste Rivale der Pfalz, der Mainzer Erzbischof und Kurfürst, war zwischen 1663 und 1679 in Personalunion Bischof von Worms und beherrschte *Ladenburg*. Über diese Stadt kam es zu Kämpfen, als Karl Ludwig voreilig versuchte, den Erzbischof mit Gewalt zu verdrängen. Mit überlegenen Kräften verjagte Kurmainz die Pfälzer aus der Stadt. Dieser Konflikt verschmolz mit dem unglückseligen »Wildfangstreit« (1665–67), in dem Kurmainz eine Koalition aller Nachbarn gegen Karl Ludwig zusammenbrachte und weite Teile der Pfalz bis vor die Tore Heidelbergs von starken lothringischen Truppen besetzen ließ. Auch diesen Streit hatte Karl Ludwig vom Zaun gebrochen, indem er das mittelalterliche Recht der Pfalzgrafen auf die unehelich Geborenen als neue Leibeigene, die »Wildfänge«, erneuern wollte. Dieses Recht hatte der Pfalzgraf auch in den Nachbarterritorien wahrgenommen, was nun allerdings kein Nachbar mehr dulden wollte. Der Ausgleich erfolgte unter dem Druck Frankreichs dadurch, daß die Rechte des Pfälzers zwar anerkannt wurden, aber nur noch geringes Gewicht besaßen.

Im Reich spielte die Pfalz nur noch eine bescheidene Rolle: Aus dem ersten Kurfürstentum war das unbedeutendste und schwächste geworden. Kurbayern war eifersüchtig darauf bedacht, alle ehemaligen Rechte der Pfalzgrafen wahrzunehmen; so mußte Karl Ludwig auf das hohe Ehrenamt eines *Erztruchsessen* des Reiches verzichten. Als Ersatz schuf man für seine achte und letzte Kurwürde das Amt des *Erzschatzmeisters.* Nach dem Tode Kaiser Ferdinands III. 1657 verdrängte Bayern die Pfalz auch aus dem *Reichsvikariat,* das noch vor dem Kurrecht eines der ältesten Privilegien der Pfalzgrafen gewesen war. Das Verhältnis zu Bayern war damit auf lange vergiftet. Das zentrale auswärtige Problem aber war die Nachbarschaft zu Frankreich, das unter der langen Regierung Ludwigs XIV. (1643–1715) in einer kriegerischen Politik seine Grenzen auf Kosten des Reiches ausdehnte. Dabei war die Pfalz für Frankreich kein ernstzunehmender Machtfaktor, sondern Objekt skrupelloser Machtpolitik, trotz eines stehenden Heeres von 3000 Mann, für das Karl Ludwig rund die Hälfte seiner Staatseinnahmen aufbringen mußte. Der Kaiser war im Osten durch die Türkengefahr gebunden, das Reich in vielerlei Interessen verwickelt, die Verhältnisse mit den Nachbarterritorien der »vorderen Reichskreise« zerfallen, so daß Widerstand gegen Frankreich aussichtslos war. Wohlverhalten war für die Pfalz lebenswichtig. Um sein Land endgültig vor französischer Bedrohung zu sichern, gab Karl Ludwig 1671 seine einzige ebenbürtige Tochter *Elisabeth Charlotte* dem *Herzog von Orléans,* dem Bruder Ludwig XIV., zur Frau. Liselotte verzichtete auf jegliche Erbansprüche auf Pfälzer Land, ohne zu ahnen, daß gerade diese Heirat den Franzosen später den Vorwand gab, in die Pfalz einzufallen. Aber auch schon 1674, als ein Krieg zwischen dem Reich und Frankreich ausbrach, wobei Kurpfalz neutral bleiben wollte, mußte Karl Ludwig erfahren, daß Frankreich sich nicht an die pfälzische Neutralität hielt, sondern seine Armeen die Pfalz durchziehen und auspressen ließ. Sehr bald betrachteten die Franzosen auch die Pfalz als Feindesland, und das kaum vergessene Kriegs-

elend überzog große Teile des Landes, zuerst die Bergstraße, dann die linksrheinischen Gebiete, vor allem das Herzogtum Zweibrücken. Befehlshaber in der Pfalz war General Turenne, dessen Vater einst seines Glaubens wegen aus Frankreich geflohen war und in der Pfalz Aufnahme gefunden hatte. Karl Ludwig war darüber so erbittert, daß er Turenne eine persönliche Forderung zum Zweikampf übersandte, was wenigstens den Erfolg hatte, daß jener schonender vorging und von dem weggeführten Getreide den hungernden Bauern einen Teil zurückgab. Als 1679 der Friede von Nimwegen geschlossen war, begann Frankreich, mit den berüchtigten Réunionskammern einzelne Gebiete und Burgen, die irgendwann einmal Beziehungen zu den im Westfälischen Frieden an Frankreich gekommenen Gebieten Metz, Toul, Verdun und Elsaß hatten, für Frankreich zu reklamieren. Endlose Streitigkeiten fingen an, bei denen auch kaiserliche Gesandtschaften sowie der Versuch, über Schweden und England gegen die brutale Machtpolitik Ludwigs XIV. Hilfe zu erhalten, nichts nutzten. Als Karl Ludwig 1680 starb, war seine nach dem Dreißigjährigen Krieg geleistete Aufbauarbeit äußerst gefährdet.

Kurfürst *Karl* (1680–85) war knapp 30 Jahre alt, als er zur Regierung kam. Er hatte unter den mißlichen Eheverhältnissen seiner Eltern sehr gelitten. Das Verhältnis zwischen Vater und Sohn war schlecht. Auch Karls Ehe blieb glück- und kinderlos; so zog er sich auf sich selbst und eine streng calvinistische Religionsauffassung zurück. Nach dem Regierungsantritt ordnete er sofort an, daß alles wie zu Friedrichs III. Zeiten gehandhabt werden solle ohne Rücksicht auf die anderen Bekenntnisse. So wie jener nach der Bartholomäusnacht bot er nach der Aufhebung des Edikts von Nantes flüchtigen französischen Calvinisten in der Pfalz eine neue Heimat an. Ein Mittelpunkt ihrer Ansiedlung war das Kampffeld bei Seckenheim, auf dem Friedrich der Siegreiche 1462 seinen glänzendsten Sieg errungen hatte. Die neue Gemeinde erhielt den Namen *Friedrichsfeld* sowie einen französischen Schullehrer und Pfarrer. Doch Karls Gesundheit war schwach. Trotzdem vergnügte er sich mit Soldatenspielerei (vgl. S. 92). Eine Epidemie im Sommer 1684, die auch den Kurfürsten ergriff, führte 1685 zu seinem Tode. Als der letzte Vertreter der simmerischen Linie mußte Karl vom Krankenbett aus die Nachfolge regeln.

Viel einschneidender war, daß, trotz des bei der Heirat Liselottes ausgesprochenen Verzichtes, Frankreich im Namen des Herzogs von Orléans als Gatten der Schwester Kurfürst Karls Ansprüche erhob. Ludwig XIV. ließ diese in Heidelberg und vor dem Reichstag in Regensburg vertreten. Bezüglich des persönlichen Besitzes des verstorbenen Kurfürsten Karl bestand kein Zweifel, daß seine Schwester einen Anteil zu beanspruchen hatte. Der Erlös

Das Große Faß aus dem Jahr 1664, gefertigt auf Veranlassung von Kurfürst Karl Ludwig · Kupferstich von Klemens Ammon

wurde auch nach Frankreich gebracht, aber Liselotte hat nichts davon erhalten. Die französischen Herrschaftsansprüche auf alle durch weibliche Erbfolge an Kurpfalz gelangten Lande waren aber nach deutschen Staatsrecht und nach dem Verzicht bei der Heirat unbegründet. Als 1688 die kaiserlichen Truppen gegen die Türken erfolgreich waren und Ludwig XIV. befürchtete, daß die Reichstruppen in Kürze zur Verteidigung der Westgrenze frei würden, erklärte Ludwig XIV., zum Schutze Frankreichs die Pfalz besetzen zu müssen. Der Dauphin zog mit den französischen Truppen in Heidelberg ein, das wie die anderen pfälzischen Festungen gegen die Übermacht nicht verteidigt werden konnte. Als die Reichstruppen aus Österreich herankamen sowie die Niederlande und England sich gegen die französischen Ansprüche erklärten, mußten die Franzosen sich zurückziehen. Ludwig XIV. gab die Zustimmung zu dem von seinem Kriegsminister ausgearbeite-

ten Befehl »de brûler le Palatinat«. General Mélac war das Werkzeug, das diesen Befehl ausführte. Im Januar und Februar 1689 wurden nach unsagbaren Greueltaten an der Bevölkerung die Stadt Heidelberg und das Schloß geplündert und am 2. März das unterminierte Schloß durch Hunderte von hineingeschleuderten Pechkränzen in Brand gesteckt. Zum Schluß verteilte man die Truppen, um an die einzelnen Wohnhäuser und die hölzerne Neckarbrücke Feuer zu legen. Die Franzosen eroberten 1693 das inzwischen von kaiserlichen Truppen besetzte und wieder befestigte Heidelberg erneut und dehnten das Zerstörungswerk auf die Kirchen und die Gräber der Kurfürsten aus. Ähnlich war es Mannheim, Frankenthal, Worms und Speyer ergangen. Die Einwohner wurden, soweit sie nicht flüchteten, vertrieben. Die Häuser durften nicht wieder aufgebaut werden. Man versuchte, die Pfälzer ins Elsaß zu verpflanzen, um eine unbewohnte Grenzzone zu schaffen.

Das Heidelberger Schloß um 1680 vor der Zerstörung durch die Franzosen · Kupferstich von Ulrich Kraus

Und dies geschah alles unter dem Vorwand, das Erbteil der Liselotte von der Pfalz in Anspruch nehmen zu wollen. Erschütternd ist es, in Liselottes Briefen zu lesen, wie der Mißbrauch ihres Namens die sonst so Lebenslustige quälte:

Versailles, den 20. Mertz 1689

. . . Kaum hatte ich mich über des armen Carllutz* todt ein wenig erholt, so ist das erschreckliche undt erbärmliche ellendt in der armen pfaltz ahngangen, undt waß mich ahm meisten daran schmertzt, ist, daß man sich meines nahmens gebraucht, umb die arme leute ins eußerste unglück zu stürtzen, undt wenn ich darüber schreye, weiß man mirs gar großen undanck undt man protz mir drüber. Solte man mir aber das leben darüber nehmen wollen, so kan ich doch nicht laßen zu bedauern undt zu beweinen, daß ich so zu sagen meines vatterlandts untergang bin undt über daß alle des Churfürsten meines herr vatter seeligen sorge undt mühe auff einmahl so über einen hauffen geworffen zu

sehen ahn dem armen Manheim. Ja ich habe einen solchen abschew vor alles so man abgesprengt hat, daß alle nacht, sobaldt ich ein wenig einschlaffe, deucht mir, ich sey zu Heydelberg oder zu Manheim undt sehe alle die verwüstung, undt dann fahr ich im schlaff auff undt kan in 2 gantzer stunden nicht wider einschlaffen; dan kompt mir in sinn, wie alles zu meiner zeit war, in welchem standt es nun ist, ja in welchem standt ich selber bin, undt dan kan ich mich des flenens nicht enthalten. . .

Der von ihr verehrte Schwager, Ludwig XIV., verschloß sich vollkommen ihren Bitten. Entfremdet wurde sie ihm vollends durch den Einfluß der Madame de Maintenon. Liselotte haßte diese aus vollem Herzen: »die alte Vettel, *die alt Schlump, die alte Zott und Rumpumpel*«. Die vor der Heirat notwendig gewesene Konversion hat sie nicht tief

* *Ältester der raugräflichen Halbgeschwister.*

Herzogin Elisabeth Charlotte von Orléans · Gemälde von Rigaud 1713 ·
Kurpfälzisches Museum Heidelberg

Kurfürst Philipp Wilhelm von Pfalz-Neuburg · Kupferstich von Leonhard Heckenauer

berührt. Weiterhin las sie täglich in ihrer Lutherbibel und wurde einmal von einem reformierten Maler überrascht, als sie, ein protestantisches Kirchenlied singend, durch einsame Schloßräume schritt.

Elisabeth Charlotte von Orléans ist unter ihrem Mädchennamen *Liselotte von der Pfalz* auch heute noch eine der populärsten Frauengestalten Deutschlands und vor allem in ihrer Heimat unvergessen. Auch in der ihr so fremden, ihrer Erziehung und ihrem Temperament so widersprechenden Atmosphäre des französischen Hofs hat sie sich ihre natürliche Pfälzer Wesensart bis ins hohe Alter erhalten. Aus der ihr fremd gebliebenen Umgebung flüchtete sie in den Briefverkehr mit ihren deutschen Verwandten und Freunden, aber auch mit ausländischen Fürstlichkeiten und Staatsmännern. Über 4000 Briefe sind erhalten, dazu Briefauszüge verschollener Originale; zahlreiche Memoiren erzählen von dieser damals schon als ungewöhnlich erkannten Persönlichkeit, so daß wir uns ein gutes Bild von ihrem Leben und ihren Eigenheiten machen können.

Sie hatte sich in der Umgebung des frivolen und dekadenten Hofs des Sonnenkönigs ganz gut zurechtgefunden, und man achtete ihre Eigenart. Der Ehe mit dem Herzog von Orléans entsprossen drei Kinder, von denen eines früh starb. An den beiden anderen hing Liselotte mit zärtlicher Liebe, auch als sie ihrem Einfluß entzogen wurden. Die Tochter – ebenfalls Elisabeth Charlotte genannt – wurde

durch ihre Heirat mit Herzog Leopold von Lothringen die Stammutter des Lothringisch-Habsburger Kaiserhauses. Ihr Sohn Philipp kam leider schon früh in Berührung mit der sittenlosen Hofatmosphäre. Sie war stolz, als Mann und Sohn sich in den Kriegszügen Ludwig XIV. auszeichneten, versetzte aber ihrem Sohn vor versammeltem Hof eine Ohrfeige, als sie erfuhr, daß er sich gegen ihren Willen dem Wunsch des Königs gebeugt hatte, eine seiner illegitimen Töchter zu heiraten.

Nachdem die Pfalz sich unter den ihr fremden Kurfürsten der Neuburger Linie wieder erholte, wurde bei Liselotte der Zwiespalt der Gefühle zwischen alter und neuer Heimat wieder ausgeglichen. Eine politische Rolle hat sie am französischen Hof nie gespielt; auch nicht, als ihr Sohn nach verschiedenen Todesfällen im französischen Königshaus ein vorbildlicher Vormund des minderjährigen Ludwigs XV. war.

Im Alter zog Liselotte sich immer mehr in die pfälzischen Jugenderinnerungen zurück. In ihren Briefen verzeichnete sie jede Einzelheit: zum Beispiel wie der Weg von Mannheim und Schwetzingen nach Heidelberg geht. Sie erinnert sich an fast jedes Haus und an viele Bewohner, erzählt wo der Brunnen mit den zwei Röhren stand und wie die Kirschen schmeckten, die sie im Morgenrot vom Schloß herabsteigend im anstoßenden Garten des Amtmannes aß, daß die Trauben von Schriesheim besser waren als die von

Kurfürst Johann Wilhelm · Kupferstich von Josef à Montalegre

Kurfürst Karl Philipp (1716–1742) · Zeitgenössischer Kupferstich

der anderen Neckarseite und anderes mehr. So schreibt sie 1720 aus St. Cloud an die Raugräfin Luise:

»... Wahren die trauben, so man Euch auß der Pfaltz geschickt, von Schrießheim? Da seindt sie ordinarie gar gutt undt ich finde sie beßer, alß die von der seydt von Robach. Mich deucht, die Heydelberger drauben seindt nicht ungesundt. Ich erinnere mich, daß ich von den Schrießheimr drauben in den weingartten so erschrecklich gefreßen, daß mir der bauch so dick geworden, daß ich nicht mehr gehen konte; hatt mir aber gar nichts geschad, sondern nur beßere lust zum mittagseßen gemacht ...«

Genugtuung erfüllte sie, wenn ihr vom Wiederaufbau der Pfalz, insbesondere von Heidelberg, Mannheim und Frankenthal, berichtet wird, sie lobt den Kurfürsten Karl Philipp, als er seine Residenz von Düsseldorf in die Rheinpfalz verlegt. Im Gedenken an die verstorbenen und die noch lebenden Verwandten und Freunde in der alten und neuen Heimat und in enger Verbindung mit ihren Brieffreunden an vielen europäischen Höfen verbrachte Liselotte ihre letzten Witwenjahre in St. Cloud. 1722 starb sie dort gefaßt und aufrecht, wie ihr ganzes Leben war.

Die Neuburger Kurfürsten 1685–1742

Nach den Haus- und Reichsgesetzen war Herzog *Philipp Wilhelm von Pfalz-Neuburg* als Vertreter des nunmehr ältesten Zweiges des Hauses Pfalz-Zweibrücken erbberechtigt. Doch die Pfalz-Neuburger waren 1614 katholisch geworden (vgl. S. 63). In Erwartung des Erbfalls war in Schwäbisch Hall wegen der konfessionellen Frage verhandelt worden, als Kurfürst Karl II. noch vor Unterzeichnung des „Haller Rezesses" starb. Trotzdem hielt sich Kurfürst Philipp Wilhelm an die Abmachungen des Vertrages, wenn sich auch die Verhältnisse grundlegend verschoben; denn die bisher unterdrückte Konfession, die katholische, stellte den Landesherrrn. Auch besaß die neue Dynastie neben dem Fürstentum *Neuburg an der Donau* die beiden großen Herzogtümer *Jülich* und *Berg* am Niederrhein mit der Hauptstadt *Düsseldorf,* die ein beachtliches Eigengewicht hatten. Dort residierte weit ab vom Krieg Philipp Wilhelm. Das gleiche gilt von seinem Sohn, *Johann Wilhelm,* (1690–1716), der mit 32 Jahren die Herrschaft antrat. Die Pfalz bot nach den mehrfachen Verwüstungen, insbesondere auch der Hauptstädte Heidelberg, Mannheim und Frankenthal dem Kurfürsten keinen Anreiz, seine Residenz aus dem vom Kriege verschonten Düsseldorf nach Heidelberg zu verlegen.

Der Wiederaufbau ging nur sehr langsam vor sich. Viele Bewohner waren nach Norddeutschland geflüchtet und blieben in Magdeburg, Brandenburg und Ostpreußen, wo die Hohenzollern ihnen Wohnstätten und Landbesitz ermöglichten; andere waren nach Amerika ausgewandert, wo William Penn sein Kolonisationswerk gerade begonnen hatte. Gerade in den ersten Jahren des 18. Jahrhunderts ergriff die erste große Auswanderungswelle nach Amerika die Pfalz. Zu Tausenden zogen die *„Poor Palatines – die armen Pfälzer"* den Rhein hinunter nach Holland und England, um sich unter härtesten Bedingungen nach Amerika einzuschiffen. Was waren die Gründe für diese Massenbewegung? An erster Stelle wird konfessionelle Bedrückung genannt, was aber davon kommt, daß die protestantischen Aufnahmeländer Katholiken nicht haben wollten und religiöses Asyl am leichtesten gewährten. In Wirklichkeit waren das ständige Kriegselend mit seinen Verwüstungen, Armut, Mißernten und Hungersnöte z. B. nach dem unvorstellbar kalten Winter von 1709 die eigentlichen Gründe. Darüber hinaus darf man nicht vergessen, daß viele Auswanderer erst eine Generation zuvor in die Pfalz eingewandert waren. Jedenfalls brachte der stetige Zustrom von Pfälzern im Laufe des 18. Jahrhunderts die Zahl der Deutschen in Pennsylvanien auf rund 100 000, so daß Benjamin Franklin davor warnte, in den jungen USA einen deutschsprachigen Staat entstehen zu lassen. Pfälzer Brauchtum und Dialekt erhielten sich dort bis in unsere Tage.

Der Frieden von Rijswijk 1697 beendete nach acht Jahren den pfälzischen Erbfolgekrieg, der im Ausmaß der Zerstörungen den Dreißigjährigen Krieg noch übertroffen hatte. Auch dieser Friedensschluß markiert eine Epoche; denn Frankreich hatte zum ersten Mal ein Kriegsziel, hier die Einverleibung der Pfalz, nicht erreicht, sondern war endgültig in die Defensive gedrängt worden. Die Greuel der Verwüstung und die Rücksichtslosigkeit der französischen Machtpolitik hatten eine große Koalition zusammengebracht, die unter der Führung Wilhelms III. von England und Holland (1689–1702) fast alle europäischen Mächte gegen Ludwig XIV. einte.

Für die Pfalz stellte der Frieden den Status quo unter dem Kurfürsten *Johann Wilhelm (1690–1716)* wieder her mit Ausnahme des Religionsstandes. Hier sollte überall, wo unter der französischen Herrschaft der Katholizismus eingeführt worden war, dieser ungeschmälert bestehen bleiben. Die Frage, welche Ortschaften oder Kirchen von der *»Rijswijk'schen Religionsklausel«* betroffen waren, führte ein neues Kapitel der pfälzischen Konfessionswirren herauf. So blieb etwa das ganze Oberamt Germersheim katholisch, weil es bereits 1688 von Frankreich annektiert und zum Elsaß geschlagen worden war; es wurde 1697 auch nicht vollständig zurückgegeben und in der Folge immer

wieder beansprucht. In der übrigen Pfalz sah der Kurfürst als überzeugter Katholik und absolutistischer Fürst natürlich keinen Grund, seine eigene Konfession zu benachteiligen, so daß die Katholiken sein Wohlwollen besaßen. Dennoch muß man ihm zubilligen, daß er um einen Ausgleich der Spannungen bemüht war; denn seine heftigen Kritiker aus dem reformierten Lager übersahen dabei geflissentlich, daß für Frankreich die Religionsklausel das wichtigste Instrument blieb, auch nach dem Friedensschluß in der Pfalz eingreifen zu können, um die Rechte der Katholiken zu wahren, was gerade in der Südpfalz immer wieder geschah. Der Kurfürst mußte in dieser Frage zuerst darauf achten, den übermächtigen Nachbarn nicht zu reizen.

Mit dem *»Simultaneum«* von 1699 sollten die Kirchen von jeder an einem Ort ansässigen Konfession benutzt werden, was sich als völlig undurchführbar erwies und den Streit verstärkte, so daß sich nun auch die evangelischen Reichsstände einmischten. Entscheidend war, daß die reformierte Geistliche Administration völlig unabhängig von der Regierung und dem Landesherrn das gesamte Kirchengut verwaltete und somit ein echter Ausgleich nur erfolgen konnte, wenn das Kirchengut aufgeteilt und damit der Unterhalt der Gebäude und die Besoldung der Pfarrer und Lehrer einer jeden Konfession gesichert wurde. Zu diesem Zweck berief Johann Wilhelm eine gemischte Kommission, die einen Teilungsvorschlag erarbeiten sollte. 1705 trat die *»Pfälzer Kirchenteilung«* in Kraft, die das ganze Kirchengut im Verhältnis 5 zu 2 zugunsten der Reformierten teilte: von je 7 Kirchen, Kirchenteilen, Pfarrhäusern, liegenden Gütern, Kompetenzen usw. sollten die Reformierten 5 behalten und die Katholiken 2 erhalten. Manchmal trennte man Kirchen durch eine Mauer wie die Heilig-Geist-Kirche in Heidelberg. Die Lutheraner wurden nicht berücksichtigt, da die Reformierten nicht noch auf ein Siebtel verzichten wollten. Die Kirchenteilung war kein kleiner Fortschritt trotz großen Gezeters bei der Durchführung; denn zum ersten Mal wurde in der Pfalz das Nebeneinander der Konfessionen festgeschrieben.

Der *Spanische Erbfolgekrieg* von 1701 bis 1714 fand Johann Wilhelm auf seiten des Kaisers, da die Pfalz-Neuburger Linie mehrfach mit den Habsburgern durch Heirat verbunden war. Die bayerischen Wittelsbacher waren fest mit Frankreich verbündet. Es wiederholten sich mit umgekehrten Vorzeichen die Geschehnisse des Dreißigjährigen Kriegs: Die Kaiserlichen besiegten und besetzten – wie damals die Pfalz – nunmehr Bayern. Johann Wilhelm nahm 1704 die im Dreißigjährigen Krieg verlorene Oberpfalz wieder in Besitz und erhielt die früher von Kurpfalz innegehabte erste Kurwürde mit dem Reichsvikariat und dem Erztruchsessenamt zurück. Aber nur die Hofämter, die 1711 beim Hinscheiden Kaiser Josephs I. und der Neuwahl von Karl VI. von Bedeutung wurden, durfte er behalten. Die Oberpfalz mußte er im Frieden von Rastatt 1714 wieder an Bayern herausgeben.

Verträge mit dem Bischof von Worms, seinem Bruder Franz Ludwig, beendeten 1705 die Doppelherrschaft in Ladenburg. Diese Stadt sowie Neckarhausen, Altenbach, Hemsbach, Laudenbach und Sulzbach kamen ganz zur Pfalz und wurden mit anderen Orten zum Amt Ladenburg zusammengefaßt. Dafür erhielt der Wormser Bischof Dirmstein, Laumersheim, Rheindürkheim und andere linksrheinische Orte. Auch mit Baden wurden 1707 verschiedene aus alten Erbschaften stammende gemeinsame Herrschaften aufgeteilt, wobei Kreuznach mit 23 Dörfern ganz zur Pfalz kam und von da ab ein eigenes Oberamt bildete. Johann Wilhelm war in seinen niederrheinischen Landen als »Jan Wellem« sehr beliebt (vgl. das Reiterstandbild in Düsseldorf), wohingegen er in der Pfalz nicht heimisch wurde; denn diese blieb für ihn ein Nebenland: seine Hauptsorge galt Jülich und Berg mit den aufblühenden Städten Düsseldorf, Elberfeld, Jülich, Düren und Mönchen-Gladbach, die der kostspieligen Hofhaltung einen besseren Rückhalt boten. Neben bemerkenswerten Bauten in Heidelberg sind die kostbare, damals in Düsseldorf entstehende Gemäldegalerie, und die Kunstakademie zu nennen, die später teilweise nach Mannheim und mit der Mannheimer Sammlung endgültig nach München kamen.

Kurfürst Johann Wilhelm starb 1716 kinderlos; ihm folgte sein jüngerer Bruder *Karl Philipp*, der wie seine anderen Brüder – außer dem Kurprinzen – für die geistliche Laufbahn bestimmt war, dann aber in den Malteserorden eintrat, um seinen militärischen Neigungen nachgehen zu können. Er begab sich in kaiserliche Dienste und zeichnete sich in Ungarn bei den Kämpfen gegen die Türken aus. Im Laufe seiner militärischen Laufbahn brachte er es bis zum Generalfeldmarschall. Europäisches Aufsehen erregte 1688 seine heimliche Heirat mit der Witwe des preußischen Kurprinzen, der polnischen Gräfin Luise Charlotte von Radziwill. Preußen hatte durch ihre großen Güter Einfluß in Polen und Litauen gewinnen wollen. Jetzt gingen die vom polnischen Adel bestrittenen Ansprüche auf den Pfalzgrafen über. Dieser hatte aber nur wenig Freude an der Erbschaft seiner Frau. Um seine polnischen Ambitionen besser betreiben zu können, wohnte er zwischen seinen Kriegsdiensten in Brieg und bewarb sich 1697 von dort aus um die polnische Königskrone. Obwohl ihn sein Bruder Kurfürst Johann Wilhelm, so gut er konnte, mit Geldmitteln und der Kaiser diplomatisch unterstützten, unterlag Karl Philipp dem Kurfürsten August von Sachsen. Karl Philipp stellte sich wieder dem Kaiser als Feldherr zur Verfügung und kämpfte im Spanischen Erbfolgekrieg auf verschiedenen Schauplätzen. Als Belohnung für seine Kriegsdienste wurde Karl Philipp 1697 zum kaiserlichen

Der Hofzwerg Perkeo vor dem Schwetzinger Schloß · Ölgemälde von Georg Dathan · Kurpfälzisches Museum Heidelberg

Statthalter in Innsbruck ernannt. Es war dies keine Sinekure. Karl Philipp konnte der durch französische und bayerische Bedrohung sowie unter dem Durchzug befreundeter Truppen leidenden Bevölkerung vielfach Erleichterung verschaffen und verteidigte auch die Tiroler und vorderösterreichische Selbständigkeit gegen den Wiener Zentralismus. Manche Künstler, Musiker und Baumeister wie Cannabich, Bibiena, zog er an seinen Hof und nahm sie später zugleich mit seinem Hofzwerg Perkeo in die Pfalz mit. Auf Drängen seiner Verwandten heiratete er nach dem Tod seiner ersten Frau wieder. Seine Wahl fiel auf eine polnische Adelige, die ihm auch nur Töchter gebar und ebenfalls früh starb. Eine wegen Erhaltung der Neuburger Kurlinie von der Verwandtschaft gewünschte dritte standesgemäße Heirat kam nicht zustande.

Nach dem Erbfall 1716 beeilte sich der nunmehr 55jährige Karl Philipp nicht, die Herrschaft in seinen Stammlanden persönlich anzutreten. Er beschränkte sich zunächst darauf, durch schriftliche Anweisungen den Fortgang der Regierungsgeschäfte in Neuburg, Düsseldorf und Heidelberg sicherzustellen, gab einige den Religionsfrieden fördernde Anweisungen und entließ besonders verhaßte Minister seines Bruders. Die Düsseldorfer und Heidelberger Hofhaltung, Beamtenstab und Militär wurden eingeschränkt, die Steuern ermäßigt. Nachdem auch die politischen Verhältnisse sich beruhigt hatten, ging ein Aufatmen durch die pfälzischen Lande, und die Freude war allgemein, als Karl Philipp 1717 in Neuburg, 1718 in Heidelberg und Mannheim einzog. Da das Heidelberger Schloß nach den Zerstörungen der vorangegangenen Kriege nicht bewohnbar war, nahm der Kurfürst zunächst in Schwetzingen Wohnung, ließ aber in Heidelberg einige Schloßtrakte herrichten. Mit Eifer nahm er sich der aus seines Bruders Zeit unerledigt gebliebenen politischen Angelegenheiten an. Beim Kaiser drängte er auf Entschädigung wegen der im Rastatter Frieden 1714 an Bayern abgetretenen Oberpfalz und an Stelle der wieder an Bayern verlorenen ersten weltlichen Kurwürde mit dem Erztruchseßamt auf Einräumung der ihm zugesagten achten Kurwürde mit dem Titel Erzschatzmeister. Georg Ludwig von Hannover, gleichzeitig König von England, verwaltete vorübergehend dieses Amt und weigerte sich, es wieder abzugeben, wozu er sich früher verpflichtet hatte. Solange diese Etiketten- und Platzfrage nicht geregelt war, blieb Kurpfalz den Beratungen des Kurfürstenkollegiums und des Reichstags fern, die dadurch lahmgelegt wurden. Diese für die Menschen des Barock mit ihrer Repräsentationssucht so wichtige Frage wurde nach jahrelangen Verhandlungen dadurch beigelegt, daß sowohl Hannover wie Kurpfalz auf ihrem Anspruch beharrten, aber beide davon absahen, den Titel zu gebrauchen! (Erst 1742, als Karl Albrecht von Bayern zum Kaiser gewählt wurde, trat er seine Truchsessenwürde an Kurpfalz ab, und Karl Philipp überließ Hannover das Schatzmeisteramt, das im wesentlichen nur darin bestand, daß sein Inhaber nach einer Kaiserwahl die Krönungsmünzen unter die Menge werfen durfte!) Karl Philipp hatte nachgegeben, weil er die Unterstützung des Kaisers gegen Frankreich benötigte, das entgegen den Bestimmungen der Friedensverträge pfälzische Besitzungen im Elsaß nicht herausgab. Im Elsaß blieb Ludwig XV. trotz Demarchen des Kaisers und Fürbitte Liselottens unbeugsam. Auch wegen der niederrheinischen Besitzungen um Jülich und Cleve entstanden neue Schwierigkeiten mit Brandenburg-Preußen.

Beim Regierungsantritt Karl Philipps herrschte Ruhe, und seine ersten Regierungserlasse versprachen – wie schon oben erwähnt – Duldsamkeit. Dies war nicht im Sinne der Jesuiten, die als Beichtväter und Berater des Fürstenhauses und als neubestallte Lehrer an der Universität Heidelberg eine große Rolle spielten. Einer dieser Professoren verfaßte 1715 eine zur Diskussion gestellte These, worin alle Andersgläubigen – insbesondere Calvinisten – beschimpft wurden. Da der Rektor die Disputation nicht verhindern konnte, beschwerte sich der Reformierte Kirchenrat bei Kurfürst und Kaiser, der gerade ein Edikt gegen Schmähung Andersgläubiger erlassen hatte. Dieser vor der Übersiedlung Karl Philipps nach Heidelberg eingetretene Vorfall hatte die Gemüter erhitzt, so daß zwei Maßnahmen des Kurfürsten nach seiner Ankunft zu einer das ganze Reich

beschäftigenden Kontroverse führen mußten: Zunächst ließ der Kurfürst den Heidelberger Katechismus, ohne den Kirchenrat zu fragen, einziehen, weil er sich durch mehrere Artikel verletzt fühlte, insbesondere durch die Antwort und Glosse zur 80. Frage, die lautete: »*Was ist also der Unterschied zwischen dem Abendmahl des Herrn vnd der Babstlichen Meß?*« In der Antwort wird die katholische Lehre von dem Meßopfer als »*vermaledeyte Abgötterey*« bezeichnet. Daß auf dem Titelblatt des Katechismus aus der Reformationszeit her das kurfürstliche Wappen und die Aufschrift »*aus Churfürstl. Verordnung item mit Chur-Pfältzischer Freiheit*« abgedruckt war, erregte Karl Philipps besonderen Zorn. Den später gefundenen Kompromiß: das Titelblatt wegzulassen und den Kommentar zu Frage 80 abzumildern, hätte man bei gutem beiderseitigen Willen schon zu Beginn des Streites finden können. Aber der gute Wille war auf keiner Seite da. Die Reformierten wehrten sich gegen jede Änderung ihres in der ganzen reformierten Welt als Glaubensgrundlage anerkannten Katechismus und riefen die im Corpus Evangelicorum vereinigten protestantischen Reichsstände um Hilfe an.

Der Kurfürst trug zur Verschärfung der Lage besonders bei, indem er die Heiliggeistkirche, die seit der Kirchenteilung von 1705 zwischen Reformierten und Katholiken durch eine Mauer geteilt war, ganz für sich als Hofkirche beanspruchte. Als der Reformierte Kirchenrat sich auch nach Versprechen eines Neubaus am Marktplatz weigerte, das ihm zugeteilte Kirchenschiff den Katholiken abzutreten und es unter Verschluß hielt, ließ der Kurfürst Gewalt anwenden: einige katholische Maurer kletterten am Turm hoch, ließen sich innen an einem Seil herab und öffneten die verriegelten Türen. Ein kurfürstlicher Rat tat im Namen seines Herren den ersten Schlag, worauf die Maurer die Trennwand niederrissen. Mit diesem Gewaltakt hatte sich der Kurfürst ins Unrecht gesetzt. Das Corpus Evangelicorum protestierte beim Kaiser, die evangelischen Mächte wehrten sich. Als manche protestantische Staaten Repressalien gegen die in ihren Grenzen lebenden Katholiken ergriffen, verstärkte der Kaiser seine Schlichtungsbemühungen. Karl Philipp lenkte ein und erklärte, sich der kaiserlichen Entscheidung unterwerfen zu wollen, die nach endlosen Verhandlungen dahin lautete: Das den Reformierten weggenommene Schiff der Heiliggeistkirche zu Heidelberg müsse zurückgegeben, im Katechismus solle bei Neuauflagen das kurfürstliche Wappen fortgelassen und die Kommentierung der strittigen Frage 80 gemildert werden. So geschah es auch Anfang 1720.

Der durch den Widerstand des Reformierten Kirchenrats in seiner absolutistischen Auffassung gekränkte Kurfürst konnte die Niederlage nicht verwinden. Er machte eine früher ausgesprochene Drohung wahr und verlegte im Mai 1720 seine Residenz nach Mannheim (vgl. S. 94).

Von großer Bedeutung für die Reichspolitik war die Annäherung der beiden Wittelsbacher Linien von Bayern und Pfalz nach jahrhundertelanger Entzweiung. Mit den beiden geistlichen Kurfürsten aus der Familie (Köln und Trier) bildeten die vier Wittelsbacher Kurfürsten eine beachtliche Macht, die durch ein Militärbündnis und einen Erbvertrag untermauert wurde. Auch in der Reichsvikariatsfrage einigte man sich auf gemeinsame Ausübung. Zunächst hatte aber die Wittelsbachsche Hausallianz noch einige Schwierigkeiten zu überwinden, die in der verschiedenen Interessenlage von Bayern und Pfalz begründet waren. Für Karl Philipp stand die jülich-bergische Frage im Vordergrund, an der Bayern nicht interessiert war. Preußen war hier der Gegenspieler. Letztlich blieb es aber bis zum Ende des alten Reiches auf dem Stand von 1614.

Durch die engere Verbindung mit Bayern wurde der auf Grund seiner ganzen Entwicklung habsburgerfreundliche Karl Philipp allmählich in die französische antikaiserliche Bündnispolitik der bayerischen Wittelsbacher hineingezogen, nachdem 1726 noch alle vier Wittelsbacher Kurfürsten gegen hohe kaiserliche Subsidien der sogenannten Wiener Allianz gegen Frankreich beigetreten waren. Aber schon 1727 schloß Karl Albrecht von Bayern mit Frankreich einen Geheimvertrag, zu dem 1728 bei einer Zusammenkunft in Mannheim auch der Kölner und Pfälzer Kurfürst eine Neutralitätserklärung abgaben. Dies war die Abkehr vom Kaiser und der Anfang der Hinwendung zu Frankreich. Die zwischen Pfalz und Frankreich bestehenden Unstimmigkeiten wegen der Besitzungen im Elsaß und des Amtes Germersheim wurden durch einen Kompromiß beseitigt. Frankreich garantierte den Pfälzer Besitzstand einschließlich Jülich und Berg auch für die Sulzbacher Erben. Karl Philipp verpflichtete sich seinerseits wie Bayern, im Rahmen des Reichsrechts keine Interessen Frankreichs zu verletzen und im Falle eines Reichskriegs die pfälzischen Truppen nur im Lande zu verwenden. Mit diesem Vertrag von Marly wandte sich Karl Philipp 1729 endgültig vom Kaiser ab und Frankreich zu.

Im Sommer 1730 fand der denkwürdige Besuch des preußischen Königs *Friedrich Wilhelm I.* in Mannheim statt, bei dem man Höflichkeiten austauschte und versprach, die Andersgläubigen in den beiderseitigen Ländern nicht zu benachteiligen. Friedrich Wilhelm bestätigte seinem Gastgeber, ihn zu seinen Lebzeiten nicht am Niederrhein anzugreifen und mit den Nachfolgern in der Kur einen billigen Vergleich zu suchen. Der gesellschaftliche Teil des Besuchs wurde beeinträchtigt durch den Konflikt des Preußenkönigs mit seinem Sohn Friedrich, der in der Nacht vor dem Eintreffen in Mannheim von Steinsfurt bei Sinsheim aus einen Fluchtversuch gemacht hatte. In Mannheim gestand der Page Keith seine Mitwisserschaft, so daß man sich die Stimmung des Preußenkönigs und des Kronprinzen bei den

zu ihren Ehren veranstalteten Festlichkeiten vorstellen kann!

1733 wurde im *Mannheimer Successionsvergleich* die Nachfolge der Birkenfelder Linie im Herzogtum Zweibrücken bestätigt, Kurpfalz behielt nur seinen Anteil der Grafschaft Veldenz. Karl Philipps Versuche, England/Hannover zu einer Garantie seiner niederrheinischen Ansprüche zu bewegen, mißlangen.

Eine die damalige politische Welt jahrelang beschäftigende Frage spielte auch für Karl Philipp eine Rolle: Kaiser Karl VI. wollte durch die sogenannte »Pragmatische Sanktion« die Nachfolge seiner Tochter Maria Theresia in den österreichischen Erblanden und deren Bestand als Einheit von den deutschen Fürsten einzeln und dem Reichstag insgesamt anerkannt haben. Bei den Wittelsbachern hatte er keinen Erfolg außer beim Kurfürsten Clemens August von Köln, der sich seine positive Stellungnahme sehr teuer abkaufen ließ. So wurden Pfalz, Bayern und Sachsen 1732 überstimmt, und ihre antihabsburgische Gesinnung trat offen zutage. Trotzdem versuchte man in Wien, noch nachträglich die Zustimmung Karl Philipps zu erhalten. Man verhandelte erfolglos mit Heinrich Wilhelm von Sickingen, dem maßgebendsten pfälzischen Minister, und mit der Gräfin *Violanta Maria Theresia von Thurn und Taxis,* der früheren Geliebten und seit kurzen heimlich angetrauten, 1733 in den Reichsfürstenstand erhobenen dritten Gemahlin des Kurfürsten, um durch sie den Kurfürsten umzustimmen und von der Allianz mit Bayern und Frankreich abzubringen.

Neue auch die Kurpfalz berührende Verwicklungen brachte 1733 der Tod von August, Kurfürst von Sachsen und König von Polen. Die Polen selbst wählten den von Frankreich unterstützten und aus der pfalz-zweibrückischen Geschichte bekannten *Stanislaus Leszcynski,* der aber nach 24 Stunden vor den von der sächsischen Partei gerufenen, in Polen einmarschierenden Russen flüchten mußte. So wurde Augusts Sohn – auch von Österreich unterstützt – unter dem Namen August III. König von Polen. Diese Brüskierung beantwortete Frankreich im Oktober 1733 mit einer Kriegserklärung an Österreich. Die Wittelsbacher stellten sich auf den Standpunkt, der Streit sei eine österreichisch-französische Angelegenheit und gehe das Reich nichts an, um so als Neutrale zwischen Frankreich und Habsburg lavieren zu können. Aber *Prinz Eugen* als Kommandeur der österreichischen Truppen am Rhein nahm keine Rücksicht und legte seine Truppen zur Sicherung der Rheingrenze auch auf pfälzisches Gebiet. Im März 1734 kam in Regensburg ein Reichstagsbeschluß zustande, der den Reichkrieg an Frankreich deklarierte. Kurpfalz mußte sich dem fügen, erbat aber das Recht, seine Truppen zum Schutz im eigenen Lande, insbesondere sein Kontingent zur Reichsarmee in der Festung Mannheim belassen zu können. Im übrigen erklärte Karl Philipp, als Landesherr neutral zu bleiben. Zum großen Ärger der Kaiserlichen ließ er die Franzosen, die die Reichsfeste Philippsburg belagern wollten, oberhalb Mannheims den Rhein überschreiten und entschuldigte sich beim Kaiser damit, daß an der betreffenden Stelle bei Neckarau nur 50 kaiserliche Reiter den 2500 übergesetzten Franzosen gegenübergestanden hätten, ohne daß kaiserliche Verstärkungen in erreichbarer Nähe gewesen wären. Als diese dann heranrückten, ließ Karl Philip die Mannheimer Schiffsbrücke abbrechen, was ihm die Kaiserlichen wieder übelnahmen, während Karl Philipp sich damit herausredete, er hätte den Franzosen den Rückzug in die linksrheinische Pfalz abschneiden wollen. Die Besuche französischer Offiziere und die Anwesenheit eines Pariser Sondergesandten am Pfälzer Hof erbitterten den Kaiser so, daß er seine Truppen in den pfälzischen Gebieten wie in Feindesland requirieren ließ. 1735 kam der Friedensschluß mit Frankreich zustande, der Frankreich den endgültigen Erwerb Lothringens und Österreich – für die Wittelsbacher Kurfürsten besonders peinlich –, die Anerkennung der pragmatischen Sanktion durch Frankreich erbrachte.

Das Lavieren zwischen den streitenden Mächten hatte eine gewisse Schonung der pfälzischen Gebiete durch Frankreich zur Folge gehabt, und wegen der kaiserlichen Requisitionen weigerte sich Karl Philipp eine Reihe von Jahren, seine Reichsbeiträge zu zahlen, womit er schließlich durchkam.

Der jülich-clevische Streit mit Preußen und die ganze politische Lage erfuhren 1740 durch den plötzlichen Tod des Königs Friedrich Wilhelm I. und kurz darauf durch den Tod des Kaisers Karl VI. eine grundlegende Veränderung. Zunächst kamen die insbesondere von einigen evangelischen Reichsständen bestrittenen pfälzisch-bayerischen Abmachungen über die Teilung des Reichsvikariats zu praktischer Bedeutung, die folgerichtig im Januar 1742 zur Wahl des bayerischen Kurfürsten *Karl Albrecht* zum Kaiser unter dem Namen *Karl VII.* führte. Der junge preußische König Friedrich sah ein, daß er nicht gleichzeitig seine Ansprüche auf Schlesien mit Unterstützung Frankreichs und seiner deutschen Parteigänger durchsetzen und die preußischen Forderungen auf Jülich und Berg aufrechterhalten könne; so verzichtete er auf letztere. Für Karl Philipp waren so am Ende des Lebens zwei Hauptanliegen seiner Politik: Stärkung der Stellung des Hauses Wittelsbach im Reich und Sicherung der niederrheinischen Besitzungen erfüllt. Er starb Silvester 1742 im 82. Lebensjahr.

Die Pfalz unter Karl Theodor 1743–1799 und Max Joseph 1799–1803

Nach dem frühen Tod einiger näherstehender Anwärter aus den zweibrückischen Zweigen der Pfälzer Wittelsbacher, war Karl Philipps Urgroßneffe aus der Sulzbacher Linie, *Karl Theodor,* mit 18 Jahren Erbe der kurpfälzischen Lande. Jung verwaist, wurde er von seinem 10. Lebensjahr ab als Kurprinz am Mannheimer Hofe von einem jesuitischen Lehrmeister erzogen. Seine Neigungen gingen schon früh nach der wissenschaftlichen und künstlerischen Seite. Mit 17 Jahren war ihm die von Kindheit an vorbestimmte Enkelin Karl Philipps, Elisabeth, angetraut worden, so daß er zweifach legitimiert war, dessen Erbe anzutreten.

Große Hoffnungen wurden auf ihn gesetzt, da in den fast drei Jahrzehnten der Herrschaft seines Vorgängers die Kriegsleiden und Mißstände in der Verwaltung, besonders in den letzten Jahren, für den größten Teil der Bevölkerung unerträglich geworden waren. Dem jungen Fürsten wurde ein anonymes – wahrscheinlich aus der Feder des von Karl Theodor zum Ersten Minister ernannten Marquis d'Ittre stammendes – Gutachten überreicht, das die ihm empfohlenen Regierungsgrundsätze enthielt. Da Karl Theodors Neigungen auf anderen Gebieten lagen, ließ er sich in politischen Dingen zeit seines Lebens von seinen nicht immer gut gewählten Beratern lenken. So war es von großer Bedeutung, was dem jungen Regenten in dieser Denkschrift empfohlen wurde: In Religionsfragen solle er sich eine vorsichtige Förderung des katholischen Glaubens angelegen sein lassen, ohne – wie sein Vorgänger – die große protestantische Mehrheit seiner Untertanen und die evangelischen Schutzmächte zu brüskieren; alle freiwerdenden Beamtenstellen sollten möglichst mit katholischen Bewerbern besetzt werden. Beschleunigung des Justizverfahrens, Ordnung der Finanzen, Sparsamkeit am Hof und in der Verwaltung werden angeraten; ferner Fortsetzung der äußeren Politik seines Vorgängers: Erfüllung der notwendigsten Pflichten dem Reich gegenüber sowie Freundschaft mit Bayern und Frankreich.

Am Koalitionskrieg gegen Maria Theresia nahmen pfälzische Truppen teil. Als der größte Teil Bayerns von den Österreichern besetzt wurde, flüchtete der bayrische Kurfürst und deutsche Kaiser Karl VII. nach Mannheim. Auch nach seinem plötzlichen Tod 1745 verharrte Kurpfalz in Opposition gegen Habsburg, sah sich aber bei der Ablehnung der Wahl von Maria Theresias Gemahl Franz zum deutschen Kaiser allein mit Brandenburg. Die Mehrheit der Kurfürsten wählte Franz I., und Karl Theodor suchte, wie seine Münchner Verwandten, langsam wieder einen Ausgleich mit Habsburg. Dies gelang ebenso wie eine

Kurfürst Karl Theodor kurz nach der Regierungsübernahme 1742 ·
Gemälde von Georg Desmarée · Kurpfälzisches Museum Heidelberg

Elisabeth von Pfalz-Sulzbach als junge Kurfürstin · Gemälde von
J. H. Tischbein · Kurpfälzisches Museum Heidelberg

Reihe für Kurpfalz vorteilhafter Gebietsabrundungen durch Kauf und Tausch. Sonst ist bis zur Beerbung der 1777 ausgestorbenen bayrischen Linie der Wittelsbacher durch Karl Theodor politisch nichts Wesentliches zu berichten, da alles in den von Karl Philipp vorgezeichneten Bahnen verlief.

Einen großen Einfluß hatten wie bei Karl Philipp auch bei Karl Theodor die Jesuiten. Bei Verlegung der Residenz von Heidelberg waren drei Patres als Beichtväter der kurfürstlichen Familie nach Mannheim mitgegangen. 1730 wurde in Mannheim ein Jesuitenkolleg eröffnet und 1733 der Grundstein zur Jesuitenkirche gelegt. Der zum Minister ernannte Beichtvater Karl Theodors war lange Jahre der Lenker der pfälzischen Außenpolitik. In den Instruktionen vom 2. August 1753 für den französischen Gesandten am Mannheimer Hof heißt es:

»Der brave und fleißige Kurfürst Karl Theodor hat drei Minister: Pater Seedorf Jesuit, seinen Beichtvater. . . . Baron Wachtendonk und Baron von Wreden. Auf Pater Seedorf hat der Kurfürst absolutes Vertrauen, die anderen Minister tun nichts ohne seinen Rat, ohne ihn kann man in keiner Sache etwas erhoffen«.

Pater Seedorf wurde von seinem Ordensgeneral ermahnt, sich nicht öffentlich zu sehr in politische Dinge einzumischen, da Klagen aus dem katholischen Wien kamen wegen der von Seedorf gestützten antihabsburgischen Politik der

Pfalz. Die Konversion der Zweibrücker Linie ist ein Werk Seedorfs, wofür er großes Lob erntete. Als der Orden, wohl wegen seiner politischen Tätigkeit gegen die Habsburger und Bourbonen und wegen seines Gegensatzes zu innerkirchlichen Gremien, von Papst Clemens XIV. 1773 aufgehoben wurde, erfolgte die Durchführung des Auflösungsdekrets in der Pfalz sehr schonend. Viele der wissenschaftlich tätigen Jesuiten konnten als Weltgeistliche ihre Position behalten. Als Ersatz für die Lehrtätigkeit an Schulen und Hochschulen wurden Lazaristen aus Frankreich geholt.

Die Blüte von Wissenschaft und Künsten sowie die Gewerbeförderung unter Karl Theodor werden in den folgenden Kapiteln geschildert. Hier muß auch auf die Kehrseite, die schlechte innere Verwaltung des pfälzischen Staates, eingegangen werden und auf seine Auflösung in der napoleonischen Zeit.

Wie Karl Philipp in seinen ersten Regierungsjahren gingen auch Karl Theodor und seine Ratgeber zunächst nicht nur mit auf dem Papier stehenden Verordnungen, sondern tatkräftig gegen einige Hauptmißstände an: Überflüssige Hof- und Beamtenstellen wurden eingezogen, staatliche Zuschüsse an Geistliche neben den Einnahmen aus ihren Pfründen wurden eingestellt, ja man versuchte auch, das Hauptübel: die Käuflichkeit und Vererbung der Amtsstellen – allerdings auf die Dauer erfolglos – zu bekämpfen. Es ging in den ersten Jahren von Karl Theodors Regierung ein frischer Zug durch die Verwaltung, so daß die Bevölkerung, die von der Hofhaltung und den staatlichen Maßnahmen zur Gewerbeförderung nicht profitierte, aufatmete und bessere Zeiten kommen sah. Der Auswandererstrom, der unter Karl Philipp stark zugenommen hatte, ließ in diesen Jahren nach, denn auch die Landbevölkerung bekam durch Förderung des Ausbaus gewerblich nutzbarer Pflanzen – wie Tabak, Hopfen, Krapp als Färbemittel und Maulbeersträucher für die Seidenraupenzucht – zusätzliche Einnahmen. Aber diese positiven Seiten wurden im Laufe der Jahre immer mehr durch negative Entwicklungen überdeckt, da der Reformeifer nachließ und der Landesfürst und seine engsten Mitarbeiter schließlich selbst den Ämterkauf begünstigten. Die großen Bauten in Mannheim und Schwetzingen, die Pflege der Künste, der sich wieder ausweitende Hofstaat und die Soldaten erforderten Geldmittel, die die normalen Steuereinkünfte weit überstiegen. So kam man wieder auf den Verkauf von Amtsstellen zurück, was zum Teil ihre Vererbung zur Folge hatte, da bei einem frühen Tod des Käufers eines Amtes die Angehörigen erklärten, die Kaufsumme sei noch nicht herausgewirtschaftet! Es kam hinzu, daß die Inhaber der höheren Amtsstellen diese zeitweise nicht selbst versahen, sondern sich durch ungeeignete Subalternbeamte vertreten ließen, während sie selbst am Mannheimer Hof ein sorgenloses Dasein führten. Insbesondere galt dies für die Leiter der Oberämter, die als Mittelinstanzen in Heidelberg, Ladenburg, Mosbach, Boxberg, Bretten, Veldenz, Bacharach, Simmern, Stromberg, Kreuznach, Lautern, Lauterecken, Neustadt, Germersheim und Alzey eingerichtet waren. Ihnen unterstanden die Bürgermeister der Land- und Stadtgemeinden. Nur Mannheim, Heidelberg sowie Frankenthal blieben außerhalb des Bereichs der Oberämter und hatten Stadtdirektoren als Verbindungsinstanz zu den Ministerien. Die alte in der rechtsrheinischen Pfalz bestehende Einteilung in Zenten (Schriesheimer, Kirchheimer, Meckesheimer Zent), die in ihren Weistümern die alten überkommenen Rechte der Landbevölkerung aufgezeichnet hatten, verlor an Bedeutung gegenüber der Zentralgewalt. Im gleichen Umfang nahmen die aus dem Mittelalter über die Bauernkriege erhalten gebliebenen Reste der Selbstverwaltung ab. Frondienste und Sondersteuern für die Schloßbauten und die aufwendige Hofhaltung waren für die Landbevölkerung und die kleinen Städte die Kehrseite der kulturellen Blüte am Hof. Ein geringer Trost mochte sein, daß sich dieser Zustand nicht von dem im übrigen Deutschland und Europa unterschied, aber deshalb auch den gleichen Nährboden der Unzufriedenheit bei allen denen bereitete, die nicht Nutznießer dieser Ordnung waren. Mit der Französischen Revolution kam diese Mißstimmung dann offen zum Ausbruch.

In den ersten Jahren und Jahrzehnten von Karl Theodors Regierung überwogen die Lichtseiten; dazu kam sein großer Charme, so daß er persönlich sich großer Beliebtheit erfreute.

Niemand in der Pfalz – außer wenigen eingeweihten Ministern – ahnte, daß Karl Theodor, der mit allen Fasern seines Herzens an der Pfalz und dem von ihm zur Blüte gebrachten Hof in Mannheim und Schwetzingen hing, insgeheim schon 1766 mit den bayrischen Wittelsbachern einen Erbvertrag abgeschlossen hatte, der ihn beim Ableben des Münchner Kurfürsten Maximilian am 30. Dezember 1777 zwang, nach München zu übersiedeln. Seine Abneigung gegen Bayern ging so weit, daß er die von Joseph II. erhobenen österreichischen Ansprüche unter anderem auf Niederbayern und Oberpfalz anerkannte, wofür er den Orden vom Goldenen Vlies und Versorgungsversprechen für seine verschiedenen unehelichen Kinder erhielt. Sofort erhob sich eine Opposition patriotischer Bayern, die sich um seinen voraussichtlichen Erben, den Kurprinzen Karl von Pfalz-Zweibrücken, und Karl Theodors Schwägerin Anna, Witwe des Herzogs Clemens von Bayern, scharte. Diese Gruppe wandte sich an Friedrich den Großen, der die Gelegenheit ergriff, eine unerwünschte Stärkung Österreichs zu vereiteln. Friedrich II. ließ seine Armee an der böhmischen Grenze aufmarschieren und veranlaßte auch Frankreich und Rußland zu Protesten. Österreich zauderte und bequemte sich 1779 zum Frieden von Teschen, indem es gegen Abtretung des Innviertels auf alle übrigen Ansprüche an Bayern verzichtete. Karl Theodors Stellung in München, wo er sehr unwillig und ohne Kontakt mit den Münchnern weilte, die ihm vorwarfen, er bevorzuge die mitgebrachten Pfälzer Beamten, ward immer unerfreulicher. Die Kurfürstin war mit kurzer Unterbrechung in Mannheim und Oggersheim geblieben. Als dann 1785 durchsickerte, daß ernsthafte Verhandlungen mit Österreich im Gange waren, Bayern gegen die österreichischen Niederlande – das heutige Belgien – zu tauschen, war bei den Münchnern der letzte Rest von Sympathie für Karl Theodor verflogen. Wieder hatte es Bayern – was wenig bekannt ist – dem energischen Auftreten Preußens zu verdanken, daß aus dem Tausch nichts wurde. Die Störung eines Hoffestes im Englischen Garten und eine Auseinandersetzung mit dem Münchner Magistrat veranlaßten 1788 die Abreise Karl Theodors mit dem gesamten Hofstaat und der Leibgarde nach Mannheim, wo man seine Rückkehr mit Feuerwerk und Jubel begrüßte, erhoffte man sich doch Abstellung der durch die Beamtenherrschaft und den wachsenden Einfluß der Jesuiten und Lazaristen auf Verwaltung und Universität eingetretenen Mängel. Aber das alte Verhältnis zur pfälzischen Bevölkerung wollte sich nicht wieder einstellen: Die Kurfürstin und ihr Anhang beklagten sich, daß man ihre Ruhe

Eine herrschaftliche Karosse verläßt Mannheim durch das Neckartor · Kupferstich von Klauber

gestört habe, die Geschäftsleute waren enttäuscht, daß man, von Ausnahmen – wie eine Hofjagd bei Neckargemünd – abgesehen, keine Feste im alten Stil mehr gab. Als eine Abordnung des Münchner Magistrats fußfällig um Rückkehr bat, ließ sich Karl Theodor umstimmen und kehrte, ohne Abschied zu nehmen, Mitte Juni 1789 nach München zurück.

Zur gleichen Zeit stürzte in Frankreich die alte Ordnung zusammen und brach auch im Pfälzer Grenzgebiet die bestehende Unzufriedenheit aus. Graf Oberndorff als bevollmächtigter Vertreter des Kurfürsten für die Pfalz mußte im Oktober 1789 ein Edikt gegen Fremde erlassen, die sich »erfrechten, auf dem kurpfälzischen Gebiet mit aufhabenden Kokarden zu erscheinen«. Aber gleichzeitig kamen auch in großer Zahl royalistische Flüchtlinge, die wie in anderen Städten in Zweibrücken und Mannheim Aufnahme fanden. Nicht wie die Glaubensflüchtlinge aus

dem Westen in den beiden vorigen Jahrhunderten, die sich arbeitsam in die neue Heimat eingegliedert und für sie eine Bereicherung bedeutet hatten, waren diese Vertreter einer durch eigene Schuld gestürzten Klasse anspruchsvoll und anmaßend, so daß sie als Last empfunden und mehrfach zurechtgewiesen wurden, wollte man es doch in München und Mannheim mit dem westlichen Nachbarn auch in der revolutionären Staatsform nicht verderben, sondern neutral bleiben. 1792 feierte man in der Pfalz trotz aller Beschwernisse das *50jährige Regierungsjubiläum* Karl Theodors, in der trüben Gegenwart sich der lichteren Vergangenheit erinnernd. In den ersten Jahren der Revolutionskriege nützten die an den pfälzischen Grenzen in französischer Sprache aufgestellten Neutralitätstafeln noch etwas. Aber 1794 wurde die linksrheinische Pfalz von den Franzosen besetzt. Die kampflose Übergabe Mannheims 1795 und die Wiedereroberung durch die Österreicher

Maximilian Josef als Pfalzgraf 1799 · Zeitgenössischer Kupferstich

werden im nächsten Kapitel geschildert werden. Inzwischen hatte sich die politische Lage in Deutschland völlig verändert. Preußen war mit Österreich verbündet und hatte gegen freie Hand im Osten seine Zustimmung zum Tausch Bayerns gegen die österreichischen Niederlande gegeben. Nun wollte aber Karl Theodor darauf nicht mehr eingehen, schon deswegen nicht, weil die Niederlande von der Französischen Revolutionsarmee stärker bedroht waren als Bayern.

1794 war die Kurfürstin Elisabeth gestorben, die teils in Mannheim, meist aber in ihrem Lieblingsschloß Oggersheim residiert hatte. Im Jahr darauf vermählte sich der 71jährige Kurfürst mit der kaum 19jährigen Wiener Erzherzogin Maria Leopoldine in der vergeblichen Hoffnung, die Erberwartungen der Zweibrücker Neffen enttäuschen zu können. Als die Franzosen 1796 in Bayern einrückten, floh das ungleiche Paar nach Dresden und überließ den Österreichern die Verteidigung Süddeutschlands. Die Franzosen mußten sich an den Rhein zurückziehen. Nach dem meteorhaften Aufstieg Napoleons wurde im Frieden von *Campo Formio* 1797 das linke Rheinufer an Frankreich abgetreten. Damit fiel über die Hälfte des pfälzischen Territoriums mit den angrenzenden geistlichen und weltlichen Gebieten an Frankreich. Im anschließenden Rastatter Kongreß konnte die Entschädigungsfrage nicht geregelt werden. Karl Theodor, über den die Zeit hinweggegangen

war, starb im Februar 1799. Unangefochten trat *Maximilian Josef* von der Linie Zweibrücken-Birkenfeld die Herrschaft als Kurfürst von Pfalz-Bayern an. Seine Regierung, mit dem tatkräftigen Ministerpräsidenten Graf Montgelas an der Spitze, brachte auch den Bayern verbliebenen rechtsrheinischen Pfälzer Gebieten einige Jahre der Ruhe. Nicht nur wurde die Beamtenschaft von ungeeigneten Elementen gereinigt, sondern auch durch die Religionsdeklaration von Mai 1799 die Gleichstellung aller christlichen Bekenntnisse verwirklicht.

Im gleichen Jahr schien es Montgelas vorteilhafter, sich von der Koalition gegen Napoleon loszusagen. Bayern erhielt die Zusage, für seine linksrheinischen Verluste entsprechend großzügige Entschädigungen rechts des Rheines zu erhalten und mit dem Königstitel für den Kurfürsten der erste Verbündete Napoleons in Deutschland zu werden. Dabei mußte Bayern aber Verzicht auf die rechtsrheinischen Teile der Pfalz leisten, da Frankreich diese Gebiete dem neu zu schaffenden Kurfürstentum (später Großherzogtum) Baden zuschlagen wollte, um gegenüber dem Elsaß und dem Departement Mont Tonnère (Donnersberg), wie der überwiegende Teil der linksrheinischen Pfalz im französischen Staatsverband hieß, einen schwachen Pufferstaat zu schaffen. Durch Verheiratung des badischen Thronfolgers mit der Stieftochter Napoleons, *Stephanie Beauharnais,* sollte dieser Staat noch enger mit Frankreich verknüpft werden. Der *Reichsdeputationshauptschluß* von 1803 bestätigte die zwischen Frankreich, Bayern und Baden getroffenen territorialen Regelungen, die auch die Souveränität einer Reihe von kleineren geistlichen und weltlichen Herrschaften beseitigten. So ruhmlos endete die Geschichte der rheinischen Pfalz als selbständiges Territorium, das im alten Deutschen Reich eine so bedeutende Rolle gespielt hatte.

12. Das Mannheim der Kurfürsten

Mannheim im Mittelalter

Mit Recht gilt Mannheim als junge Stadt, ist sie doch eine planmäßige Gründung des 17. Jahrhunderts. Trotzdem sollte man darüber nicht übersehen, daß Mannheim eine fast tausendjährige Geschichte hinter sich hatte, als es 1607 zur Stadt erhoben wurde. Das Dorf Mannheim gehört zusammen mit den heute eingemeindeten Vororten zu den Siedlungen in der rheinischen Pfalz, die auf die früheste fränkische Landnahme zurückgehen. Wie für viele Ortschaften unserer Heimat gibt auch für Mannheim und seine Vororte der Lorscher Codex das erste schriftliche Zeugnis. Es sind dies neben »Manninheim« – Mannheim (766) noch folgende: »Scarra« – Scharhof (764), »Sikkenheim« – Sekkenheim, »Vitenheim« – Feudenheim, »Walahastatt« – Wallstadt (alle 766), »Sunthove« – Sandhofen (888), »Strazheim« – Straßenheim (903) und sehr viel später »Keverendale« – Käfertal (um 1170). Nur Neckarau wird im Lorscher Codex nicht erwähnt. Es erscheint 871 als »Naucravia« in einer Urkunde Ludwigs des Deutschen.

Bevor wir uns Mannheim zuwenden, werfen wir noch einen kurzen Blick auf diese alten Ortschaften, deren Entwicklung durchaus nicht gleichförmig verlief. In *Schar* hatte Lorsch großen Besitz, der im 12. Jahrhundert fast ganz in das Eigentum des Zisterzienserklosters Schönau überging, das Gemarkung und Dorf in ein großes Klostergut umwandelte und die Scharer Bauern nach *Sandhofen* umsiedelte; noch lange Zeit war die alte Scharer Kirche beiden Ortschaften gemeinsam. Das jüngere Sandhofen überflügelte Schar im 13. Jahrhundert; seine Gemarkung wurde aus der Scharer Gemarkung ausgegliedert. Der Rhein beeinflußte das Schicksal der Gemeinde nachhaltig. Beide Orte kamen im 13. Jahrhundert an die Pfalzgrafen. Sandhofen erhielt erst in der Reformation eine eigene Pfarrkirche. Auch in *Seckenheim* gab es großen Besitz von Lorsch, der 1247 mit der Orts- und Kirchenherrschaft an die Pfalzgrafen kam. Die riesige Gemarkung reichte vom Neckar bis an den Rhein. Die Pfarrkirche wird schon früh (823) erwähnt. 1462 fand auf seiner Gemarkung die berühmte Schlacht statt, wovon der heutige Stadtteil *Friedrichsfeld,* gegründet 1682, den Namen hat. Jahrhundertelang herrschte wie in Sandhofen und Neckarau starkes Bauerntum vor, auf dem Gemarkungsteil »Sand« entstand 1770 der Stengelhof und

hundert Jahre später der Ortsteil und Hafen *Rheinau.* In *Feudenheim* hatte neben Lorsch auch das Kloster Weißenburg im Elsaß Besitz und der Wormser Bischof. Die Peter- und Paulspfarrkirche weist darauf noch hin. 1288 kam Feudenheim an die Pfalz; heute noch ist der spätgotische Kirchturm erhalten. *Neckarau* liegt im alten Neckardelta, seine Gemarkung war von vielen Wasserarmen durchzogen (Gießen). Der Ort war ursprünglich ein Königshof und auf Altrip bezogen. Auf seiner Gemarkung liegt ein spätrömischer *Burgus,* der im 4. Jh. erbaut worden ist. 882 kam Neckarau an Prüm und über Worms 1288 an die Pfalz. Im 14. Jahrhundert ging in Neckarau das Nachbardorf Hermsheim auf. Das kleinste unter den alten Dörfern war *Wallstadt,* das auch im 13. Jahrhundert an die Pfalz gekommen ist. Wallstadt wurde im Dreißigjährigen Krieg völlig entvölkert und erst danach wieder besiedelt. *Käfertal* ist ein jüngerer Ausbauort auf weniger fruchtbarem Boden, dessen Gemarkung und Einwohnerschaft durch die Wüstwerdung Dornheims (um 1275) beträchtlich vergrößert wurde. 1284 fiel Käfertal endgültig an die Pfalz. Auf seiner Gemarkung entstanden im 19. Jahrhundert die Industrievororte *Luzenberg* und *Waldhof.*

Das Dorf Mannheim lag auf einem Resthügel des Hochgestades anfangs rechts des Neckars, der im Frühmittelalter bei Neckarau in den Rhein mündete und später unmittelbar südlich von Mannheim an der Burg Eichelsheim. Bei einer Überschwemmung um 1275 brach der Fluß nördlich von Mannheim durch und versetzte das Dorf auf das linke Ufer. Die Zollburg Rheinhausen bildete eine Sondergemarkung. Wahrscheinlich aus altem Königsgut kamen Mannheim und Rheinhausen (*Husen*) im 12. Jahrhundert an den Pfalzgrafen Konrad. In welchem Ausmaß Mannheim und „*Husen*" Lehensbesitz der Ministerialenfamilie des Marquard von Annweiler gewesen ist, ist nicht nachweisbar. Der pfalzgräfliche Einfluß ist schon 1247 sehr stark und ab 1284 ausschließlich. 1247 war Rheinhausen eindeutig pfälzische Zollburg.

Die Zollburg *Rheinhausen* erhob sowohl den Zoll auf dem damals direkt vorbeifließenden Rhein als auch auf dem erst südlich, später nördlich der Feste einmündenden Neckar. Durch Veränderung des Neckarlaufs verlor Rheinhausen seine Bedeutung als Zollfeste, deren Aufgaben und Vorrechte auf das am Rhein gelegene Schloß *Eichelsheim* übergingen. Eine zweite Zollstätte bei Mannheim wird

Kurfürst Friedrich IV., der Gründer der Stadt Mannheim mit der Zitadelle Friedrichsburg · Kupferstich von Jacob Granthomme

1265 erstmals erwähnt, als das Kloster Schönau Zollfreiheit für seine Güter erhielt. Der Türmer der Burg Eichelsheim mußte jedes sich nähernde Schiff oder Floß »anblasen«, was als Aufforderung zum Anlegen galt. Die Fahrzeuge wurden unter der Leitung des Zollschreibers von den Zollknechten durchsucht und nach Zahlung des Zolls von etwa 4 % des Warenwerts abgefertigt. Die Annahme von Geschenken war dem Zollschreiber und seinen Gehilfen verboten außer »einem Maß Wein und einer Gans, eines Huhnes oder dergleichen essende Speise, nur daß er sich des nicht zuviel gebrauche«. Der Zollschreiber von Eichelsheim war in der Dorfzeit der höchste kurfürstliche Beamte in Mannheim. Er zog auch Bede und Zehntabgaben ein; ihm unterstanden ein Zollbeseher, ein »Neckarzoller«, zwei Zollknechte.

Der Zoll zu Mannheim war eine der wichtigsten Einnahmequellen der Pfalzgrafen und die Burg Eichelsheim – oder »Gouchelingen« – Kuckucksnest, wie diejenigen sagten, die die Zölle zahlen mußten, immer von zentraler Bedeutung für die Pfalz. Die Burg »Mannenheim die veste off dem Ryn gelegen« diente auch als Arsenal. 1415–18 hielt Kurfürst Ludwig III. den auf dem Konstanzer Konzil abgesetzten Papst Johannes (XXIII.) im Auftrag des Kaisers hier gefangen. Schon im 14. Jahrhundert war Eichelsheim Sitz einer Zollschreiberei, einer unteren Verwaltungseinheit. Neben Rheinhausen hatte der Landesherr noch weiteren

großen Besitz in Mannheim: das Herzogenried und die Mühlau-Inseln. Daneben gab es noch kleinere geistliche Güter. Schultheiß und Gericht sind seit 1300 bezeugt. Die Pfarrkirche, dem hl. Sebastian geweiht, ist alt. 1378 hatte das Wormser St. Martinsstift das Patronatsrecht und einen Teil des Zehnten. Es gab ein Pfarrgut und Frühmeßpfründen. Auch in der Burg Eichelsheim gab es eine Kapelle mit einem Burgkaplan. Existenzgrundlage der Einwohner waren Fischerei und Landwirtschaft, bei der die Viehzucht auf ausgedehnten Weiden eine große Rolle spielte. Weinbau war immer unbedeutend.

Interessant ist ein Größenvergleich der vorstehend behandelten, später eingemeindeten Dörfer. Nach der Zahl der Steuerpflichtigen und nach der Auflage zur Rekrutengestellung kann man Rückschlüsse auf die Einwohnerzahl ziehen und folgende Schätzung machen: Steuerpflichtige Hofbesitzer mal 4,75.

Gemeinde	Steuerpflichtige		Einwohner	
	1439	1577	1439	1577
Mannheim	97	166	460	786
Seckenheim	96	113	456	537
Neckarau	91	109	432	518
Sandhofen	58	75	276	356
Feudenheim	29	60	228	285
Käfertal	18	45	86	214
Wallstadt	8	10	38	48

Die entsprechenden Einwohnerzahlen der Nachbarstädte sind: Heidelberg 3662 und 5068, Weinheim 1729 und 2194 und Ladenburg 1116 und 1266. Das Dorf Mannheim hob sich schon im 16. Jahrhundert deutlich von den ursprünglich gleich großen Dörfern Seckenheim und Neckarau ab. Seine Lage an der Neckarmündung in der Nachbarschaft der Zollburg Eichelsheim und des Kellereigutes Rheinhausen ließ es schon um diese Zeit in das neue städtische Dasein hineinwachsen, gegen das sich die Bewohner anfangs sehr sträubten.

Die Gründung der Stadt und ihr Schicksal im Dreißigjährigen Krieg

Am 26. März 1606 begab sich Kurfürst *Friedrich IV.* mit seinem gesamten Hofstaat von Heidelberg zur Stadtgründung nach Mannheim. In der alten Zollburg Eichelsheim wurde übernachtet. Am nächsten Morgen versammelte man sich in einem Festzelt. Nach einer Predigt, in der Gottes Segen für die nunmehr zu gründende befestigte Stadt erbeten wurde, zog die festliche Menge auf den Bauplatz. Der Kurfürst grub eine Vertiefung, in die der

9jährige Kurprinz – der nachmalige „Winterkönig" Friedrich V. – eine goldene Platte einlegte mit dem Brustbild seines Vaters und einer lateinischen Inschrift, die in abgekürzter Übersetzung lautet:

»Friedrich IV. Pfalzgraf bei Rhein usw. hat auf diesem wohl bekannten Boden der kämpferischen alten Franken und Schwaben, an des Rheins und Neckars Zusammenfluß, wo einst Kaiser Valentinian gegen die Germanen ein festes und starkes Bollwerk erbaute, das jedoch nicht lange in Roms Gewalt blieb, sondern bald darauf den gerechteren Waffen der Franken anheimfiel, unter dem Namen Manninheim bekannt und schließlich pfälzisch wurde, unter weit günstigeren Vorzeichen zu seinem, seines Volkes und des Vaterlandes Schutz eine starke Burg mit Bollwerken und einer Stadt von Grund aus neu aufzubauen begonnen: mit eigener Hand legte er diese Tafel mit dem ersten Stein und Rasenaushub in das Fundament, am 17. März 1606«* (= 27. März des neuen Gregorianischen Kalenders, den die Pfalz nicht angenommen hatte, weil er vom Papst eingeführt worden war.)

Ungeachtet des stürmischen Regenwetters – das als günstiges Vorzeichen für die Verteidigung des Ortes durch die Elemente gedeutet wurde –, halfen alle Zuschauer, einen Hügel über der Grube zu errichten, der wohl in den künftigen Wall einbezogen wurde. (Trotz der vielfachen Zerstörungen und Wiederaufbauten ist die Grundsteinplatte nicht mehr gefunden worden.) Ein Festmahl in der Burg Eichelsheim beendete die Gründungsfeier der Stadt Mannheim mit ihrer Zitadelle Friedrichsburg. Der Gründungsvorgang ist von dem pfälzischen Geschichtsschreiber Marquard Freher, der Augenzeuge und wahrscheinlich auch Verfasser oben wiedergegebener Inschrift war, in seinen »Origines Palatinae« beschrieben worden.

Nach eingehenden Studien in Holland, dem damals in der Befestigungskunst führenden Staat, wo vielfach ähnliche örtliche Verhältnisse wie am Zusammenfluß von Rhein und Neckar herrschten, hatten sich Friedrich IV. und seine Ratgeber den Platz ausgesucht und sich für die getrennte Anlage einer Zitadelle mit befestigter Stadt entschlossen. Sie sollte Mittelpunkt der Verteidigung des reformierten Glaubens werden, da sich die Pfalz als Vormacht des Calvinismus im Reich fühlte. Der holländische Ingenieur Barthel Janson war für 3½ Jahre als Leiter der Befestigungsarbeiten angestellt worden. Die Zitadelle legte man auf dem höchsten Teil der Mannheimer Gemarkung zwischen dem heutigen Schloß und den Planken an; die Stadt sollte auf dem mit Gesträuch bewachsenen, tiefer gelegenen, teilweise aufzufüllenden »jungen Busch« zwischen Planken und Neckar (also nicht in der Gegend des heute »Jungbusch« genannten Stadtteils) entstehen. Mit einem Pflug hatte man die Umrisse der geplanten Zitadelle gezogen, die Straßen und Plätze wurden mit Pflöcken abgesteckt.

Die Bewohner des auf dem Boden der künftigen Zitadelle stehenden Dorfes Mannheim mußten mit dem Fortschreiten des Festungsbaues ihre Wohnstätten in die neue Unterstadt verlegen. Schwierige Verhandlungen waren der Räumung vorangegangen, bis im November 1605 ein erst im Februar 1606 von den Vertretern des Dorfes Mannheim unterschriebener Ablösungsvertrag mit der Regierung zustande kam. Die Dorfbewohner erhielten eingeebnete Baustellen, auf denen, soweit möglich, die alten Häuser wieder errichtet, sonst eine Entschädigung gezahlt oder Kalk und Ziegel aus einer kurfürstlichen Ziegelei geliefert wurden. Sandsteine konnten kostenlos im Neckartal gebrochen werden. Beim Abriß und Wiederaufbau der Häuser sollten die Bewohner im Laufe der nächsten Jahre je nach Fortgang der Befestigungsarbeiten einander helfen. Die Weingärten fielen alle ins Festungsgelände. Äcker und Wiesen wurden von unabhängigen Sachverständigen aus den Nachbarorten nach ihrem Wert abgeschätzt und entsprechende Ersatzgrundstücke in der Mannheimer, Neckarauer, Seckenheimer, Feudenheimer Gemarkung oder vom Rheinhäuser Hofgut zugeteilt.

Der Bau der »Friedrichsburg« und der Befestigungsanlagen um das Stadtgebiet litt bald an Geldmangel, da Kurfürst Friedrich IV. ziemlich gleichzeitig das Heidelberger Schloß um den sogenannten Friedrichsbau erweiterte, sowie Stadt und Festung Frankenthal ausbauen ließ. Ein Teil der Materialfuhren wurde zwar als Fronarbeit von den Einwohnern der Nachbarorte durchgeführt – die Mannheimer waren kraft eingehandelter Privilegien vom 24. Januar 1607 befreit – aber schon 1609 stockten die Arbeiten und wurden 1610 vorläufig eingestellt. Die Befestigungswerke bestanden meist aus aufgeschütteten rasenbewachsenen Wällen; Mauerwerk war wenig errichtet, außer bei den Toren. In die Festung und Stadt umgebenden Gräben wurde durch Schleusen Wasser aus dem Rhein und Neckar hereingelassen, das bei Niedrigwasser nicht erneuert werden konnte. In der Zitadelle entstanden zunächst nur einfache Unterkünfte für die Besatzung in strahlenförmig vom Mittelpunkt ausgehenden Gassen, während in der Stadt von Anfang an rechtwinklige Straßen, die ursprünglich wie anderswo Namen hatten, und ungefähr gleichgroße Baublocks wie die heutigen »Quadrate« angelegt wurden. Nur dort, wo sie an die Befestigung anstießen, waren sie abgeschrägt. Die Stadtprivilegien vom Januar 1607 wurden in 4 Sprachen: hochdeutsch, französisch, niederländisch und lateinisch gedruckt und in Plakat- und Broschürenform in den umliegenden Ländern verbreitet, da man mit Zuzug vor allem von reformierten Glaubensflüchtlingen rechnete. Der Erfolg war aber spärlich trotz der verlockenden Steuer- und sonstigen Privilegien.

Man muß sich das Mannheim der ersten beiden Jahrzehnte mit einstöckigen Holz- und Backsteinhäusern gebaut vor-

Die Belagerung Mannheims durch Tilly 1622 · Kupferstich von Eberhard Kieser

stellen, die von den ehemaligen Dorfeinwohnern und von wenigen zugezogenen Handwerkern bewohnt wurden. Ein kleines Rathaus stand an der Stelle des jetzigen alten Rathauses. Eine Kirche war geplant, zunächst mußte man sich mit Notkapellen für den Gottesdienst in deutscher und französischer Sprache behelfen. Eine Schule gab es nicht, und ein Beamter beklagte sich, daß in ganz Mannheim – das Gericht (das heißt den Rat) eingeschlossen – nicht mehr als drei Personen lesen und schreiben könnten!

Jedem neuen Landesherrn mußte wie seit jeher aufs neue gehuldigt werden, wie er seinerseits die von seinen Vorfahren erteilten Privilegien und Rechte zu erneuern hatte. Während die Vertreter des Dorfes Mannheim bei früheren Anlässen mit den übrigen Ortschaften der Kirchheimer Zent den Huldigungseid meist im Hof des Schwetzinger Schlosses geleistet hatten, kam nach der Erhebung zur Stadt, wie zu den anderen Städten des Oberamts Heidelberg ein Vertreter des Kurfürsten 1615 nach Mannheim, um die Huldigung entgegenzunehmen. Die Bürger, mit den Ratsherren, den Pfarrern und Beamten an der Spitze, kamen auf dem Marktplatz zusammen. Nach Verlesung der diesbezüglichen Schriftstücke und nach der durch den Stadtschreiber vorgetragenen Bitte um Bestätigung der alten Privilegien und Fortsetzung der eingestellten Bauten – was der Beauftragte des Kurfürsten in Aussicht stellte – leisteten alle Bürger den Treueid. Die Ratsmitglieder und

kurfürstlichen Beamten wurden noch besonders vereidigt; sie konnten bei einer Festtafel eine Reihe von Einzelwünschen vorbringen.

Die Regierung entschloß sich zu dem Weiterbau der Festungswerke umso mehr, als sich die religiösen Gegensätze in Deutschland immer stärker zuspitzten. Dazu kam, daß die katholische Liga, durch den Festungsbau in Mannheim beunruhigt, den Bischof von Speyer, *Philipp von Sötern*, ermuntert hatte, 35 Kilometer rheinaufwärts von Mannheim in Udenheim eine, später *Philippsburg* genannte, Gegenfestung zu bauen. Kurfürst Friedrich V. wies auf die Schutzrechte hin, die der Pfalz gegenüber dem Bistum zustanden und einen Festungsbau überflüssig machten. Der Bischof bestritt die Absicht eines Festungsbaus, gegen den auch die Stadt Speyer protestierte. Pfälzische Sachverständige besichtigten die angefangenen Bauten und bestätigten die Vermutungen des Kurfürsten. Verhandlungen zog der Bischof in die Länge. Darauf beschlossen die protestantischen Stände 1618 in Heilbronn, die Festungsanlagen zu zerstören. Pfälzer und badische Truppen sowie bewaffnete Speyerer Bürger nahmen die Feste und ebneten Wälle und Gräben ein. Hierbei betätigten sich besonders die von Mannheim herbeigeholten Schanzarbeiter, die gerade die dortigen Festungsanlagen einigermaßen fertiggestellt hatten.

Nachdem Friedrich V. 1619 nach Prag gegangen war, blieb

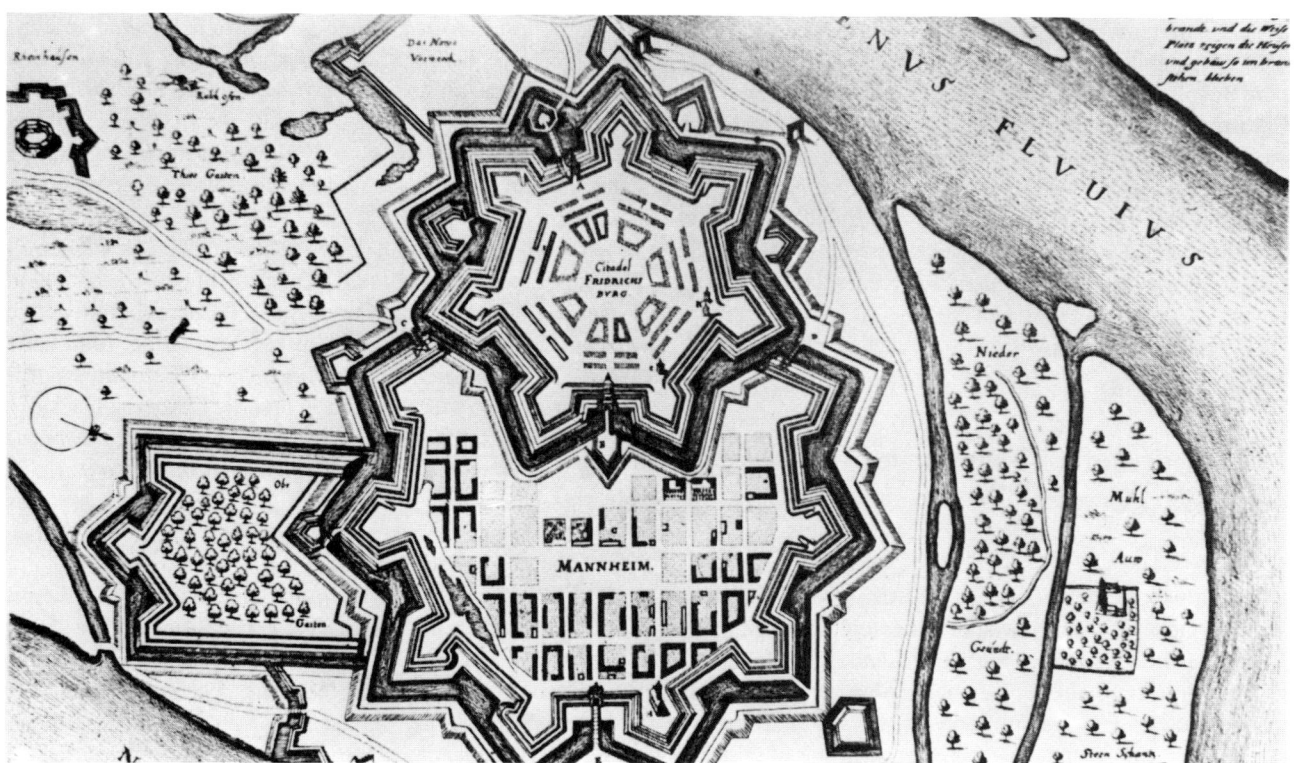

Plan von Mannheim mit der Zitadelle Friedrichsburg · Kupferstich von Matthäus Merian 1645

die Pfalz schlecht gesichert zurück, so daß die Spanier trotz holländischer Hilfe bereits im Spätsommer 1620 das Land besetzten; nur Heidelberg und die Festungen Mannheim und Frankenthal hielten sich. Die Regierung floh kopflos. 1621 rückten erneut spanische Truppen heran, denen im Herbst Tilly mit dem ligistischen Heer folgte. Die Truppen der protestantischen Union und das englische Hilfscorps wurden nicht einheitlich geführt. Kurfürst Friedrich eilte aus seinem holländischen Exil 1622 nach Mannheim, um seine Stammlande zurückzugewinnen und die Verteidigung zu organisieren. Aber bereits im Juli entließ Friedrich Mansfelds Heer und floh selbst nach Sedan. Nach wechselvollen Gefechten gelang Tilly der entscheidende Schlag bei Wimpfen, der ihm die Möglichkeit gab, Heidelberg zu belagern und zu erobern. Am 20. September 1622 rückte er mit seinen Truppen gegen Mannheim, dessen Befestigungen er schon vorher hatte auskundschaften lassen. Er bemächtigte sich erst der Außenwerke und des Schlosses Eichelsheim, um dann über den schwächsten Punkt, einen nur leicht befestigten Friedhof in der Jungbuschgegend, am 18. Oktober in die in Brand geschossene Stadt einzudringen. Sofort begann er mit Belagerung und Beschießung der Zitadelle, die sich noch einige Tage hielt. Am 2. November kapitulierte die Zitadelle. Die Besatzung erhielt ehrenvollen Abzug bewilligt. Der Widerstand Mannheims hatte immerhin den Erfolg gehabt, daß sich Frankenthal bis zum

Einbruch des Winterwetters halten konnte und Tilly die Belagerung abbrach.

Aus der Zeit der bayerischen Verwaltung Mannheims ist nur wenig bekannt, außer daß die meisten Einwohner auswanderten, die Verbleibenden katholisch werden mußten und daß die Festungswerke notdürftig repariert wurden. Dies hinderte die Truppen des Herzogs Bernhard von Weimar als Vorhut Königs Gustav Adolf von Schweden nicht, Anfang 1632 durch eine Kriegslist mit 300 Reitern in die Stadt einzudringen und die spanische Besatzung niederzuhauen.

Ende dieses Jahres starb Kurfürst Friedrich V., und sein Bruder, Pfalzgraf Ludwig Philipp, übernahm für den minderjährigen Kurprinzen unter schwedischem Schutz die Verwaltung der Pfalz, die allmählich ganz von den spanischen Truppen befreit wurde. Aber die schwedischen Söldner waren nicht mehr die disziplinierten Regimenter Gustav Adolfs, sondern hausten kaum weniger schlimm in dem ausgebluteten Land als die Kaiserlichen; zusätzlich rückten jetzt noch Franzosen ein, die sich aber mit den Schweden zurückzogen, als 1635 die kaiserlichen Generäle Gallas und Piccolomini mit frischen Truppen heranzogen. Mannheim wurde kampflos besetzt, die Befestigungswerke größtenteils eingeebnet, nachdem die Schweden vor ihrem Abrücken schon die Burg Eichelsheim zerstört hatten. Wieder kamen bayerische Beamte nach Mannheim, von denen man nur weiß, daß sie die protestantischen Prediger auswiesen, aber von einer zwangsweisen Rekatholisierung der Bevölkerung Abstand nahmen. 1644 besetzten die Franzosen Mannheim, wurden aber kurz darauf von einem bayerischen Korps wieder vertrieben. Die Bevölkerung Mannheims war durch Kriegsverluste und Seuchen auf 450 Köpfe zusammengeschmolzen, die am Ende des Krieges auch noch aus den Kellern ihrer Häuser verjagt wurden. So traf die Friedenskunde 1648 ein völlig entvölkertes Mannheim.

Der Wiederaufbau Mannheims unter Karl Ludwig

Karl Ludwig wurde durch den Westfälischen Frieden in sein verkleinertes Erbe wieder eingesetzt und ging mit Energie an den Wiederaufbau seines Landes. In Mannheim mußte von Grund auf neu angefangen werden. Viele Einwohner, die der Krieg verschont hatte, waren anderswo seßhaft geworden, andere – darunter auch die Magistratspersonen – warteten in der weiteren Umgebung auf Rückkehrmöglichkeit. In einem amtlichen Bericht wird der Zustand der Stadt Mannheim 1652 wie folgt beschrieben:
»Eingenommen, abgebrannt, ausgeplündert und so übel zugerichtet, daß sie viele Jahre ohne Einwohner wüst gestanden, und ist anders nichts ganz stehen geblieben als die Wälle, das Rathaus und etliche Mauern und Keller der verheerten Häuser, auf welchen man nach dem Münsterischen Friedensschluß zu bauen anfängt«.
Das erste Ziel der Regierung war, durch Aufrufe in den vom Krieg verschonten Nachbarländern Schweiz, Frankreich, Holland Einwohner für die entvölkerten Dörfer und Städte zu gewinnen unter Zusicherung von freier Religionsausübung, die Katholiken ausgenommen. Ein Musterbeispiel dieser Kolonisation wurde Mannheim, das nach dem Willen des Landesherrn der wirtschaftliche Mittelpunkt des Landes werden sollte. 1652 wurden, um den Anreiz für ansiedlungswillige Ausländer zu verstärken, noch weitergehende Privilegien als 1607 bei der Stadtgründung zugesichert: Für alle Zeiten waren die Bewohner Mannheims befreit von Leibeigenschaft und Fron. Für 20 Jahre sollten sie keine pfälzischen Steuern und Zölle zahlen. Alle Privilegien und Freiheiten Frankenthals sollten auch für Mannheim gelten. Am fortschrittlichsten war Artikel XII der Privilegien von 1652, der neben die Freiheit des Handels auch die Befreiung der Gewerbetätigkeit vom mittelalterlichen Zunftzwang verfügte:
»Kein Handwerk oder Handwerksleut sollen in Mannheim

unter Zünften stehen, sondern mag ein jeder allda arbeiten nach seinem Belieben, und zwar mit soviel Knechten und Instrumenten, als er gut finden wird, ohne Taxarbeitslohn; nichtsdestoweniger sollen alle die, so zu Mannheim ein Handwerk gelernt haben, auf ihr Meisterstück und Prob in anderen kurpfälzischen Städten und Dörfern nicht verstoßen werden.«
Wir werden sehen, daß diese Auffassung von Gewerbefreiheit der damaligen Mentalität noch nicht entsprach und auf eigenen Wunsch der Mannheimer Gewerbebetreibenden zugunsten des Zunftzwangs aufgegeben wurde. Man hatte der Entwicklung 200 Jahre vorgegriffen! Besonders gefördert wurden die Tuchmacherei und die Gerberei. Nach den Privilegien sollte *»kein Fremder Wolle oder unbereitete Häute in der Pfalz auf öffentlichem Markt kaufen und verführen«,* solange nicht *»die Mannheimer mit so vieler Woll und Häuten versehen sind, als sie in der Stadt verarbeiten und bereiten wollen«.*
Die Mannheimer wurden vom Dienst in der Landmiliz befreit, mußten aber dafür Tore und Brücken ihrer Stadt bewachen. Um die Belastung der Einquartierung zu ersparen, wurde das Militär in Kasernen gelegt. Grundlegend für die Entwicklung der Stadt war ihre Herausnahme aus der Verwaltung des Oberamtes Heidelberg und direkte Unterstellung unter die kurfürstliche Regierung. Stadtverwaltung und niedere Justiz oblagen dem Magistrat, dessen Spitze, Schultheiß und Stadtdirektor, eingesetzt wurden. Der Rat der Stadt bestand entsprechend der Zusammensetzung der Bevölkerung aus Wallonen, Franzosen, Niederländern und Deutschen reformierten Glaubens, wie es denn auch 3 reformierte Gemeinden gab: eine französische, eine hochdeutsche und eine niederländische, jede mit Pfarrern und Lehrern ihrer Sprache. Während später darauf gesehen wurde, daß Ausländer und Deutsche sich im Rate die Waage hielten, waren anfangs entsprechend der Zusammensetzung der Bevölkerung die Ausländer in der Mehrzahl. An sich war Deutsch die Amtssprache, aber viele Verhandlungen und Protokolle wurden auch französisch abgefaßt, so daß alle im Vorteil waren, die beide Sprachen beherrschten.
Der Kurfürst ernannte den Niederländer *Jacob van Deyl* zum ersten Schultheißen des neuen Mannheim; er war zugleich Zoll- und Steuererheber, später Stadtkommandant. Kurfürstlicher Stadtdirektor war 1653 bis zu seinem Tode 1683 der Wallone *Heinrich Clignet,* dem Mannheim als aufrechtem Verfechter der in den Stadtprivilegien verbrieften Rechte gegenüber der sie bedrängenden Bürokratie viel verdankte. Als fähiger Industrieller betrieb er Ziegeleien für den Wiederaufbau und förderte den Tabakbau in der Umgebung. Er produzierte in eigenen Werkstätten Schnupf- und Rauchtabak; auch der Tabakhandel hatte in ihm einen tatkräftigen Förderer. Clignet stammte aus einer

Das alte Mannheimer Rathaus 1674 · Kupferstich von Klauber

Theologenfamilie, seine Vorfahren kamen mit wallonischen Flüchtlingen 1573 nach Schönau und siedelten später nach Otterberg über. Leider besitzen wir kein Bildnis dieses um den Wiederaufbau Mannheims hochverdienten Mannes. Sein Siegel enthält den auf seinen Namen anspielenden Spruch: *Mieux voit qui cligne* (Besser sieht, wer die Augen zukneift, blinzelt). So wurde denn Mannheim auf den Grundrissen der ersten Stadt – Zitadelle und Bürgersiedlung getrennt –, in den mittleren Jahrzehnten des 17. Jahrhunderts wieder aufgebaut, erstere etwas langsamer, da die Staatskassen nur wenig dafür abzweigen konnten. In der Stadt waren viele, auch vermögende Leute zugezogen, die, die Bauprivilegien ausnutzend, auch ansehnlichere Häuser errichteten, ohne immer Bürger zu werden, da sie ihre Bürgerrechte anderswo nicht aufgeben wollten und teilweise auch nach kurzer Zeit wieder wegzogen. Die Zitadelle unterstand nicht der Stadtverwaltung, sondern hatte einen Burgvogt und einen Burgschultheißen als Verwaltungshaupt der meist aus Beamten und Militärpersonen bestehenden Bewohner, über denen allen der Gouverneur stand.

Für die Verwaltung der vergrößerten Stadtgemeinde mußte das Rathaus, welches als einziges Gebäude den Dreißigjährigen Krieg überstanden hatte, aber teils als Lager, teils als provisorische Kirche der deutschen reformierten Gemeinde diente, hergerichtet und erweitert wer-

den. Ab 1674 fanden die Sitzungen der Stadtverwaltung in den neuen Räumen statt. Die Stadt verlor nur allmählich ihren dörflichen Charakter. Immer wieder mußten Verordnungen erlassen werden gegen Errichtung von Dunghaufen an der Straßenfront, gegen das Herumlaufen von Schweinen, für Anlegung von vertieften Rinnen in der Straßenmitte, damit der »Kerschel« und das Abwasser über die Straßenmitte abfließe. Kein Wunder, daß des öfteren von Epidemien zu hören ist, so 1666 von einer schweren Pest, die die Errichtung eines besonderen Pestfriedhofs – auf dem »Pestbuckel« im Jungbuschviertel – nötig machte. Jedes Haus, in dem ein Kranker lag, mußte eine schwarze Fahne aufziehen, damit die Gesunden sich vorsehen konnten. Erst im Frühjahr 1667 war die Seuche erloschen, der etwa die Hälfte der Einwohner zum Opfer gefallen war. Die gesund Gebliebenen hatten zuletzt teilweise in Zelt- und Barackenlagern außerhalb der Stadt gehaust.

Der Kurfürst griff öfters persönlich ein. Um den Wiederaufbau zu beschleunigen und der Stadt ein ansehnlicheres Äußeres zu geben, erließ er Mindestbauvorschriften und veranlaßte die Pflanzung von Bäumen in den Straßen, so von Nußbäumen in den Planken. Die zuziehenden Juden mußten sich als Gegenleistung für die Aufenthaltsgenehmigung verpflichten, zweistöckige Häuser zu bauen. In den 1670er und 1680er Jahren machte Mannheim dann schon den Eindruck eines barocken holländischen Landstädtchens. Über den Bebauungsstand 1663 unterrichten uns 2 Stadtpläne J. van Deyls. Der eine gibt einen Gesamtüberblick, der andere die genaue Grundstückseinteilung der Bürgersiedlung. Daraus ist zu entnehmen, daß nur 134 Grundstücke (= 32 %) in Besitz von Deutschen waren, vielfach Namen von Familien, die auch in der ersten Stadtepoche anzutreffen waren und teilweise noch aus der dörflichen Zeit stammten. 44 Grundstückseigentümer (= 10 %) trugen holländische und 235 (= 55 %) französische beziehungsweise wallonische Namen, 14 waren Juden. Wie das lange Wüten der Pest 1666/67 erwiesen hatte, waren die schon früher erwähnten sanitären Mißstände auf die Dauer unerträglich. Auch damals schon gab eine Dunstwolke, die im Sommer häufig über der Stadt lag, Anlaß zu Klagen und man veranlaßte die Bäcker, Bierbrauer und Ziegelbrenner, für ihren durch Holz- und Torffeuer besonders qualmigen Rauch höhere Schornsteine zu bauen. Man verbot, Kehricht und Abwasser auf die Straßen zu führen. Die Vorschrift, alles in Rhein und Neckar abzulassen, war allerdings undurchführbar, weil keine Kanalisation bestand und der Stadtgraben nur bei Hochwasser durchspült wurde, so daß er bis Ende des 18. Jahrhunderts im Sommer noch besonders zur Verpestung der Luft und zur Verbreitung der Schnaken beitrug. Da aus militärischen Gründen im Weichbild der Stadt alle hohen Bäume abgehauen wurden, war vom gesundheitlichen Standpunkt aus die Festung Mannheim, besonders im Sommer, kein angenehmer Aufenthalt. Die Friedrichsburg hatte gute Tiefbrunnen, in der Stadt war es schlechter bestellt. Die Ziehbrunnen ergaben ein trübes Wasser. Um dem Mißstand abzuhelfen, daß das Vieh direkt aus den Schöpfeimern getränkt wurde, ließ der Magistrat eiserne Stäbe anbringen, damit man das geschöpfte Wasser in andere Behälter umgießen mußte. Pumpbrunnen lehnten die Bürger als ungewohnt und umständlich ab! Mehrere Spitäler, für Festung und Militär von dem Kurfürsten, für die Stadt von den Kirchengemeinden unterhalten, wurden nach und nach errichtet. 1670 gab es in der Stadt zwei, in der Friedrichsburg eine Apotheke. Die Apotheker, aber auch die Barbiere und der Scharfrichter mußten wiederholt verwarnt werden, weil sie das »Medizinieren« nicht unterließen, was allein dem Militär- und dem Stadtarzt vorbehalten bleiben sollte.

Die besondere Sorge des Kurfürsten galt dem darniederliegenden Schulwesen in Mannheim. Die zwei deutschen Volksschulen (neben einer französischen und zeitweise auch einer niederländischen) waren überfüllt, so daß der Rat zugeben mußte, daß viele 14jährige noch nicht lesen und schreiben konnten. Man behalf sich mit der Zulassung von Privatschulen. Seit 1665 gab es eine reformierte Lateinschule, die 5 Klassen führte.

Die Duldsamkeit des in seiner Jugend durch die Religionsstreitigkeiten so schwergeprüften Kurfürsten kam im Projekt einer allen christlichen Bekenntnissen offenstehenden Eintrachtskirche zum Ausdruck. Karl Ludwig dachte zunächst an die Vereinigung der beiden evangelischen Richtungen. Jedenfalls sollte die neue Kirche in der Mannheimer Friedrichsburg allen Bekenntnissen zur Verfügung stehen. Bei der Einweihung 1680 in Anwesenheit des ganzen Hofes sprachen denn auch nach der Predigt des reformierten Predigers ein lutherischer Pfarrer und der katholische Geistliche von Handschuhsheim. Zur Unterstreichung der Universalität wurden drei Taufen: an einem Juden, einem Mohren und einem »schwarzgelben Knaben aus Ostindien« vorgenommen. Die religiöse Duldung erstreckte sich auch auf Angehörige von Sekten und Juden. In der Mannheimer Judenkonzession von 1660 erhielten sie eine gegenüber anderen Orten bevorzugte Stellung eingeräumt. Sie bekamen die gleichen Privilegien wie die Christen und wurden von der bisherigen Abhängigkeit von der Wormser Judengemeinde gelöst. Ihre Zahl beschränkte man auf 85, später auf 150 Familien. Die ursprünglich bestehende portugiesische Judengemeinde wurde bald mit der deutschen vereinigt. Die Pflicht zum Bauen von Häusern blieb aufrechterhalten, nicht aber die Beschränkung auf eine Straße. Die jüdische Gemeinde hatte ihren Prediger und Lehrer sowie Synagoge und Friedhof. Sie hat einen bedeutenden Anteil an der Entwicklung Mannheims gehabt. In kurpfälzischer Zeit ist insbesondere Lemle Moses Reinganum (aus Rheingönheim) (1666–1724) zu nennen, dessen »Klaus«-Stiftung zur Heranbildung der Jugend in F 1,11 bis zum 22. 10. 1940 ein Mittelpunkt des religiösen Lebens der Mannheimer jüdischen Gemeinde geblieben ist.

Als Kurfürst Karl Ludwig die Verbindung mit dem zur Raugräfin erhobenen Hoffräulein Luise von Degenfeld einging, begann für ihn ein glückliches Familienleben in Schwetzingen und Mannheim, wo in der Friedrichsburg ein Schloßbau mit drei Pavillons samt Verbindungsflügeln errichtet wurde. Dem auf dem Platze des jetzigen Schlosses stehenden, aber viel kleineren Schloß gegenüber wurden dreistöckige Arkadenhäuser erbaut, dazu die obenerwähnte Kirche zur Eintracht. Mit der heranwachsenden raugräflichen Kinderschar stand Karl Ludwigs einzige Tochter aus erster Ehe Elisabeth Charlotte, die Pfälzer Liselotte, aufs beste. Es ist rührend, wie sie in ihren Altersbriefen an die raugräflichen Geschwister dieser glücklichen Jugendtage in Mannheim gedenkt und jede Einzelheit noch weiß, so zum Beispiel, daß ihr das von anderen geschmähte feuchtwarme Sommerwetter gut gefiel; sie schreibt: »Ich habe allzeit über die Mannheimer Luft klagen hören, aber ich habe mich allzeit wohl dabei befunden.« Ein Ausflug auf die Mühlau endete mit einem schrecklichen Gewitter. Die Raugräfin konnte »das Lachen nicht halten, wie sie die abscheulichen Grimassen sah, so die

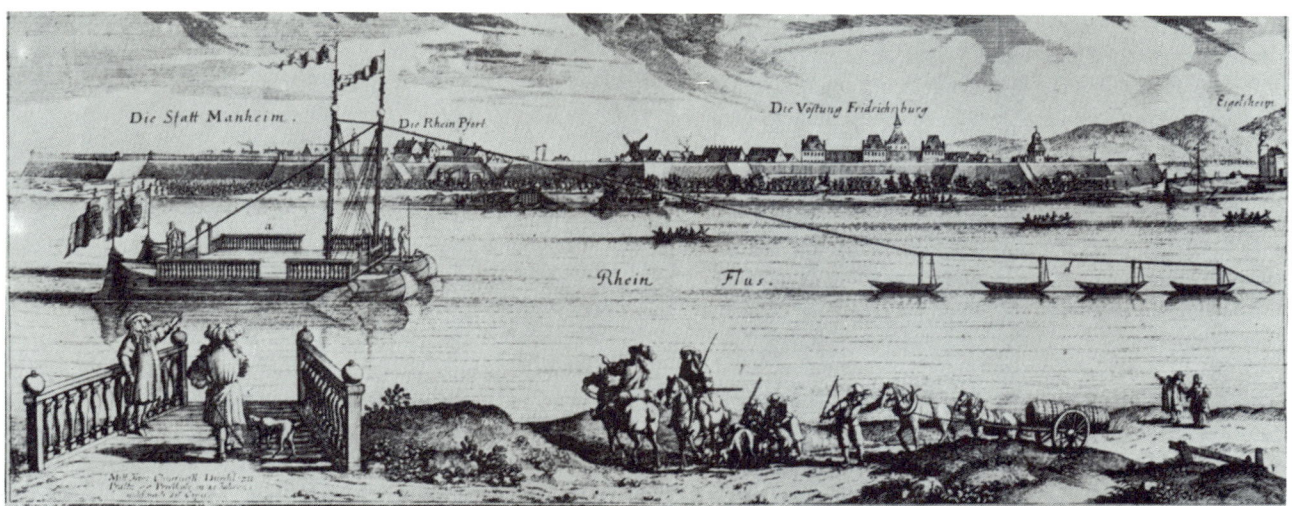

Stadtansicht aus dem Jahr 1669 mit der »Fliegenden Brücke« · Zeitgenössischer Kupferstich

Furcht meiner Hofmeisterin der Jungfer Kolbin zuwege brachte; ich meinte mich krank zu lachen«. Auch ein Besuch der Mannheimer Maimesse war unvergessen. Die Raugräfin Luise von Degenfeld starb 1677 und wurde in der Kirche *»Zur Heiligen Eintracht«* in der Mannheimer Zitadelle beigesetzt. Nach deren Zerstörung kam ein Sarg, in dem man ihre Gebeine vermutete, schließlich ins Grabgewölbe der heutigen Konkordienkirche.

Das Aufblühen Mannheims und des ganzen Landes verlief nicht ungestört. Mit der Verschlechterung der politischen Lage mußten nun auch die Befestigungswerke, die – wie früher – meist nur aus Palisaden, Wall und Graben bestanden, durch Mauerwerke verstärkt werden. Dem Verkehr mit der linksrheinischen Pfalz diente die vielbestaunte *»Fliegende Brücke«*, eine auf 3 Schiffen ruhende umgitterte Plattform, die als Gierfähre betrieben wurde. Ihr Erbauer war der Schiffsbaumeister Wilhelm Tautpheus aus Bacharach. Der Kurfürst schrieb 1669 über sie an die Raugräfin: *»Gestern sind wir mit 100 Pferd uff einmal mit der fliegenden Brück über Rhein in einem Hui gefahren. Wenn ich bis Frankenthal hätte also gemächlich kommen können, hätte ich mich·nicht wund geritten.«* Über den Neckar genügten zunächst noch größere Boote. Eine 1687 erbaute Schiffsbrücke zerstörten bald darauf die französischen Truppen. Die Marktschiff- und Postverbindungen wurden dem wachsenden Wirtschaftsleben und Verkehr entsprechend verstärkt. Vielfach war man auf private Initiative angewiesen, da die Thurn und Taxis'sche Reichsport Mannheim nicht berührte sondern bei Neckarhausen über den Neckar ging, von wo die Mannheimer Post erst einmal, dann zweimal wöchentlich vom Mannheimer Schullehrer abgeholt werden mußte! Die drei Mannheimer Markttage dienten nicht nur der Versorgung der städtischen Bevölkerung und Gewerbebetriebe, sondern auch dem Umschlag der Han-

delsprodukte nach auswärts. Die Stadtwaage und ein anschließend erbautes Kauf- und Lagerhaus waren der Mittelpunkt für den Großhandel. Wie oben angedeutet, entsprach die in den Privilegien eingeführte Gewerbefreiheit nicht der Einstellung der Bevölkerung im 17. Jahrhundert. Der Rat zog die ringsum herrschende Zunftordnung der in der Stadt durch die Gewerbefreiheit eingetretenen Unordnung vor. In den beim Regierungswechsel 1690 erneuerten Privilegien wurde deshalb gesagt: *»Kein Handwerk oder Handwerksleute sollen unter Zünften stehen, wenn sie selbige aufzurichten nicht selbst gut finden.«*

Einschneidend war die Bedrohung durch Frankreich, die Kurfürst Karl-Ludwig durch die Verheiratung seiner Tochter Liselotte mit dem Herzog von Orléans, abgewendet glaubte.

Im zweiten französisch-holländischen Krieg 1672–79 war für die Pfalz und Mannheim besonders bedrohlich die französische Besatzung in Philippsburg, die erst 1676 von den Reichstruppen verjagt wurde. Die Pfalz litt sehr unter den Franzosen, Mannheim hingegen konnte sich halten, mußte aber viele Flüchtlinge aufnehmen. Doch war dieser Krieg nur ein Vorgeschmack des kommenden!

Ein alter Wunsch der auf fast 10 000 Einwohner angewachsenen Mannheimer Bürgerschaft ging 1679 in Erfüllung. Da im Festungsgebiet kaum Gartengelände mehr vorhanden war, genehmigte die Regierung die Anlage von Gemüsegärten auf der städtischen Allmende im Pflügersgrund jenseits des Neckars. Wie die Stadt wurde dieses Gebiet in Quadrate eingeteilt, und jeder Bürger erhielt ein Stück auf Lebenszeit. Später entwickelte sich aus den *»Neckargärten«* die Neckarvorstadt.

Im besonders heißen Sommer 1680, in dem keine 200 Einwohner in Mannheim von Ruhr und Typhus verschont blieben, wurde auch Kurfürst Karl-Ludwig in der Friedrichsburg von einer fiebrigen Erkältung befallen, der er auf dem Weg nach Heidelberg erlag. In einem Garten in Edingen bettete man den Sterbenden unter einen Baum. Zwischen seinen beiden Residenzen verschied so der vorletzte Vertreter der reformierten Zweibrücken-Simmerischen Kurlinie. Sein Sohn und Nachfolger Kurfürst Karl blieb kinderlos. Für Mannheim sind seine 5 Regierungsjahre nur bedeutsam durch die Schenkung des Bauplatzes für die reformierte Doppelkirche in R 2, die die Notkirchen der wallonisch-französischen und der deutsch-reformierten Gemeinden ersetzen sollte. Der schon vor der Vollendung im Orléans'schen Krieg ein Raub der Flammen gewordene, später als Konkordienkirche wiedererstandene Bau ist für Mannheim insofern bedeutsam geworden, als er das Vorbild für den Doppelbau des alten Rathauses von 1700 wurde. Kurfürst Karl war ein schwankender Charakter, der einerseits zu Jähzorn und Hypochondrie neigte, andererseits rauschende Feste und Soldatenspiele liebte. So wurde 1683 in der Friedrichsburg »in einem verkleideten Aufzug vorgestellt: Die über Mars triumphierende Anmut Zephyri und Floren«, eine Mischung aus Oper, Schauspiel und Ballett, wobei der Kurfürst und der ganze Hof persönlich mitwirkten. Eine mehrere Tage dauernde Soldatenspielerei, bei der die Mannheimer Zollburg Eichelsheim die Rolle einer türkischen Festung »Negroponte« hatte, von als Türken verkleideten Soldaten »verteidigt«, von den »Kreuzfahrern« belagert und gestürmt wurde, zeitigte die fatale Folge, daß der Kurfürst in dem auf sumpfigem Gelände aufgeschlagenen Zeltlager tödlich erkrankte und 1685 starb.

Die zweite Zerstörung der Stadt und ihr Wiederaufbau

Der durch Ludwig XIV. erhobene Anspruch auf Pfälzer Gebiet führte 1688 zum Einfall der Franzosen. Mit Philippsburg, Heidelberg und Frankenthal fiel Mannheim nach 17tägiger Belagerung und Beschießung in französische Hände. Die Hoffnung, daß man durch Unterwerfung und Tributzahlung Schonung von den Eroberern erlangen könnte, war trügerisch. Als die Reichsarmee heranrückte und Frankreich wußte, daß es die Grenzgebiete nicht halten konnte, wurde – wohl zum ersten Male in der Geschichte für ein so großes Gebiet – die Politik der »verbrannten Erde« angewandt. Kriegsminister Louvois schrieb dem Truppenkommandanten das Todesurteil Mannheims mit folgenden Worten: »Ich sehe den König ziemlich geneigt, die Stadt und Festung Mannheim völlig

dem Erdboden gleichzumachen und die Wohnungen dermaßen zu zerstören, daß kein Stein auf dem anderen bleibt.« Am 3. März 1689 wurden Bürgermeister und Ratsherren zum französischen Stadtkommandanten bestellt, der ihnen befahl, die Stadt umgehend zu räumen. Ab 5. März wurde mit Abbruch und Feuerlegen begonnen. Der Aufforderung, sich im Elsaß oder im französisch gewordenen Landau niederzulassen, folgte niemand. Ein Teil der Bewohner, insbesondere Wallonen und Niederländer, flüchtete nach Norddeutschland und gründete in Halle, Magdeburg und anderswo Mannheimer Gemeinden, ein Teil ging mit der Stadtverwaltung nach Weinheim, Frankfurt und Hanau, andere fanden in dem nicht so methodisch zerstörten Heidelberg Unterkommen oder fristeten gegenüber Mannheim am Neckarufer ein notdürftiges Dasein. Ein Augenzeugenbericht schildert, wie man teilweise aus den Trümmern die ehemaligen Gebäude nicht mehr habe feststellen können; auch die Wälle waren völlig eingeebnet. Als die Franzosen abgezogen waren, versuchten einzelne Bürger trotz der französischen Drohung, jeder werde erschossen, der auf dem Gelände der ehemaligen Stadt getroffen werde, aus den Trümmern verwertbares Eigentum zu bergen. Die Notunterkünfte auf dem rechten Neckarufer und einige in Mannheim erbaute Hütten wurden mehrmals durch marodierende französische Abteilungen zerstört. Gegen Zahlung einer Kontribution erlaubten die Franzosen schließlich die Errichtung einer Notsiedlung auf dem rechten Neckarufer. Dieses »Neu-Mannheim« zählte in zwei Gassen an die 200 Hütten für etwa 1000 Bewohner. Inzwischen war Kurfürst Philipp Wilhelm gestorben und ihm sein Sohn Johann Wilhelm (1690–1716) gefolgt. Schon vor dem Frieden von Rijswijk 1697 forderte er die Flüchtlinge zur Rückkehr insbesondere nach Mannheim auf, aber viele zogen es vor, in ihren neuen Wohnsitzen im protestantischen Preußen zu bleiben. 1698 befahl der neue Kurfürst ausdrücklich den Wiederaufbau der Stadt Mannheim und ernannte den bisherigen Zollschreiber *Gobin* zum Schultheißen. Der seit 1689 in Heidelberg und später in Hanau provisorisch amtierende Rat der Stadt Mannheim formulierte eine Reihe von Forderungen, insbesondere wünschte er die Vereinigung der Friedrichsburg mit der Stadt, Bestätigung der alten Privilegien, Regulierung des nach Wegfall der Wälle die Stadt bei Hochwasser bedrohenden Neckars, Schleifung der Festung Philippsburg. Im Herbst 1698 wurden die Ratssitzungen wieder in Mannheim aufgenommen und den Bewohnern der Hütten auf dem rechten Neckarufer unter Androhung des Verlustes ihrer Rechte aufgegeben, sich wieder in der Stadt anzubauen. Dies ging nur sehr langsam und kümmerlich vor sich, wie auch sonst im Lande, außer in dem damals besonders geförderten Heidelberg, so daß die Regierung und der den Düsseldorfer Glanz gewohnte Kurfürst sich mehrmals dar-

Stadtschultheiß Jakob Friedrich Gobin · Gemälde von Johann Jakob de Loose im Reiß-Museum Mannheim

über beklagten. Der Stadtrat konnte nur auf die Armut und den Mangel an Baumaterial verweisen. Im Laufe der Zeit entstand ein völlig anderes Mannheim, in dem nur wenige Personen aus der alten Stadt des 17. Jahrhunderts eine Rolle spielten. Nach der bisherigen Vorherrschaft der Reformierten dreierlei Nationalität setzte sich der neue von der Regierung bestellte Stadtrat aus 5 reformierten, 5 katholischen und 2 lutherischen Vertretern überwiegend deutscher Abstammung zusammen.

Laut Ratsprotokoll vom 16. September 1696 – also noch vor Beginn des Wiederaufbaus der Stadt – erhielt ein auswärtiger Apotheker namens *Zehner* die Erlaubnis »*weilen es zum gemeinen Besten gereiche, eine Apotheke allhier aufzurichten, Bürger zu werden, und mithin bei hier erfolgenden Frieden und Sicherheit gedachte Apothek in die Stadt Mannheim transferieren zu mögen*«. Mit rund 270 Jahren ist die *Einhornapotheke* nach dem Feudenheimer Gasthaus *Zum Ochsen* das älteste noch bestehende Mannheimer Unternehmen überhaupt. In einer Urkunde vom 15. Juli 1709 sind außer der Einhornapotheke die *Pelikanapotheke*, die *Zum Schwarzen Bähren*, welche sich aber 1735 im *Weißen Schwanen* ein sanfteres Wappentier erwählte (heute wie damals in E 3, 14), viertens zum *Gulden Löwen* und als fünfte die in der Zitadelle errichtete *Mohrenapotheke* erwähnt. Kurfürst Karl Philipp brachte dann, wahrscheinlich aus Neuburg, als sechsten den Hof-

apotheker Hochschild mit, der zunächst als Hofbeamter, in der Hierarchie gleich dem Hoftanzmeister und eine Stufe unter dem Hofmedicus, eine kleine Apotheke in der Zitadelle betrieb, um dann bald nach C 1 zu übersiedeln, wo sich die *Hofapotheke* noch heute befindet. Wenn man bedenkt, daß Mannheim bei der Übersiedlung des Hofes 1720 nicht viel mehr als 3000 Einwohner zählte, erscheint die Zahl von 5, später 6 Apotheken hoch. Man muß aber berücksichtigen, daß die umliegenden Dörfer mit versorgt wurden und vieles, was heute Drogerien und Chemikalienhandlungen führen, damals in der Apotheke zu kaufen war. In der Urkunde von 1709 wird versprochen, keine weiteren Apotheken zuzulassen, da die vorhandenen »*samt und sonders Apotheken und Material-Cammeren mit auserlesenen Medicamenten und Materialien nicht ohne große Kosten angefüllet*« waren. Dafür wird den Apothekern das Barbieren und Medicinieren verboten.

Ein besonderes Anliegen war die Bändigung des Neckars, der viermal durch Hochwasser die unter militärischer Hilfe an der Rosengartenschleife errichteten Dammbauten zerstörte. Als dann der Damm hielt, ergoß sich das jährliche Hochwasser auf die Mühlau, bis auch hier Dämme errichtet wurden.

Die Wiederbefestigung Mannheims lag nicht nur im pfälzischen, sondern auch im Reichsinteresse. Die von den Nachbarländern kommenden Zuschüsse waren aber nur gering, die Hauptlast lag auf der ausgebluteten Pfalz. Bastion nach Bastion und erstmals auch eine Schanze auf der linken Rheinseite wurden nach den Plänen des berühmten holländischen Festungsbaumeisters *Coehorn* meist in Fronarbeit hergestellt. Hierzu bot man die Dörfer bis nach Mosbach und weit in die linksrheinische Pfalz hinein auf. Die Frage, ob wieder eine getrennte Zitadelle gebaut oder, wie der Stadtrat wollte, die ehemalige Friedrichsburg in die Gesamtbefestigung einbezogen werden solle, blieb zunächst offen und wurde erst 1709 in letzterem Sinn entschieden, als an Stelle des verstorbenen Generals Coehorn der pfälzische Festungsbaumeister *Nottum* die Bauleitung in Mannheim übernommen hatte.

Wenn auch der Bau der Häuser der Anfang des 18. Jahrhunderts etwa 500 Bürger zählenden Stadt nur langsam Fortschritte machte, konnte der Neubau eines *Rathauses* nicht länger aufgeschoben werden. 1700 wurde an der Stelle des alten Stadthauses am Markt der Grundstein für ein im Barockstil geplantes Rathaus mit Turm gelegt. 1705 konnten darin die ersten Sitzungen gehalten werden; das wuchtige Mittelportal gibt 1711 als Jahr der Vollendung an. Der geplante Ausbau des Westflügels als Stadtwaage und Lagerhaus mußte unterbleiben, da der Kurfürst diesen Platz für den Bau der katholischen Stadtkirche bestimmt hatte. Diese wurde aus städtischen Mitteln erbaut und 1710 dem *Heiligen Sebastian* geweiht, der schon der Patron der

Marktplatz mit Rathaus, katholischer Unterer Pfarrkirche und Hillesheimschem Palais · Kupferstich von Klauber 1782

Dorfkirche gewesen war. Am Heidelberger Tor auf dem Gelände der heutigen Kunststraße zwischen O 5 und N 5 entstand 1701 bis 1703 ein später nach Westen erweitertes *Kapuzinerkloster* (nachmals Scipio's sches Grundstück, jetzt Möbel-Boehme), die Lutheraner erbauten die *Trinitatiskirche*. Der Wiederaufbau der *reformierten Doppelkirche* in R 2 verzögerte sich durch Rechts- und Geldschwierigkeiten. Ebenso lag in der ehemaligen Friedrichsburg wegen der ungeklärten Lage noch fast alles brach, so daß nur die Unterstadt zwischen *Planken* und *Neckartor* einen einigermaßen geschlossenen Eindruck machte, als 1707 – trotz aller Nöte – die 100jährige Wiederkehr der Stadtgründung beziehungsweise Privilegienverleihung gefeiert wurde. Die Gottesdienste, die Aufmärsche der Bürgerwehr und Zünfte, das Festkonzert mit Feuerwerk auf dem Marktplatz sollten wohl mehr der Aufmunterung des Bürgerstolzes dienen als einer Verherrlichung des damaligen Zustandes, der noch recht armselig war, da immer wieder Streifzüge der Franzosen das rechte Rheinufer bis tief ins Württembergische beunruhigten. Die zur Abwehr heranrückenden Reichstruppen brachten Einquartierungslast und drängten zur Fertigstellung der Festungsarbeiten. Die *Quadrat-Einteilung* der Grundstücke wurde unter Weiterführung der Straßen aus der Unterstadt bis zum Gelände des ehemaligen Schlosses durchgeführt, das sich der Kurfürst vorbehielt. Für Schloßgegend und *Paradeplatz* erließ man

einheitliche Bauvorschriften, um ein repräsentatives Aussehen der Stadtmittelpunkte zu erzielen. Eine leichte Belebung der Bautätigkeit und der Wirtschaft trat 1714 mit dem Friedensschluß von Baden in der Schweiz ein.

Mannheim als Residenz unter Karl Philipp

Der große Aufschwung begann aber erst 1720, als der in Heidelberg residierende Kurfürst *Karl Philipp* wegen des Streits um die Heiliggeistkirche den Sitz des Hofes und der Regierung nach Mannheim verlegte. Daß schon früher der Plan bestand, die Hofhaltung aus dem altertümlichen, halbzerstörten Heidelberger Schloß in ein dem Geschmack der Barockzeit besser entsprechendes Schloß in der Ebene zu verlegen, wird durch den Plan eines bei Wieblingen á la Versailles gedachten Baus bewiesen. Der Religionsstreit war wohl nur der willkommene Anlaß, die Bauabsichten in der Ebene, nunmehr in Mannheim, an Stelle des früheren kleineren Schlosses in der Friedrichsburg zu verwirklichen. Dazu kam noch die Absicht, nach dem verhältnismäßig weit vorgeschrittenen Aufbau Heidelbergs den von Mannheim zu fördern. Zunächst zog der Hof mit dem Kurfürsten nach Schwetzingen, bis in Mannheim, das im Jahr der

Das Kapuzinerkloster in N 5 · Kupferstich von Klauber 1782

Residenzverlegung 3360 Einwohner zählte, provisorisch Wohnungen und Amtsräume geschaffen waren. Der Kurfürst bestimmte das Haus des Wiener Hoffaktors *Samuel Oppenheimer* am Marktplatz in R 1, 1 (später *Hillesheim'- sches Palais,* dann *Casino-Gesellschaft*) zu seinem vorläufi- gen Wohnsitz und ließ die angrenzenden Häuser für das Hofpersonal herrichten. Als junger Pfalzgraf am Wiener Hof hatte er Oppenheimer aus einer großen Verlegenheit helfen können. Als Gegenleistung stellte dieser dem Kur- fürsten in Mannheim, woher er stammte, sein geräumiges Haus zur Verfügung. An alle Angehörigen des Hofs und an alle Beamten erging der Befehl, auch den privaten Wohn- sitz bis Oktober 1720 nach Mannheim zu verlegen. Dies wurde vielfach nur ungern befolgt, da komfortable Häuser oder Wohnungen in Heidelberg zunächst meist mit Notun- terkünften in Mannheim vertauscht werden mußten, bis die Bautätigkeit dem plötzlichen Mehrbedarf nachgekommen war.

Nachdem schon die anderen Gewerbezweige, entgegen den Absichten des Stadtgründers in über *30 Zünften* und *Innungen* zusammengeschlossen waren, wandten sich Anfang 1728 die Mannheimer Handelsleute an den Kurfür- sten Karl Philipp mit der Bitte, eine *Handelsinnung* grün- den zu dürfen. Unter dem 8. Juni und 23. August wurde diesem Wunsche entsprochen, so daß also seit etwa 240 Jahren eine Organisation des Mannheimer Handels

besteht. Strenge Regeln wurden erlassen über Wahl der Zunftmeister und Senioren, über Kleidung, Lehrwesen, Verkaufszeiten, Festlichkeiten und so weiter. Die Zunft war auch als Schiedsgericht tätig und verteidigte die Inter- essen des Handelsstandes – zu dem auch die wenigen Fabrikanten gehörten – gegen die Handwerkszünfte, aus- wärtigen Kaufleute und Hausierer.

Zur Finanzierung des nunmehr vordringlichen *Schloßbaus* dienten Naturalleistungen und eine Schloßbausteuer, nach- dem der Aufruf zu freiwilligen Abgaben als Gegenleistung dafür, daß der Kurfürst auf Bitten seiner Untertanen nicht die Residenz nach Düsseldorf oder Neuburg verlegte, wo entsprechende Schlösser vorhanden waren, nur ein unzu- längliches Ergebnis erbracht hatte. Die Schloßbau-Abgabe wurde über die Oberämter auf die einzelnen Gemeinden umgelegt, die ihrerseits die Aufteilung auf ihre Einwohner vorzunehmen und die Beträge einzutreiben hatten. Da der zunächst benutzte Schlüssel der bestehenden Fronver- pflichtungen – die in Geld abgelöst werden konnten – zu großen Ungerechtigkeiten führte, erfolgte später die Umle- gung nach dem das Grund- und Gewerbevermögen bela- stenden Schatzungsschlüssel. Auch Mannheim und Fran- kenthal zog man entgegen den Privilegien heran, nur die Stadt Heidelberg wurde freigestellt.

Da die Bauabsichten mehrfach geändert wurden und die Planung im ganzen mangelhaft war, gab es ständig große

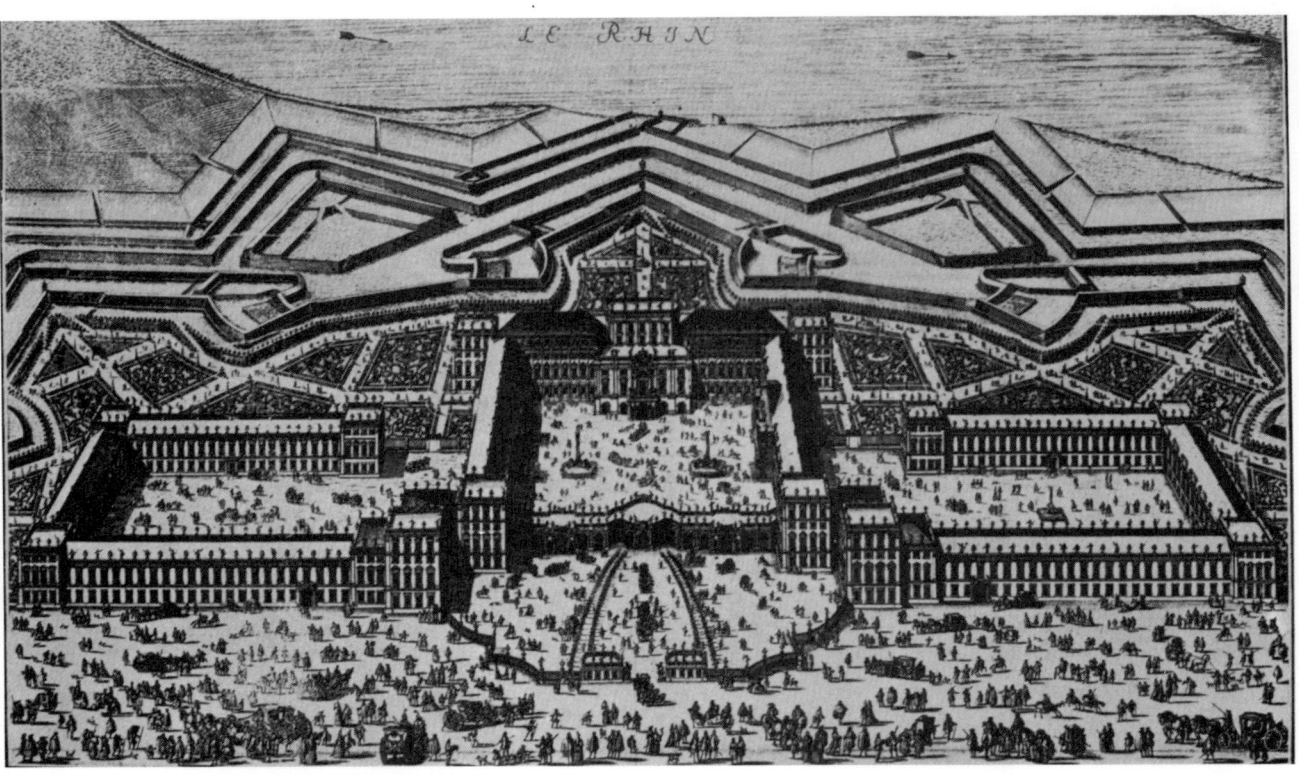

Schloßplan von Clemens de Froimont · Zeitgenössischer Kupferstich

Schwierigkeiten und Klagen. Die zunächst mit 300 000 Gulden veranschlagten Kosten betrugen schließlich weit über eine Million Gulden. Die zur Aufbringung dieser Summe – neben dem laufenden Verwaltungsbedarf – notwendigen Umlagen bedrückten mehrere Jahrzehnte das Land und gingen nur langsam und unregelmäßig ein. Mehrmals nahm man Anleihen auf, deren Rückzahlungsraten ebenfalls auf die Gemeinden umgelegt wurden. So zog sich der Bau von 1720 bis 1760 hin. Die Behörden konnten zwar 1725 in die für sie bestimmten Räume und der Kurfürst 1731 in den Mitteltrakt einziehen; er erlebte aber die Fertigstellung der Flügelbauten nicht mehr. Leitender Schloßbaumeister war von 1720 bis 1726 *Clemens de Froimont,* der vorher in bischöflich speyerischen Diensten gestanden war. Die Pläne wurden mehrfach geändert; so verzichtete man auf die Zweiteilung des *Ehrenhofs* durch einen Zwischenbau und betonte seine der Stadt zugekehrten Ecken durch *Schloßkirche* und *Bibliotheksbau* (jetzt Aula der Universität). Erstere mit dem berühmt gewordenen Deckengemälde von *Cosmas Damian Asam* wurde 1731 kurz vor des Kurfürsten Einzug geweiht. Inzwischen war aber Froimont wegen zu langsamen und zu teuren Bauens entlassen worden. Die Vollendung der Bauten und vor allem die Innenausstattung des Mittelbaus mit Rittersaal und der Schloßkirche standen zunächst unter der Leitung des französischen Architekten *Guillaume Hauberat,*

der vorher das Schloß Poppelsdorf bei Bonn für den Kölner Erzbischof erbaut hatte. 1737 wurde nach einer finanziell bedingten Ruhepause mit dem Bau des *Opernhauses* hinter dem westlichen Seitenflügel unter der Leitung des zum Oberbaudirektor des pfälzischen Bauwesens ernannten *Alessandro Galli da Bibiena* aus Bologna begonnen, von dem auch *Jesuitenkirche* und *Kaufhaus* stammen. Während das Äußere des Schlosses in der Regelmäßigkeit der Gliederung einen schlichten Eindruck macht, der bei näherer Betrachtung nur durch die in rotem Neckarsandstein ausgeführten wenigen Bildhauerarbeiten aufgelockert wird, wirkte sich damals im Innenausbau trotz aller Geldknappheit die Fülle des Barock und Rokoko in Stuck-, Maler- und Schreinerarbeiten aus.

Als dem Repräsentationsbedürfnis mit dem auch weithin in der linksrheinischen Pfalz sichtbaren und in seiner 600 m langen Front beinahe die Breite der ganzen damaligen Stadt abschließenden Bau Genüge getan war, entstand das Verlangen nach intimerer ungebundener Wohn- und Aufenthaltsmöglichkeit, insbesondere im Sommer. Das kleine Lustschloß auf der *Mühlau* (heute Hafengebiet) wurde hergerichtet und von Hofbildhauer *Egell* ausgeschmückt. Auf seiner den Rhein überblickenden Terrasse und in dem anschließenden Garten fand sich der Hof an Sommerabenden zusammen. Hier wurde getanzt, kleine Theaterspiele veranstaltet oder Feuerwerk abgebrannt. Der Weg dorthin

Die Schloßbibliothek · Fotografie aus den 1920er Jahren

war noch bis Ende des 19. Jahrhunderts ein beliebter Spaziergang der Mannheimer. Zu längerem Aufenthalt des Hofs im Sommer diente, wie seit langem, *Schwetzingen*.

Die Stadt Mannheim bekam die Rolle als *Residenz* im Guten wie im Schlechten zu spüren. Von der aufwendigen Hofhaltung erhielten die von früher her ansässigen Handwerker und Gewerbetreibenden ihren Anteil und auch die vielen, den verfeinerten Geschmack befriedigenden neuen Gewerbezweige, wie *Juweliere, Täschner, Drucker, Buchhändler*. Aber die Stadtfinanzen waren in Unordnung geraten; sie sollten von einer staatlichen Rentkammer in Ordnung gebracht werden. Auch in anderen Verwaltungszweigen wurde die in den Stadtprivilegien verbriefte Freiheit eingeschränkt. Die Steuer- und Zollfreiheit, die wichtigsten Privilegien der Stadtgründung, fielen in den neuen Stadtprivilegien von 1733 fast ganz weg: Mannheim sei genug emporgebracht, um wie die anderen Gemeinden dem Staat Steuern und Zoll zu zahlen! Daß das Gerichtswesen dem Stadtrat abgenommen und einem mit Rechtskundigen besetzten Stadtgericht übertragen wurde, muß man als zweckmäßig anerkennen. Die kurfürstliche Verwaltung bemühte sich auch im Sinne des Merkantilismus *»um Emporbringung der Commerzien«,* wobei aber große Fehlgriffe vorkamen. So erteilte man einem spanischen Abenteurer, der den hochtrabenden Namen Don Bartolomeo Pancorbe de Ayala y Guerra führte, das Monopol zum

Aufkauf und zur Verarbeitung der Tabakernte in ganz Kurpfalz. Zu einem hohen Gehalt erhielt er ein Darlehen von 100 000 Gulden, und der Kurfürst ließ ihm auch noch das Gebäude für eine Manufaktur erbauen. Der schwerfällige Apparat konnte die zu gedrückten Preisen in der ganzen Pfalz aufgekauften Tabakernten nicht absetzen. Man blieb den Anbauern den Kaufpreis schuldig, die ihrerseits ihre Steuern nicht zahlen konnten. Der baldige Konkurs untergrub das Zutrauen zum Mannheimer Handel und seiner staatlich gelenkten Wirtschaft und fügte dem Staat wie dem Kurfürsten persönlich große Verluste zu. Durch Ämterverkauf und Staatslotterie suchte man den durch diesen Konkurs und die übergroßen Bauten in ständiger Geldnot befindlichen Staatsfinanzen aufzuhelfen. Die Absicht, durch Errichtung eines *Kaufhauses* zumindest den Handel aus den wittelsbachischen Landen am Niederrhein von der Frankfurter Messe nach Mannheim abzulenken, mißlang. Der langsam Fortschritte machende 1724 begonnene Bau in N 1 diente mit Stadtwaage und Lagerräumen nur lokalen Bedürfnissen, vor allem bei Mai- und Herbstmesse. Der vom Bombenhagel des Zweiten Weltkrieges einigermaßen verschonte, leider nicht erhaltene, sondern erst 1963 abgerissene Kaufhausturm machte beim Bau große Sorge, da er auf sumpfigem Auffüllungsgelände des ehemaligen Zitadellengrabens zu stehen kam. Als Abschiedsgruß an dieses Wahrzeichen Alt-Mannheims sei hier die Übersetzung der lateinischen Inschrift am Balkon des Kaufhausturmes wiedergegeben:

»Als ich teilweise in die Höhe geführt war, glaubte man, ich wanke, und ich war gezwungen, liegen zu bleiben. Nach Erneuerung meiner Stärke begann ich, mein Haupt wieder zu erheben, aber meine Festigkeit blieb weiterhin zweifelhaft. So stand ich dreimal drei Sommer ängstlich ohne Dach und Hut, bis schließlich Carl Theodor mein Haupt krönte. Vivat!«

1738 wurde die noch heute auf dem Paradeplatz stehende Bronzepyramide *Gabriel Grupellos* aus Düsseldorf nach Mannheim gebracht. Einen weiteren Schmuck der Stadt bildeten die drei Festungstore. Das *Neckartor* führte in Verlängerung der *Breiten Straße* – aus militärischen Gründen etwas seitlich versetzt – zur Kahnüberfahrt und späteren *Schiffsbrücke* über den Neckar. Es enthielt Wach-, Wohn- und Arresträume und mußte 1842 der Stadterweiterung weichen. Das *Rheintor* stand in D 7,2, links von den verlängerten Planken. Ein Fahrweg führte um die Festungsbastionen herum zur *Fliegenden Brücke* und zur späteren *Schiffsbrücke* über den Rhein. Nach der Stadtseite waren Wohnungen eingebaut, die bis 1863 benutzt wurden. Durch das etwa in O 7,3 stehende *Heidelberger Tor* und über eine den Festungsgraben überspannende Zugbrücke, dann auf einer außen am Wall entlangführenden Straße gelangte man zu der damals am heutigen Tattersall stehenden Hasensäule, die das bis dahin reichende Jagdrecht der früheren Dorf- und jetzigen Stadt-Einwohner auf Niederwild begrenzte. Hier zweigten – wie heute – die Landstraßen nach Heidelberg und Schwetzingen ab.

Der große Einfluß, den die Jesuiten in der Mitte des 18. Jahrhunderts in der Pfalz und speziell in Mannheim ausübten, kommt auch in ihren Bauten zum Ausdruck. Das *Jesuitenkolleg* – 1807–1899 Gymnasium – reichte durchgehend vom Westflügel des Schlosses (jetzt Amtsgericht) bis zur *Jesuitenkirche*, so daß der Kurfürst und sein Hofstaat bei dem Weg von ihren Wohnräumen zur Kirche innerhalb des Schlosses blieben (der Straßendurchbruch zur Rheinbrücke erfolgte erst 1893). Die Grundsteinlegung der nach dem Vorbild der römischen Mutterkirche des Ordens *»Il Gesù«* erbauten neuen Hofkirche erfolgte 1723. Die Innenausstattung mit den Bildhauerarbeiten von *Verschaffelt* und den Gemälden von *Lambert Krahe* sowie die Einweihung 1758 erfolgten erst unter Karl Theodor. Bei allem gegenreformatorischen Wirken waren viele Angehörige der Mannheimer Niederlassung des Jesuitenordens Wissenschaftler von europäischem Rang, so der Astronom *Christian Mayer* und der Fabeldichter und Bibliophile *Josef Desbillons,* dessen umfangreiche Büchersammlung heute einen der wertvollsten Bestandteile der Mannheimer Universitätsbibliothek bildet, aber noch Eigentum des Karl-Friedrich-Gymnasiums als Nachfolger des Lyceums ist.

Zu den von Karl Philipp aus Innsbruck und Neuburg mitgebrachten Künstlern wie dem Architekten *Bibiena* und dem Musiker *Cannabich* waren, teils angelockt von der luxuriösen Hofhaltung, teils vom Kurfürsten berufen, weitere – schon genannte – Architekten, dann aber auch Bildhauer, Maler, Schriftsteller und Musiker getreten, deren Hauptwirksamkeit sich erst in der Zeit Karl Theodors entfaltete und im Zusammenhang mit jener Zeit geschildert werden wird. Die Grundlage für diese kulturelle Blütezeit wurde aber schon jetzt gelegt, insbesondere auch in der Pflege des Schauspiels und der Oper, die im letzten Regierungsjahr Karl Philipps mehrere in weitem Umkreis Aufsehen erregende Aufführungen in dem 1742 eröffneten *Opernhaus* erlebte. Leider ist keine Innenansicht des von Zeitgenossen als eines der prächtigsten Theater mit ausgezeichneter Akustik geschilderten 2000 Zuschauer fassenden Baus erhalten.

In Anwesenheit des wittelsbachischen *Kaisers Karls VII.* und des *Kurfürsten – Erzbischofs von Trier* nahm der ebenfalls wittelsbachische *Erzbischof von Köln* 1742 die Trauung des 18jährigen *Karl Theodor* aus der Linie Pfalz-Sulzbach mit *Elisabeth,* einer Enkelin Karl Philipps, und gleichzeitig die Trauung ihrer Schwester *Anna Amalia* mit *Herzog Clemens von Bayern* vor. Mit der Eröffnungsvorstellung im neuen Opernhaus, zu der zahlreiche Hochzeitsgäste aus ganz Deutschland sich eingefunden hatten – es wurde die allegorische italienische Oper »Meride« des Hofkapellmeisters Grua gegeben – endete dieser Tag, der zugleich eine wittelsbachische Familienkundgebung gegen Habsburg war.

An Silvester des gleichen Jahres starb einundachtzigjährig Karl Philipp, der wunschgemäß in der *Krypta* der Schloßkirche in einem von *Paul Egell* geschaffenen Prunksarg beigesetzt wurde neben der ihm in dritter Ehe morganatisch angetrauten *Gräfin Violanta von Thurn und Taxis.*

Mannheims Blüte unter Karl Theodor

In den Friedensjahren 1743–1792 konnte sich in Mannheim eine einzigartige Blüte der Künste und Wissenschaften entfalten. Während bei früherem Regentenwechsel sich die Landesherrn bei der Huldigung der Bürgerschaft jeweils vertreten ließen, beschloß *Karl Theodor,* diese 1743 in seiner Hauptstadt persönlich entgegenzunehmen. Der Kurfürst ritt mit seinem Gefolge durch das Spalier der Garnison in den fahnengeschmückten Straßen zur Stadtkirche am Markt, wohin die Kurfürstin vorausgefahren war. Nach dem feierlichen Hochamt in der mit dem herrlichen, später

Das an das Schloß angebaute Jesuitenkolleg (später Gymnasium, dann Handelshochschule) mit Jesuitenkirche · Kupferstich von Klauber 1753

bis zur Zerstörung im Zweiten Weltkrieg im Berliner Kaiser-Friedrich-Museum befindlichen *Egell-Altar* geschmückten *Marktkirche,* schritt der Kurfürst über einen Brettersteg zu dem mitten auf dem Marktplatz auf einer Tribüne unter einem Baldachin errichteten Thronsessel, an dessen Seiten sich die Minister und das übrige Gefolge aufstellten. Der Stadtrat erschien in schwarzen Mänteln vor dem Thron. Die Leibgarde hielt um diesen einen Kreis frei. Dahinter standen die Bürger, nach Stadtvierteln mit den Viertelmeistern und in Kompanien der Bürgerwehr eingeteilt. Hinter den Bürgern reihten sich die Beisassen, Juden und Wiedertäufer auf, die keine vollen Bürgerrechte hatten. Nach Ansprachen des Regierungspräsidenten und des Stadtdirektors wurden Stadträte, Pfarrer, Bürgerwehroffiziere, Viertel- und Zunftmeister namentlich aufgerufen und gelobten beim Eintritt in den vor dem Thron freigehaltenen Kreis für ihre Mitbürger dem Kurfürsten Treue. Den

Schluß bildete die Verlesung einer Eidesformel, die alle Bürger nachsprachen. Unter dem Jubel der Bevölkerung, unter Kanonendonner und Trompetenschall ging der Kurfürst mit seinem Gefolge in die Pfarrkirche am Markt zurück, um mit einem feierlichen Tedeum den Festakt zu beschließen.

Mit Karl Theodors Regierungsantritt nahm die Wirtschaft neuen Aufschwung. 1752 wurden weitere Tabakfabriken, 1758 wurde *Christoph Bassermann* eine Krapp-Plantage und -Fabrik konzessioniert. 1749 war dem Commerzienrat *Maurer* die Konzession zu einer Spitzenfabrik erteilt worden, um, wie es in der Verleihung heißt, *»das weibliche Geschlecht vom schädlichen Müßiggang und sündhaften Leben abzuhalten«.* Der Commerzienrat scheint aber damit keinen großen Erfolg gehabt zu haben, denn in einer 1775, wahrscheinlich von Geheimrat *Fontanesi,* dem Förderer der pfälzischen Wirtschaft, herausgegebenen Schrift mit

99

dem Titel: »*Kurze Vorstellung der Industrie in denen drey Haupt-Städten . . . der Churfürstlichen Pfalz*« wird die Spitzenfabrik schon nicht mehr erwähnt. Dafür gab es aber: »*15 Seiden-, Woll-, Baumwoll-, Leinen- und Galanteriewarenhandlungen, 56 Spezerei-, Materialien-, Tabak-, Eisen- und sonstige Kurzwarenhandlungen.*« Eine 1766 am Rheintor angelegte *Stoff- und Seidenfabrik* hebt der pfälzische »*Kleine Kalender*« besonders hervor. Sie bestand aus 10 Stühlen und 42 Arbeitern, vier junge Leute eingerechnet, welche auf kurfürstliche Kosten unterrichtet wurden. Des weiteren nennt das Verzeichnis »*eine besondere und ansehnliche Handlung mit Haarbeuteln*«, vier *Tabakfabriken*, ferner unter anderen zwei *Wollfärbereien*, sieben *Unschlitt-* und *Lichtermacher*, drei *Wachszieher*, drei *Gold-* und *Silberbortenwirker*, sechzehn *Knopfmacher* (»*hiesige Knopfmacher liefern durchaus so schöne und prächtige Arbeit, als es immer von Paris zu gewärtigen ist*«), sechzehn *Gold-* und *Silberschmiede*, sechs in Horn arbeitende *Dreher* und *Kammacher*, vier *Strumpfweber*, fünfundzwanzig *Leinenweber*, vier *Achat-* und sonstige *Steinschleifer* (wovon einer seine Schleifmühle auf der Rheinschiffbrücke hat), sechs *Essigsiedereien*, zehn *Branntweinbrennereien*, drei *Ölmühlen*, drei *Schrot-* und *Roßmühlen*.

Man muß sich diese Unternehmen handwerksmäßig vorstellen, eingeengt durch die Zunftbeschränkungen. Nach einer Aufstellung von 1775 beschäftigten in Mannheim 164 Arbeitgeber rund 1000 Arbeiter, also im Durchschnitt 6. Die größten Betriebe waren zwei *Tabakfabriken* mit 31 und 27, eine *Holzhandlung* mit 25, eine *Branntweinbrennerei* mit 13 und eine *Ölmühle* mit 12 Arbeitern. Der Antrieb der wenigen Maschinen oder Vorrichtungen erfolgte durch Wasser- oder Pferdekraft. Die benötigte Wärme wurde durch Holz- oder Torffeuer erzeugt. 1765 wird erstmals der Bezug von Kohle aus der Saar erwähnt, als mit dem Fürsten von Nassau-Saarbrücken ein Jahresliefervertrag über 50 t Steinkohle abgeschlossen wurde. Die Menge konnte trotz Belehrung über den »*Schwarzen Brand*« nicht abgesetzt werden wegen des durch den Fuhrwerktransport zu hohen Preises.

In dem Bestreben, sich von der Einfuhr aus dem Ausland unabhängig zu machen, versuchte man, neben der *Seidenraupenzucht* auch andere Tier- und Pflanzenarten einzubürgern. So brachte man 1768 5 Angora-Ziegen und 2 Böcke nach Dossenheim, die sich bis 1777 schon auf 90 vermehrt hatten. In Frankenthal wurden aus den seidenglänzenden »*Pfalzangorischen*« Haaren Kleider für den Kurfürsten angefertigt. Großes Aufsehen erregte die erfolgreiche *Rhabarber-Plantage* in Käfertal bei Mannheim, die auf 20 Morgen Land so viel dieser nicht nur als Arznei, sondern auch zum Färben benutzten Pflanze heranzog, daß ein bedeutender Export nach Frankreich erfolgen konnte. Der Anbau von *Krapp* zum Färben von Woll-

tuch erfolgte auf mehreren Plantagen in der Umgebung von Mannheim.

Der Handel war durch die Zoll- und Stapelrechte beengt. Auf dem Rhein war Mainz das Haupthindernis für Mannheim, da man dort – wie in Köln – auf dem mittelalterlichen Stapelrecht beharrte. Jedes Schiff, das vorüberfuhr, mußte an Land aus- oder auf Mainzer Frachtschiffe gegen hohe Gebühr umladen und seine Waren zum Verkauf in Mainz ausbieten. Was nicht verkauft wurde, konnte wieder eingeladen werden! Daß unter diesen Umständen die 35 Mannheimer Schiffsbesitzer die von solchen Beschränkungen freie Neckarschiffahrt vorzogen, ist verständlich. Aber auch hier gab es Zunftregeln: Alle Schiffe mußten in Mannheim am staatlichen Kai anlegen, auf dem seit etwa 1740 die Hofkammer einen Kran betrieb. An den Anlegestellen am oberen Neckar durfte jedes Schiff nur eine bestimmte Zeit auf Ladung warten und mußte dann dem nächsten Platz machen. Speditionsgeschäfte wurden den Mannheimer Handelsleuten verboten.

Als 1742 vorgeschlagen wurde, weitere Krane am Neckar aufzustellen, lehnte die Schifferzunft diese Verbesserung ab mit der Begründung, der Warenverkehr würde dadurch noch mehr verteuert! 1747 teilte man die spärliche Oberrheinschiffahrt durch einen Vertrag zwischen den Mainzer, Pfälzer und Straßburger Schiffern auf. Damals hatte die Mannheimer Schifferbruderschaft 22 Mitglieder »*zuzüglich 3 Wittiben*«. Da der Frachtanfall selbst für diese kleine Zunft-Bruderschaft zu klein war, als daß die Mitglieder ihr Auskommen finden konnten, verordnete der Kurfürst, daß niemand neu aufgenommen werden dürfe. 1753 wurde für die Neckarschiffahrt eine Rangordnung erlassen, an der Mannheim mit 14 und Heidelberg mit 6 Schiffen beteiligt war. Nach den vorhandenen Aufzeichnungen kam aber jeder Schiffer nur alle 2 bis 3 Jahre zu einer Fahrt (von dem lokalen Verkehr abgesehen). Die Schiffer versuchten, sich durch Handel mit Landesprodukten einen Nebenverdienst zu verschaffen. Die Handelszunft schritt gegen diesen »*ohnzünftigen Handel*« immer wieder ein! Geschäftsverkehr über die Grenzen der Pfalz hinaus gab es kaum.

Außer dem Gasthof Zum Ochsen in Feudenheim und den erwähnten 6 Apotheken kann noch die 1733 gegründete *Eichbaum-Brauerei* ihre Firmengeschichte über 200 Jahre in die erste Hälfte des 18. Jahrhunderts zurückverfolgen. Als neuntes der ältesten Mannheimer Unternehmen muß hier das *Pelzhaus Schwenzke* genannt werden, das auf einen 1740 eröffneten Kürschnereibetrieb zurückgeht.

Die wenigen bankmäßigen Geschäfte, die der bescheidene Geschäftsverkehr nach auswärts erforderte, wurden von den größeren Handelshäusern selbst erledigt. Erst 1785 kam es in Mannheim durch *W. H. Ladenburg* zur Gründung eines Bankgeschäftes, das nach Eintritt der Söhne in die Firma den Namen *W. H. Ladenburg & Söhne* annahm.

Hirsch Levi Hohenemser, Gründer des Bankhauses Hohenemser ·
Gemälde in Familienbesitz

Wolf Haium Ladenburg, Gründer des Bankhauses Ladenburg ·
Gemälde im Reiß-Museum Mannheim

1792 folgte die Gründung des Bankhauses *H. L. Hohenemser & Söhne.* Diese Privatbankhäuser, die beide in Frankfurt Zweigfirmen errichteten, hatten einen beachtlichen Anteil an der Entwicklung des Mannheimer Wirtschaftslebens.

Als erste Aufgabe auf dem Gebiet des Bauwesens stellte sich für Karl Theodor die Vollendung des Schlosses. Nach dem Tode der Baumeister Bibiena und Hauberat wurde der in Lunéville geborene und dort an den Bauten Stanislaus Leszczynskis geschulte *Nicolas Pigage* zum Intendanten der Gärten und Wasserkünste und später auch zum Oberbaudirektor ernannt. Neben den Bauten in Schwetzingen ist der Ostflügel am Mannheimer Schloß seine Hauptaufgabe gewesen. Es mußte Raum geschaffen werden für die wachsende *Bibliothek* und die verschiedenen Sammlungen, die ihrerseits die Grundlage bilden sollten für des Kurfürsten literarische und wissenschaftliche Pläne. Der von Pigage zwischen Opernhaus und rechtem Schloßflügel geplante Küchenhof wurde nicht ausgeführt, dafür aber der Bibliotheksflügel mit Stallgebäude im Hintergrund und der die jetzige Durchfahrt zur Bismarckstraße absperrende Remisenflügel, später Kosakenställe genannt. Die bedeutendste Einzelleistung in diesem Zusammenhang war die Ausgestaltung des Bibliothekbaus mit der Giebelfassade von *Verschaffelt* und dem großen Bibliothekssaal mit kunstvoll geschnitzten Bücherregalen in drei Galerien

übereinander sowie dem berühmten Deckengemälde des Düsseldorfer Galeriedirektors, *Lambert Krahe:* Die Entschleierung der Wahrheit durch die Zeit und der Sturz von Lüge und Laster. Alles dies ist durch den Schloßbrand im Zweiten Weltkrieg vernichtet worden. Die jetzige Aula der Universität kann die schönen Raumverhältnisse nur noch ahnen lassen; baut man in sie in Gedanken die Innenausstattung der erhaltenen kleinen Bibliothek der Kurfürstin ein, so kann man sich mit den erhaltenen Aufnahmen die Gesamtwirkung des großen Bibliotheksaals verdeutlichen. 1755/56 weilte der Hof 9 Monate in Düsseldorf, wo Pigage das Lustschloß Benrath erbaute. Die Mannheimer befürchteten eine Verlegung der Residenz und bereiteten dem Kurfürsten einen jubelnden Empfang, als er mit seiner ganzen Flottille festlich geschmückter Schiffe zurückkehrte. Da die Ehe des Kurfürsten ohne Kinder blieb, wurde die im gleichen Jahr erfolgende Geburt des zweiten Sohnes des im Mannheimer Schloß als Kurnachfolger lebenden Prinzen Friedrich von Pfalz-Zweibrücken, ebenfalls festlich begangen. Der neugeborene Prinz *Max Josef* wurde Karl Theodors Nachfolger und erster *König von Bayern.*

In der gleichen Zeit kamen auch Kaufhaus und Jesuitenkirche zur Vollendung. Hier hatte Pigages Assistent *Franz Wilhelm Rabaliatti* die Nachfolge Bibienas und Verschaffelt, der Schöpfer des Bronzeengels auf der Engelsburg in

Kaufhaus und Paradeplatz um 1770 · Kupferstich von Johann Georg Wißger nach einer Zeichnung von Josef Anton Baertels

Rom, die Nachfolge von Egell übernommen. Als weitere bemerkenswerte Bauten Karl Theodors sind zu nennen: das für die Kinder der zur Gräfin Heydeck erhobenen Geliebten, den Grafen – später Fürsten – Bretzenheim und seine Schwestern, errichtete *Bretzenheimsche Palais* gegenüber dem Westflügel des Schlosses (jetzt *Rheinische Hypothekenbank*), die *Sternwarte*, der Umbau des alten bisher als Waffenarsenal und Getreidespeicher benutzten Schütt- und Zeughauses zu einem *Theater* für deutsche Schauspiele und Opern. Dazu kam am Ende seiner Mannheimer Zeit das als Ersatz in C 5 auf dem Gelände ehemaliger Kasernen und der Garnisonkirche nach den Plänen von Verschaffelt erst nach dem Wegzug des Hofes fertiggestellte neue *Zeughaus*, das heutige Reiß-Museum.

Adel und Bürgerschaft eiferten dem fürstlichen Beispiel beim Errichten und Ausschmücken stattlicher Häuser nach. Typisch waren die an vielen dieser Häuser in Ecknischen aufgestellten Heiligenfiguren, die leider alle durch die Bomben des Zweiten Weltkrieges zerstört wurden. Ein plastisch aus der Vogelschau gezeichneter Plan von *Baertels* gibt ein anschauliches Bild vom Zustand der Stadt um 1758. (s. S. 104) In diesem Jahr nahm auch die von Verschaffelt gegründete Kunstakademie ihre Tätigkeit auf. Ihre Schülerzahl war nicht groß, aber alle Künstler der Mannheimer Blütezeit waren dort als Lehrer oder Schüler tätig wie *Brandt, Verhelst, Ferdinand, Franz* und *Wilhelm Kobell, Mannlich, Kuntz*. Noch größeren Erfolg hatte Verschaffelt mit dem für die Kunstakademie eingerichteten *Antikensaal*. Der Kurfürst hatte auf seine Veranlassung unter großen Kosten Gipsmodelle der berühmtesten antiken Statuen aus Italien und Griechenland anfertigen lassen, die in solcher Anzahl und Güte im damaligen Europa nicht zu finden waren. Lessing meinte, daß man die antiken Statuen in Mannheim bequemer studieren könne als in

Italien! Und als Goethe den Rückweg von Straßburg nach Frankfurt über Mannheim nahm, war Anlaß nicht die hier gepflegte Dichtkunst, Musik oder Wissenschaft, sondern die Sammlung von Gipsabgüssen antiker Statuen. Im 11. Buch von *»Dichtung und Wahrheit«* schildert er *»dieses große und durchs ganze Leben wirksame frühzeitige Schauen«* antiker Plastik nach dem freundlichen Empfang durch Direktor Verschaffelt wie folgt:

»Hier stand ich nun, den wundersamsten Eindrücken ausgesetzt, in einem geräumigen, viereckten, bei außerordentlicher Höhe fast kubischen Saal, in einem durch Fenster unter dem Gesims von oben wohl erleuchteten Raum: die herrlichsten Statuen des Altertums nicht allein an den Wänden gereiht, sondern auch innerhalb der ganzen Fläche durcheinander aufgestellt; ein Wald von Statuen, durch den man sich durchwinden, eine große ideale Volksgesellschaft, zwischen der man sich durchdrängen mußte. Alle diese herrlichen Gebilde konnten durch Auf- und Zuziehen der Vorhänge in das vorteilhafteste Licht gestellt werden; überdies waren sie auf ihren Postamenten beweglich und nach Belieben zu wenden und zu drehen.«

Unter den Bildhauern sind neben den schon genannten überragenden Künstlern *Verschaffelt, Egell* und *Matthäus van den Branden* zu nennen, der, aus Düsseldorf kommend, auch das Marktplatzmonument gestaltete, sowie *Konrad Link* aus Speyer, von dem zum Beispiel die Figuren auf der Heidelberger Alten Brücke stammen. Im übrigen leistete er Bedeutenderes auf dem Gebiet der Kleinplastik. Eine Reihe der schönsten Erzeugnisse aus den letzten Jahren der Frankenthaler Prozellanmanufaktur sind von ihm modelliert. Von den Zeichnern und Kupferstechern wurden einige schon als Schüler der Kunstakademie Verschaffelts genannt und sind uns manche schon begegnet als Urheber vieler hier gezeigter Bilder. Stiche und Radierun-

Blick vom Schloß auf das Palais Bretzenheim · Zeichnung von Philipp Adolf le Clerc · Staatliche graphische Sammlung München

gen von *Verhelst, Sintzenich, Karcher* sind noch in vielen Mannheimer Häusern zu finden. Die *Kobells* – Vater *Ferdinand,* Sohn *Wilhelm* und Bruder *Franz* – haben durch ihr reiches Werk an Radierungen und Gemälden sich ein bleibenden Gedächtnis gesichert. Ihre Bedeutung für die Entwicklung der deutschen Landschaftsmalerei im 19. Jahrhundert ist erst in neuerer Zeit wieder erkannt worden. Aber schon Goethe war von Ferdinand Kobells Landschaften angetan und hat eine Anzahl seiner Radierungen in die eigene graphische Sammlung aufgenommen. Er lobte die »*Reinheit des Colorits*« und die »*Nettigkeiten des Pinsels*«.

Die Maler *Philipp Brinkmann, Lambert Krahe, Karl Brand, Hofnaas* und *Karl Kuntz,* der geschätzte Tiermaler, und *Lorenz Quaglio,* der Theatermaler, sind früher schon genannt. Hier sei noch der vielseitige Maler und Schriftsteller »*Maler Müller*« erwähnt, der von Goethe als Dichter geschätzt wurde, ein typischer Vertreter des »*Sturm und Drang*«. *Christian Mannlich* – der spätere Münchener Galeriedirektor und Begründer der Alten Pinakothek – ist für uns als Porträtmaler wichtig, aber vor allem als Verfasser bedeutsamer Memoiren, die ein lebendiges Bild von Zweibrücken und Mannheim während seiner Lehrzeit und von der Überführung der Mannheimer Maler- und Zeichner-Schule mit den ganzen Sammlungen nach München geben. Diese laufend ausgebauten kurfürstlichen Sammlungen waren für die Mannheimer Künstler ständig Vorbild und Anregung. Neben Altertumsfunden und einem reichen Münzkabinett war am bedeutendsten die Gemäldegalerie, die nach den erhaltenen Inventaren von 1780 und 1789 außer vielen Miniaturen an die 650 Gemälde umfaßte, deren Glanzstücke mit Bildern aus Düsseldorf und Zweibrücken die Grundlage der Münchener Alten Pinakothek wurden. 60 000 Kupferstiche und 8000 Zeichnungen waren

unter der Leitung von Lambert Krahe in erstaunlich kurzer Zeit zu einer bedeutenden Sammlung zusammengewachsen und wurden ebenfalls von Karl Theodor nach München mitgenommen. Das gleiche gilt für die *Pfälzische Schatzkammer,* deren Hauptstücke sich jetzt in der Münchner Schatzkammer oder im dortigen Kunstgewerbe-Museum befinden.

Auch beim Theater baute Karl Theodor auf der Grundlage auf, die sein Vorgänger gelegt hatte. Langsam erfolgte aber ein Übergang vom französischen zum deutschen Schauspiel. Dieses konnte zunächst nur von Wandertruppen mit zweitklassigen Stücken in unzulänglichen Räumen – im engen Kaufhaussaal oder in einer Bretterbude auf dem Marktplatz – dargeboten werden. Nach Entlassung der französischen Hofschauspieler, die eben noch bei den Besuchen *Voltaires* eine große Rolle gespielt hatten, wurden deutsche Wandertruppen zu längeren, auch von Karl Theodor öfter besuchten Gastspielen ermuntert. Die Mitglieder der Theatergruppe Sebastianis, welche später von Marchand aus Straßburg übernommen wurden, erhielten den Titel von kurpfälzischen Hofschauspielern.

Als Kaiser Josef II. das Wiener Burgtheater zum Nationaltheater erklärt hatte, kam auch in Mannheim der Plan auf, hier eine ständige Bühne im eigenem Haus als *Nationaltheater* zu errichten. Mit dem Umbau des als Theater vorgesehenen alten Zeughauses wurde 1775 der Dekorationsmaler *Lorenz Quaglio* beauftragt, ab 1777 fanden dort die ersten Gastspiele statt. Buchhändler *Schwan,* der die zunächst als Filiale der Frankfurter Buchhandlung seines Schwiegervaters Eßlinger betriebene Verlags-Buchhandlung ab 1770 im eigenen Namen führte, versuchte unter Ausnutzung seiner literarischen Beziehungen niemand Geringeren als Lessing für die Leitung der neuen Bühne zu gewinnen. Der Dichter kam auch nach Mannheim, lehnte

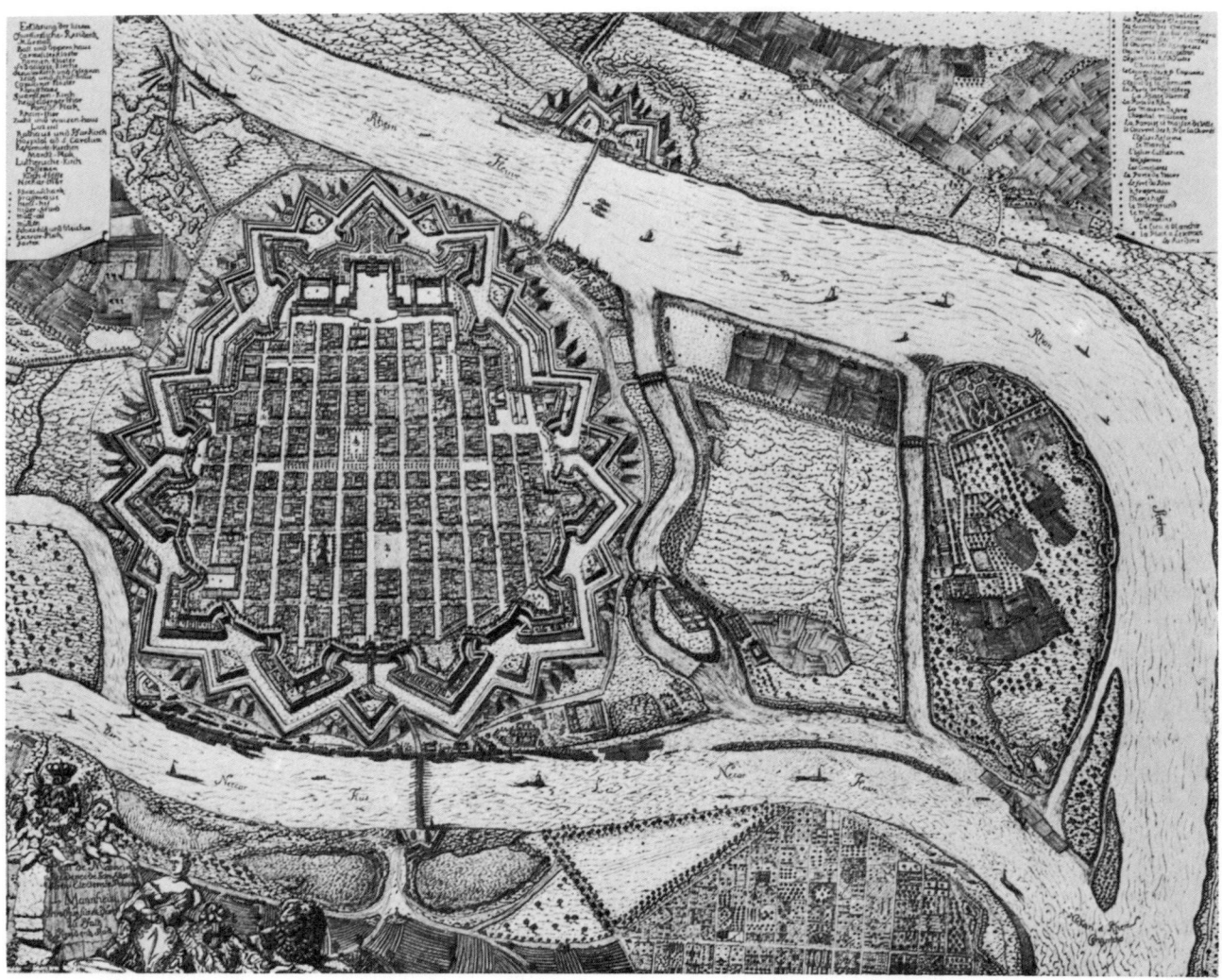

Stadtansicht mit Rheinschanze, Mühlau und Neckargärten von Josef Anton Baertels 1758

aber nach langen Verhandlungen eine Bindung ab, weil er den Eindruck hatte, daß die lokalen Kräfte die führende Rolle spielen wollten. Er sagte nur gelegentliche Beratung zu und vermittelte die in gutem Ruf stehende Seylersche Truppe nach Mannheim als Vorgängerin eines eigenen ständigen Ensembles. Auch der Dichter Wieland wurde von dem Nationaltheater-Plan angezogen, aber ebenfalls durch den überwiegenden Einfluß der Einheimischen bei allen Entscheidungen abgestoßen. In übertreibend scharfer, aber witziger Weise schildert er im dritten Buch seiner »Abderiten« die lokalpatriotische Mannheimer Theaterbegeisterung – nach dem Fabelort »Abdera« verpflanzt – auszugsweise wie folgt:

»Als die Abderiten beschlossen hatten, ein stehendes Theater zu haben, wurde zugleich aus patriotischen Rücksichten festgesetzt, daß es ein Nationaltheater sein sollte. Da nun die Nation, wenigstens dem größten Teile nach, aus Abderiten bestand, so mußte ihr Theater notfolglich ein abderitisches werden. Dies war natürlicherweise die erste und unheilbare Quelle allen Übels . . .

Es wurde ein Familienehrenpunkt, daß jedes gute Haus wenigstens mit einem Sohne, Neffen, Schwager oder Vetter mußte prangen können, der die Nationalschaubühne mit einer Komödie oder einem Bocksspiel oder wenigstens mit einem Singspielchen beschenkt hatte. Wie groß dies Verdienst seinem inneren Gehalte nach etwa sei, daran dachte niemand; Gutes, Mittelmäßiges und Elendes lief in einer Herde untereinander her . . .

Im Vorbeigehen gesagt, das Orchester war eines von den Instituten, worin die Abderiten es mit allen Städten in der Welt aufnahmen. Das erste, was sie einem Fremden davon sagten, war, daß es 120 Köpfe stark sei . . .

. . . seitdem sich die Abderiten . . . mit einem eigenen Theater versehen und die Sache so weit getrieben hatten, daß den

104

größten Teil des Jahres hindurch alle Tage irgendeine Art von Schauspiel bei ihnen zu sehen war, so wurde in Gesellschaften, sobald die übrigen Gemeinplätze, Wetter, Putz und Stadtneuigkeiten, erschöpft waren, unfehlbar entweder von der Komödie, die gestern gespielt worden war, oder von der Komödie, die heute gespielt werden sollte, gesprochen . . .

Man sieht doch recht augenscheinlich (sagten sie), was es auf sich hat, wenn die Künste an einem Ort aufgemuntert werden. Noch vor zwanzig Jahren hatten wir kaum zwei oder drei Poeten, von denen, außer etwa an Geburtstagen oder Hochzeiten, kein Mensch Notiz nahm. Jetzt, seit den zehn bis zwölf Jahren, daß wir ein eigenes Theater haben, können wir schon über sechshundert Stücke, groß und klein ineinander gerechnet, aufweisen, die alle auf abderitischem Grund und Boden gewachsen sind . . .«

Wieland schreibt an anderer Stelle von einer »*Komödien- und Tragödienfabrik*«, an der in Mannheim mehrere Angehörige des Adels und der Bürgerschaft beteiligt waren. Das Hinauswachsen zu nationaler Bedeutung war dem Mannheimer Theater erst in späteren Jahren beschieden.

Anders bei der Musik, die noch zu Karl Theodors Mannheimer Regierungszeit eine besondere Blüte erlebte. Schon Karl Philipp hatte aus Innsbruck einige hervorragende Musiker mitgebracht, zu denen später aus Böhmen, dem Elsaß und der Pfalz andere kamen, die unter Leitung des 1753 zunächst zum 2. Hofkapellmeister und Hofkomponisten berufenen hochgebildeten *Ignaz Holzbauer* zu einem Orchester zusammenwuchsen, das sich bald in ganz Europa größten Ansehens erfreute. Zunächst sei die Pflege der Oper geschildert, die in den ersten Jahren der Regierungszeit Karl Theodors – wohl aus Sparsamkeitstendenzen – etwas zurückgetreten war. Jetzt stand sie wieder im Mittelpunkt der großen Hoffeste, die aus Anlaß der Geburtstage des Herrscherpaares oder zu Ehren prominenter Besucher, insbesondere aber in der Zeit von Neujahr bis Aschermittwoch stattfanden. Meist wurde eine große Oper im italienischen Stil – viele von Holzbauer selbst komponiert – neu- oder uraufgeführt. Der Hof versammelte sich in den Gemächern der Kurfürstin und zog durch die langen Gänge zum Opernhaus. Trompetenklänge ertönten bei seinem Eintritt in das von den Offizieren und unteren Hofbeamten im Parkett, ihren Frauen im zweiten Rang, von fremden Gästen im dritten, von Damen der Bürgerschaft im vierten, von den sie begleitenden Herren im fünften Rang besetzte Haus. Das Kurfürstenpaar mit seinen Gästen und den höheren Beamten nahm im ersten Rang Platz. Soldaten und Offiziere sorgten für Ordnung und verhinderten eine Überfüllung bei dem grundsätzlich freien Eintritt in die vom Kurfürsten als Hofveranstaltung dargebotene Aufführung. Sie dauerte von 4 oder 5 Uhr nachmittags bis 8 oder 9 Uhr abends. (Die Verlegung auf den späteren Abend erfolgte erst im 19. Jahrhundert.) Sobald der Hof Platz genommen hatte, begann die Ouvertüre. Das Orchester hatte in seiner Glanzzeit etwa 50 Mitglieder, davon 22 Violinisten, je 3 bis 4 Bratschisten, Cellisten, Bassisten, Flötisten, Oboisten, Fagottisten, 6 Waldhornisten und – als große, von Mozart bewunderte Neuerung – 4 Klarinettisten. Der Kapellmeister dirigierte die Opernaufführungen von seinem Flügel aus, der in der Mitte des Orchesters aufgestellt war. Unter den Sängern befanden sich zwei italienische Kastraten, da in den italienischen Opern die männlichen Hauptrollen zum Teil für Sopran und Alt geschrieben waren. Nach der Aufführung begab sich der Hof zur Tafel ins Schloß zurück. Im Sommer folgte ein Teil des Opern- und Orchesterensembles dem Kurfürsten nach Schwetzingen oder wurde gelegentlich zu der in späteren Jahren meist in Oggersheim residierenden Kurfürstin befohlen. In Schwetzingen fanden in dem 1752 fertiggestellten Rokokotheater Singspiele oder in den Zirkelsälen Konzerte mit Opernarien statt. Gelegentlich gab es Freilichtaufführungen vor dem Apollotempel. Im Badhaus musizierte der Kurfürst selbst auf der Flöte mit seinen ersten Solisten. Der Schriftsteller Schubart schreibt darüber in seinen Ideen zu einer Ästhetik der Tonkunst:

»Wenn der Kurfürst in Schwetzingen war und ihm sein vortreffliches Orchester dahin folgte, so glaubte man in eine Zauberinsel versetzt zu sein, wo alles klang und sang. Aus dem Badehause seines Hesperidengartens ertönte abends die wollüstigste Musik; ja aus allen Winkeln und Hütten des kleinen Dorfs hörte man die magischen Töne seiner Virtuosen, die sich in allen Arten von Instrumenten übten.«

Vom italienischen Stil, den Holzbauer zunächst selbst pflegte und in dem sich die von anderen Komponisten stammenden, in Mannheim und Schwetzingen aufgeführten Opern sowohl ernsten wie heiteren Stils bewegten, kam man im Mannheim der 1770er Jahre ab. Epochemachend wurde die nach einem Textbuch des Mannheimer Akademie-Professors *Anton Klein* komponierte Oper Holzbauers: »*Günther von Schwarzburg*«, weil die Handlung nicht mehr der Antike, sondern dem deutschen Mittelalter entnommen und die Musik im neuen Mannheimer Stil geschrieben war. Die Oper kam auch auswärts vielfach zur Aufführung. *Mozart*, der sie 1777 in Mannheim hörte, war sehr beeindruckt, und man glaubt, in der Zauberflöte Auswirkungen davon zu erkennen.

Die Hauptbedeutung der »*Mannheimer Musikschule*« liegt auf dem Gebiet der Symphonie und der Kammermusik. Der Umstand, daß dem Komponisten und Dirigenten Holzbauer in allen Instrumenten hervorragende Solisten zur Verfügung standen – die ihrerseits auch fast alle bedeutende Komponisten des sich in den 1760er und 1770er Jahren herausbildenden Mannheimer Stils waren – ist ein besonderer Glücksumstand gewesen. Die Eigenart der

»*Mannheimer*« lag in der bewußten Anwendung aller Nuancierungsmöglichkeiten im Orchester- und Kammermusikspiel. Ihr Auf- und Abschwellen, ihre Tonmalerei (Mannheimer Seufzer!) erregten Aufsehen in ganz Europa. Schubart schreibt als Zeitgenosse: »*Kein Orchester in der Welt hat es je in der Ausführung dem Mannheimer zuvorgethan. Sein Forte ist ein Donner, sein Crescendo ein Katarakt, sein Diminuendo ein in der Ferne hinplätschernder Krystallfluß, sein Piano ein Frühlingshauch.*« Bekannt ist auch das Urteil des englischen Musikschriftstellers Burney, der in den 1770er Jahren Studienreisen durch die Musikzentren Europas machte und von dem Mannheimer Orchester schreibt, es habe mehr Solisten und Komponisten als jedes andere Orchester in Europa: »*Es ist eine Armee von Generälen, gleich geschickt, einen Plan zu einer Schlacht zu entwerfen als darin zu fechten . . .*«

Nachdem auch Paris den neuen Mannheimer Stil durch Gastspiele kennengelernt hatte und von ihm begeistert war, setzte er sich in Deutschland allgemein durch. Die Wiener Klassik, die Musik Haydns, Mozarts und Beethovens bauen auf ihm auf. Der hervorragendste Vertreter der Mannheimer Schule war in der ersten Generation neben dem Dirigenten Holzbauer unzweifelhaft der Konzertmeister *Johann Stamitz* aus Deutsch-Brod in Böhmen, den Karl Theodor als Kurprinz 1742 bei der Kaiserkrönung Karls VII. in Frankfurt kennengelernt und engagiert hatte. Er komponierte schon in der klassischen Sonatenform und führte vor Haydn das Menuett in seine Symphonien ein. Die Bedeutung von Stamitz lag neben der Tätigkeit als Konzertmeister und Komponist in seiner Fähigkeit, andere Musiker heranzuziehen, eine Schule zu bilden. Als Kollegen und Schüler sind zunächst zu nennen der Geiger *Cannabich*, gleichbedeutend als Konzertmeister, Komponist und Sologeiger, die ebenfalls komponierenden Geiger *Josef* und *Johann Toeschi*, *Ignaz* und *Ferdinand Fränzl*, *Franz Xaver Richter*, die Cellisten *Danzi* und *Filtz* sowie der Flötist *Wendling*. Auch beide Söhne von Stamitz eiferten dem Vater nach. Neben Haydn verdanken ihm Mozart, Boccherini und Johann Christian (der Londoner) Bach viele Anregungen. Schließlich ist mit der Übersiedlung Karl Theodors ein großer Teil des Mannheimer Orchesters mit nach München gegangen und hat die dortige Musiktradition verstärkt. Während die Mannheimer Orchestermusiker nur bei besonderen Anlässen in Kirchenmusiken mitwirkten, hatte sich ein Außenseiter, *Abt Vogler*, auf diesem Gebiet spezialisiert. Sein Orgelspiel und seine Messen waren in Mannheim sehr beliebt. Er betätigte sich auch als Theoretiker und Lehrer. In seiner späteren Darmstädter Zeit sind Karl Maria von Weber und Meyerbeer seine Schüler gewesen.

Die Zeitgenossen sprachen von Mannheim als dem »*pfälzischen Florenz*«, dem »*Paradies der Tonkunst*«. Der Schriftsteller Anton von Klein rühmte Mannheim und die Pfalz mit den Worten: »*Die Pfalz wurde zum Vaterland der Wissenschaften. Die freien Künste wandelten wie Grazien umher, und alle Nationen versammelten sich, sie zu bewundern.*«

Den Höhepunkt der höfischen Musikblüte in Mannheim erlebte *Mozart*, als er 21jährig Ende Oktober 1777 mit seiner Mutter nach Mannheim kam. Er hatte von seinem ersten Besuch auf einer Konzertreise mit Vater und Schwester, auf der der Siebenjährige dem Kurfürsten 1763 in Schwetzingen vorspielen durfte, den kurpfälzischen Hof in guter Erinnerung. Bei seiner unbefriedigenden Stellung in Salzburg erhoffte er sich in dem musikalisch so regen Mannheim eine Anstellung oder wenigstens Kompositionsaufträge. Er fand in den Künstlerkreisen, insbesondere in den Familien Cannabich und Wendling, herzliche Aufnahme, wurde auch dem Kurfürsten vorgestellt und trat auf einer Gala-Akademie mit großem Erfolg als Klaviersolist auf. Auch von einer Opernkomposition für das Mannheimer Theater war die Rede. Aber trotz mehrfacher Mahnung erfolgte keine Entscheidung. Die Wartezeit wurde Mozart nicht lang: er lernte in den Proben und Aufführungen von Opern und Konzerten das Mannheimer Orchester und die gespielten Werke gründlich kennen, begeisterte sich für die ihm neuen Klarinetten, gab einer Tochter Cannabichs Stunden, verliebte sich etwas in sie und komponierte ihr Klaviersonaten. Aber diese flüchtige Neigung wich einer leidenschaftlichen Liebe zu *Aloysia Weber*, der Tochter des Souffleurs und Sängers *Fridolin Weber* (Onkel von Karl Maria von Weber).

Einen lebendigen Eindruck von Mozarts Erlebnissen in Mannheim vermittelt der Briefwechsel mit seinem Vater, aus dem nachfolgende Auszüge ein Beispiel geben:

Mozart an seinen Vater: *Mannheim, 8. XI. 1777*
»*Ich habe heüte vormittag bey h kanabich das Rondeau zur sonata für seine Madselle tochter geschrieben, folglich haben sie mich nicht mehr weggelassen. Der Churfürst, sie, und der ganze hof, ist mit mir sehr zufrieden. in der academie alle zweymal wie ich spiellte so gieng der Churfürst und sie völlig neben meiner zum Clavier. nach der accademie machte Canabich, daß ich den hof sprechen konnte, ich küsste den Churfürsten die hand. er sagte, Es ist iezt glaube ich 15 jahr dass er nicht hier war . . . Er spiellt unvergleichlich . . . gestern war ich an den ort wo die Mama schon geschrieben hat (Im Palais Bretzenheim bei den natürlichen Kindern Karl Theodors). Da sprach ich den Churf: wie meinen guten freünd. er ist ein recht gnädiger und guter herr. er sagte zu mir. ich habe gehört er hat zu München eine opera (Finta giardiniera) geschrieben. ja Euer Durchleücht. ich Empfehle mich Eüer Durchl.: zu höchsten gnad, mein größter wunsch wäre hier eine opera zu schreiben; ich bitte auf mich nicht ganz zu vergessen. ich kan gott lob und*

Wolfgang Amadeus Mozart · Porträt etwa aus der Mannheimer Zeit · Stammbuch der Familie Weber · Privatbesitz

Johann Stamitz · Zeitgenössischer Kupferstich

Danck auch Deutsch. und schmunzte. Das kan leicht geschehen . . . heüt nach tisch gleich um 2 uhr gienge ich mit Canabich zum flutraversist wendling. Da war alles in der größten höflichkeit. die tochter welche einmal Maitresse von dem Churfürsten war spiellt recht hübsch Clavier. hernach habe ich gespiellt. ich war heünt in so einer vortrefflichen laune, daß ich es nicht beschreiben kann. ich habe nichts als aus dem kopf gespiellt . . . sie waren allerseits so zufrieden, dass ich – die frauenzimmer küssen muste. bey der tochter kam es mir gar nicht hart an; denn sie ist gar kein hund. hernach giengen wir abermahl zu die natürlichen Kinder des Churfürsten. Da spiellte ich recht von ganzem herzen. Der Churf: ersuchte mich allzeit selbst darum . . .«
Leopold Mozart an seinen Sohn   *Salzburg 13. XI. 1777*

». . . Kurz! wenn Du nicht für beständig verlangst aufgenommen zu werden, so wird ein Churfürst, wie dieser, der die Talente liebt und Hochschätzet, Dir wenigst auf einige Zeit gelegenheit verschaffen an seinem Hofe Dein genie zeigen zu können, von dessen berühmten Hofe die Strahlen wie von der Sonne durch ganz Teutschland, ja durch ganz Europa sich verbreiten . . .«
Mozart an seinen Vater   *Mannheim 13. XI. 1777*

». . . gestern habe ich mit Canabich zum H: Intendant graf savioli gehen müssen, ummein Praesent abzuholen. es war

so wie ich es mir eingebildet habe, nichts in geld. eine schöne goldene uhr. mir wären aber iezt 10 Carolin lieber gewesen als die uhr, welche man mit ketten und Devisen auf 20 Carolin schäzet. auf der Reis braucht man Geld. nun habe ich mit dero erlaubniss 5 uhren. ich habe auch kräftig im sinn mir an jeder hosen noch ein uhrtäschl machen zu lassen, und wenn ich zu einem großen herrn komme, beyde uhrn zu tragen, wie es ohnehin iezt Mode ist / damit nur keinem mehr einfällt mir eine uhr zu verehren . . .«

Mozart schiebt die geplante Weiterreise nach Paris entgegen den ständigen väterlichen Mahnungen immer weiter hinaus. Er widmet sich ganz der musikalischen Weiterbildung der schönen Aloysia Weber, plant eine Konzertreise mit ihrem Vater und ihr nach Italien, komponiert für sie unter anderem die berühmte Arie »*Non sò donde viene*«. (Als er Aloysia im nächsten Jahr in München wiedersah, enttäuschte sie ihn durch kokettes Verhalten. Ihre Schwester Constanze wurde Mozarts Frau.) Auf des Vaters Drängen und weil die Verhältnisse in Mannheim sich durch die bayerische Erbschaft Karl Theodors grundlegend geändert hatten, reiste Mozart im März 1778 nach Paris ab, wo er mit mehreren Mannheimer Künstlern mit großem Erfolg konzertierte; aber der Aufenthalt dort wurde getrübt durch den plötzlichen Tod der Mutter. Als Mozart von Cannabich hörte, daß Karl Theodor aus München zurückgekommen sei und die Mannheimer hofften, er bleibe, kehrte er im November 1778 auf der Rückreise von Paris wieder in Mannheim ein. Der größte Teil der Musiker war aber inzwischen nach München übergesiedelt. In Mannheim, wo er bei seinem vorigen Aufenthalt die stärksten musikalischen Eindrücke erlebt hatte, war, wie er schließlich einsehen mußte, für ihn keine Wirkungsmöglichkeit mehr. Zunächst schrieb er aber am 12. November seinem Vater: *»Gott Lob und Dank, daß ich wieder in meinem lieben Manheim bin! – Ich versichere sie, wenn sie hier wären, würden sie das nemliche sagen; ich habe noch, so lange ich hier bin, nicht zu Hause gespeist, denn es ist recht das geriss um mich; mit einem Wort, wie ich Manheim liebe, so liebt auch Manheim mich; – und ich weiß nicht, ich glaube, ich werde doch noch hier angestellt werden! hier, nicht in München, denn der Churfürst wird, glaube ich, gar gerne wieder seine Residenz in Manheim machen, indeme er die Grobheiten von den Herrn Bayern unmöglich lang wird aushalten könen!«*

Dalbergs Vorschlag, für Mannheims Theater zwei Melodramen und eine Oper zu schreiben, konnte – nachdem die endgültige Verlegung der Residenz nach München eine Gewißheit war – Mozart nicht in Mannheim halten. Anfang Dezember reiste er nach München und Salzburg weiter.

Wenn auch der Aufenthalt in Mannheim nicht zu der gewünschten Anstellung geführt hat, waren für Mozart die vom Mannheimer Musikleben und seinen Repräsentanten erhaltenen Anregungen entscheidend für das Reifen seiner Persönlichkeit und seiner Werke. Hugo Riemann, der bekannte Musikgelehrte und Wiederentdecker der Mannheimer Musikschule und ihrer Bedeutung als Wegbereiterin der Wiener Klassik, faßt dies in der Einleitung der von ihm 1902 herausgegebenen Werke Mannheimer Symphoniker in folgende Worte: *»Mozart steckt in Werken aller Art voller Mannheimer Reminiszenzen, und zwar nicht nur in seinen Jugendjahren, sondern auch noch in seiner reifsten Zeit.«*

Neben Medaillenprägung, Architektur, Bildhauerei, Malerei, Kupferstich und Zeichnen, Theater und Musik, steht in den kulturellen Bestrebungen des Mannheimer Hofes anfangs nur zaghaft, ab etwa 1760 um so intensiver die Förderung der *Wissenschaften*. Der naheliegende Weg einer Belebung der im 18. Jahrhundert in dogmatischer Enge erstarrten Heidelberger Universität wurde freilich nicht beschritten. Unter den Augen des Hofes sollte sich zu des Kurfürsten Ruhm auch der Aufschwung der Wissenschaften vollziehen. So war es ein Beamter des Kurfürsten – der Geheimrat und spätere Geheime Kanzleidirektor und Geheime Staatsrat *Johann Georg von Stengel,* der – selbst hochgebildet – die Bedingungen schuf, unter denen in erstaunlich kurzer Zeit auf den verschiedensten Gebieten Bedeutendes geleistet wurde. Am 15. Oktober 1763 erfolgte die von ihm mitvorbereitete Gründung der *»Aca-demia Theodoro-Palatina«* nach dem Vorbild der einige Jahre vorher entstandenen wissenschaftlichen Akademien in Göttingen und München. Auch die Besuche *Voltaires* werden den Kurfürsten und seine Mitarbeiter dazu angeregt haben, den eigenen wissenschaftlichen Bestrebungen eine feste Form zu geben. Voltaires Mitarbeiter *Cosimo Alessandro Collini* wurde nach Mannheim berufen und widmete sich hauptsächlich naturwissenschaftlichen Arbeiten. In dem Straßburger Professor *Johann Daniel Schöpflin* sicherte man sich einen hochgeschätzten Gelehrten, der der pfälzischen Akademie wertvolle Anregungen für ihre Arbeiten gab. Da er nicht nach Mannheim zu ständiger Mitarbeit wollte, wählte man ihn zum Ehrenpräsidenten mit dem Recht, aber nicht der Verpflichtung, den Sitzungen beizuwohnen. Sein engster Mitarbeiter und Schüler, der aus Münster im Elsaß stammende *Andreas Lamey,* wurde als ständiger Sekretär und Bibliothekar der Schloßbücherei die treibende und zusammenfassende Kraft für die wissenschaftliche Tätigkeit. Neben der noch zu behandelnden *»Deutschen Gesellschaft«* konzentrierten sich die wissenschaftlichen Arbeiten in der Akademie. Was außerhalb geleistet wurde, stand doch in gewissem Zusammenhang mit ihr und kann bei ihrer Schilderung mitbehandelt werden.

Die Akademie war in zwei Klassen geteilt: eine naturwissenschaftliche und eine historische. Die 10 (später 15) ordentlichen Mitglieder erhielten eine Besoldung und tagten – von den Ferien abgesehen – einmal wöchentlich im großen Bibliothekssaal des Schlosses, im Winter in einem kleineren Vorraum. Durch außerordentliche und Ehrenmitglieder – einer der ersten war Voltaire – wurden Beziehungen zu bedeutenden auswärtigen Gelehrten geknüpft. Das Ergebnis der Arbeiten kam in den von 1766 bis 1794 erschienenen 7 Bänden der von Lamey und *Jacob Kremer,* Akademiemitglied der historischen Klasse, herausgegebenen *Acta Academiae* zur Veröffentlichung. Der zu diesem Zweck gegründete Verlag gab auch die von den gleichen Autoren redigierte *»Mannheimer Zeitung«* heraus, die schon Vorgänger in reinen Nachrichtenblättern hatte. In E 3 wurden Druckerei- und Verlagsräume gepachtet und später durch Kauf des angrenzenden Gasthofs zum *»Goldenen Schwan«,* E 3, 1, vergrößert.

Unter den naturwissenschaftlichen Arbeiten der kurpfälzischen Akademie sind die astronomischen am bekanntesten geworden. Der aus Mähren stammende Jesuitenpater *Christian Mayer* erhielt 1751 eine Professur für Philosophie an der Universität Heidelberg, wechselte 1752 auf den neuerrichteten Lehrstuhl für Experimentalphysik und erhielt 1757 den Auftrag, einen Vorschlag zur Verbesserung der seit der Stadtgründung schlechten Trinkwasserverhältnisse von Mannheim zu machen (man dachte an eine Zuleitung von Wasser aus dem Odenwald über Rohrbach, was aber

Die Sternwarte zu Mannheim · Kupferstich von Klauber 1782

nie verwirklicht wurde). Zum Studium der vorbildlichen Pariser Wasserversorgung reiste Mayer dorthin; er machte auch entsprechende Vorschläge, wurde aber von der dort blühenden astronomischen und kartographischen Wissenschaft in Bann gezogen. Von erspartem Reisegeld kaufte er Instrumente und Bücher. Nach seiner Rückkehr konnte er Karl Theodor so sehr für sein neues Forschungsgebiet interessieren, daß dieser vor der Orangerie in Schwetzingen und später auf dem Schloßdach in der Nähe seines Schlafzimmers provisorische Beobachtungstürmchen zu errichten befahl, auf denen er sich besondere Himmelsereignisse – so 1761 den Durchgang der Venus vor der Sonnenscheibe – zeigen ließ. Mayer wurde 1763 zum Hofastronomen ernannt. Seinem Wunsch, Mitglied der Akademie zu werden, konnte wegen entgegenstehender Satzungsbestimmungen erst nach Aufhebung des Jesuitenordens 1773 entsprochen werden. Zur Unterbringung des

sich vergrößernden Instrumentariums mußte an den Bau einer richtigen *Sternwarte* gedacht werden, die nach mancherlei Schwierigkeiten auf dem zum Stadtwall reichenden Gelände des Mannheimer Jesuitenkollegs 1775 bezogen werden konnte. Bis zu seinem Tode 1783 arbeitete Mayer unermüdlich auf der neuen Warte; er fand internationale Anerkennung, insbesondere für seine grundlegenden Beobachtungen über Doppelsterne. Die Arbeiten seiner Nachfolger litten unter den politischen und militärischen Ereignissen des ausgehenden 18. Jahrhunderts. Die Sternwarte und ihre Einrichtung wurden bei der Beschießung Mannheims 1795 schwer beschädigt. Anders als die übrigen wissenschaftlichen Instrumente und Sammlungen gelangten sie nach dem Übergang Mannheims an Baden nicht nach München, sondern vorübergehend nach Karlsruhe, dann endgültig in die 1898 auf dem Königstuhl zu Heidelberg errichtete Universitätssternwarte, wo sie lange noch benutzt und später zu einem astronomischen Museum zusammengestellt wurden.

Auch auf dem verwandten Gebiet der *Landvermessung* hat Mayer Grundlegendes geleistet. Zunächst mußten die selbst in den einzelnen Orten der Pfalz verschiedenen Maße vereinheitlicht werden. Neues Holzmaß wurde zum Beispiel der Klafter zu 6 Mannheimer Schuh (je etwa 26 cm) = 1,54 Kubikmeter. Als Längenmaß wurde die Nürnberger Rute (4,86 m), eingeteilt in 16 Schuh (zu etwa 30 cm), für ganz Kurpfalz verbindlich eingeführt und in alle Gemeinden eine entsprechend eingeteilte Eisenstange als Muster geschickt. Auf Grund in Frankreich erhaltener Anregung begann Mayer mit einer genauen Vermessung einer Basislinie, die bei Ketsch beginnend durch die Hauptallee des Schwetzinger Schloßgartens bis kurz vor Heidelberg ging. Durch Dreiecksvermessungen auf dieser Basis wurden die wichtigsten Punkte der weiteren Umgebung festgelegt und somit die Voraussetzung für das Zeichnen genauer Karten geschaffen, die an Stelle der durch Farbenpracht und phantasievolle Schätzungen ausgezeichneten Karten früherer Jahrhunderte treten konnten. Besonders wertvoll wegen der vielen enthaltenen Einzelheiten ist die auf Mayers Vermessungsgrundlagen entworfene Spezialkarte des Ingenieurhauptmanns *Ferdinand Denis* von 1782.

Die von Karl Theodor ebenfalls sehr begünstigte physikalische Forschung wurde von dem ehemaligen Hofkaplan und Akademiemitglied *Johann Jakob Hemmer* in seinen im Mannheimer Schloß eingerichteten Kabinetten betrieben. Sein Hauptforschungsgebiet waren elektrische Erscheinungen. Am bekanntesten geworden ist er durch seine Gewitterforschung und die durch kurfürstliche Verordnung auf allen Schlössern und großen Staatsgebäuden, insbesondere Pulvertürmen, aufgestellten *Blitzableiter* mit 5 Spitzen, die bis zur Zerstörung im Zweiten Weltkrieg auf dem Mannheimer Schloß und im Zeughaus zu sehen waren. Den theologischen Bedenken, man solle nicht durch Ableiten der Blitze in die göttliche Vorsehung eingreifen, erwiderte Hemmer, dann dürfe man auch nicht Dämme gegen Flußüberschwemmungen errichten oder ausgebrochenes Feuer löschen!

1780 wurde der Akademie eine *»Pfälzische Gesellschaft für Wetterkunde«* als neue Klasse angegliedert. Akademiedirektor *Stephan von Stengel* hatte, unterstützt von seinem Sohn Georg, ebenso wie der Kurfürst selber schon längere Zeit laufend Wetterbeobachtungen notiert und später zwischen München und Mannheim ausgetauscht. Die laufenden Geschäfte der Zweiggesellschaft führte der Physiker Hemmer. Die an gelehrte Gesellschaften in ganz Europa gerichtete Aufforderung zur Mitarbeit gegen Zurverfügungstellung der Instrumente durch den Kurfürsten wurde mit Ausnahme von Wien und London positiv beantwortet. Auch in Grönland, Rußland und USA konnte man Mitarbeiter gewinnen; aus Afrika und Asien gingen Meldungen ein, so daß man von einem *Mannheimer meteorologischen Weltnetz* sprechen konnte. Eine solche internationale wissenschaftliche Zusammenarbeit war erstmalig, und es dauerte lange, bis nach den Wirren der Revolutions- und Napoleonischen Kriege Ähnliches wieder möglich wurde. Fachgelehrte werteten die in 12 Jahrgängen veröffentlichten *»Ephemeriden«* noch lange nach dem Erlöschen der Gesellschaft wissenschaftlich aus.

Cosimo Collini, der frühere Sekretär Voltaires – ursprünglich Historiker –, wurde Leiter des von ihm stark ausgebauten Naturalienkabinetts, in dem Gesteinsarten, Versteinerungen und ausgestopfte Tiere ausgestellt wurden. Die Botanik vertrat der Arzt *Friedrich Casimir Medicus,* der 1766 an der Landstraße nach Schwetzingen einen Botanischen Garten mit mehreren tausend in- und ausländischen Gewächsen anlegte, welcher nach seiner Auflösung als *»Augarten«* weiterbestand, aber um die Jahrhundertwende der Bebauung zum Opfer fiel. Bis auf den heutigen Tag hat sich in der Pfalz die von Medicus eingeführte Robinie pseudacacio – im Volksmund vielfach nur Akazie genannt – in vielen Exemplaren verbreitet.

Auf Veranlassung von Medicus wurde die Bearbeitung aller nicht wissenschaftlichen, sondern mehr praktischen Fragen auf dem Gebiet der Naturkunde und Volkswirtschaft an eine 1764 in Kaiserslautern gegründete, ihm unterstehende Gesellschaft abgegeben, die wegen der zunächst betriebenen Förderung der Imkerei *»Bienengesellschaft«* hieß, sich später aber *»Physikalisch-ökonomische Gesellschaft«* nannte. Die bedeutsamsten Arbeiten der Gesellschaft lagen auf dem Gebiet der Intensivierung der Landwirtschaft. Sie propagierte den Anbau von Futterpflanzen an Stelle von Weiden, richtete ein Mustergut ein und zeigte den Landwirten zweckmäßige Ackergeräte sowie die Möglichkeiten der Schädlingsbekämpfung.

Zur Heranbildung von Landwirten, aber auch von Staatsbeamten wurde in Kaiserslautern eine *»Kameral Hohe Schule«* unter Leitung von Medicus, der in Mannheim wohnhaft blieb, ins Leben gerufen. 1784 erfolgte ihre Verlegung nach Heidelberg und ihre Eingliederung in die Universität. Durch die botanischen Untersuchungen der Akademie wurde auch die praktische *Gartenbaukunst* befruchtet. Der englische Landschaftsgarten verdrängte endgültig die aus Frankreich übernommenen Künsteleien. In Schwetzingen vertrat der später durch so viele Gartenanlagen in ganz Süddeutschland berühmt gewordene *Friedrich Ludwig Sckell* seit 1777 diese Richtung. Er legte nahe dem noch von Pigage 1778 errichteten Tempel der Waldbotanik ein Arboretum mit vielen ausländischen Bäumen und Sträuchern an. Als weiteres Beispiel der Experimentierfreude mit Ausländischem sei hier der Versuche gedacht, die Seidenraupe mit Maulbeersträuchern als Fut-

Medizinische Fastenpredigt von Dr. Mai im Konzertsaal des Nationaltheaters · Gemälde im Kurpfälzischen Museum in Heidelberg

terpflanze einzuführen und die Perlmuschel erst im Steinbach bei Ziegelhausen und dann in der Steinach bei Schönau auszusetzen. Auf das Beschädigen oder Entwenden von »Perlfröschen« – wie man die Muscheltiere nannte – wurde die Todesstrafe angedroht. Die Perlfischerei geriet aber bald in Vergessenheit, bis man sich um die Jahrhundertwende ihrer wieder erinnerte. Gelegentlich werden auch heute noch Perlmuscheln gefunden.

Die Medizin war kein Arbeitsgebiet der Akademie, obwohl ihr mehrere Ärzte angehörten, die aber auf anderen Wissensgebieten forschten. Dabei hätten bei den schlechten hygienischen Verhältnissen auf dem flachen Land und in den Städten, insbesondere in Mannheim, sich hier besonders dankenswerte Aufgaben gestellt. Gegen die unnatürliche Lebensweise besonders in den oberen Ständen wendeten sich aus eigener Initiative der Mannheimer Arzt, *Dr. Mai,* der nicht müde wurde, in Vorträgen und Flugschriften seine Mitbürger aufzuklären. Er trat für bessere Ausbildung der Heilgehilfen und Hebammen ein und gab unter anderem Einzelanweisungen, wie man sich bei Epidemien verhalten solle und wie man das neu aufgekommene Baden im Rhein und Neckar der Gesundheit nutzbar machen könne. Er kam mit der medizinischen Fakultät der Universität Heidelberg – deren Mitglied er später selbst wurde – und mit dem »Consilium medicum«, der aus Amtsärzten und Universitätsprofessoren bestehenden sehr

engherzigen obersten Medizinalbehörde, in Konflikt. Die von ihm versuchte Gründung eines pfälzischen Ärztevereins gestattete die Regierung nach Einspruch des Consiliums nicht. Immerhin wurde für die Ausbildung der die Chirurgie betreibenden Bader und Feldschere eine Schule und für die der Hebammen eine Entbindungsanstalt in Mannheim errichtet, die, später nach Heidelberg verlegt, dort die Grundlage der ersten gynäkologischen Klinik darstellte.

Während die schon geschilderte naturwissenschaftliche Klasse besonders nach Ausdehnung ihres Wirkungsbereichs auf die Wetterkunde in den späteren Jahren der Akademietätigkeit überwog, hatte in der ersten Zeit die historische Klasse die größere Rolle gespielt. Das ergab sich schon aus der überragenden Stellung des Ehrenpräsidenten Schöpflin und der Fachrichtung seines Schülers und ständigen Akademiesekretärs Lamey. Auch die Tätigkeit der übrigen historischen Akademiemitglieder war in den ersten 10 Jahren ergiebiger als die ihrer naturwissenschaftlichen Kollegen. So enthalten die beiden ersten Bände der seit 1766 erscheinenden »Acta« überwiegend historische Beiträge. Unter anderem untersuchten die Historiker den Ursprung der Pfalzgrafenwürde sowie die alte Gaueinteilung. Hier und in den späteren historischen Bänden wurden meist in lateinischer, aber auch in deutscher und französischer Sprache alte Urkunden publiziert. Eine wissenschaftliche Großtat war die Veröffentlichung des nicht nur für die Geschichte der Pfalz so bedeutsamen *Lorscher Codex*. Durch Fragebogen an die Ämter und Gemeinden erfaßte man alle im Lande befindlichen Altertümer. In den Akademieferien fanden historische Studienreisen in Altpfälzer Gebiet und längs des Rheins statt. Hierbei galt den römischen und fränkischen Altertümern – so den damals noch besser erhaltenen Ruinen der Kaiserpfalz in Ingelheim – besondere Aufmerksamkeit. Preisfragen wurden gestellt und die beste Antwort veröffentlicht. Aus Pfälzer, Mainzer und niederrheinischen Funden kamen bedeutende Stücke in die neubegründete Altertumssammlung im Mannheimer Schloß. Da der Abtransport zu schwierig war, blieben sie dort, als die übrigen Sammlungen nach München verbracht wurden. So kommt es, daß in der gegenwärtigen Sammlung römischer Altertümer im Mannheimer Reißmuseum sich bedeutende Stücke aus der Karl-Theodor-Zeit befinden. Leider sind die an Ort und Stelle vorgenommenen Konservierungsmaßnahmen römischer Ruinen – zum Beispiel Reste eines römischen Landhauses am Rosenhof bei Ladenburg – Opfer späterer Kriegszeiten geworden. Die moderne Altertumsforschung hat vielfach an die Arbeiten der Pfälzischen Akademie angeknüpft.

Der neben der Akademie wirkenden, 1775 in Mannheim gegründeten »Deutschen Gesellschaft« muß noch gedacht werden. Die 20, später 30 ordentlichen Mitglieder versammelten sich seit 1778 wöchentlich einmal unter Vorsitz des Intendanten *Freiherrn von Dalberg*. »Reinigkeit« des Sprachausdrucks und Vereinheitlichung der Rechtschreibung waren ihr erstes Ziel, später trat Förderung literarischer Bestrebungen in den Vordergrund. Unter den auswärtigen Mitgliedern sind *Klopstock, Lessing, Wieland, Schiller* hervorzuheben. Die Gesellschaft distanzierte sich von den übertriebenen Vorschlägen zur Vereinfachung der Rechtschreibung und von den zu weitgehenden Verdeutschungsversuchen ihres Mitglieds, des Meteorologen Hemmer, der zum Beispiel für »*Elektrizität*« das Wort »*Agsteinkraft*« einführen wollte. Sie förderte durch Preisausschreiben und Veröffentlichungen den guten Geschmack und regte zu schöngeistiger Beschäftigung an.

Der Wegzug Karl Theodors nach München und die Wirren der französischen Revolutionskriege ließen die Tätigkeit der Pfälzischen Akademie und der Deutschen Gesellschaft immer mehr einschrumpfen, um mit dem Übergang Mannheims an Baden 1803 vollends zu erlöschen.

Nach dem Weggang Karl Theodors

Als Kurfürst Karl Theodor in der Silvesternacht 1777 / 78 nach *München* aufbrach, war es außer ihm nur einigen vertrauten Räten bewußt, daß damit die nur 57jährige Rolle Mannheims als Residenzstadt ausgespielt war, da ein zwischen den pfälzischen und bayerischen Wittelsbachern abgeschlossener Erbvertrag für den Fall des Aussterbens einer der beiden Linien München als Hauptstadt der vereinigten Kurfürstentümer festlegte. Es war für Karl Theodor, der die Pfalz und insbesondere Mannheim nach Jahrzehnten von Kriegselend und Verwüstung zu wirtschaftlicher und noch reicherer wissenschaftlicher und künstlerischer Blüte gebracht hatte, bitter, seinen Wohnsitz nach München verlegen zu müssen. Die ihm innerlich entfremdete Kurfürstin Elisabeth Augusta zog nach kurzer Zeit wieder nach Mannheim beziehungsweise in ihr Lieblingsschloß Oggersheim. Der Kurfürst erwog manchen Plan, um von München loszukommen. Im Sommer 1778 flackerte die Hoffnung der Mannheimer nochmals auf, als Karl Theodor zurückkam und ihn ein großartiges Feuerwerk begrüßte. Die Enttäuschung war groß, als bekannt wurde, daß es nur ein Abschiedsbesuch war.

In den Denkwürdigkeiten des Freiherrn von Stengel wird die Stimmung in Mannheim geschildert, nachdem am 24. Juni 1778 ein amtliches Reskript die Wohnsitzverlegung des Kurfürsten als unwiderruflich bekanntgegeben hatte. Von Stengel schreibt:

»Je näher die Zeit der Abreise des Kurfürsten nach München herankam, desto lebhafter wurden die Gefühle und Kümmernisse der Mannheimer Inwohner über ihr künftiges Schicksal. Die kurfürstliche Regierung, der Magistrat machten Vorstellungen, die alle damit abgefertigt wurden, daß sich von dem gefaßten Entschlusse aus wichtigen Staatsgründen nicht abgehen lasse, daß der Kurfürst seine treuen Pfälzer und besonders die Bürger Mannheims in anderen Dingen zu entschädigen sich vorbehalte und von Zeit zu Zeit sich bei ihnen aufhalten werde. Damit war freilich wenig Trost geschafft, und noch weniger waren die niedergeschlagenen Gemüter beruhigt. Als eines Abends der Kurfürst und die Kurfürstin im Schauspiele waren, sammelten sich einige tausend Menschen, alt und jung, in den Straßen von dem Schauspielhause bis zum Schlosse, wodurch sie fahren mußten. Als nun beide nach Hause fuhren, warf sich all dieses Volk auf die Erde, die Weiber hoben ihre Säuglinge, die Männer ihre Kinder empor, und alles schrie um Gnade für die arme Stadt: es war ein rührender schaudervoller Auftritt; die Kurfürstin weinte in dem Wagen an der Seite des Kurfürsten und war so bewegt, daß sie im Schlosse mit Mühe die Stiege hinaufgebracht werden konnte. Hierauf kam wieder ein Reskript des Inhalts wie die vorigen, der Polizei aber

Nationaltheater (ursprüngliche Form) · Kupferstich von Klauber 1782

wurde aufgetragen, dergleichen Auftritte künftig zu verhüten.«

Mit dem Umzug des Hofes wurde die Gemäldegalerie nach München gebracht, um dort den Grundstock der Alten Pinakothek zu bilden; ebenso verfahren wurde mit dem Kupferstichkabinett sowie mit fast allen sonstigen Sammlungen. Von den wissenschaftlichen Instrumenten der Pfälzischen Akademie blieben nur die astronomischen Geräte in der Sternwarte. Auch die Malschule und Zeichenakademie gingen in die neue Residenz sowie ein großer Teil des Orchesters. Durch den Wegzug des Hofes mit vielen Behörden und Beamten sank die Einwohnerzahl Mannheims von 25 000 auf 18 500, was auch für die Wirtschaft der Stadt katastrophale Folgen hatte; denn das gesamte Wirtschaftsleben war auf die Bedürfnisse des Hofes ausgerichtet. Minister *Graf Oberndorff*, der in Neckarhausen sein Schloß hatte, wurde als Statthalter der Kurpfalz eingesetzt. Sein Stellvertreter war Wolfgang *Heribert Freiherr von Dalberg* aus dem berühmten altpfälzischen Adelsgeschlecht, der alles versuchte, die wirtschaftliche Situation der Hauptstadt zu verbessern. Im Juli 1778 richtete er einen Hilferuf an den Finanzminister von Hompesch nach München:

»Keine Handlung, keine Fabriken, kein Absatz der Landesprodukte ist nicht in Mannheim, was bleibt übrig als Elend und Verderben.«

Er machte dann Überlegungen, wie man der mangelnden wirtschaftlichen Basis durch kulturelle Leistungen abhelfen könne. Zunächst schlug er vor, die damals verkümmerte Heidelberger Universität mit der blühenden Mannheimer wissenschaftlichen Akademie zu vereinigen und zweitens die vielversprechend begonnenen Versuche, in Mannheim ein Nationaltheater zu begründen, auch nach dem Wegzug zu fördern.

»Wollte in dieser Rücksicht der Kurfürst alljährlich einen gewissen Fonds zu öffentlichen Vergnügungen, worunter ein Schauspiel, bestimmen, so würde gewiß diese Absicht um so eher erreicht werden. Bei Errichtung eines solchen Schauspiels könnten jene nicht in Ausübung gekommen Pläne zur Erhöhung der dramatischen Kunst in Deutschland gebraucht werden, und da manche Hindernisse wegfielen, jetzt in Ausübung kommen, Pläne, welche Ew. Exzellenz einst so sehnlichst ausgeführt zu sehen gewünscht haben. Was sind allenfalls 10 000 fl für einen Kurfürsten, zum Wohl einer Stadt, zu einer so löblichen Stiftung verwendet, da ohnehin so manche Ausgaben wegfallen, und das Geld durch mehrere Circulation, indem es Fremde anzieht wird, endlich wieder in die Kasse zurückfällt. Wirklich schade und zu beweinen wär's, wenn so manche bisher getroffene Anstalten für Künste, Wissenschaft und Theaterkunst in hiesigen Gegenden vergraben und vergessen werden sollten, wo sie doch mit sehr wenigem Zuschuß große Wirkungen in

Friedrich Schiller · Ölgemälde von Chr. J. Höflinger 1781 · Früheres Hohenzollernmuseum Schloß Monbijou, Berlin

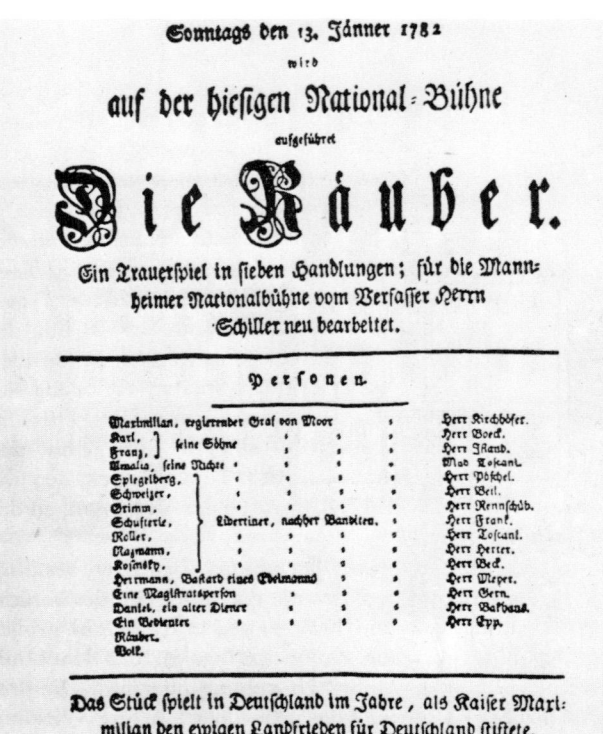

Theaterzettel zur Uraufführung der Räuber · Schiller-Nationalmuseum Marbach

Deutschland hervorbringen und die Stadt Mannheim dadurch glücklich machen könnten.«
Am 1. September 1778 unterzeichnete Karl Theodor einen Erlaß, wonach das Theater jährlich die Hälfte der erbetenen Summe aus der kurfürstlichen Kasse erhalten sollte, und zwar, wie ausdrücklich hinzugesetzt wurde: *»Zu einiger Nahrungsmitbeihilfe der hiesigen Stadt und Bürgerschaft.«* Nachdem die zunächst gewonnene Truppe des Theaterdirektors Marchand mit dem Kurfürsten nach München gezogen war und die Bildung eines eigenen ständigen Ensembles Zeit erforderte, bespielte die von Lessing vermittelte berühmte Seyler'sche Theatertruppe seit Ostern 1777 zweieinhalb Jahre das umgebaute Haus. Am 7. Oktober 1779 wurde dann das von Dalberg ehrenamtlich geleitete Nationaltheater mit dem von ihm verpflichteten, eigenen ständigen Ensemble und dem Lustspiel: *»Geschwind ehe es jemand erfährt«* offiziell eröffnet. Im Dezember kam *»Clavigo«* in Anwesenheit *Goethes* zur Aufführung. Die Eckpfeiler des Schauspiel-Ensembles waren die aus dem gerade aufgelösten Hoftheater des Herzogs von Gotha stammenden Freunde *Iffland, Beil* und *Beck.* Es gelang Dalberg, das jugendliche Dreigestirn mit den ausgereiften Talenten der übrigen Kräfte zusammenzuschmelzen und durch unerbittliche Probenarbeit das damals so beliebte Aus-dem-Stegreif-Spielen zurückzudrängen. Neben den publikumswirksamen Ritterdramen

und rührseligen Familienstücken wurden Shakespeare-Dramen gespielt, die das theaterbegeisterte und bildsame Mannheimer Publikum auf die Uraufführung von *Schillers »Räuber«* am 13. Januar 1782 vorbereiteten. Der Mannheimer Buchhändler *Schwan* hatte Dalberg auf das Drama des württembergischen Regimentsmedicus aufmerksam gemacht und die Bühnenfassung gedruckt.
In den Briefen *Schillers* und in der Schilderung seines Fluchtgenossen *Streichers* ist nachzulesen, was die Aufführung in Mannheim für den Dichter bedeutete und welche Wirkung sie auf das Publikum hatte. Ein anderer zeitgenössischer Bericht bekundet, wie schon am Mittag des Uraufführungstags der Zuschauerraum mit Besuchern aus Stadt und Umgebung überfüllt war. Wegen der Länge des Stückes war der Beginn auf 5 Uhr festgesetzt. Die erste Hälfte der Aufführung blieb ohne erkennbare Wirkung. Aber dann wurden die Zuschauer von Iffland als Franz und den übrigen Mitspielern, von der lebendigen Tragik so erschüttert und begeistert, daß ein Zeitgenosse berichten konnte von: *»Rollenden Augen, geballten Fäusten, heiseren Aufschreien!«*
Für *Schiller* war dieser Erfolg die Bestätigung seiner Berufung zum dramatischen Dichter: der Entschluß zur Flucht aus der Stuttgarter Enge in das Pfälzer *»Paradies der Musen«* stand fest und wurde im September 1782 mit den treuen Freund Streicher ausgeführt. Für Dalberg, auf dem

Heribert Freiherr von Dalberg, Intendant des Nationaltheaters ·
Ölgemälde · Reiß-Museum Mannheim

Buchhändler Schwan · Zeitgenössischer Stich

Schiller alle Hoffnung setzte, entstand eine schwierige
Lage, da der Dichter die Verfolgung durch den Herzog von
Württemberg fürchten mußte. Dalberg zögerte mit der
Anstellung als Theaterdichter, verweigerte einen Vorschuß
und verlangte die Umarbeitung des zur Aufführung vorge-
legten »Fiesco«. Schiller war schwer enttäuscht. Die Mannheimer Freunde des Dichters – vor allem Buchhändler
Schwan und Regisseur Meyer – rieten zu zeitweiser Entfernung. Schiller und Streicher wanderten nach Frankfurt und
erwarteten auf dem Rückweg in Worms Nachricht, ob
Abgesandte des Herzogs in Mannheim die Auslieferung
des Flüchtlings begehrt hätten. Die Mannheimer Freunde
konnten dies verneinen, rieten aber bei einer Zusammenkunft in Oggersheim vor den Toren Mannheims, noch
einige Wochen verborgen zu bleiben und schlugen zur
Ausnutzung der Zeit vor, gleich in Oggersheim zu verwei-
len und den Fiesco umzuarbeiten. Die beiden Freunde
mieteten sich als Dr. Schmidt und Wolf im dortigen Gasthaus zum Viehhof ein, das damals Eigentum der Familie
Schick war. Das Umarbeiten wollte nicht recht vorange-
hen, da ein neuer Stoff: »Luise Millerin«, den Dichter
fesselte. Tagelang saß Schiller an der neuen Arbeit, die nur
gelegentlich von einem kurzen Spaziergang durch eine
hinter dem Haus befindliche Allee von Mandelbäumen
unterbrochen war. »Madame Schick, ich habe mir einen
guten Gedanken geholt«, soll er öfters bei der Rückkehr

gesagt haben. Die vielen fortgeworfenen Entwürfe erregten die Neugier der ältesten Tochter Schick, die einige
Fragmente ihrem Paten Derain, dem Kaufmann des Ortes,
brachte. Als kunstbegeisterter gebildeter Mann hatte er
»Die Räuber« im Mannheimer Theater gesehen und
erkannte zusammen mit einem Mannheimer Freund aus
der Diktion der weggeworfenen Entwürfe unschwer in dem
geheimnisvollen Gast den schon berühmten Dichter. Es
ergaben sich verständnisvolle Aussprachen. Als die Wirts-
leute erfuhren, welch berühmten Fremdling sie beherberg-
ten, löschten sie die an der Tafel im Gastraum zu bedenkli-
cher Zahl angewachsenen Kreidestriche für nicht bezahlten
Verzehr! Die Schulden wuchsen aber von neuem an und
wurden schließlich aus dem Erlös des an Buchhändler
Schwan zum Abdruck verkauften Fiesco-Manuskriptes
bezahlt. Daß der Dichter diese bange Wartezeit letztlich
doch in guter Erinnerung behielt, geht daraus hervor, daß
er bei seinem nächstjährigen Besuch in Mannheim nach
Oggersheim fuhr und in seinem Brief vom 11. August 1783
an Frau von Wolzogen berichtete:

»Noch dato war ich nirgend als in Oggersheim, wo die
Kurfürstin wirklich residiert und man mir das Schloß . . .
gezeigt hat. In dem Wirtshaus, wo ich im vorigen Jahr sieben
Wochen gewohnt habe, bin ich auf eine Art empfangen
worden, die mich recht sehr gerührt hat. Es ist etwas Freudi-
ges, von fremden Leuten nicht vergessen zu werden.«

»*Luise Millerin*« sowie »*Fiesco*«, auch in der umgearbeiteten Form wurden von Dalberg nicht angenommen. Der Dichter brachte sich selbst um seine Chance, weil er darauf bestand, das Stück selbst vorzulesen, und mit seinem schwäbischen Dialekt und übersteigerten Pathos keinen Beifall erntete, sondern eher lächerlich wirkte. Der Regisseur *Meyer* – Schillers tatkräftigster Freund im Kreise des Mannheimer Theaters – und seine Frau unterstützten den in fast auswegloser wirtschaftlicher Lage befindlichen Dichter. Da immer noch Schwierigkeiten von Stuttgart befürchtet wurden, nahm Schiller auf Drängen seiner Freunde die Einladung Frau von Wolzogens an, auf ihrem Gut in Bauerbach (Thüringen) in Ruhe zu arbeiten.

Im Juli 1783 kehrte Schiller nach Mannheim zurück und blieb fast zwei Jahre dort, davon ein Jahr als festangestellter Theaterdichter. Enttäuschungen und Krankheit, Geldsorgen und Zweifel an der Berufung zum Dichter wechselten mit fördernder Freundschaft und wohltuender Anerkennung. Die Neigung zur Tochter des Buchhändlers Schwan wurde zwar erwidert, aber Vater Schwan verlangte als Existenzgrundlage die Militärarztausbildung durch den medizinischen Doktorgrad in Heidelberg abzuschließen. Das Baumeisterehepaar Hoelzel, insbesondere Frau *Anna Hoelzel*, einfache, in kleinen Verhältnissen lebende Leute, unterstützten und pflegten den unter schwankender Gesundheit Leidenden. Die schwärmerische Zuneigung zu Frau von Kalb gab Möglichkeit zu klärender Aussprache über die dichterischen Projekte. Die Premiere des »*Fiesco*« war wegen eines ungewöhnlichen Eisgangs mit Hochwasser schlecht besucht und eine Enttäuschung. Größeren Erfolg brachte die von Iffland in »*Kabale und Liebe*« umgetaufte »*Luise Millerin*«. Ein Vortrag Schillers in der Mannheimer »*Deutschen Gesellschaft*« über »*Die Schaubühne als moralische Anstalt*« brachte nicht die erhoffte Verlängerung des Vertrages als Theaterdichter. So folgte Schiller dem Ruf der im Briefwechsel neu gewonnenen Freunde, der Leipziger Familie Körner, und nahm den unfertigen »*Don Carlos*« dorthin mit. Iffland beherrschte für die nächsten Jahre mit seinen Gesellschaftsstücken den Spielplan in Mannheim. Die erste Blütezeit des Mannheimer Theaters war vorüber. Was aber trotzdem das Theater immer noch für den Ruf Mannheims bedeutete, geht aus vielen zeitgenössischen Urteilen hervor. So schreibt Sophie La Roche in ihren 1791 bei Orell Füssli in Zürich herausgekommenen »*Briefen über Mannheim*«:

»*Die Mannheimer Nationalbühne gleicht einer Akademie der Schauspielkunst. Ohne dem Ganzen anderer Bühnen zu nahe zu treten, hat schwerlich eine ihrer Vorsteher den reinen Kunsteifer, welchen Herr von Dalberg mit Mühe, Kosten und vieler Unruhe schon bewiesen hat.*"

Eine Stütze der literarischen Bestrebungen im Mannheim der zweiten Hälfte des 18. Jahrhunderts waren die beiden führenden Mannheimer Verlagsbuchhändler, der mehrfach erwähnte *Christian Friedrich Schwan* und *Tobias Loeffler*. 1789 erhielt das katholische Bürgerhospital das Privileg zur Errichtung einer Druckerei, nachdem die früher bestandenen durch die Kriegswirren eingegangen waren. Ab 1790 erschien in dessen Verlag die später »*Mannheimer Journal*« genannte Zeitung. Verlag und Druckerei wurden 1887 mit der Dr. Haas'schen Druckerei und dem dort erscheinenden »*Generalanzeiger*« verschmolzen, dem Vorläufer der »*Neuen Mannheimer Zeitung*« und später des »*Mannheimer Morgen*«.

Dazu kam 1792 noch Kunsthandlung und Verlag der Familie *Artaria*, deren bedeutendster Vertreter Dominik Artaria 1823 die Firma zur führenden in ganz Deutschland machte. Der kaiserliche Hof in Wien und die süddeutschen Fürsten waren seine Kunden. Auf eine Anfrage des Großherzogs Karl August von Weimar bei Goethe antwortete dieser: »*Das werden Ew. Hoheit bei Artaria in Mannheim finden, sie sind zwar teuer, aber sie haben alles.*«

Inzwischen hatte sich Karl Theodor mit den Münchnern überworfen und kam mit dem ganzen Hof nach Mannheim zurück. Eine Hetzjagd in Neckargemünd im mittelalterlichen Stil sollte den Pfälzern die Wiederkehr der alten Zeiten zeigen. Die Enttäuschung war groß, als die Münchner Abbitte-Kommission Erfolg hatte. Karl Theodor weihte noch die mit seiner Statue geschmückte steinerne »*neue*«, jetzt »*alte*« Neckarbrücke in Heidelberg und den erneuerten Frankenthaler Rheinkanal ein, um dann wieder nach München zu ziehen.

Mannheim in den Revolutionskriegen

Nach diesem kurzen Rückfall in die feudale Zeit waren die von Westen herüberleuchtenden *Revolutionsfanale* nicht mehr zu übersehen. Geflüchteter französischer Adel überschwemmte die Stadt. Die Befestigung wurde in Verteidigungszustand gesetzt. Die Pfalz war im Hinblick auf die zu erwartenden Auseinandersetzungen mit den französischen Revolutionsarmeen als neutral erklärt, was aber nach der von Goethe miterlebten ruhmlosen *Kanonade von Valmy* im September 1792 von beiden Parteien nicht beachtet wurde. Mainz fiel in die Hände der Franzosen und wurde von preußischen Truppen zurückerobert. Französische Vorposten gruben sich vor der Mannheimer Rheinschanze ein. Karl Theodor schwankte lange, ob er dem preußisch-österreichischen Begehren nachgeben und verbündete Truppen in die Festung Mannheim einlassen solle. Da er von Bayern keine weitere Verstärkung der Garnison schik-

»Zernichtung der Vestungswerke« 1799 · Zeichnung von C. W. Paja · Reiß-Museum Mannheim

ken konnte, gab er schließlich nach und erregte damit natürlich die Wut der Franzosen.

Die Kunde von dem Bruch der Neutralität rief in Paris ungeheure Erbitterung hervor.

»Mitbürger« – sagte ein Redner im Konvent – »der Kurfürst hat sich für seine Neutralität fünfhunderttausend Francs zahlen lassen, um sie desto sicherer zu verletzen. Nichts kommt der Treulosigkeit gleich, mit der er dies bemäntelt. Ich glaube, wir brauchen weder die Pfalz, noch die Pfälzer zu schonen!«

Freiherr von Babo berichtet von Weinheim aus am Silvestertage 1793 der Gräfin Oberndorff nach Neckarhausen: »Wir sind in der Pfalz und in Mannheim anjetzo in der unglücklichsten Lage . . .«

Man erwartete wegen der Neutralitätsverletzung die Beschießung Mannheims. Einige Tage darauf schrieb von Babo von blutigen Gefechten vor »der Rheinschanze«: »Aus der Schanze wurde mit Kanonen auf die Franken gefeuert. Der ganze Hemshof, die Gräfenau wurde von unseren Chasseurs völlig abgebrannt, um denen Franzosen kein Schlupfwinkel zu lassen . . . Die Gassen (in Mannheim) voller geflüchteter Menschen, die zum Himmel schreien und nicht unter Obdach kommen können. Alle Stund fürchtet man Bomben und Kugeln . . .« Trotz aller Kriegsnot hielt Dalberg das Nationaltheater aufrecht. Nach kurzer Unterbrechung wurde es im März 1794 mit Mozarts

»Entführung« wieder eröffnet, »Cosi fan tutte« folgte schon bald nach der Prager Uraufführung. 28 Vorstellungen der »Zauberflöte« in den Jahren 1794 und 1795 mit zu erhöhten Preisen ausverkauftem Haus sicherten die finanzielle Basis des Nationaltheaters in diesen schwierigen Zeitläuften.

Die Reichstruppen gaben das linke Rheinufer auf, neue Flüchtlingsscharen strömten in die Festung Mannheim. Die Rheinschanze ging am Weihnachtstag 1794 verloren. Preußen schloß im April 1795 zu Basel einen Sonderfrieden mit einer Geheimklausel, die das ganze linke Rheinufer Frankreich überließ. Österreich stand den beiden Revolutionsarmeen am Ober- und Niederrhein allein gegenüber. Frankreich versuchte durch einen Vorstoß auf Mannheim, zwischen die gegnerischen Armeen einen Keil zu treiben. Unter Androhung schwersten Bombardements ergab sich Mannheim ohne Kampf. Die Österreicher sprachen von Verrat, entwaffneten die abziehende pfälzische Garnison und schlugen einen Handstreich der Franzosen, die sich der in Heidelberg lagernden Vorräte bemächtigen wollten, bei Handschuhsheim zurück. Nach Sicherung der Verbindung mit der am Niederrhein stehenden anderen kaiserlichen Armee war das nächste Ziel des österreichischen Generals Wurmser die Rückeroberung von Mannheim. Da die Franzosen trotz mehrfacher Aufforderung nicht wichen, wurde von Neckarau und vom Hochufer bei Feudenheim aus das Bombardement eröffnet. Karoline Jagemann, die spätere

Freundin Goethes und Geliebte Karl Augusts von Weimar, die zu jener Zeit als Schauspielschülerin in Mannheim weilte, schrieb in ihren Erinnerungen:

»Nach einer fürchterlichen Nacht brach den 30. Oktober 1795 ein grauenvoller Morgen an. Nach ungewöhnlich starker Kanonade trug der Wind Jammergeschrei aus der Ferne herüber, man hörte deutlich das Pardonflehen, die Kommandos der Offiziere, Zurufe wie ›courage, mes enfants‹, während die Franzosen der Besatzung händeringend und verzweifelt auf den Straßen umherirrten . . .

Die Österreicher hatten unter dem Schutze der Nacht das französische Lager überfallen und dem Feind eine schreckliche Niederlage beigebracht, aber aus Irrtum auch unter den eigenen Truppen mörderisch gewütet. Von diesem Augenblicke an waren wir den Schrecknissen einer Belagerung preisgegeben, denn die Österreicher standen dicht vor den Wällen. Jedermann floh in die Keller . . .

Nachdem sich der Keller gefüllt hatte, begann ein methodisches Bombardement, das heißt ein unaufhörliches, das sich in den nächsten Tagen verstärkte, da Mannheim von drei Seiten beschossen wurde. Die Erde schien von der Gewalt des Geschützdonners zu zittern, die Mauern über uns bebten, und doch wurde man auch mit diesen unerhörten Erscheinungen vertraut . . .

Der Vorrat der Lebensmittel wurde immer geringer, daß man sich nach zwölf Tagen und Nächten voller Angst und Entbehrung zum Tode verurteilt fühlte – da versetzte ein Knall wie aus hundert Feuerschlünden, das Aufspringen der Türen, das Geklirre der Fenster über unseren Häuptern, die sämtlichen Kellerbewohner in eine Betäubung, die erst nach und nach Worte fand. Noch waren wir in der äußersten Spannung auf die Lösung des schrecklichen Rätsels begriffen, als sich die obere Kellertüre auftat, die Sonne des Tages in die düsteren Räume hereinstrahlte, in denen das künstliche Licht bereits verloschen war, und Herr Beck wie ein Engel mit dem Palmenzweig erschien, uns zur Auferstehung ins Leben zu rufen. Er brachte die Nachricht, daß durch das Sprengen einer mit Pulver gefüllten Kasematte eine Bresche entstanden sei und die Franzosen dadurch zur Kapitulation genötigt wären. Tausende strömten aus ihren Verliesen in die frische Luft, in die Kirchen; Freunde und Bekannte reichten sich entzückt die Hände, viele eilten den deutschen Siegern entgegen, die nun Herren der Stadt waren, während die französische Besatzung kriegsgefangen abzog.«

Das Schloß hatte mehrere Volltreffer erhalten, das Opernhaus war in Flammen aufgegangen. Eine Bürgerabordnung hatte vom französischen Kommandanten die Genehmigung ertrotzt, mit General Wurmser zu verhandeln, der sein Hauptquartier im Seckenheimer Schlößchen aufgeschlagen hatte. Nach einigem Hin und Her waren die Franzosen: 400 Offiziere und etwa 10 000 Mann in die Gefangenschaft abgezogen. General Wurmser nahm sich als Sieger das Recht, die leitenden pfälzischen Beamten zu verhaften und von der Bürgerschaft ein »Douceur« von 400 000 Gulden für sich und seine Soldaten zu verlangen wegen der seinerzeitigen kampflosen Übergabe der Stadt an die Franzosen. Karl Theodor erreichte in Wien die Rückgängigmachung. Der pfälzische Statthalter Graf Oberndorff konnte sich einigermaßen rechtfertigen, vor allem mit dem Hinweis auf den preußischen Sonderfrieden. Dalberg wurde Mitglied der die Pfalz verwaltenden Kommission und dadurch von seiner Theateraufgabe abgezogen.

Neue Verwicklungen brachten erneute Besetzung durch die Franzosen, die alle Emigranten und Flüchtlinge auswiesen. Die noch von Karl Theodor als letztem Amtsakt vor seinem Tode 1799 verfügte *Schleifung der Festungsanlage* wurde nunmehr mit französischer und österreichischer Zustimmung begonnen und nach einigen Unterbrechungen mit freiwilliger Hilfe der Bevölkerung durchgeführt. Heinrich von Feder überliefert in seiner ersten Stadtgeschichte den Gesang der »freiwilligen Festungsschleifer«, in dem es unter anderem heißt:

> *Länger sollen diese Wälle,*
> *Diese Mauern nicht mehr stehen;*
> *Durch sie nie mehr unsrer Enkel*
> *Lebensfreude untergehen.*

> *Laßt uns fern von feiger Ruhe*
> *Mit gestähltem Arm den Sand,*
> *Der uns soviel Leiden brachte,*
> *Stürzen von der Mauern Rand.*

Im Spätsommer 1799 besetzten die Franzosen erneut Mannheim, wurden aber von Erzherzog Karl bei Neckarau geschlagen, um im Herbst Mannheim wieder zu erobern. Jedesmal Kontributionen, Beschlagnahme der Vorräte. Man kann sich vorstellen, welches Elend in Mannheim zur Jahrhundertwende herrschte. Der Friede von Lunéville brachte 1801 das linke Rheinufer von der Schweiz bis zur Rheinmündung auch staatsrechtlich in französische Hand, so auch die Rheinschanze und das übrige bisher zu Mannheim gehörige linksrheinische Gebiet. Der *Reichsdeputationshauptschluß* zu Regensburg von 1803 sprach die rechtsrheinische Pfalz der *Markgrafschaft Baden* zu als Entschädigung für allerdings viel kleinere linksrheinische Verluste.

13. Frankenthal, die dritte Hauptstadt der Kurpfalz

Das 771 im Lorscher Urkundenbuch erstmals erwähnte, Dorf *Franconodal* lag ursprünglich am Ufer des Rheines, der 886 nach einem gewaltigen Hochwasser seinen Lauf mehrere Kilometer nach Osten verlagerte. 1119 gründete der Wormser Kämmerer *Eckenbert* das Augustiner-Chorherrenstift Groß-Frankenthal, einige Jahre später seine Gattin Richlinde das Frauenstift Klein-Frankenthal unter Eingliederung eines älteren Nonnenklosters. Die Reste der 1125 eingeweihten romanischen, später im gotischen Stil umgebauten Stiftskirche von Groß-Frankenthal, insbesondere das herrliche Eingangstor, haben sich durch alle Wirren der Zeitläufe erhalten. Die wissenschaftliche Blüte des Stiftes mit seiner berühmten Bibliothek fiel in das 14. Jahrhundert, an dessen Ende Kurfürst Ruprecht I. von der Pfalz die Schirmherrschaft über das Stift erwarb. Das Dorf Frankenthal war ganz in die Hände der Stiftsherren übergegangen, die auch großen Grundbesitz in der Umgebung erworben hatten, das Leben im Stift aber verweltlichen ließen. 1486 griff der Wormser Bischof durch Einführung einer strengen Ordnung ein, nachdem das Frauenstift schon 1431 aufgelöst worden und sein Besitz an Groß-Frankenthal übergegangen war. Im Bauernkrieg wurde das Stift ausgeplündert und teilweise in Brand gesteckt. 1562 führte Kurfürst Friedrich III. die Reformation ein, und der letzte Prior übergab ihm gegen Zusicherung einer Leibrente den Stiftsbesitz. Der Kurfürst wies die Gebäude von Frankenthal einer Gruppe von niederländischen reformierten Flüchtlingsfamilien als Wohnsitz an, die unter Führung des Predigers und Arztes *Dathenus* in Kürze durch Fleiß und Genügsamkeit unter geschickter Verwertung der aus der alten Heimat mitgebrachten Kenntnisse eine blühende *Tuchindustrie* ins Leben riefen. Nach flandrischem Vorbild gliederte sich auch Teppichweberei an, die wiederum Künstler für das Herstellen der Entwürfe anzog. Die Bedeutung der so entstandenen Frankenthaler Malerschule ist erst in jüngster Zeit wieder erkannt worden. Ihre hervorstechendsten Vertreter waren *Gillis van Coninxloo* und seine Schüler *Pieter Schoubroeck* sowie *Anton Mirou*. Die Frankenthaler Schule blieb in engem Kontakt mit den niederländischen Malern und hielt sich bis in den Dreißigjährigen Krieg.

Besondere Bedeutung für die Entwicklung Frankenthals hatte Pfalzgraf *Johann Kasimir,* der 1576 die Herrschaft in den kurpfälzischen Ämtern Neustadt und Lautern übernahm und 1577 Frankenthal Stadtrechte verlieh. Neben der niederländischen entstand jetzt durch Zuzug auch eine wallonische und später eine hochdeutsche reformierte Gemeinde, doch blieb der überwiegend niederländische Charakter in Bürgerschaft und Stadtverwaltung noch lange erhalten. Durch Aufblühen von Handel und Gewerbe hob sich der Wohlstand. Außer Tuchmacherei und *Gobelinwirkerei* gelangten zu jener Zeit auch die Frankenthaler *Gold-* und *Silberschmiede* zu überörtlicher Bedeutung.

Für die verschiedenen Gewerbezweige wurden Zunftordnungen erlassen. Kurfürst Friedrich IV. machte Frankenthal zum Hauptstützpunkt der linksrheinischen Pfalz und umgab im Jahre 1600 die damals 1200 Einwohner zählende Stadt mit Festungswerken. Es waren die gleichen Erwägungen zur Sicherung des reformierten Bekenntnisses, die auch zur Gründung der Festung Mannheim führten. Ein Höhepunkt in der Geschichte Frankenthals bildete die dreitägige Willkommensfeier, welche die Stadt dem Kurfürsten Friedrich V. bereitete, als er 1613 seine Gemahlin Elisabeth von England, die im Schiff den Rhein herauf gefahren war, nach Heidelberg geleitete. Von Oppenheim kommend war man in das festlich geschmückte Frankenthal gezogen, wo die in vier Quartiere geteilte Bürgerschaft – die vier Erdteile symbolisierend –, als Indianer, Mohren, Römer und Türken verkleidet, dem Herrscherpaar huldigte. Festspiele und Feuerwerk hatten Fremde von weither angezogen; ein ausführlicher Bericht mit zahlreichen Illustrationen Frankenthaler Künstler erschien im Druck.

Auch Frankenthal wurde im Dreißigjährigen Krieg vom Wechsel der Ereignisse schwer mitgenommen. Kaum daß sich die Stadt nach dem Westfälischen Frieden und einer noch 2 Jahre länger dauernden spanischen Besetzung etwas erholt hatte, wurde sie 1689 von den Franzosen völlig niedergebrannt. Die Bewohner zerstreuten sich in alle Winde, die Ruinen blieben jahrelang unbewohnt. Als nach dem Frieden von Rijswijk 1697 der Wiederaufbau möglich wurde, entstand ein anderes Frankenthal, in dem nicht mehr reformierte Flamen und Wallonen den Ton angaben.

Petrus Dathenus, der Führer der 1562 in Frankenthal aufgenommenen
niederländischen Glaubensflüchtlinge · Utrecht

»Der Jäger aus Kurpfalz«, Manufaktur Frankenthal 1765–1770 ·
Modell von Karl Gottlieb Lück · Reiß-Museum Mannheim

Die nunmehr katholischen Kurfürsten suchten Ansiedler
ihres Glaubens zu gewinnen, hatten aber nicht viel Erfolg.
Erst die merkantilistischen Bestrebungen Karl Theodors
führten eine neue Blüte herbei. Beraten von seiner 1768
gegründeten *Commerzialkommission* unter Geheimrat
Fontanesi, bestimmte Karl Theodor Frankenthal erneut
zum gewerblichen Mittelpunkt des Landes und erhob es
zur dritten Haupt- und Residenzstadt. Zur Verbesserung
der Transportverhältnisse wurde der im 16. Jahrhundert
unter Johann Kasimir angelegte, inzwischen verlandete
Kanal zum Rhein nach Plänen des Mannheimer Ober-
Rheinbaudirektors *Jacob Arnold Dyckerhoff* in mehrjähri-
ger Arbeit mit teilweise veränderter Linienführung wiederhergestellt.

Die erste und zugleich bedeutsamste Fabrik-Neugründung
war die der berühmten *Porzellanmanufaktur.* 1755 von
dem durch Einführung eines Staatsmonopols für Porzellan
aus Straßburg vertriebenen *Paul Anton Hannong* ins Leben
gerufen, ging sie 1762 in kurfürstliche Regie über. Die nun
vier Jahrzehnte während Blütezeit genügte zur Entfaltung
der in ganz Europa anerkannten Meisterschaft der Model-
leure *Johann Wilhelm Lanz, Johann Friedrich Lück, Con-
rad Link, Johann Peter Melchior* unter anderen. Selbst der
Sultan in Konstantinopel aß zu jener Zeit auf Frankenthaler Porzellan. Mit dem Einmarsch der französischen Revolutionsarmeen kam der Betrieb zum Erliegen. Einige Fach-

arbeiter wichen mit einem Teil der Formen nach Nymphen-
burg aus und setzten dort in kleinem Umfang die Frankenthaler Tradition fort.

Zur Ausbildung der männlichen Jugend wurde das Volks-
und Gewerbeschulwesen gefördert. In der Mädchenerziehung hatte das 1782 unter Karl Theodor gegründete »Philantropin« überörtlichen Ruf.

Von 1760 bis zur Verlegung der kurfürstlichen Residenz
nach München wurde eine große Anzahl Industrieunternehmen teils als Staatsbetriebe, meist aber als konzessio-
nierte Privatunternehmen ins Leben gerufen. In Anknüpfung an die alte Tradition übernahm der Staat eine bestehende private Zeugmanufaktur und gründete weitere
Tuch- und Seiden-Manufakturen, Färbereien, außerdem
Fabriken zur Herstellung von Metall- und Seidenfäden, für
Spielkarten und Tapeten, für Puder, Stärke und Wachslich-
ter. Die Tabakverarbeitung wurde gefördert. Es waren fast
alles nur kleine Betriebe mit 10 bis 100 Arbeitern, aber in
der Gesamtzahl steigerten sie doch die Einwohnerzahl
Frankenthals auf etwa 4000. Die Gewerbebetriebe wurden
aus der Stadtverwaltung ausgegliedert und einer besonderen Behörde unterstellt, was zu vielen Reibungen Anlaß
gab. Von all diesen Industriezweigen hat letztlich nur eine
Glockengießerei die Zeit Karl Theodors überdauert –
angeblich das Vorbild für Schillers Lied von der Glocke.
Sie bildete die Grundlage für die Frankenthaler Metallin-

Andreas Albert, Mitgründer der Schnellpressenfabrik Frankenthal Albert & Cie.

Georg Adam Kühnle, Mitgründer der Maschinenfabrik Kühnle, Kopp und Rauch

Jakob Klein, Mitgründer Firma Klein, Schanzlin und Becker

Johannes Klein, Mitgründer der Firma Klein, Schanzlin und Becker

dustrie des 19. und 20. Jahrhunderts. Der Inhaber dieser Glockengießerei, die auch Feuerspritzen, Pumpen und Armaturen herstellte, *Georg Hamm* , war führend an der revolutionären Bewegung von 1848/49 beteiligt und mußte flüchten. Sein Geldgeber, der Schiffseigner und Händler *Georg Adam Kühnle,* war gezwungen, sich um den Betrieb zu kümmern. Dessen Erben und Nachfolger schlossen sich 1899 mit zwei anderen Frankenthaler Maschinenfabriken unter der technischen Leitung von *Rudolf Kausch* zur Firma *Kühnle, Kopp und Kausch (KKK)* zusammen, die sich im Laufe der Zeit auf Gebläse und chemische Apparaturen spezialisierte.

Aus dem Kreis der in dieser Firma und ihren Vorgängerinnen tätigen Persönlichkeiten sind noch drei weitere Frankenthaler Firmen hervorgegangen. Die 1861 von *Andreas Albert* mit dem Frankenthaler Maschinenfabrikanten *Andreas Hamm* gegründete Schnellpressenfabrik stellt Druckmaschinen her, die in die ganze Welt geliefert werden. Im Auf und Ab der wirtschaftlichen Entwicklung schuf die Firma Hochleistungsdruckmaschinen bis zu den größten Mehrfarben-Tiefdruck-Rotationsaggregaten, auf denen Tageszeitungen und illustrierte Zeitschriften in Großauflage gedruckt werden. Ein Zweigwerk in Kusel entlastet durch Zulieferungen das Hauptwerk. Seit 1966 wird eine in Berlin erworbene Fabrikanlage mit eigenem Fertigungsprogramm als Zweigwerk betrieben. Das Unternehmen firmiert jetzt: *Albert-Frankenthal AG.*

Die 1871 als OHG gegründete, später in eine Aktiengesellschaft umgewandelte Firma *Klein, Schanzlin und Becker (KSB)* produziert in Frankenthal, AMAG (Nürnberg und Pegnitz), Homburg/Saar, Saarbrücken und Bremen Pumpen, Kompressoren, Armaturen und Strömungsgetriebe. Ein anderes Unternehmen dieser Branche ist die *Maschinenbau Aktiengesellschaft Balcke* (Bochum), deren Werk Frankenthal auch aus dem Nachfolgerkreis der Glockengießerei Hamm stammt. Die 1864 gegründete Firma *Carl Platz* erzeugt Geräte zur Schädlingsbekämpfung.

Ganz anderen Fabrikationszweigen gehören zwei weitere Frankenthaler Großunternehmen an. Die *Benderwerke* als führendes Unternehmen für Flaschenverschlüsse sind aus der 1851 gegründeten Mannheimer Korkenhandelsgesellschaft H. A. Bender Söhne hervorgegangen. Als jüngstes Großunternehmen Frankenthals stellen die *Pegulanwerke* Fußbodenbelag und andere Artikel aus Kunststoffen her.

Die 1844 aus Kaiserslautern nach Frankenthal verlegte Zuckerfabrik wurde 1873 in eine Aktiengesellschaft und Raffinerie umgewandelt, die den Rohzucker anderer Werke veredelte. 1926 erfolgte der Zusammenschluß mit den übrigen süddeutschen Zuckerfabriken zur *Süddeutschen Zucker AG* in Mannheim. Das Werk wurde im Zweiten Weltkrieg so zerstört, daß ein Wiederaufbau als Fabrikationsstätte nicht mehr in Frage kam und das Gelände an 26 kleinere Betriebe aus verschiedenen Branchen verpachtet und später verkauft wurde.

14. Das Herzogtum Pfalz-Zweibrücken bis zur französischen Besetzung 1793

Unter Herzog *Ludwig II.* wurde im Herzogtum Pfalz-Zweibrücken die Reformation eingeführt. Als 19jähriger hatte er 1521 Luther auf dem Wormser Reichstag gesehen und gehört. Seine Erzieher und Berater neigten schon früh zur neuen Lehre. *Franz von Sickingen,* der bedeutendste Zweibrücker Vasall, schickte ihm, als er auf seiner Burg Landstuhl keinen Schutz mehr bieten konnte, in *Johannes Schwebel* einen bedeutenden Theologen und Reformator, der mit *Jacob Schorr,* dem damaligen Zweibrücker Kanzler, und *Jacob Sturm,* einem einflußreicheren Ratsherrn in Straßburg und Berater des jungen Herzogs, die Reformation im Herzogtum Zweibrücken durchführte. 1526 bekannte sich der zunächst etwas schwankende Herzog Ludwig II., bestärkt durch seine Frau Elisabeth von Hessen, öffentlich zur Reformation. Damit war nach den damaligen Grundsätzen die Religionsfrage für das ganze Herzogtum entschieden. Der Bauernkrieg berührte die westpfälzischen Gebiete wenig; Annweiler, Bergzabern sowie die im Elsaß liegende Herrschaft Kleeburg wurden jedoch in die Unruhen hereingezogen, in denen aus dem Elsaß gekommene Bauern manche Zerstörungen anrichteten. 1532 im Alter von nur 30 Jahren starb Ludwig II. an einer durch übermäßiges Trinken geförderten Schwindsucht. Für seinen einzigen, erst 6 Jahre alten Sohn Wolfgang übernahmen Mutter und Oheim Ruprecht die Vormundschaft.

Pfalzgraf *Wolfgang* wurde bis zu seinem 14. Lebensjahr zu Hause sorgfältig erzogen und dann zu weiterer Ausbildung nach Heidelberg an den Hof des Kurfürsten Ludwig V. geschickt. Die vormundschaftliche Regierung setzte unterdes die Konsolidierung der unter Herzog Ludwig II. begonnenen Reformation fort. Eine neue Gerichtsordnung und eine lutherische Kirchenordnung wurden erlassen. So fiel dem jungen Herzog ein gefestigter Besitz zu, als 1544 der Vormund Pfalzgraf Ruprecht unerwartet starb. Auch Herzog Wolfgang heiratete eine hessische Prinzessin: gerade 18jährig trat er die Regierung an. Kaiser Karl V., der zu dieser Zeit noch die Hoffnung hegte, die religiösen Zwistigkeiten in Deutschland schlichten zu können, besuchte den jungen Herzog, der trotz Festhaltens am Augsburger Bekenntnis dem Schmalkaldischen Bund der

evangelischen Fürsten nicht beigetreten war, zweimal in Zweibrücken, weil er hoffte, ihn zu sich herüberziehen zu können. Pfalzgraf Wolfgang hielt sich zurück, ließ, wo es gewünscht wurde, katholischen Gottesdienst zu und vermied zunächst auch Streit zwischen Lutheranern und dem aus der Schweiz und dem Elsaß herüberwirkenden Calvinismus. Im Unterschied zu der traditionellen Zweibrücker Feindschaft gegen die Kurpfalz blieb Wolfgang mit den Kurfürsten Friedrich II. und vor allem Ott-Heinrich eng verbunden; so übertrug ihm Friedrich II. die Statthalterschaft in der Oberpfalz und Ott-Heinrich die Herrschaft über Neuburg mit dem Recht auf Erbfolge. Sein größter politischer Erfolg war die Erbeinigung von 1553, in der die Nachfolge in der Kur bei dem zu erwartenden Aussterben der alten Kurlinie geregelt wurde. Die pfälzischen Wittelsbacher standen hier gegen die bayerischen, die die Nachfolge in der Kur für sich beanspruchten. Im Zuge der sich verhärtenden religiösen Fronten wurde Herzog Wolfgang ein entschiedener Lutheraner, der von dieser Zeit ab in seinem Lande Katholizismus und Calvinismus bekämpfte. Dadurch geriet er in Gegensatz zur simmerischen Kurlinie, die sich dem Calvinismus zuwandte. Zur allgemeinen Überraschung faßte er, der sich in Deutschland den Glaubenskämpfen ferngehalten hatte, 1569 ziemlich plötzlich den Entschluß, zugunsten der *Hugenotten* in die französischen Glaubenskämpfe einzugreifen. In geheimen Verhandlungen mit Abgesandten der Königin Johanna von Navarra, ihres Sohnes Heinrich und des Prinzen von Condé übernahm es Herzog Wolfgang, ein Heer von etwa 15 000 Mann – je zur Hälfte Reiter und Fußvolk – aufzustellen. Die benötigten – für das kleine Herzogtum enorm hohen – Gelder wurden von französischer Seite verbürgt, aber nur schleppend teilweise zurückgezahlt. Durch Elsaß, Burgund und in einem von französisch-katholischer Seite wenig behinderten Zug über die Loire durch Mittelfrankreich führte Herzog Wolfgang seine Hilfstruppen dem in La Rochelle weilenden Prinzen von Condé zu. Einen Tag vor der Vereinigung starb Herzog Wolfgang 1569 an einer fiebrigen Erkältung. Es dauerte zwei Jahre, bis sein Leichnam nach Hause gebracht werden konnte. Seine Truppen halfen unter dem Befehl des Grafen *Vollrad von Mansfeld,*

Herzog Johann I. von Pfalz-Zweibrücken · Gemälde aus der Graimberg-Sammlung des Kurpfälzischen Museums Heidelberg

Herzog Johann II. von Pfalz-Zweibrücken · Gemälde von Julius Zimmermann · Bayrische Staatsgemäldesammlung München

den für die französischen Protestanten günstigen Frieden von St. Germain zu erkämpfen. Herzog Wolfgang hatte 1569 testamentarisch festgelegt, daß sein ältester Sohn *Philipp Ludwig* das ihm von Ott-Heinrich überlassene Herzogtum Neuburg an der Donau erhalten solle. Er wurde damit der Begründer der später zur Kurwürde gelangenden Linie *Pfalz-Neuburg*. Der zweite Sohn *Johann* setzte die Zweibrücker Linie fort. Bedeutsam für die Geschichte des Pfälzer Gesamthauses war die vom fünften Sohn *Karl* mit dem zweibrückischen Anteil der Grafschaft Sponheim begründete *Birkenfelder* Linie, deren letzter Herzog Maximilian Josef nach dem Aussterben der übrigen Wittelsbacher Linien das unter Karl Theodor vereinigte Kurfürstentum Pfalz-Bayern 1799 erbte und 1806 den bayerischen Königsthron bestieg.

Die Regierungszeit des Zweibrücker Herzogs *Johann I.* (1569–1604) war belastet durch die großen Schulden, die von seinem Vater zur Finanzierung seines Frankreichfeldzugs aufgenommen worden waren, und durch mehrere kurz hintereinander folgende Pestepidemien. Kaum waren die schlimmsten Folgen überwunden, als durch den Übertritt des Herzogs zum *Calvinismus* neue Beschwerden über das Land kamen. Vergeblich hatte der älteste Bruder aus Neuburg unter Berufung auf das väterliche Testament gewarnt. Der Einfluß der Kurpfälzer Verwandten, die diesen Übertritt schon vorher vollzogen hatten, war grö-

ßer. Die Untertanen mußten nach den damals herrschenden Grundsätzen folgen oder auswandern. Die Unduldsamkeit ging so weit, daß Geistliche wegen geringfügiger Abweichung in der Lehre verbannt oder gar hingerichtet wurden. Weil die theologischen Streitereien die Bildung von neuen Autoritäten an Stelle der beseitigten alten verhinderten, trat eine Verwilderung der Sitten ein. Johann I. versuchte, durch Verbesserung des Schulwesens dem entgegenzutreten und dem Wirtschaftsleben durch Ansiedlung von Hugenotten aufzuhelfen, die nach der Bartholomäusnacht 1572 aus Frankreich ausgewandert waren. Mitten in diesen Bemühungen starb er 1604 in den Armen des Kurfürsten Friedrich IV. von der Pfalz, mit dem er gerade in Germersheim eine nachbarliche Besprechung hatte.

Für den noch minderjährigen Nachfolger *Johann II.* übernahm Kurfürst Friedrich IV. (der Gründer von Mannheim) die Vormundschaft. Der junge Herzog war sorgfältig erzogen worden, hatte sich zur Ausbildung drei Jahre an protestantischen französischen Adelshöfen aufgehalten und dort in *Katharina von Rohan* seine Frau gefunden. Sie starb bei der Geburt ihrer ersten Tochter, die 1630 ihren Vetter von der Birkenfelder Linie, den Pfalzgrafen *Christian I.*, heiratete.

Das Vertrauensverhältnis zu Kurpfalz und deren Führerstellung im deutschen Protestantismus rückten Herzog *Johann II.* plötzlich in die vorderste Linie. Sein Vormund

Katharina von Rohan, Gemahlin Johanns II. · Gemälde von Julius Zimmermann · Bayrische Staatsgemäldesammlung München

Karl XII., König von Schweden, Herzog von Pfalz-Zweibrücken · Stich nach einem Gemälde · Kurpfälzisches Museum Heidelberg

Kurfürst Friedrich IV. war 1608 der Protestantischen Union beigetreten; aber er war so krank, daß er sich in den Verhandlungen von seinem Mündel vertreten lassen mußte. Er starb 1610, nachdem er testamentarisch Herzog Johann II. von Zweibrücken nun seinerseits zum Vormund des erst 14jährigen Kurprinzen Friedrich V. und zum Verweser des Kurfürstentums eingesetzt hatte. So verlegte Johann II. für mehrere Jahre seinen Wohnsitz nach Heidelberg. Er verheiratete sich dort in zweiter Ehe mit der Schwester seines Mündels. Auch in der Reichspolitik fiel ihm nach dem Tode Kaiser Rudolfs II. eine wichtige Aufgabe zu, da er die Pfälzer Kurstimme zu vertreten und bis zur Wahl des neuen Kaisers das der Kurpfalz zustehende Reichsvikariat zu führen hatte. Als Kurfürst Friedrich V. 1614 volljährig geworden war, zog sich Johann II. nach Zweibrücken zurück. Auf Bitten seines Schwagers übernahm er 1619 bei dessen Aufbruch nach Prag erneut die Verwaltung der Kurpfalz. Diese enge Beziehung zur Kurlinie wirkte sich nach der Niederlage Friedrichs V. im November 1620 auch auf das Zweibrücker Herzogtum nachteilig aus.

1630 griff Gustav Adolf von Schweden in die deutschen Geschicke ein, beraten von Johann Kasimir, dem mit einer Schwester Gustav Adolfs verheirateten jüngeren Bruder des Zweibrücker Herzogs Johann II. Nach Gustav Adolfs Siegen und dem Bündnis Frankreichs mit der Protestanti-

schen Union trat Herzog Johann II. mit anderen bisher ebenfalls neutralen protestantischen Fürsten dem Schwedenbündnis bei. Die kaiserlichen Truppen wurden aus Süddeutschland weitgehend vertrieben; erst durch die Schlacht bei Nördlingen 1634 wendete sich die Lage zugunsten der Kaiserlichen. Die Truppen der Protestantischen Union flüchteten an den Rhein, einige protestantische Fürsten schlossen einen Sonderfrieden. Pfalz-Zweibrücken war durch die enge Bindung an Kurpfalz und die Verwandtschaft zum schwedischen Königshaus fest an die evangelische Seite gebunden. 1635 erschien Gallas mit den kaiserlichen Truppen in der Pfalz. Die zwei neu rekrutierten Zweibrücker Regimenter, die der feurige junge Erbprinz ihm entgegenstellen konnte, wurden in die Flucht geschlagen. Die brennenden und mordenden Kroaten machten keinen Unterschied zwischen Kurpfälzischen oder Pfalz-Zweibrückischen Städten und Dörfen. Zweibrücken selbst hielt zwar stand, aber der erkrankte Herzog Johann II. zog sich mit seiner Familie nach Metz zurück, wo er Ende 1635 starb.

Sein Sohn und Nachfolger *Friedrich* blieb dort bis 1644, während sein Land mit der Hauptstadt Zweibrücken teils von den Kaiserlichen, teils von den verbündeten Schweden und Franzosen heimgesucht wurden. Selbst nach dem Friedensschluß von Osnabrück 1648 zogen sich Franzosen und Lothringer nicht zurück und hielten die Festungen Homburg und Nanstein besetzt. Der junge Herzog suchte Landwirtschaft, Gewerbe und Schulwesen wieder in Gang zu bringen. Das berühmte, von Herzog Wolfgang 1559 in Hornbach im ehemaligen Kloster errichtete, später nach Zweibrücken verlegte Gymnasium konnte dort noch nicht wieder seine Tätigkeit aufnehmen. Es mußte in Meisenheim untergebracht werden, während der Herzog zunächst in der Burg Kirkel residierte, bis in Zweibrücken Stadt und Schloß einigermaßen wieder aufgebaut waren. Auch in seiner Familie hatte Herzog Friedrich Unglück insofern, als seine vier Söhne vor ihm dahinstarben. Entsprechend den Richtlinien seiner Vorfahren setzte er seinen Vetter *Friedrich Ludwig* aus der sogenannten *Landsberger Linie* als Erben ein, der dann auch 1661 die Nachfolge antrat.

Die Mutter des neuen Herzogs war eine Tochter Wilhelms von Oranien. Das von ihr geerbte Vermögen verwandte er zum Wiederaufbau auch des neu unter seine Herrschaft gekommenen Zweibrücker Landes; er begann, die drückenden Schulden zu tilgen, bis 1666 eine große Pestepidemie und die Kriege Ludwigs XIV. neue Drangsale brachten. Man konnte nicht hindern, daß 1674 Turenne durch das Herzogtum zog, um in die Kurpfalz einzufallen. Die großen Schreckensjahre waren aber 1676 und 1677, als 4000 Franzosen das Land drangsalisierten, bis es vom Herzog von Braunschweig befreit wurde. Vorher verwüsteten die Franzosen 400 Städte und Dörfer zwischen Hagenau und der Saar, wobei den Bewohnern unter Androhung der Todesstrafe verboten wurde, drei Jahre die Felder zu bebauen oder ihre Häuser wieder aufzurichten! In Zweibrücken schafften die unter Graf Bussy stehenden Truppen alle bewegliche Habe aus dem Schloß und den Bürgerhäusern nach Frankreich. Die Bewohner sperrten sie währenddessen in der Alexanderkirche ein. Vor dem Abzug zerstörten die Franzosen noch die Befestigungswerke sowie die öffentlichen Gebäude einschließlich der Alexanderkirche und plünderten die Gräber in der Kirchengruft. Ähnlich war es den anderen Städten und Dörfern des Herzogtums ergangen, nur Annweiler und das Gebiet von Meisenheim blieben verschont. Auch als 1679 der Frieden von Nymwegen geschlossen war, konnte man noch nicht aufatmen, weil die von Frankreich in Metz und anderen Orten errichteten Reunionskammern weitere Gebiete für Frankreich reklamierten. Bei den engen Verflechtungen ließen sich fast überall französische Ansprüche ableiten. So wurde auch der Herzog von Zweibrücken aufgefordert, seine Lehen künftighin über die Reunionskammern vom französischen König entgegenzunehmen. Als er sich weigerte, rückten erneut französische Truppen ins Land und setzten das Zerstörungswerk fort. Gebeugt von dem Elend, das er nicht verhindern konnte, starb Herzog Friedrich Ludwig 1681. Nach der bestehenden Erbordnung fiel das Herzogtum Zweibrücken an die sogenannte *Kleeburger Linie,* die

infolge der Verheiratung ihres oben genannten Begründers *Johann Kasimirs* mit der Schwester König Gustav Adolfs und nach dem Thronverzicht von dessen Tochter Christine in Schweden zur Regierung gekommen war. *Karl X.* war der erste Schwedenkönig aus dem Pfalz-Zweibrücker Geschlecht. Als er 1660 starb, folgte ihm sein Sohn *Karl XI.,* der 1681 nach dem Tode von Herzog Friedrich Ludwig auch Herzog von Pfalz-Zweibrücken wurde. Er konnte aber hier seine Herrschaft nicht antreten, da verschiedene Verwandte seine Erbrechte bestritten und Frankreich auf Grund der Reunionsansprüche die Oberherrschaft verlangte. Erst der Friede von Rijswijk 1697 beendete die französische Einmischung. Im gleichen Jahr starb Karl XI. und sein Sohn *Karl XII.* folgte ihm auf dem schwedischen Königsthron wie im Herzogtum Zweibrücken. Obwohl er dieses Land seiner Väter nie sah, war seine Regierungszeit segensreich für das schwergeprüfte Land. Der aus Schweden gesandte Statthalter Graf *Oxenstierna* verstand es, die Kriegswunden zu heilen und der Bevölkerung langsam wieder zu Ruhe und bescheidenem Wohlstand zu verhelfen. In religiöser Beziehung trat eine gewisse Duldung gegen Andersgläubige ein. In manchen Orten hatten sich während der Franzosenherrschaft wieder katholische Gemeinden gebildet. Nun wurden viele Gotteshäuser zu gleichzeitiger Benutzung durch die verschiedenen Konfessionen bestimmt.

Die enge Verbindung mit Schweden führte zu einer der merkwürdigsten Episoden der wechselvollen Pfälzer Geschichte: Die Überlassung des Herzogtums Zweibrücken und seiner Einkünfte an *Stanislaus Leszczynski,* der mit Hilfe *Karls XII.* zum polnischen König gewählt worden war, als das Kriegsglück sich von seinem Beschützer wandte. Mit der in guten Händen befindlichen Verwaltung des Herzogtums befaßte er sich nicht, sondern widmete sich ganz seinen philosophischen und künstlerischen Neigungen. Angesehene Fremde machten seinen kleinen Hof zu einem geistigen und künstlerischen Mittelpunkt. Einen Teil der Zweibrücker Steueraufkommen verwandte er zu Bauten in Zweibrücken und Umgebung, von denen allerdings nur wenig erhalten blieb. Diese Episode endete Anfang 1719, als ein Kurier die Nachricht vom Tode Karls XII. überbrachte. Da er kinderlos war, folgte ihm in Zweibrücken der letzte Vertreter der Kleeburger Linie: Pfalzgraf *Gustav Samuel.*

Unter Herzog Gustav Samuel, der zum katholischen Bekenntnis übergetreten war, ging die ruhige Entwicklung im Herzogtum Zweibrücken weiter. Er förderte das Schulwesen, insbesondere auch das berühmte Zweibrücker Gymnasium, und ordnete das Gerichtswesen neu. Die Religionsfreiheit für die drei christlichen Bekenntnisse war zwar in einem seiner ersten Regierungserlasse 1719 verkün-

Früheres Residenzschloß, jetziges Oberlandesgericht Zweibrücken, wieder aufgebaut nach der Zerstörung im Zweiten Weltkrieg

det worden, aber in der Praxis wurde doch die katholische Kirche begünstigt. Unter den das finanzschwache Land sehr drückenden Bauwerken dieser Epoche ist das Ende 1964 nach seiner zweiten Zerstörung stilgerecht wiederhergestellte neue Residenzschloß das bedeutendste. Gustav Samuels Ehe mit einer 12 Jahre älteren entfernten Verwandten blieb kinderlos. Nach vielen Bemühungen beim Bischof von Metz und beim Papst erreichte er die Scheidung, um unter wenig erfreulichen Begleitumständen eine auf seinen Wunsch hin geadelte Zweibrücker Bürgerstochter zu heiraten. Nach seinem Tod 1734 ging das Herzogtum auf die neben der Neuburger Linie allein noch blühende *Birkenfeld-Bischweiler Linie* der pfälzischen Wittelsbacher über. Zwischen beiden Linien war schon vor Gustav Samuels Tod ein Erbfolgestreit entstanden, was den Kaiser veranlaßte, fürsorglich eine Sequesterverwaltung vorzusehen. Die beiden verwandten Häuser einigten sich aber 1733 im sogenannten *Mannheimer Sukzessionsvertrag.* Kurfürst Karl Philipp erkannte den Birkenfelder *Christian III.* als Zweibrücker Herzog an, der aber schon im Jahre nach seinem Regierungsantritt starb. In den 40 Jahren der Regierung seines Sohnes *Christian IV.* – zunächst unter Vormundschaft seiner Mutter – erholten sich das Herzogtum und insbesondere seine Hauptstadt, die 1719 nur 329 Familien (= etwa 2000 Einwohner) gezählt hatte, 1771 aber 5500 Bewohner (wohl einschließlich Hof und Militär)

aufwies. Gewerbe und Landwirtschaft entwickelten sich günstig.

Mehrere Bauten in Zweibrücken, wie Erweiterung des Zweibrücker *Schlosses,* ein neuer Turm für die *Alexanderkirche,* ein *Rathaus* in der neuen Vorstadt, Gestaltung von *Parkanlagen* durch den berühmten Hofgärtner Johann *Ludwig Petri* verschönerten das Gesamtbild. Ausgehend von den am Gymnasium wirkenden Gelehrten *Crollius, Exter* und *Embser* waren bedeutende wissenschaftliche Leistungen zu verzeichnen. Auch auf dem Gebiet der Kunst erlangten die von Herzog Christian IV. geförderten Maler wie *Graff, Leclerc, Mannlich* und *Ziesenis,* der Dichter-Maler Müller, Architekten und Musiker in Wechselwirkung mit dem größeren Kulturzentrum der Kurfürsten in Mannheim überregionale Bedeutung. Noch engere Beziehungen hielt Christian IV. zu Paris, dessen kultureller Einfluß zu dieser Zeit auch bei anderen deutschen Höfen maßgebend war. Er schloß mit Ludwig XV. ein formelles Bündnis, in dem der Herzog sich verpflichtete, ständig 1000 Rekruten zu stellen, die die Stamm-Mannschaft des berühmten Regiments *Royal Deux Ponts* bildeten, dessen Offiziere überwiegend pfälzische Adlige waren. Zusammen mit zwei anderen deutschstämmigen und drei französischen Regimentern bildeten sie die Streitmacht General *Lafayettes,* welche Ludwig XVI. zur Unterstützung der amerikanischen Unabhängigkeitskämpfer entsandte. Das

Herzog Christian IV. von Pfalz-Zweibrücken · Gemälde aus der Graimberg-Sammlung · Kurpfälzisches Museum Heidelberg

Herzog Karl II. August von Pfalz-Zweibrücken · Gemälde aus der Graimberg-Sammlung · Kurpfälzisches Museum Heidelberg

Regiment *Deux Ponts* führte unter dem Grafen *Christian* von Zweibrücken-Forbach, dem ältesten Sohn Herzog Christians IV. aus seiner morganatischen Ehe mit einer französischen Tänzerin am Mannheimer Theater und nachmaligen Gräfin Forbach, den entscheidenden Schlag gegen Yorktown, der die Engländer schließlich zur Anerkennung der Unabhängigkeit der Vereinigten Staaten nötigte.

Die Lebenserinnerungen des Malers *Johann Christian Mannlich* vermitteln ein lebendiges Bild der im Zusammenhang mit der gleichzeitigen Mannheimer Entwicklung stehenden höfischen Kulturblüte. Welchen harmonischen Eindruck 1770 Zweibrücken auf den durchreisenden Goethe machte, ist im 10. Buch des zweiten Teils von »*Dichtung und Wahrheit*« nachzulesen. 1767 regelte der sogenannte Schwetzinger Vergleich mit Karl Theodor die zwischen Kurpfalz und Zweibrücken schwebenden territorialen Fragen. Nach dem Tode des nicht standesgemäß verheirateten Herzogs folgte 1775 sein Neffe *Karl II.* als Herzog von Zweibrücken.

Durch Verträge mit Kurpfalz wurde die gegenseitige Erbfolge bestätigt. Das erwartete Erbe der Kurwürde vorausnehmend, erbaute Karl II. auf einer Anhöhe bei Homburg das riesige Schloß Karlsberg mit Gärten und Pavillons, Kasernen und Wirtschaftsgebäuden. Die Gesamtanlage hatte eine Ausdehnung von 1½ km und ging weit über die finanziellen Kräfte des kleinen Landes. Da das französi-

sche Vorbild des ancien régime auch für des Herzogs Lebensführung maßgebend war, kann man es als Schicksalsfügung betrachten, daß die ganze Herrlichkeit, kaum entstanden, als erstes Opfer der französischen Revolutionskriege 1793 in Flammen aufging. Die Revolutionäre verrichteten ein so gründliches Zerstörungswerk, daß heute kaum mehr Zeugnisse der alten Pracht geblieben sind. Karl II. flüchtete 1793 vor der französischen Revolutionsarmee nach Mannheim, wo er 1795 starb. Da er keinen männlichen Erben hinterließ, folgte ihm sein Bruder *Maximilian Josef,* der, in jeder Beziehung sein Gegensatz, als präsumtiver Nachfolger des seit 1778 in München residierenden Kurfürsten Karl Theodor sich in Mannheim, wo er in seinem Palais am Theaterplatz wohnte, großer Beliebtheit erfreute. Maximilian, dessen Sohn und Nachfolger *Ludwig* in Rohrbach bei Heidelberg und in Mannheim aufwuchs, hing sehr an dieser Stadt, die er nach der Vertreibung aus dem Zweibrücker Herzogtum durch die Franzosen als Heimat ansah. Mit dem Tode Karl Theodors 1799 ist Maximilian der letzte Herzog von Zweibrücken, Kurfürst von der Pfalz und Bayern geworden. Im Frieden von Lunéville 1801 wurde das Herzogtum Zweibrücken auch formell Frankreich einverleibt und teilte von da ab das Schicksal der übrigen linksrheinischen Pfalz.

15. Die Seitenlinien des pfälzischen Hauses sowie ihre Hauptstädte und andere Residenzen

Mosbach

Zwischen 730 und 740 soll das Benediktiner-Kloster *Mosbach* kurz nach Amorbach auf fränkischem Königsland gegründet worden sein. 976 übereignete König Otto II. die *»Abtei Mosebach im Gau Wingerteiba und Gebiet des Grafen Cuno«* mit 23 Orten dem Bischof Anno von Worms. Der große Wormser Bischof Burchard wandelte 1016 die Abtei in ein weltliches Kollegiatstift unter einem Propst um. Das Stift war mit der sich in seinem Schutz entwickelnden Siedlung im 13. Jahrhundert wieder unmittelbarer Reichsbesitz geworden; denn König Adolf von Nassau verpfändete das inzwischen Reichsstadt gewordene Mosbach. 1330 erwarb Pfalzgraf Rudolf II. die Pfandschaft. Der Status als Reichsstadt geriet in Vergessenheit, und Mosbach wuchs in das pfälzische Territorium hinein. Bei der Erbteilung von 1410 erhielt der jüngste Sohn Otto mit der sogenannten *kleinen Pfalz* Orte und Ländereien in der Neckargegend. Die wichtigsten Orte waren Mosbach, Sinsheim, Eberbach, Obrigheim, Steinsberg, Schriesheim und Hemsbach an der Bergstraße, Anteile an Ladenburg und Weingarten bei Bruchsal. Wohnsitz des Pfalzgrafen und Mittelpunkt der Verwaltung wurde die ausgebaute ehemalige Reichsburg oberhalb der aufblühenden Stadt Mosbach. Otto II., der Sohn des Begründers der Seitenlinie, war ein unruhiger Geist, der es in jungen Jahren vorzog, an den Fehden seiner Vettern in Ober- und Kurpfalz teilzunehmen, und sich später wissenschaftlichen Studien widmete. Er starb 1499 unvermählt, so daß die *kleine Pfalz* an die Kurlinie zurückfiel. Ein schwieriger Nachbar war der seit 1517 auf Burg Hornberg sitzende Götz von Berlichingen, der wegen der ihm zustehenden Nutzung des angrenzenden großen Mosbacher Stadtwalds jahrelang mit der Stadt prozessierte.

Das Kollegiatstift wurde 1556 aufgehoben, die Stiftskirche teilte man 1705 zwischen Protestanten und Katholiken auf, die Cäcilienkirche baute man zum Rathaus um. 1563 und 1597 wurde Mosbach wegen der in Heidelberg ausgebrochenen Pest vorübergehend Sitz der Hofhaltung von Kurpfalz; mehrfach wich auch die Universität dorthin aus. Die pfälzische Oberamtsstadt Mosbach blieb in den Kriegen des 17. Jahrhunderts verschont, so daß noch viele Fachwerkhäuser des 16. Jahrhunderts erhalten sind. Die von Kurfürst Karl Theodor 1770 gegründete Fayencefabrik war bis 1829 in Betrieb. Ihre Erzeugnisse haben heute Sammlerwert. Ein reges Gewerbe verstärkte die Bedeutung des Verwaltungsmittelpunkts im 19. und 20. Jahrhundert.

Neustadt

Das Waldgebiet, in dem später *Neustadt* errichtet wurde, war wohl in der frühen fränkischen Zeit Königsland, das durch Schenkung an den Bischof von Speyer kam. Das Gebiet der mittelalterlichen Stadt ist Rodungsland, mit dem sich die Pfalzgrafen vom Speyerer Bischof belehnen ließen, als sie für ihre linksrheinischen Besitzungen einen Mittelpunkt suchten, ähnlich der Rolle, die das von Worms zu Lehen erhaltene Heidelberg rechtsrheinisch spielen sollte. Urkunden über die Gründung liegen nicht vor. Wahrscheinlich hat sich schon Pfalzgraf Konrad von Staufen mit Winzingen belehnen lassen und der Wittelsbacher Pfalzgraf Ludwig der Kelheimer könnte etwa um 1220 der Erbauer der *»Nüwenstat«* und der zwei sie beschützenden, im Bauernkrieg zerstörten Burgen gewesen sein. Das von vornherein städtisch angelegte und befestigte Gemeinwesen erhielt durch König Rudolf von Habsburg 1275 das Speyerer Stadtrecht. 1356 gründete Kurfürst Ruprecht I. das St. Ägidius-Stift als Grablege der Kurfürsten. 1368 begann er mit dem Bau der Stiftskirche, in der er und sein Bruder Rudolf II. begraben wurden. Seit Ende des 14. Jahrhunderts besaß Neustadt eine Münze mit eigener, der Straßburger entsprechenden Währung.

Der Neustadter Rat sprach für das Stadtgebiet Recht, war zugleich aber auch Oberhof für zahlreiche, in der Umgebung meist auf kurpfälzischem Territorium gelegene Dorf-

Mosbach · Kupferstich von Matthäus Merian 1645

und Stadtgerichte. Im Laufe des 15. Jahrhunderts wurde folgender Instanzenzug aufgebaut: 1. Instanz: Dorf- oder Stadtgericht (Anfrage um Rechtsbelehrung war an den Neustadter Rat als Oberhof möglich); 2. Instanz: Der Neustadter Rat als Berufungsinstanz (Anfrage Neustadts an das Hofgericht in Heidelberg oder die Juristischen Fakultäten war möglich); 3. Instanz: Das Heidelberger Hofgericht.

Dieser Aufbau ist im Pfälzischen Landrecht von 1582 wiedergegeben. Daneben wurde im Laufe des 14. Jahrhunderts das Oberamt Neustadt aufgebaut unter Einbeziehung der Zuständigkeiten der Landvogtei im Speyergau, die seit 1331 an Kurpfalz verpfändet war. Da es sich hier auch um richterliche Funktionen handelte, ergaben sich Kompetenzstreitigkeiten zwischen Oberamt und Stadtgericht. So ist im Bereich des Oberamts Neustadt vom 13. zum 18. Jahrhundert der langsame Übergang vom mittelalterlichen Personenverbands-Staat zum modernen Flächen-Staat besonders gut zu verfolgen.

Wegen Beteiligung am Bauernkrieg 1525 wurden Neustadt die städtischen Vorrechte für fast zwei Jahrzehnte entzogen. Die Hauptblütezeit, von der noch manche Gebäude künden, fällt in das letzte Viertel des 16. Jahrhunderts, als Pfalzgraf *Johann Kasimir* die Oberämter Neustadt und Kaiserslautern zur selbständigen Regierung erhielt. Als strenger Calvinist gewährte er 1576–83 calvinistischen Pro-

fessoren der Heidelberger Universität Asyl und begründete mit ihnen das *»Casimirianum«.* Es bestand sieben Jahre, bis Pfalzgraf Kasimir als Vormund seines Neffen Friedrich IV. auch in Heidelberg den Calvinismus wieder einführte. Neustadt blieb Verwaltungsmittelpunkt bis in unsere Tage. An den freiheitlichen Bestrebungen des 19. Jahrhunderts nahmen die Neustädter Bürger lebhaften Anteil. Das Hambacher Fest fand hier großen Widerhall, und der Auszug der Heidelberger Studenten 1848 ging aus gutem Grund nach dem als freiheitlich gesinnt bekannten Neustadt, das von alters her mit Heidelberg und seiner Universität sich besonders verbunden fühlte.

Kaiserslautern (S. 18/19).

Meisenheim

Meisenheim am Glan – oftmals mit Rothenburg ob der Tauber verglichen – hat das Aussehen einer kleinen Residenzstadt des ausgehenden Mittelalters und der beginnenden Neuzeit fast ganz bewahren können. Als Mainzer Lehen haben die Grafen von Veldenz um 1200 den Ort zu ihrer Hauptstadt gemacht, die 1315 die Freiheiten der Stadt Oppenheim zuerkannt erhielt. Durch Erbvertrag von 1444

Neustadt an der Haardt · Kupferstich von Matthäus Merian 1645

fiel Herzog Stephan von Pfalz-Zweibrücken und seinen Nachkommen die Grafschaft zu. Herzog Stephan regierte sein Herzogtum zunächst von hier aus. Auch als später der Regierungssitz nach Zweibrücken verlegt wurde, weilten die Herzöge oft in Meisenheim, insbesondere wenn das mehr im Brennpunkt der kriegerischen Ereignisse liegende Zweibrücken unsicher wurde oder zerstört worden war. Besonders hervorzuheben sind das heute als evangelisches Heim dienende Schloß und die Schloßkirche mit der Wittelsbacher Grabkapelle, in der viele Mitglieder dieses pfälzischen Hauses beigesetzt sind, so auch Herzog Karl von Pfalz-Zweibrücken-Birkenfeld, der Stammvater der später in Bayern zur Herrschaft gelangenden Linie.

Schwetzingen

Schwetzingen hat als Jagdschloß und Sommerresidenz in der pfälzischen Geschichte eine bedeutende Rolle gespielt. Als *Suezzingen* 766 erstmals im Lorscher Codex erwähnt, ist die Gemarkung, in der dieses Kloster großen Besitz hatte, im 13. Jahrhundert unter die Oberhoheit der Pfalzgrafen gekommen, die auch die von Ministerialenfamilien auf einer Insel des Leimbachs erbaute Wasserburg in die Hand bekamen. Im 15. und 16. Jahrhundert wurde die Anlage durch Zukauf von Gelände erweitert und zu einem

Jagdschloß mit Garten ausgebaut. Nach den Verwüstungen des Dreißigjährigen Kriegs erfolgte unter Kurfürst Karl Ludwig der Wiederaufbau. Hier lebte die ihm morganatisch angetraute Hofdame *Luise von Degenfeld*. Auch Schwetzingen wurde 1689 von den Franzosen zerstört. Bei der Wiederherstellung des Schlosses entstand durch Errichtung von Flügelbauten der Eingangshof. Als Kurfürst Karl Philipp 1720 seine Residenz von Heidelberg wegverlegte, war Schwetzingen den Sommer über bis zur Herrichtung geeigneter Räume in Mannheim Regierungssitz. Der Garten wurde nach französischem Vorbild weiträumig angelegt und insbesondere die Mittelachse mit Ausblick auf die Haardt geschaffen. Die große Zeit für Schwetzingen war die Regierung Karl Theodors. Die in Mannheim tätigen Architekten *Bibiena* und *Rabaliatti* bauten nach der Parkseite zu die Flügel der *Zirkelhäuser* mit Festsälen und Schutzräumen für exotische Pflanzen im Winter. *Nikolas de Pigage* baute 1752 bis 1762 das *Rokokotheater*. Der Garten wurde zunächst noch im strengen französischen Stil erweitert, später wurden neue Teile als englischer Landschaftsgarten unter anderen von *F. L. Sckell,* dem späteren Schöpfer des Münchner *»Englischen Gartens«,* organisch hinzugefügt. In diesem Rahmen hielt Karl Theodor im Sommer Hof. Hier weilte *Voltaire* und studierte seine ihm zu Ehren aufgeführten Stücke zum Teil selbst ein. Hier spielte sich ein reiches musikalisches Leben ab. *Johann*

Schwetzingen · Schloß und Hauptachse des Gartens

Christian Bach, Gluck und der junge *Mozart* musizierten in den Zirkelsälen, im Naturtheater vor dem Apollotempel fanden Freilichtaufführungen statt. Durch die Verlegung des Hofes nach München 1778 hörte die für die Bewohner Schwetzingens einträgliche Rolle der Sommerresidenz plötzlich auf, und man mußte sich auf Anbau und Verwertung der schon seit dem 18. Jahrhundert betriebenen Kulturen von Tabak, Hopfen und Spargel konzentrieren. 1833 erhielt Schwetzingen Stadtrechte. Im 19. Jahrhundert entwickelte es eine ansehnliche Spezialindustrie neben dem alteingesessenen Gewerbe, unter dem die 1731 gegründete *Schwanenbrauerei* die älteste, die *Bassermannsche Konservenfabrik* die bekannteste Firma ist.

Oggersheim

Was Schwetzingen für Karl Theodor und seine Vorgänger bedeutete, war im kleinen das heute in Ludwigshafen aufgegangene *Oggersheim* für Kurfürstin Elisabeth Auguste. Aus der lieblosen Ehe mit Karl Theodor zog sie sich in das vom Pfalzgrafen *Joseph Karl* von Sulzbach 1720 begonnene, von einer Gartenanlage im französischen Stil umgebene und 1760 vollendete Schloß zurück. In seiner Nähe ließ sie von den in Mannheim wirkenden Künstlern *Verschaffelt* und *Egell* eine *Wallfahrtskirche* erbauen. Von

1768 bis zur Vertreibung durch die französische Revolutionsarmee 1793 lebte sie mit einem Hofstaat von 100 Personen überwiegend in dieser Umgebung und veranstaltete öfters Musik- und Theateraufführungen, zu denen sie Kräfte aus Mannheim und von anderswo herbeiholte. Anfangs kamen dazu der Kurfürst Karl Theodor und sein Hofstaat aus Mannheim, später wurde es einsamer um sie. Nachdem das Schloß unter der französischen Besetzung in Brand geraten war, wurde es vollends zerstört. Die Trümmer waren willkommenes Baumaterial. Die allein erhalten gebliebene Orangerie geriet durch einen Blitzschlag in Brand, so daß nach Überbauung eines großen Teils des Geländes nur noch geringere Überreste erhalten sind.

Im Herbst 1782 wohnte Friedrich Schiller mit seinem Freund Streicher mehrere Wochen lang unter falschem Namen im Oggersheimer Gasthaus zum Viehhof, um in Ruhe und unbesorgt vor etwaiger Verfolgung durch den Herzog von Württemberg seinen »Fiesco« umzuarbeiten. »Kabale und Liebe« entstand zur gleichen Zeit. Der ehemalige Gasthof ist jetzt eine Gedächtnisstätte mit Stichen aus der Schillerzeit und Kopien aller auf Oggersheim sich beziehenden Briefe Schillers.

Simmern

Im 14. Jahrhundert erbauten die *Raugrafen,* Nachkommen der fränkischen Grafen des Nahegaues, der *Emichonen,* Burg und Ortschaft *Simmern,* der Kaiser Ludwig der Bayer 1330 Stadtrecht verlieh. 1359 erwarb Kurfürst Ruprecht I. die Stadt, die zum Mittelpunkt der pfälzischen Besitzungen im Hunsrück nördlich der Nahe wurde. Das Hunsrückgebiet war 1410 an Pfalzgraf *Stephan,* den Begründer der Zweibrücker Linie des Wittelsbachischen Hauses, gekommen. Nach seinem Tod 1459 begründete sein Sohn *Friedrich* ein eigenes Herzogtum *Pfalz-Simmern,* das bis 1559 bestand. Als die Simmerer Pfalzgrafen in diesem Jahr die Kurwürde erlangten, fiel das Gebiet an Kurpfalz zurück, und Simmern wurde Verwaltungssitz des gleichnamigen Oberamts. Seit 1814 preußische Kreisstadt für einen Teil des Hunsrücks, hat dieser Verkehrsknotenpunkt neuerdings auch einen gewerblichen Aufschwung genommen.

Veldenz

Nach der Überlieferung schenkte der Frankenkönig *Childebert II.* um 580 die Gegend des heutigen *Veldenz* dem Bischof von Verdun, weil dieser in seinem Gebiet kein für den Weinbau geeignetes Gelände hatte, während er an der Mosel durch die Römer schon heimisch geworden war. Die Familien der *Emichonen* bauten als Untergrafen der Salier die Burg Veldenz. Nach ihrem Aussterben erbten die Grafen von *Geroldseck* (bei Lahr) die Grafschaft und nannten sich in diesem Zweig nunmehr Grafen von Veldenz. Die Grafschaft gelangte 1444 durch Erbgang an *Pfalz-Zweibrücken,* das die Landeshoheit so weit festigte, daß der Versuch des Bischofs von Verdun, das erledigte Lehen einzuziehen, mißlang und 1523 die Reformation eingeführt werden konnte. Nachdem Frankreich durch den Westfälischen Frieden sich neben Metz und Toul auch das Bistum Verdun staatsrechtlich eingegliedert hatte, wurden die Pfalzgrafen der von Pfalz-Zweibrücken abgespaltenen Linie *Pfalz-Zweibrücken-Veldenz* zur Ablegung des Lehnseids an den König von Frankreich aufgefordert. Als sie dies verweigerten, besetzten französische Truppen die Grafschaft und zerstörten die Burg. Durch den Frieden von Rijswijk kam Veldenz 1697 an die Pfalz zurück.
Die Linie Pfalz-Zweibrücken-Veldenz, der die Herrschaften *Lauterecken* und *Lützelstein* mit gleichnamigen Residenzstädtchen gehörten, starb 1694 aus. Der zwischen Kurpfalz und Pfalz-Zweibrücken entstandene Erbfolgestreit wurde erst 1731 dahingehend entschieden, daß Veldenz an Kurpfalz und die im Elsaß und in Lothringen liegenden Gebietsteile an Pfalz-Zweibrücken fielen.

Weinheim

Nach Schilderung der Entwicklung von acht Pfälzer Nebenresidenzen ist jetzt die Reihe an *Weinheim,* das zwar nur wenige Jahre Residenzstadt war, aber wegen des zeitweiligen Aufenthalts mehrerer Glieder des pfalzgräflichen Hauses und wegen seiner Bedeutung für die pfälzische Geschichte hier behandelt werden soll. Auf altem Kulturboden sind römische Bauten nachgewiesen und zwei Reihengräberfelder aus früher fränkischer Zeit festgestellt. Im *Lorscher Codex* ist eine erste Weinheimer Schenkung aus dem Jahre 755 verzeichnet. Mit der Zeit erwarben die Lorscher Äbte fast die ganze Weinheimer Gemarkung. Sie war laut einer auf das Jahr 900 zurückgehenden Liste im Codex in 12 große herrschaftliche und 23 kleine Huben eingeteilt, die zur Bearbeitung vererblich an zinspflichtige Familien vergeben wurden. Im Jahr 1000 waren 96 Hofstellen dem Kloster abgabepflichtig. Kaiser Otto III. verlieh der Siedlung in diesem Jahr das Marktrecht. 1065 fügte König Heinrich IV. noch das Münzrecht hinzu. Zum Schutze des Klosterbesitzes an der Bergstraße legten die Äbte Ende des 11. Jahrhunderts die *Burg Windeck* an. Nach der Auflösung der Reichsabtei Lorsch geriet Weinheim in den Streit der Mainzer Erzbischöfe mit den Pfalzgrafen um die Vorherrschaft an der Bergstraße. Da der Pfalzgraf den Erzbischof aus dem Marktflecken nicht vertreiben konnte, gründete er etwas weiter südlich die »Neustadt«, die er sogleich befestigte und mit Stadtrechten ausstattete, so daß zwei Gemeinden gleichen Namens nebeneinander bestanden. Nach einigen Jahren gab der Erzbischof auf und belehnte zunächst den Pfalzgrafen mit der Altstadt. 1308 verzichtete er auf alle seine Rechte; aber erst 1456 erfolgte die Vereinigung zu einer Gemeinde, die fortan das Schicksal von Kurpfalz teilte. Ein großer Teil des Lorscher Grundbesitzes, vermehrt um gestiftetes Adelseigentum, kam in die Botmäßigkeit der 1273 gegründeten und später in das Gebäude des jetzigen Heimatmuseums verlegten Niederlassung des *Deutschen Ritterordens.* Unter den Weinheimer Adelsfamilien verdienen Erwähnung die Herren von *Swende,* deren Hof Pfalzgraf Ludwig III. im Jahr 1423 kaufte. Auf diesem Gelände wurde unter Benutzung vorhandener Gebäudeteile ein kurfürstliches Schloß errichtet. (heute Rathaus). Dieses diente dem aus seiner Herrschaft Neuburg an der Donau vertriebenen Pfalzgrafen *Ottheinrich* 1547 bis 1556 als Wohnsitz, bis er die Nachfolge seines Oheims in Heidelberg antrat. Nach den Zerstörungen im Dreißigjährigen und Orléansschen Krieg wiederaufgebaut, war es von 1698 bis 1700 die Residenz von Kurfürst *Johann Wilhelm,* da das Heidelberger Schloß noch nicht hergerichtet war. Aber »Jan Wellem« zog es schnell wieder ins unzerstörte Rheinland. Die Gemahlin Karl Theodors *Elisabeth Auguste,* floh 1793 vor

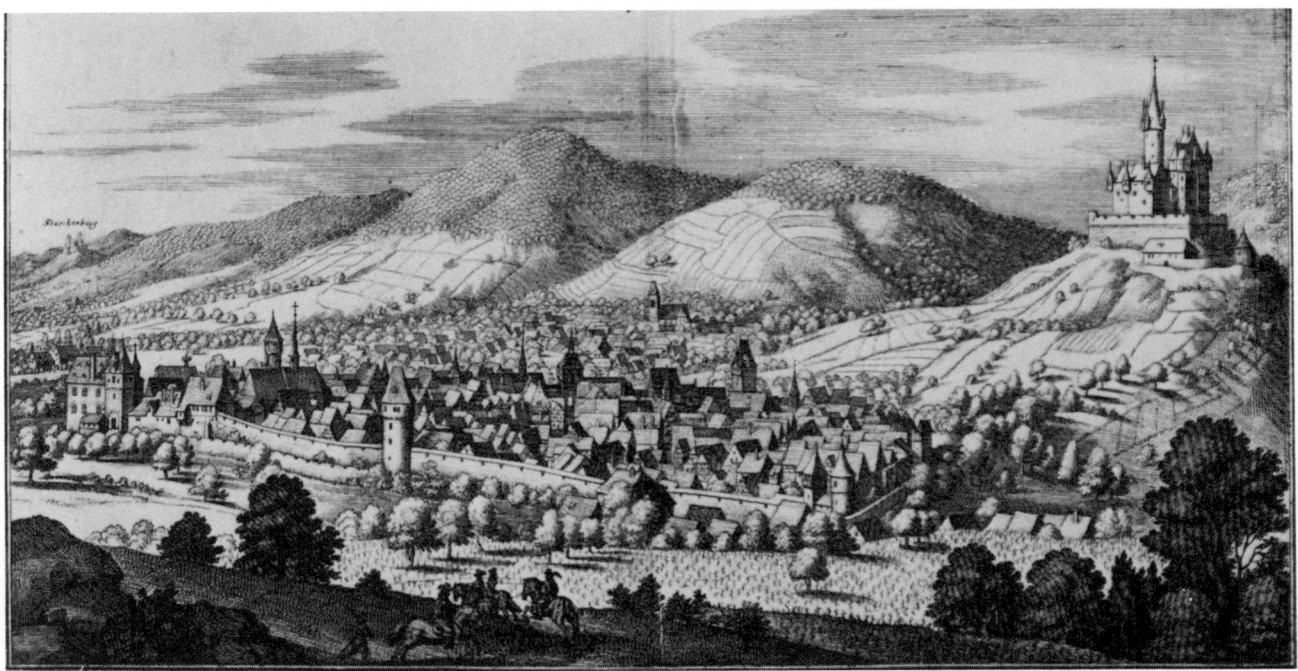

Weinheim an der Bergstraße · Kupferstich von Matthäus Merian 1645

der französischen Revolutionsarmee aus Oggersheim nach Weinheim, wo sie 1794 verstarb. Unter badischer Hoheit blühte Weinheim langsam auf, insbesondere, als sich aus dem alteingesessenen Gerbereigewerbe eine große Lederfabrikation entwickelte und sich auch andere Industriezweige ansiedelten. Das kurfürstliche Schloß ging in das Eigentum der Grafen von *Berckheim* über, die in den noch von Sckell ausgebauten Gartenanlagen und anschließenden Waldteilen mit Erfolg ausländische Baumarten in größerem Maßstab anpflanzten. 1938 erwarb die Stadt Weinheim diesen Grundbesitz.

Bacharach

Wenn von pfälzischen Residenzen die Rede ist, muß *Bacharach* erwähnt werden, auch wenn es nur kurze Zeit der Mittelpunkt der ersten Anfänge bei der Bildung des pfälzischen Territoriums und keine Residenz im heutigen Sinn des Wortes gewesen ist. Die Burg *Stahleck,* welche Pfalzgraf Konrad von Staufen von seinem Vorgänger Hermann von Stahleck als Kölner Lehen übernommen hatte, war mit der Stadt durch eine einheitliche Befestigung verbunden. Zusammen mit den Ortschaften Steeg, Diebach und Manubach war dieses sogenannte Viertälergebiet eine

Verwaltungseinheit, die dem Rheinischen Städtebund beitrat und später eine Ratsverfassung erhielt. Als ein Mittelpunkt des Weinbaus und Weinhandels sowie wegen des einträglichen Rheinzolls behielt Bacharach für Kurpfalz eine große Bedeutung. Die Errichtung eines Oberamts in Bacharach trug dem Rechnung. Ein Bacharach unterstelltes Unteramt befand sich in *Kaub,* dessen Rheinzoll mit dem ganzen Ort von den Pfalzgrafen im 13. Jahrhundert erworben wurde. 1327 errichtete König Ludwig der Bayer auf einer kleinen Insel im Rhein die *»Pfalzgrafenstein«* oder kurz *»Pfalz«* genannte Zollburg.

Birkenfeld

Die auf altem Kulturboden entstandene Siedlung mit Kirche *Birkenfeld* lag zunächst im Bereich des Erzbischofs von Trier, später gehörte sie mit der 1293 erstmals erwähnten Burg und ihrem Landbesitz auf dem Hunsrück, an Nahe und Mosel zur *hinteren Grafschaft Sponheim*. Diese war um 1233 von der *vorderen* in der Nähe von Kreuznach liegenden Grafschaft abgeteilt worden. Nach Aussterben der beiden Linien Sponheim kam die hintere Grafschaft durch Erbgang in Gemeinschaftsbesitz je zur Hälfte an das Herzogtum Pfalz-Zweibrücken und die Markgrafschaft

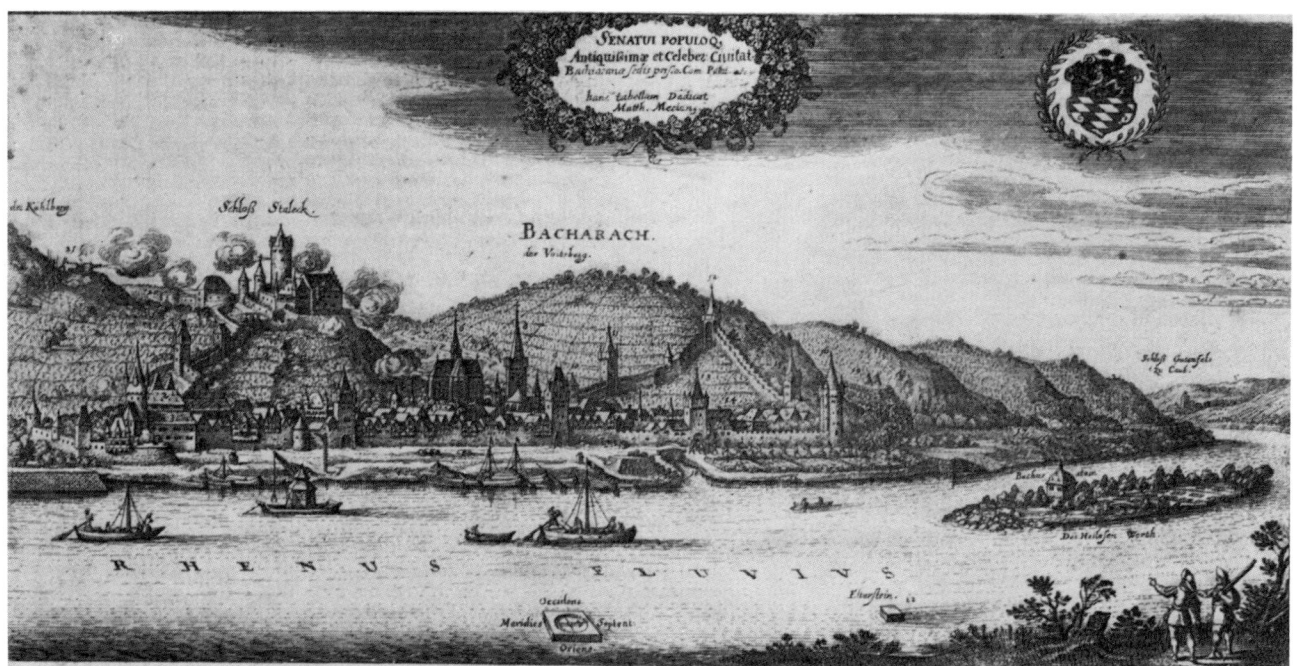

Bacharach am Rhein mit Schloß Stahleck · Kupferstich von Matthäus Merian 1645

Baden. Im Zug einer Erbauseinandersetzung und durch Vertrag mit dem Markgrafen erhielt 1584 Herzog *Karl*, der jüngste Sohn des Zweibrücker Herzogs Wolfgang (S. 124), weitgehende Selbständigkeit: Er baute neben der alten Burg ein Renaissanceschloß als Sitz der neu gegründeten Linie *Pfalz-Zweibrücken-Birkenfeld*. Bei der 1776 erfolgten Auflösung der Gemeinschaftsverwaltung durch Teilung kamen Birkenfeld und Umgebung zu Baden. In den wenigen Jahren bis zur Vertreibung durch die französischen Revolutionsarmeen verhalf die vorbildliche badische Verwaltung dem verarmten Landstrich zu einem gewissen Wohlstand. Fortschrittliche landwirtschaftliche Methoden wurden eingeführt sowie die Errichtung von Gewerbe- und Bergbaubetrieben begünstigt. Auch das kulturelle Leben, insbesondere das Schulwesen, erfuhr kräftige Förderung. Nach der Franzosenzeit wurde vom Wiener Kongreß die hintere Grafschaft Sponheim mit benachbarten Gebieten dem Großherzogtum *Oldenburg* zugeteilt.

Bad Kreuznach

Bodenfunde von der jüngeren Steinzeit bis zu den Römern sind Zeichen frühzeitiger Besiedlung des Raums von *Bad Kreuznach*. Die Römer hatten hier rechtsufrig am Naheübergang ein Kastell angelegt, von dem Mauerreste erhal-

ten sind. Auch sonst finden sich noch Spuren ihrer 450jährigen Herrschaft. Nach Abzug der Römer errichteten die Franken im zerstörten Kastell einen Königshof zur Verwaltung der übernommenen Ländereien. Die durch Schenkungen an das Hochstift Würzburg und an den Bischof von Speyer gekommenen Siedlungen beiderseits der Nahe erwarben nach verschiedenen Zwischenstufen die Grafen von *Sponheim*, die bei der erwähnten Teilung hier für die sogenannte *vordere Grafschaft* ihren Verwaltungsmittelpunkt schufen. 1290 verlieh König Rudolf von Habsburg der Stadt Kreuznach das Recht von Oppenheim. Nach dem Aussterben der Grafen von Sponheim kam die vordere Grafschaft unter die gemeinsame Verwaltung von *Kurpfalz, Pfalz-Zweibrücken* und *Baden*. Die Gemeinschaftsregierung funktionierte nicht reibungslos. Insbesondere auf religiösem Gebiet ergaben sich Schwierigkeiten. Durch Verträge und Landtausch wurde 1708 der Kurfürst von der Pfalz alleiniger Landesherr, der seine Gebiete um Nahe, Hunsrück und am Mittelrhein neben dem Oberamt Stromberg im *Oberamt Kreuznach* zusammenfaßte. Der Wiener Kongreß teilte Kreuznach und Umgebung *Preußen* zu.

Nachdem in den vorangehenden Ausführungen pfälzische Nebenresidenzen und Verwaltungsmittelpunkte geschildert wurden, folgen hier drei Residenzen von im pfälzischen Gebiet liegenden, reichunmittelbaren Herrschaften sowie drei Residenzen geistlicher Landesherren.

Bad Dürkheim · Kupferstich von Matthäus Merian 1645

Blieskastel

Blieskastel war Sitz der Bliesgaugrafen, später der Grafen von Blieskastel. Nach deren Aussterben kam die Grafschaft an das Erzbistum *Trier,* das nach den Zerstörungen des Dreißigjährigen Kriegs das Interesse an dieser etwas abgelegenen Herrschaft verlor. Durch Belehnung und Kauf erwarben die an Mittelrhein und Mosel begüterten Grafen *von der Leyen* nach und nach alle Rechte. 1660 waren sie ganz im Besitz der Grafschaft; sie erbauten sich ein Barockschloß, von dem noch die Orangerie und die zum Schloß gehörigen Beamtenhäuser erhalten sind. 1773 verlegte die Familie ihren Wohnsitz in die unter ihrer Herrschaft aufgeblühte Grafschaft, bis sie durch die französischen Revolutionsheere nach Bayern vertrieben wurde. Heute ist sie in Waal bei Buchloe ansässig. Ihre ehemalige kleine Residenz wird wegen ihres schönen Stadtbildes und einer oberhalb gelegenen, von Kapuzinern betreuten, Wallfahrtskapelle mit einem Gnadenbild der mater dolorosa aus dem 13. Jahrhundert viel besucht. Dieses Gnadenbild hing ursprünglich an einer Bildeiche. Der Legende nach ist aus den dem Bilde von rohen Burschen durch Pfeilschüsse zugefügten Verletzungen Blut geflossen, durch dessen Berührung manche Pilger geheilt wurden. Tatsächlich hat man bei der Restaurierung in unseren Tagen im Holz steckende Pfeilspitzen gefunden.

Bad Dürkheim

Kaiser Konrad II. schenkte 1035 das Dorf *Dürkheim* dem von ihm kurz zuvor in den Bauten einer Salierburg gegründeten Kloster *Limburg.* Die *Grafen von Leiningen* (S. 57) erwarben ab 1206 Vogtei- und später Lehnsrechte und

schließlich 1554 das volle Eigentum. Friedrich der Siegreiche von der Pfalz zerstörte 1471 das inzwischen zur Stadt gewordene Dürkheim mit der von den Leiningern erbauten Burg und ihren Befestigungsanlagen, so daß es zu einer dörflichen Siedlung herabsank. Graf *Friedrich von Leiningen* förderte den Wiederaufbau und verlieh 1700 erneut das Stadtrecht. Graf *Friedrich Magnus* verlegte 1725 seine Residenz aus dem über 500 Jahre von der jüngeren Leiniger Grafenlinie bewohnten Stammschloß *Hartenburg* nach Dürkheim. Ein großzügiger Schloßbau mit Nebengebäuden und Park war – insbesonere nachdem Graf *Karl Friedrich Wilhelm,* der von 1756–1807 regierte, 1779 in den Reichsfürstenstand erhoben wurde – bis zur Zerstörung durch die französischen Revolutionstruppen Schauplatz eines reichen künstlerischen Lebens. Rege Beziehungen bestanden zum Kulturleben im übrigen Deutschland, vor allem auch zu dem am Mannheimer Hof. Auf den Resten des Schlosses wurde ab 1825 ein Kurhaus errichtet, um die sieben Heilquellen des Ortes ausnutzen zu können. 1905 erhielt die Stadt das Recht, sich »*Bad Dürkheim*« zu nennen. In der nächsten Umgebung sind historisch interessant der teilweise 11 m hohe, 2 km lange keltische Ringwall und der schon in römischer Zeit für Bauten in Mainz benutzte Steinbruch mit kultischen Felszeichnungen.

Grünstadt

Eine weitere Leininger Residenz war *Grünstadt.* Als Nachfolger der Salier waren die Leininger Grafen Lehnsleute der Abteien Weißenburg und Glandern (Lothringen), die schon vor dem Jahr 900 dort begütert waren. Merowingische Gräberfelder weisen auf frühfränkische Besiedlung. Im Mittelalter Gerichtsort, später Marktflecken, teilte

136

Bruchsal · Residenzschloß der Fürstbischöfe von Speyer

Grünstadt das Schicksal seiner pfälzischen Umgebung. Als die Frankenthaler Porzellanmanufaktur von den Wittelsbachern aufgegeben wurde, kam ein Restbetrieb 1800 nach Grünstadt. Die auf Steingut umgestellte Produktion wird noch heute dort betrieben. Weitere Gewerbezweige haben dem Ort in der Neuzeit zu einem Aufschwung verholfen.

Udenheim-Philippsburg

Schon im hohen Mittelalter gab es häufig Differenzen zwischen der freien Reichsstadt und den reichsunmittelbaren Fürstbischöfen von Speyer. Vom Ende des 14. Jahrhunderts ab residierten diese deshalb meist in der rechtsrheinisch beim Städtchen *Udenheim* gelegenen 1316 erworbenen Burg. Als die Stadt Speyer die Reformation durchgeführt hatte und sich ein Kampf zwischen den katholischen und evangelischen Reichsständen abzeichnete, begann der damalige Fürstbischof von Speyer, *Philipp von Sötern,* den Bau einer Festung bei Udenheim, gleichsam als Gegengewicht gegen die protestantische Festung Friedrichsburg/Mannheim. Als die protestantischen Nachbarn befürchten mußten, daß in dem bevorstehenden Religionskrieg die neue, ihr Gebiet bedrohende Festung ein Stützpunkt der katholischen Partei werden würde, rückten die Truppen des Markgrafen von Baden, der Reichsstadt Speyer und des Pfälzer Kurfürsten 1618 heran und schleiften die Festung. Nach ihren ersten Erfolgen im beginnenden Dreißigjährigen Krieg baute die katholische Partei die Festung wieder auf. 1623 vollendet und nach ihrem Erbauer *Philippsburg* umbenannt, wurde sie 1632 von den Schweden erobert und den verbündeten Franzosen als Stützpunkt übergeben, die sich im Westfälischen Frieden

ihr Besatzungsrecht sicherten. Nach mehrfachem Besitzwechsel kam Philippsburg durch den Frieden von Rijswijk endgültig in deutsche Hände zurück und wurde bei Fortdauer der Zugehörigkeit zum Fürstbistum Speyer Reichsfestung. 1723 verlegte Fürstbischof *Damian von Schönborn* seine Residenz nach Bruchsal. Die 1799 von den Franzosen zerstörte Festung und das Residenzschloß wurden nicht wieder aufgebaut, sondern völlig abgetragen.

Bruchsal

Als *Bruchsal* 1723 fürstbischöfliche Residenz wurde, lag schon eine lange geschichtliche Entwicklung hinter der Stadt. Am Rande der Rheinebene mit ihren Bruch-(Sumpf)Zonen, in der Nähe des Königsforstes Lußhardt, entstand der im 10. Jahrhundert mehrfach bezeugte Königshof *Bruochsele.* Kaiser Heinrich III. schenkte 1056 den Königshof dem Bischof von Speyer. Im Schutze der im 11. Jahrhundert erbauten Burg entstand eine befestigte Siedlung. Im Bauernkrieg schloß sich die Stadt den Aufständischen an. In den Kriegszeiten des 17. Jahrhunderts wurde sie mehrmals durch Brand zerstört. Das von Fürstbischof *Damian von Schönborn* 1722 begonnene Schloß stellte sein Nachfolger *Franz Christoph von Hutten* fertig. Verschiedene Künstler waren bei den Entwürfen und der Ausführung beteiligt. Die letzte Entscheidung lag ebenso wie bei der Planung der als bischöfliche Grablege bestimmten, auf gotischer Grundlage barock ausgebauten Peterskirche bei dem berühmten Architekten Balthasar Neumann, der in Würzburg für einen Bruder Schönborns tätig war. Die diesem Juwel barocker Baukunst durch die Bomben des Zweiten Weltkrieges zugefügten schweren Schäden konnten wieder beseitigt werden.

Ladenburg

Schon früh erwarb das bischöfliche Worms, das sich neckaraufwärts bis Wimpfen vordrang, Rechte in *Ladenburg,* die von Kaiser Otto dem Großen 953 noch ergänzt wurden. Die Bischöfe schufen sich eine Ausweichresidenz, da sie sich mit den Bürgern der Reichsstadt Worms oftmals überwarfen. Im späten Mittelalter war Ladenburg fast ständig ihr Wohnsitz, dessen Rechte sie gegen den pfalzgräflichen Nachbarn verteidigten. 1385 sahen sie sich in einem Burgfrieden gezwungen, dem Pfalzgrafen zur Hälfte die Mitherrschaft in Ladenburg einzuräumen. Diese Mitherrschaft wurde bald zur Vorherrschaft, so daß der Kurfürst 1565 in Ladenburg die Reformation einführen konnte. Im Dreißigjährigen Krieg wechselte die Stadt mehrfach den Besitzer, kam aber unzerstört durch diesen und den Orléansschen Krieg. So haben sich neben den auf frühere Zeiten zurückgehenden Kirchen viele Fachwerk-Bürgerhäuser und Adelshäuser aus dem 16. und 17. Jahrhundert erhalten, die, liebevoll gepflegt, heute noch der Innenstadt ihr Gepräge geben. 1705 trat Worms im Tausch gegen linksrheinische Orte alle seine Rechte in Ladenburg an Kurpfalz ab, das Ladenburg zur Oberamtsstadt machte. Zwischen Mannheim und Heidelberg konnte sich der Ort im 18. und 19. Jahrhundert nicht recht entwickeln. Erst in den letzten Jahrzehnten setzte im Zug industrieller Entwicklung ein neuer Aufschwung ein.

Bretten

Bretten war im 12. und 13. Jahrhundert Hauptort einer gleichnamigen Grafschaft, die ursprünglich den Grafen von Lauffen, dann denen von Eberstein gehörte, die Bretten auch zur Stadt erhoben. Dieses Geschlecht konnte den Besitz nicht halten, sondern verpfändete ihn an benachbarte Fürsten, zuletzt an Kurpfalz, das 1335 die volle Herrschaft erwarb. Im 15. Jahrhundert verhalf die günstige Verkehrslage der Stadt zu einem erheblichen Aufschwung, der sich durch die Stellung als pfälzische Oberamtsstadt festigte. 1497 wurde hier *Melanchthon* geboren, einer der Orléans'schen Reformatoren. Im Dreißigjährigen und im bayerischen Erbfolgekrieg wurde Bretten zerstört, konnte sich aber wieder erholen. 1803 kam das ganze pfälzische Oberamt Bretten zu Baden. Im 19. und 20. Jahrhundert brachte die Industrialisierung einen neuen Auftrieb. Das ursprünglich zur Herrschaft Bretten, dann dem Kloster *Maulbronn* und mit ihm seit 1372 zu Kurpfalz gehörige Dorf Knittlingen gilt als Geburtsort des im 16. Jahrhundert lebenden Schwarzkünstlers *Johannes Faust.* In Verfolg des bayrischen Erbfolgekrieges kamen der Ort und das Kloster Maulbronn 1504 zu Württemberg.

Kirchheim-Bolanden

Nun sind noch zwei Nebenresidenzen von Herrschaften zu nennen, deren Hauptsitz außerhalb des Pfälzer Raums lag: *Kirchheimbolanden* und Pirmasens. Ersteres weist schon durch seinen Namen auf die frühere Zugehörigkeit zum Herrschaftsbereich des Reichsministerialen-Geschlechts der *Bolanden* hin, die die Herrschaft Kirchheim aus Reichsbesitz erworben hatten. Nach mehrfachen Verpfändungen von Teilen der Herrschaft, unter anderen an Kurpfalz und Pfalz-Zweibrücken, folgten die Grafen von *Sponheim-Dannenfels,* die 1368 für diesen ihren Hauptort von Kaiser Karl IV. das Oppenheimer Stadtrecht erhielten, und durch weiteren Erbgang die Grafen von *Nassau-Saarbrücken,* schließlich 1574 die von *Nassau-Weilburg.* Bis zur Besetzung aller linksrheinischen Gebiete durch die Franzosen und dem Ende des alten Deutschen Reichs war Kirchheimbolanden neben Weilburg an der Lahn Hauptstadt dieser 1737 zum Fürstentum erhöhten Grafschaft. In den folgenden Jahren wurde von dem ehemaligen Mannheimer Schloßbau-Architekten *Guilleaume de Hauberat,* als Mittelpunkt eines regen kulturellen Lebens, das in seinem Osttrakt noch heute stehende neue Schloß erbaut. Von der damals weitberühmten Orgel in der Schloßkirche – heute Paulskirche – war Mozart, als er 1777 von Mannheim zu einem kurzen Besuch nach Kirchheimbolanden kam, so eingenommen, daß er sich von ihrem Spiel kaum trennen konnte und begeistert von ihr in Mannheim erzählte.

Pirmasens

Pirmasens war Regierungssitz der letzten Grafen von *Hanau-Lichtenberg.* Die übrigen Teile dieser kleinen Grafschaft lagen im Elsaß und im Badischen. Pirmasens ist – wie der Name verrät – eine Gründung des Pirmin-Klosters Hornbach und schon 820 als Hirtensiedlung in der vita Pirminii erwähnt. Die Grafen von Zweibrücken konnten sich als Vögte dieses Klosters die Landeshoheit über das Gebiet sichern. Seit 1333 war die Zweiglinie Zweibrücken-Bitsch im Besitz dieser Herrschaft. Durch Erbgang kam sie an die Grafen von Hanau-Lichtenberg, die 1720 in Pirmasens ein Jagdschloß erbauten. Erbprinz *Ludwig IX.* von *Hessen-Darmstadt* erbte seinerseits die Grafschaft, deren Regierung er 1740 nach seiner Volljährigkeit übernahm. Um seiner Soldatenspielerei nachgehen zu können, verlegte er seine Residenz aus dem unter französischer Souveränität und Aufsicht stehenden Buchsweiler im Elsaß nach Pirmasens, das schnell zu einer Stadt heranwuchs. Die kleine, im Winter in einer Exerzierhalle gedrillte Truppe wuchs auf 5000 Mann an, in mehrere Regimenter eingeteilt. Seine geistreiche, aus Goethes »Dichtung und Wahr-

Das bischöflich-wormsische Renaissance-Schlößchen in Ladenburg, heute Heimatmuseum; vor dem Turm eine Jupiter-Gigantensäule

heit« als »*große Landgräfin*« bekannte Gemahlin Karoline zog es vor, überwiegend in Darmstadt zu bleiben. Nach dem Tod Ludwigs IX. wurde die »*Streitmacht*« bis auf kleine, nach Darmstadt verlegte Teile aufgelöst. Aus überflüssig gewordenem Uniformtuch verfertigten die brotlos gewordenen Soldatenfrauen Hausschuhe (auf pfälzisch »*Schlabben*«), die ihre Männer mit anderen Waren im Hausierhandel vertrieben. Als die Schrecken der Revolutionskriege und der napoleonischen Zeit überwunden waren, entstand aus der hausgewerblichen Pantoffel-Fertigung handwerkliche Stoff- und Lederschuhherstellung, die nunmehr Männersache war, während der Vertrieb auf die Frauen überging, die in großen Strohkörben auf dem Rücken die Ware bis weit nach Norddeutschland, Frankreich und Schweiz brachten. Oft waren sie monatelang unterwegs, da ihnen von zu Hause auf dem Frachtweg Nachschub gesandt wurde. In den 1840er Jahren ging man vom Hausierhandel zum Verkauf an Großhändler über. Führend war hier der aus einfachen Verhältnissen aufgestiegene *Peter Kaiser,* der eine große Vertriebsorganisation auch für den Export nach Übersee ausbaute und neben der durch weitgehende Inanspruchnahme von Heimarbeit und durch Verwendung feinerer Stoffe und leicht färbbaren Schafleders ausgeweiteten eigenen Produktion auch die Erzeugnisse anderer Werkstätten mit verkaufte. Die Landwirte der Umgebung wurden angelernt und fanden in den Wintermonaten Geschmack an dem zusätzlichen Verdienst. Manche machten sich selbständig und gründeten eigene Werkstätten, aus denen sich, wie auch in Pirmasens selbst, im Laufe des 19. Jahrhunderts nach Anschaffung von Maschinen einzelne zu Schuhfabriken kleinerer und mittlerer Größe entwickelten. Das Auf und Ab der Zollpolitik und der Wirtschaftsentwicklung im ausgehenden 19. und beginnenden 20. Jahrhundert führte zu einem scharfen Ausleseprozeß. Die tüchtigsten und gut fundierten Unternehmen überstanden die Krisen sowie die Schwierigkeiten des Ersten und Zweiten Weltkrieges mit ihren politischen und wirtschaftlichen Veränderungen, so daß Pirmasens und Umgebung trotz zunächst ungünstig erscheinender Lage heute wie vor 150 Jahren der bedeutendste Standort der Schuhindustrie Deutschlands ist. Wenn auch von 1963 bis 1980 die Zahl der Betriebe in der Stadt Pirmasens und im Landkreis von 429 mit zusammen 26 000 Beschäftigten auf 223 mit 16 600 Mitarbeitern zurückging, werden immer noch knapp 30 Prozent der deutschen Schuhproduktion in Pirmasens und Umgebung hergestellt. Trotzdem markieren die Zahlen die Problematik der Monoindustrie dieses Raumes. Weitere wichtige Industriebetriebe in Pirmasens sind die *Gebrüder Kömmerling Kunststoffwerke und chemische Industrie,* die *Park-Brauerei* als größte pfälzische Brauerei und die Maschinenfabriken *Sandt AG* und *Schön & Companie.*

16. Die linksrheinische Pfalz unter französischer Herrschaft und nach dem Übergang an Bayern und Hessen

Die Folgen der Französischen Revolution

Als im Jahre 1789 die Verhältnisse in Frankreich sich so zugespitzt hatten, daß Ludwig XVI. die Generalstände einberief und die Entscheidungen ihm von da ab immer mehr aus der Hand genommen wurden, war die Hoffnung auf Besserung der politischen und wirtschaftlichen Verhältnisse nicht nur in Frankreich weit verbreitet. Auch in Deutschland erhoffte man in den ersten von idealgesinntem Reformeifer zeugenden Monaten Rückwirkung auf das eigene Land. Zunächst wurden die in den deutschen Kleinstaaten herrschenden Mißstände drückender empfunden als bisher. Im pfälzischen Bereich waren die Verhältnisse verschieden. In *Kurpfalz* waren Glanz und Schwung der ersten Regierungsjahrzehnte Karl Theodors verflogen. Durch die aufwendige Hofhaltung und die großen Bauten hatte sich die Schuldenlast des Landesherrn und seiner Regierung so angehäuft, daß man das früher schon angewandte System des Ämterverkaufs ausdehnte. Die Verlegung der Regierung nach München entfremdete den alternden Kurfürsten den Pfälzern weiter, um so mehr, als er an überholten Vorrechten festhielt.

In *Pfalz-Zweibrücken* war die Verwaltung besser, dafür erbosten sich die Bauern, weil die Jagdschäden überhandnahmen. In den kleineren Territorien waren die Verhältnisse recht unterschiedlich: sie reichten von gewissenhafter landesväterlicher Fürsorge wie bei den *Fürsten von Leiningen-Hardenburg* bis zur betrügerischen Mißwirtschaft des *Rheingrafen Karl Magnus*.

Fast alle Territorialherren im rheinpfälzischen Raum hatten sich dem wegen seiner glänzenden Hofhaltung als Vorbild bewunderten französischen König zugewandt und von ihm Subsidien angenommen. Dazu kam, daß einige deutsche Territorialherren mit Besitzungen im Elsaß dem französischen König lehnspflichtig geworden waren. Die französische Souveränität über das Elsaß war seit 1648 immer mehr ausgebaut worden. Kurzum, es gab so zahlreiche Verflechtungen, daß ein solch erschütterndes Ereignis wie die *Französische Revolution* auch in den deutschen Nachbargebieten Folgen haben mußte. Als von französischer Seite begonnen wurde, die Rechte deutscher Fürsten im Elsaß zu beseitigen, waren die ersten ernsten Konfliktfälle da. Entschädigungsversprechen wurden nicht gehalten. Die Geschädigten – voran Pfalz-Zweibrücken und der Fürstbischof von Speyer – drängten Kaiser *Leopold II.* zum Eingreifen. Inzwischen begann in den Grenzgebieten französische Propaganda für Anschluß an die revolutionäre Bewegung zu arbeiten, wobei sie in einzelnen südpfälzischen Orten wie Bergzabern Erfolg hatte, während sich andernorts Emigranten zu Gegenaktionen zusammenschlossen. In Frankreich erfolgte im April 1792 auf Antrag des Königs die Kriegserklärung des französischen Nationalkonvents an den »*König von Ungarn und Böhmen*«. Preußen schloß sich sofort Österreich an. Beide drangen im Sommer in Frankreich ein und rückten bis in die Champagne vor, zogen sich aber nach der berühmten *Kanonade von Valmy* an den Rhein zurück. Am 10. August 1792 wurde der König Ludwig XVI. gestürzt und gefangengesetzt, woraufhin das Reich an Frankreich zum Schutze der Legitimität den Krieg erklärte. Im Gegenstoß nahmen die Franzosen unter Führung von *Custine*, dem Kommandanten der Festung Landau, im Handstreich Speyer, Worms und schließlich sogar Mainz. Sofort versuchte man, die Bevölkerung für den Aufstand gegen die alte Ordnung zu gewinnen, fand aber nur bei einzelnen Fanatikern und Idealisten Unterstützung. In Speyer wurde auf die Aufforderung hin, einen Bürgermeister nach französischem Vorbild zu wählen, von der Mehrzahl der Bürger eine Resolution unterzeichnet, man sei mit den Behörden der Reichsstadt zufrieden und wolle keine Neuerung.

Theoretisch hatte die französische Verfassung von 1791 auf Eroberungskriege verzichtet und das Selbstbestimmungsrecht der Völker verkündet, aber schon 1792 wurde den ausländischen Anhängern der Revolution Schutz zugesagt. Jetzt verlangte man in den besetzten deutschen Gebieten

Wahlen, wobei das Wahlrecht nur der haben sollte, der einen Eid auf die revolutionären Forderungen der neuen französischen Verfassung ablegte. Also Zwang statt Freiheit. Französische Kommissare forderten auch im neutralen *Zweibrücken* Sturz der alten Behörden, obwohl die Bevölkerung nach Erfüllung ihrer Forderung auf Abstellung einiger Mißstände zufriedengestellt war. Das Schloß *Karlsberg* bei Homburg wurde von den Franzosen gestürmt. Herzog Karl konnte mit knapper Not nach Mannheim entkommen. Das ganze Areal wurde verbrannt und verwüstet.

Die im besetzten rheinischen Gebiet anberaumten Wahlen konnten in einigen Gemeinden nicht stattfinden, weil sich niemand beteiligte. In manchen Städten, wie zum Beispiel Speyer, wurden nicht die von den Franzosen begünstigten Klubisten – so nannte man nach Pariser Vorbild die Revolutionsanhänger – gewählt, sondern gemäßigte Männer der alten Verwaltung. Die Grafen von Leiningen in Grünstadt, die nicht nach dem rechtsrheinischen Gebiet geflohen waren, verschleppte man nach Verweigerung des Eides ins Innere Frankreichs. In Mainz konzentrierten sich die Franzosenfreunde. Dorthin wurde der rheinische Nationalkonvent einberufen, zu dem aus der Pfalz nur ein Teil der gewählten Abgeordneten hinkam und auch die Erschienenen verzichteten auf aktive Betätigung. Das Land *»zwischen Landau und Bingen«* wurde als selbständig erklärt und bat durch seine von den Franzosen begünstigte *»Regierung«* nach drei Tagen um Aufnahme in die französische Republik. Vorher waren schon Dörfer zwischen Landau und dem Elsaß annektiert worden, um eine Landverbindung zu Landau zu schaffen. Die nach Paris mit der Bitte um Anschluß an Frankreich entsandte Delegation war noch nicht eingetroffen, als Mainz von den Koalitionstruppen zurückerobert und anschließend in kurzer Zeit fast die ganze Pfalz befreit wurde. Die Französlinge wurden verhältnismäßig milde behandelt. Um so wütender waren die in Paris zur Herrschaft gelangten radikalen Anhänger Robespierres. Die zur Wiedereroberung der Pfalz eingesetzten Truppen erhielten Befehl, scharf vorzugehen. Die ganze Eroberungsarmee sollte sich wegen der angespannten Versorgungslage Frankreichs voll aus dem besetzten Land verpflegen und Pferde, Hornvieh, Schuhe, Kleidung nach Frankreich schicken. Besondere *»commissaires de grippe«* wurden eingesetzt, die das rigorose Eintreiben der beschlagnahmten Gegenstände und Tiere sowie den Eingang der außerdem auferlegten Kriegskontribution in Geld und Wertsachen überwachen sollten. Man machte vor den Kirchen und Domen nicht halt. Aus Speyer entnahm man Glocken, Monstranzen und *»andere Werkzeuge der Dummheit«*, zerschlug sie und schmolz sie ein. Die vom Pariser Konvent beschlossene *»Ausräumung der Pfalz«* wurde buchstäblich befolgt. Dazu kamen die Kampfschä-

den durch die hin und her wogenden Gefechte. Allein Speyer wechselte fünfmal den Besitzer. Ein besonders hartes Schicksal erlitten 1794 die Bewohner der Stadt Kusel. Unter der Beschuldigung, Assignaten gefälscht zu haben (so hieß das Papiergeld der französischen Revolutionsregierung), mußte die Bevölkerung innerhalb weniger Stunden ihre Stadt verlassen, die sogleich völlig eingeäschert wurde.

Nachdem Robespierre und seine Anhänger gestürzt waren, setzte ein radikaler Wechsel in der Behandlung der Pfalz ein. Die Schuld an allen Ungerechtigkeiten, Übergriffen und Requisitionen wurde auf den gestürzten Diktator geschoben. Da in der Pfalz im Gegensatz zu anderen französisch besetzten linksrheinischen Gebieten noch keine geordnete Zivilverwaltung eingesetzt war, hing es von den einzelnen Kommandanten ab, wie sich das Verhältnis des Militärs zur einheimischen Bevölkerung gestaltete. Ab 1794 trat mit der Entsendung des Konventsabgeordneten Merlin von Diedenhofen eine wesentliche Besserung ein, wenn auch bei ihm die Sicherung der Revolutionsarmee an erster Stelle stand. Als in Paris am 22. Thermidor II (9. August 1795) die Anhänger der *»natürlichen Rheingrenze«* siegten, überschritt die Revolutionsarmee an mehreren Stellen den Rhein, wobei Mannheim sofort kapitulierte. Die linksrheinisch nach französischem Vorbild eingesetzten Behörden hatten in den neuen Verwaltungsgebieten ihre Tätigkeit gerade aufgenommen, als nochmals die Österreicher den Rhein überschritten und einen Teil der Pfalz besetzten. Nach ihrer Niederlage wurde eine Generaldirektion des *»Landes zwischen Rhein und Mosel«* eingerichtet, die die Abgaben der Bevölkerung noch zu erhöhen suchte. Als in Neustadt und andernorts die errichteten Freiheitsbäume umgerissen oder nachts mit pfälzischen Fahnen geschmückt wurden, wurden Militärgerichte eingesetzt.

Die französische Herrschaft 1797–1814

Eine Beruhigung trat erst ein, als durch den schon von Napoleon Bonaparte für Frankreich abgeschlossenen Frieden von *Campo Formio* 1797 Österreich in einem Geheimartikel sich mit der Abtretung des linken Rheinufers an Frankreich einverstanden erklärte. Nunmehr wurde auf Grund genauer Anweisungen aus Paris das linke Rheinufergebiet entsprechend der neuen französischen Verwaltungseinteilung in 4 annähernd gleichgroße Departements eingeteilt: Roer (Rur), Rhein und Mosel, Saar, Donnersberg jeweils mit Arrondissements als mittlerer Verwal-

General Custine, Oberbefehlshaber der französischen Revolutionsarmee in der Pfalz 1790 · Lithographie von I. Ligbert

Errichtung eines Freiheitsbaumes vor dem Speyerer Dom 1798 ·
Radierung von Johann Ruland

tungsbehörde über den Gemeinden. Das hier behandelte
Gebiet fiel größtenteils in das Departement »Mont Tonnère«, nur die Kantone Blieskastel, Waldmohr und Kusel
kamen zum Departement Sarre. Landau mit einer Reihe
von Landgemeinden war schon 1792 zum elsässischen
Departement Niederrhein geschlagen worden. Jede Erinnerung an die früheren Zustände sollte ausgelöscht werden. Entsprechende Verwaltungsstellen und Gerichtsbezirke wurden geschaffen und in den Spitzen sowie bei den
einträglichen Posten vielfach mit Franzosen und französisch gesinnten Elsässern oder Lothringern besetzt; franzö-
sisch-republikanische Gesinnung war bei der Auswahl für
die übrigen Stellen ausschlaggebend. Diese Praxis war
nicht dazu angetan, die Masse der Bevölkerung dem neuen
Regime zu gewinnen, zumal sofort an Stelle der abge-
schafften Lehnsrechte, Zehnten und Fronden hohe neue
Steuern eingeführt wurden. Um dem drohenden Staats-
bankrott in Frankreich zu begegnen, mußte weiterhin möglichst viel aus dem annektierten Gebiet herausgeholt werden. Die Anhänglichkeit an die frühere Ordnung kommt
auch in französischen Berichten immer wieder zum Ausdruck. Als der Magistrat von Worms von dem auf dem
Papier stehenden Recht Gebrauch machen und die Bevölkerung vor Absendung des von der Departementsleitung
angeforderten Berichts über ihre Stellung zur neuen Ordnung befragen wollte, wurde ihm das sofort untersagt, da

man höheren Orts genau wußte, wie die Befragung ausfal-
len würde. Von großer Bedeutung für die Zukunft war die
Einführung der französischen Gerichtsverfassung mit
Schöffen und Geschworenen, nur durften sie die Pfälzer
ebensowenig wie die Verwaltungsbeamten selbst bestimmen; sie wurden von der Regierung eingesetzt. Alle Fronarbeit und Jagdrechte wurden abgeschafft, ebenso jegliche
Zunftbindung. Trotz dieser die moderne Rechts- und Wirtschaftsentwicklung fördernden Maßnahmen blieb die überwiegende Mehrheit der Bevölkerung ablehnend und
erhoffte von dem 1797/99 in Rastatt tagenden Friedenskon-
greß eine Rückkehr zu Deutschland. Aber es war ja längst
in Geheimabkommen von Preußen und Österreich die
Abtretung des ganzen linken Rheinufers an Frankreich
zugestanden worden. In der Pfalz betrieb man nunmehr
wie in den anderen Departements des linken Rheinufers
die Durchführung der französischen Gesetze. Das Grund-
eigentum der Kirchen und der vertriebenen Territorialherren – etwa ⅓ des Landes – wurde zum Nationaleigentum
erklärt und zugunsten der französischen Staatskasse vielfach an Gebietsfremde verkauft. Nur die Wälder verblieben im Staatseigentum.

Das Schulwesen erhielt eine neue Ordnung. Französischer
Sprachunterricht wurde schon in den Unterklassen der
Volksschule erteilt, statt Religionsunterricht »bürgerliche
Sittenlehre« eingeführt, das Läuten der Kirchenglocken

verboten. Zu Widerstand kam es mancherorts, als man den republikanischen Kalender mit seinen neuen Jahres- und Monatsbezeichnungen und seiner Dekadeneinteilung unter Abschaffung der Sonntage einführte. Die Bevölkerung – insbesondere auf dem Lande – kümmerte sich einfach nicht um die neue Einteilung.

Der nach dem zweiten erfolglosen Koalitionskrieg 1801 in Lunéville abgeschlossene Frieden bestätigte endgültig Frankreichs Eroberungen; man mußte sich auch in der linksrheinischen Pfalz damit abfinden, vom Deutschen Reich preisgegeben worden zu sein.

Eine verschärfte Unterdrückungspolitik setzte ein: Wer irgendwie mit Abgaben im Rückstand war, erhielt Einquartierung von Soldaten oder Gendarmen, denen man Verpflegung gewähren und Sold zahlen mußte. Falls in einer Gemeinde nicht genügend Steuern aufkamen, nahm man angesehene Einwohner als »Geiseln« fest, bis sie durch Zahlung der Rückstände ausgelöst wurden. Eine neue Auswanderungswelle – nach Bayern und Rußland – vor allem aus dem Bauernstand begann trotz Gegenmaßnahmen der französischen Verwaltung. Manche bisherigen Anhänger der neuen Ordnung wurden von ihrer anfänglichen Begeisterung geheilt, zumal sich in Frankreich die politischen und wirtschaftlichen Verhältnisse immer verworrener zeigten, bis Napoleon zum ersten Konsul auf Lebenszeit gewählt wurde und die Zügel fest in die Hand nahm. Er setzte neue Beamten in den 4 linksrheinischen Departements ein. Mit der im Jahre 1802 erfolgten Einführung der französischen Verfassung vom Jahre III der Republik war die Einverleibung der Pfalz durch Frankreich vollendet. Als Napoleon 1804 in die Pfalz und nach Mainz kam, konnte man sich dem faszinierenden Einfluß seiner Persönlichkeit nicht entziehen. Die ohne wesentliche Mitwirkung der Bevölkerung allmählich reibungsloser arbeitende neue Verwaltung ließ das Land zusammen mit dem Umstand, daß die Kriege des kommenden Jahrzehnts bis 1814 weit entfernt ausgefochten wurden, allmählich zur Ruhe und trotz starker Kriegslasten zu bescheidenem Wohlstand kommen. Hier sollen die Bemühungen des zu einer gewissen Popularität gelangten Mainzer Präfekten *Jeanbon* anerkannt werden, der sich bemühte, Mißstände zu beseitigen und das ihm anvertraute Departement wirtschaftlich zu fördern. Ihm ist zum Beispiel die Einführung der Zuckerrübenkultur in der linksrheinischen Pfalz zu danken. Die Zusammenfassung des früher so zersplitterten Gebiets zu gleichartigen und größeren Verwaltungseinheiten, der militärisch begründete Straßenbau und die Befreiung des Rheins von den unzähligen Zollstätten der alten Landesherren trugen zur Belebung der Wirtschaft bei. Die Erlaubnis zur freien Religionsausübung sollte der Versöhnung mit der an ihrem Glauben festhaltenden Bevölkerung dienen. Man war ja auf deren positive Einstellung angewiesen, um die Aushebung von Rekruten für die Feldzüge Napoleons nach Italien, Spanien und Preußen ohne allzu großen Zwang durchführen zu können. Manche Pfälzer wurden der französischen Marine zugeteilt und gingen in der Seeschlacht von Trafalgar und als Landungstruppe auf den Antillen im Kampf mit den Engländern zugrunde. Soweit die im Feldzug 1806/07 eingesetzten Soldaten mit dem Leben davonkamen, kehrten sie nach dem Frieden von Tilsit 1807 zurück. An Napoleons Geburtstag erhielten in jeder Gemeinde ein Veteran und seine »Rosenbraut« eine staatliche Unterstützung. Festlichkeiten wurden veranstaltet, um die Bevölkerung für das neue Regime zu gewinnen. Als Napoleon 1804 sich zum Kaiser hatte krönen lassen und als 1810 Marie-Luise von Habsburg nach Paris zur Trauung durch die Pfalz reiste, wurde der Wortlaut der von den Behördenvertretern zu haltenden Reden von Paris vorgeschrieben. Geringe Begeisterung erweckten 1812 die Aufrufe, Freiwillige und Geldbeiträge für den großen Feldzug gegen Rußland zu stellen. Nach dem verlustreichen Rückzug der *grande armée* und ihrer Niederlage in der Schlacht bei Leipzig überschritten die gegen Napoleon Verbündeten in der Neujahrsnacht 1814 auch bei Mannheim den Rhein. Nach über 20jähriger Franzosenzeit und 13 Jahren Zugehörigkeit zum französischen Staatsverband war die Stunde der Befreiung für die linksrheinische Pfalz gekommen.

Die Ordnung von 1815 und der »Bayerische Rheinkreis«

Nachdem auch im rechtsrheinischen Deutschland durch den Reichsdeputationshauptschluß von 1803 die Zersplitterung in kleine und kleinste Territorien weitgehend beseitigt worden war, konnten im Gebiet der linksrheinischen Pfalz die alten Verhältnisse nicht wiederhergestellt werden, zumal die rechtsrheinische Pfalz mit Mannheim und Heidelberg an Baden gefallen war. Zunächst wurde ein Preuße von Geburt, der russische Staatsrat Gruner, als Gouverneur, dann eine Gemeinschaftsverwaltung von Österreich und Bayern eingesetzt. Der erste Pariser Frieden von 1814 stellte die Grenzen zu Frankreich von 1792 wieder her. Napoleons Rückkehr aus Elba zwang die Verbündeten, erneut gegen ihn ins Feld zu ziehen. Nach seiner Niederlage bei Waterloo kamen auch Landau und Umgebung bis zur Lauter wieder zu Deutschland.

Nach schwierigen Verhandlungen auf dem *Wiener Kongreß* erhielten *Preußen* das Gebiet um Saar, Mosel und Nahe als Rheinprovinz, *Hessen* das Gebiet um Mainz, Alzey und

Festzug anläßlich der Union der pfälzischen reformierten und lutherischen Kirche in Kaiserslautern 1818 · Zeitgenössischer Kupferstich

Worms als Rheinhessen, *Bayern* das südlich davon liegende Gebiet bis zur französischen Grenze als bayerischen Rheinkreis und *Oldenburg* eine Exklave um Birkenfeld.

Die Franzosenzeit hatte für die linksrheinische Pfalz starke Nachwirkungen. Den sich gegen die frühere Zersplitterung vorteilhaft abhebenden Gebietseinheiten standen in den Landesgrenzen neue scharfe Abtrennungen gegenüber. Die in der Franzosenzeit getroffene Einteilung der unteren Verwaltungs- und Gerichtsbezirke wurde beibehalten, ebenso der Code Napoléon sowie das französische Handels- und Strafgesetzbuch und die Prozeßordnungen, die in ihrer klaren Diktion dem einfachen Mann leichter verständlich waren als die in altmodischem Juristendeutsch abgefaßten früheren Gesetze. Das von Frankreich übernommene öffentliche Gerichtsverfahren und die von Laien besetzten Schwurgerichte galten den anderen deutschen Ländern als Vorbild, nachdem sie nicht mehr von Fremden, sondern aus der eigenen Bevölkerung besetzt wurden. So gebietet die Gerechtigkeit anzuerkennen, daß die linksrheinische Pfalz gleichsam als Entschädigung für die erlittene Unbill auch Vorteile aus der Franzosenzeit für ihren Weg in das 19. Jahrhundert übernommen hat. Der Kampf um die Aufrechterhaltung dieser von der bayerischen Regierung bei der Übernahme des *»Rheinkreises«* garantierten *»Institutionen«* stand noch lange im Mittelpunkt aller politischen Tätigkeit der Pfälzer Abgeordneten im

bayerischen Landtag. Im Jahre 1818 erfolgte in Kaiserslautern der Zusammenschluß der Reformierten und Lutheraner zu einer einheitlichen protestantischen Landeskirche.

Das Verhältnis zu der fernen Landesregierung war von Anfang an kühl. In München hatten sich die Altbayern zurückgesetzt gefühlt, als Karl Theodor und Maximilian eine Reihe ihnen vertrauter Pfälzer in leitende Beamtenstellungen einsetzten. Jetzt waren die Pfälzer mit den Beamten aus Bayern nicht zufrieden. Die Münchner seufzten unter der Belastung, die die neue Provinz zunächst bedeutete, die Pfälzer beklagten sich, daß bald von Jahr zu Jahr wachsende Summen ohne Gegenleistung aus der Pfalz herausgezogen wurden. Da die jungen Rekruten meist in altbayrische oder fränkische Regimenter kamen, hieß, zum Militär einberufen zu werden, in der Pfalz noch lange: *»zu den Bayern müssen«.* Die Unterschiede in den beiden Landesteilen waren beachtlich: In Bayern lebte noch die alte ständische Rangordnung, in der Pfalz gab es keinen Adel mehr. Südlich und nördlich der Donau bestanden große Gegensätze zwischen Stadt und Land, linksrheinisch gab es einheitlich nur größere oder kleinere Gemeinden gleicher Rechtsordnung. Die wohlhabenden Dörfer zum Beispiel an der Weinstraße hatten auch damals in ihrer geschlossenen Bauweise halb städtischen Charakter. Die leichtere Lebensart der Pfälzer stieß sich an der Schwerfälligkeit der Alt-Bayern, während die in die Pfalz versetzten

145

altbayerischen Beamten sich nicht eingewöhnen konnten, sondern sich wie in der Verbannung fühlten. Nach Becker machte sich ihre Stimmung in folgenden Versen Luft:

Wen der liebe Gott will strafen
Den schickt er nach Ludwigshafen;
Wen er gar vergessen hat,
Den schickt er in die Kreishauptstadt.
Will strafen er mit Schicksalstücken,
Kommt die Verschickung nach Zweibrücken.
Doch schickt er ihn nach Germersheim,
So geh er lieber in den Rhein.

Die Enttäuschung im übrigen Bundesgebiet über die Verweigerung der in den Befreiungskriegen versprochenen Freiheiten machte sich im Pfälzer Gebiet links und rechts des Rheines zunächst nicht so geltend, da Bayern und Baden schon 1818 eine Landesverfassung mit Landtagen sowie gesetzlich verankerten Bürgerrechten erhielten und dem Bayerischen Rheinkreis, wie oben gesagt, die aus der Franzosenzeit überkommenen freiheitlichen Einrichtungen garantiert worden waren. Aber als nach dem Wartburgfest und dem Verbot der Burschenschaften auf Veranlassung Metternichs und des als Kronprinz so liberal eingestellten Königs Ludwig von Bayern eine scharfe Zensur eingeführt wurde, wuchs auch in der Pfalz die Unzufriedenheit. Eine starke liberal-demokratische Bewegung mit einheitlicher Prägung entstand rechts und links des Rheins, die zunächst fast durchweg monarchisch gesinnt war. Erst später trennte sie sich in eine gemäßigte nationale, die liberale Monarchie bejahende Gruppe und eine radikalere republikanisch-demokratische Bewegung. Aber noch im Sommer 1829 begrüßte der später so radikale Landkommissär von Homburg, *Dr. Siebenpfeiffer*, Ludwig I., der die Pfalz zum ersten Mal als König besuchte, mit den Versen:

Und Bayern sind's des Rheinlands stolze Bayern,
Die des beliebten Fürsten Ankunft feiern. . .
Sein König ist's des Landes Schmuck und Ehre,
Des Volkes höchster Stolz, sein Glück, sein Ruhm!
Was ist ein Volk, dem heilig er nicht wäre?
Tief lebt in Volkesbrust das Königtum! . . .

Ludwig I. durchreiste in einer Woche große Teile seiner Rheinprovinz und wurde überall freundlich begrüßt. Denkwürdig war sein Besuch bei der Firma Lichtenberger in der Rheinschanze gegenüber Mannheim, wo er die im Ausbau befindliche Hafen- und Handelsniederlassung besichtigte und mit Wehmut nach dem anderen Ufer schaute, woher ihm Willkommensgrüße zugesandt worden waren. Die nach diesem Besuch überraschend aufkommende Unzufriedenheit hatte ihre Hauptursache in der Ende 1829 eingeführten Maut, die den ganzen bayerischen Rheinkreis mit einer Zollmauer umgab und die Ausfuhr von Wein und Tabak nach dem »Ausland« unmöglich machte. Die Folge war ein blühendes Schmuggelwesen, dessen Bekämpfung die bayerische Gendarmerie nicht beliebter machte. Dazu kamen die Enttäuschung über das Versagen der Regierungen in der Frage der deutschen Einigung und die Einengung, ja Abschaffung der Pressefreiheit auch in Bayern. In der Pfalz pochte man auf die verbrieften Sonderrechte und schlug immer radikalere Töne an, je mehr die Presse rechts des Rheins unterdrückt wurde. So erhob *Dr. Siebenpfeiffer* 1830 für die bayerische Rheinprovinz die Forderung einer gesonderten Regierung mit einem königlichen Prinzen an der Spitze. Die Juli-Revolution in Frankreich 1830, die unter anderem auch unter dem Motto der Pressefreiheit geführt wurde, verschärfte die politische Oppositionsbewegung in den deutschen Grenzlanden. So gewannen auch in der Pfalz radikale Männer mehr Einfluß. An ihrer Spitze ist der Pfälzer Abgeordnete im bayerischen Landtag, Rechtsanwalt *Friedrich Schüler* zu nennen. Er war einer von der Regierung am meisten gefürchteten Redner der Linken. Seine immer kompromißlosere Haltung fand ein weites Echo in der Pfalz. Bei seiner Heimkehr von den Landtags-Sessionen wurde er stürmisch gefeiert. Auch Siebenpfeiffer schloß sich ab 1831 der radikalen Gruppe an. Ein weiterer Führer der Linksdemokraten, aber mit nationalem Einschlag, war *Johann Georg August Wirth*, der aus Bayern nach der Pfalz verzogen war, weil er hier größere Freiheit für seine radikalen Veröffentlichungen erhoffte. Die einheimische Beamtenschaft war meist liberal gesinnt und durch die verbrieften Rechte in ihrer Opposition weitgehend geschützt. Dazu kam, daß die aus Bayern stammenden leitenden Beamten in der Behandlung ihrer Untergebenen und der Bevölkerung nicht immer eine glückliche Hand hatten.

Das Hambacher Fest und der Vormärz

Da man sich in der Pfalz nicht wie in Altbayern auf eine traditionserhaltende Adelsschicht stützen konnte, versuchte man durch Erhebung einflußreicher Persönlichkeiten in den Adelsstand sich Rückhalt zu verschaffen. Aber die Regierung hatte es in der Bekämpfung der Opposition schwer, da diese keine geschlossene Front bildete und um Auswege niemals verlegen war. Als Ersatz für die auf Betreiben des Frankfurter Bundestags auch im bayerischen Rheinkreis eingeschränkte Pressefreiheit wurden Volksversammlungen und politische Bankette zu Ehren der

Dr. Philipp Jakob Siebenpfeiffer · Zeitgenössischer Kupferstich

Abgeordneten abgehalten. Man begann die Jahrestage der in den einzelnen Ländern eingeführten Verfassungen zu feiern. Dementsprechend kam im Frühjahr 1832 aus Neustadt an der Haardt der Vorschlag, der im Mai 1818 in Kraft getretenen bayerischen Verfassung festlich zu gedenken.

Siebenpfeiffer griff diese Idee sofort auf, schob aber den ursprünglichen Anlaß beiseite, da er die in seinen Augen unzureichende Verfassung nicht gefeiert haben wollte. Dafür sollte nach einem Aufruf Siebenpfeiffers am Sonntag, dem 27. Mai 1832, *»der Deutsche Mai«* begangen werden. *»Im Mai hielten nach germanischer Sitte die Franken, unsere ruhmbekranzten Väter, ihre Nationalversammlungen.«* Siebenpfeiffers Aufruf fand in ganz Süddeutschland reges Echo. Der pfälzischen Kreisregierung war bei der latenten Unruhe ein Zusammenströmen vieler Menschen in Neustadt und Umgebung unheimlich, und sie verbot das geplante Fest. Die sofort erhobenen Proteste und die Hinweise auf die Ungesetzlichkeit verschiedener Androhungen in der das Verbot begründenden Bekanntmachung der Kreisregierung veranlaßten das Münchener Staatsministerium, das Verbot zu mildern und eine unpolitische Feier zu gestatten. Ehe diese Anordnung eintraf, hatte die Kreisregierung aber das Verbot von sich aus ganz zurückgezogen. Der Festausschuß und die Presse reagierten auf die Schwäche der Kreisregierung mit gesteigerter

Propaganda für das Fest. So strömten schon am Vortag und in der Nacht zum 27. Mai aus der engeren und weiteren Umgebung, aus Baden, Hessen, Frankfurt und von weiterher an die 30 000 Festteilnehmer zusammen. Am Vorabend bewegte sich eine freudig erregte Menge durch die Straßen des überfüllten *Neustadt.* Aus allen Teilen Deutschlands und dem Elsaß waren führende Liberale herbeigeeilt und diskutierten in kleineren und größeren Gruppen über die politischen Probleme. Feuer brannten auf den umgebenden Bergeshöhen und leuchteten hinüber in einen strahlenden Maisonntag. Am frühen Morgen kamen viele rechtsrheinische Abordnungen, die die Nacht über marschiert oder wie die Kaiserslauterer und andere Hinterpfälzer Delegationen geritten oder in laubbekränzten Wagen gefahren waren. Unter den Gästen fielen etwa 300 Heidelberger Studenten (⅓ des damaligen Sommersemesters) unter Führung des Burschenschafters Brüggemann auf. Während alle Glocken läuteten, sammelten sich ab 8 Uhr die Zugteilnehmer auf dem Marktplatz, von 300 jugendlichen Sängern mit dem von Dr. Siebenpfeiffer verfaßten Festgesang begrüßt, der nach der Melodie von Schillers Reiterlied schwungvoll begann:

Hinauf Patrioten! Zum Schloß, zum Schloß!
Hoch flattern die deutschen Farben:
Es keimet die Saat, und die Hoffnung ist groß;
Schon binden im Geist wir Garben:
Es reifet die Ähre mit goldenem Rand,
Und die goldene Erndt' ist das – Vaterland . . .

Um 9 Uhr setzte sich der Festzug in Bewegung mit einer Kapelle und einer Abteilung der Bürgergarde an der Spitze. Es folgten – erstmals in Deutschland zu einer politischen Kundgebung aufgerufen – Neustadter Frauen und Jungfrauen, *»nach altdeutscher Art«* mit weißen Blusen und schwarzen Röcken sowie schwarzrotgoldenen Schärpen bekleidet. In ihrer Mitte trug ein Neustadter Bürger eine rotweiße polnische Fahne als Zeichen der Sympathie mit dem polnischen Freiheitskampf gegen Rußland. Eine zweite Abteilung der Bürgerwehr und die mit schwarzrotgoldenen Schärpen gekennzeichneten Festordner gaben den fast vollzählig mitmarschierenden Mitgliedern des als Vertretung des bayerischen Rheinkreises gewählten Landrats das Ehrengeleit. Über ihnen wehte die Festfahne mit der Aufschrift *»Deutschlands Wiedergeburt«.* Es folgten mit Inschrifttafeln und Fahnen die zahlreichen Abordnungen aus vielen deutschen Gauen und der Pfalz selbst. Besonders fielen die Dürkheimer auf durch eine schwarze Fahne mit weißer Inschrift: *»Die Weinbauren müssen trauren«.* Anspielend auf den gerade beschlossenen Ausfuhrzoll, der den Absatz außerhalb der Pfalz unterband, sangen sie ein Lied, in dem es hieß:

Festzug auf das Hambacher Schloß am 27. Mai 1832 · Stich von Brenzinger

Wir Winzer ziehn mit schwarzer Trauerfahne
Zum deutschen Feste heut; –
Zu reißen die Regierung aus dem Wahne
Wir seyen reiche Leut! –
Wir wohnen in dem schönsten Land auf Erden!
Von Gottes Segen voll!
Doch müssen wir noch all zu Bettlern werden,
Durch den verdammten Zoll!

Der lange Festzug – von einer Abteilung der Neustadter Bürgergarde beschlossen, kam gegen 11 Uhr auf dem Hambacher Schloßberg an, der schon mit Tausenden von Besuchern und Musikkapellen aus den Nachbarorten besetzt war. Auf dem für das Fest mit Verkaufsbuden, Zelten, Tischen und Bänken hergerichteten Berggipfel herrschte ein richtiges Jahrmarkttreiben, bis der Festzug eintraf. Als die mitgebrachte schwarzrotgoldene Fahne auf

dem höchsten Turm der Ruine aufgezogen war und das »stolze Panner unseres Vaterlandes weithin über die gesegneten Auen« wehte, brach ein ungeheurer Jubel aus. Die Begrüßungsansprache des Neustadter Arztes Dr. Hepp endete mit dem als Motto für das ganze Fest geltenden Ruf: »Es lebe Deutschlands Einheit, Deutschlands Freiheit – und durch sie Deutschlands Wiedergeburt!« Siebenpfeiffer schlug radikalere Töne an gegen Fürsten und Aristokraten. In die betreffende Richtung deutend, rief er aus: «Dort Carlsruhe – Carlsruhe; was kannst du weiter von der volkreichen, glänzenden Stadt rühmen, die sich glücklich schätzt, der Schemel üppiger Höflinge zu sein und von den Brocken ihrer Tafel sich zu nähren? . . . Dort das reinliche Mannheim, welches, zwischen Hof (der verwitweten Großherzogin Stephanie) und Bürgertum schwebend, des Lebens Ziel und Preis in der Oper zu finden scheint . . . Frankfurt ist . . . der Sitz des Bundestags, der Sitz des politischen*

Vatikans, aus welchem der Bannstrahl herabzuckt, wo irgendein freier, ein deutscher Gedanke sich hervorwagt.« Am gehaltvollsten war die nachfolgende, ebenfalls sehr radikale Rede Wirths, der die Franzosen vor Angriffen gegen das sich einigende Deutschland warnte und ein Hoch ausbrachte auf *»die vereinigten Freistaaten Deutschlands«* und in Vorahnung des 20. Jahrhunderts auf *»das conföderierte republikanische Europa«.*

Nach der Festtafel folgten am Nachmittag noch viele Reden und Trinksprüche, wobei fast ausschließlich Radikale sprachen, während die Vertreter der gemäßigten Richtung, zu der die Mehrzahl der Abgeordneten und der Bevölkerung zählte, sich zurückhielten. Auch Polen kamen zu Wort und Franzosen, die betonten, daß Frankreich nicht die Absicht habe, die Pfalz zu annektieren. Wegen des großen Getümmels konnten diese Reden nur jeweils von den Umstehenden verstanden werden. Die meisten wurden später in einer Festbeschreibung abgedruckt. Am nächsten Tag kamen die führenden Köpfe noch einmal in Neustadt zusammen, um über das weitere Vorgehen zu beraten. Die Anhänger des sofortigen Losschlagens für eine einheitliche deutsche Republik blieben in der Minderheit. Die Mehrzahl vertrat den Standpunkt, solange die Regierungen sich an die eingeführten Verfassungen hielten, wolle man in deren Rahmen für Einheit und Freiheit eintreten.

Der Widerhall dieser ersten politischen Massenkundgebung Deutschlands war im ganzen Bundesgebiet ungeheuer. Metternich sprach vom *Hambacher Skandal* und forderte alle deutschen Länderregierungen auf, die revolutionäre Bewegung zu unterdrücken. Der Frankfurter Bundestag verbot politische Vereine und außerordentliche Volksversammlungen, ferner Abzeichen und Fahnen, die nicht genau den Landesfarben entsprachen, um das verhaßte Schwarzrotgold zu treffen. Die bayrische Landesregierung löste den Nachfolger des schon vor dem Hambacher Fest nach Franken versetzten, verdienten Präsidenten des Rheinkreises, *Josef von Stichaner,* durch Freiherrn von *Stengel* aus der alten kurpfälzischen Beamtenfamilie ab und entsandte vorübergehend den in Heidelberg geborenen Feldmarschall *Wrede* mit außerordentlichen Vollmachten und Truppenverstärkungen in die Pfalz. Die gemäßigt liberalen Abgeordneten der Pfalz und der anderen süddeutschen Parlamente – insbesondere der Freiburger Professor Rotteck – waren bestürzt über die demagogische Schärfe der beim Hambacher Fest fast ausschließlich zu Wort gekommenen zugewanderten Journalisten, die schon vorher in Ausnutzung der freieren Gesetze des bayerischen Rheinkreises ihren radikal-demokratisch orientierten Presseverein in Zweibrücken gegründet hatten. Sie wurden von vielen eingesessenen Liberalen, deren Wortführer der Speyerer Abgeordnete und Journalist *Kolb* war, als Unruhestifter empfunden, die durch ihre Maßlosigkeit die reak-

tionären Kräfte zur Aufhebung der errungenen Freiheiten geradezu herausforderten. Durch den von burschenschaftlichen Kreisen, insbesondere in Heidelberg unter Beteiligung pfälzischer Studenten betriebenen, aber kläglich gescheiterten Attentatsversuch auf die Bundesregierung in Frankfurt wurden die reaktionären Kreise in ihrer Haltung noch bestärkt.

Es zeugt für die liberale Einstellung des aus Furcht vor Volkskundgebungen in die Festung Landau verlegten, in öffentlicher Sitzung tagenden Zweibrücker Schwurgerichts, daß die wegen Aufforderung zum Umsturz der Staatsregierung angeklagten Hambacher Hauptredner Wirth und Siebenpfeiffer nach ausführlicher Begründung ihrer politischen Überzeugung – ebenso wie alle Mitangeklagten – freigesprochen wurden. Die meisten Angeklagten wurden aber nicht freigelassen, sondern wegen Beamtenbeleidigung durch ein Polizeigericht zu Gefängnis bis zu zwei Jahren verurteilt. Siebenpfeiffer und andere konnten aus der Haftanstalt ins Ausland entfliehen.

Eine von den Bundesbehörden 1833 in Frankfurt eingesetzte Zentralbehörde untersuchte bis 1838 alle Umstände, die zu revolutionären Regungen geführt hatten, so auch das Hambacher Fest und seine Folgen. Als Abschluß dieser Arbeit wurde ein *»Schwarzes Buch«* angelegt, in das alle Personen eingetragen wurden, die in den letzten Jahren wegen politischer Umtriebe in Gerichtsverfahren verwikkelt waren. Die 137 darin verzeichneten bayerischen Pfälzer stellen ein Zehntel aller Eintragungen. Wenn man die anderen altpfälzischen Landesteile und die Nachbargebiete hinzunimmt, zeigt sich noch stärker die Größe des Unruheherds.

Ein Schritt in Richtung der von den »Hambachern« erstrebten deutschen Einigung, der die linksrheinische Pfalz von ihren Zollbeschwerden befreite, war der Anschluß der süddeutschen Staaten an den *preußisch-hessischen Zollverein* am 1. Januar 1834. Ein weiteres einigendes Band sollte der in diesem Jahrzehnt beginnende *Eisenbahnbau* werden. Hier spielte der aus Frankreich stammende, in der Pfalz eingebürgerte und zum Mitglied des Landrats – der Provinzialvertretung – gewählte Ingenieur *Paul Camille Denis* eine bedeutende Rolle. Außerdem unterstützte dieser wohlhabende Mann die demokratischen Bewegungen der 1830er und 40er Jahre finanziell.

Die Revolution von 1848/49

Die Spannungen dauerten auch in diesen Jahren fort. Wirtschaftliche Forschritte konnten die politische Unruhe in Deutschland nicht beseitigen. Die Französische Revolution von 1848 gab Anstoß zu weiterer Unrast, zumal das Frankfurter Parlament sich gegen die partikularen Gewalten nicht durchsetzen konnte. Unter den von der bayerischen Pfalz in das Frankfurter Parlament gewählten Abgeordneten ragte *Georg Friedrich Kolb* hervor. Er war der Herausgeber der Speyerer Zeitung, Landtagsabgeordneter und Bürgermeister und später einer der ersten Mitarbeiter Sonnemanns an der Frankfurter Zeitung.

Die Enttäuschung über das Versagen des mit soviel Hoffnungen begrüßten Parlaments in der Paulskirche rief zunächst in den Hauptstädten der autokratisch regierten größeren Bundesländer Unruhe hervor. Es trat auch keine Beruhigung ein, als im März 1849 eine neue freiheitliche Reichsverfassung verkündet wurde. Nach dem Vorbild Preußens und Österreichs erklärte die bayerische Regierung, an die Beschlüsse der Frankfurter Nationalversammlung nicht gebunden zu sein. Der dagegen protestierende bayerische Landtag wurde mehrmals vertagt. Diese Mißachtung des vom gesamten deutschen Volk gewählten Frankfurter Parlaments rief besonders in Südwestdeutschland große Erbitterung hervor, die sich zunächst nur in Protestresolutionen äußerte. Dann erkannten die radikalen Elemente, daß hier die schon lange ersehnte Möglichkeit gegeben war, sich nach französischem Vorbild von der alten Staatsform loszusagen.

Zum 2. Mai 1849 wurde eine Volksversammlung nach Kaiserslautern einberufen, zu der alle Orte der bayerischen Rheinpfalz Delegationen schicken sollten. Die führenden Politiker traten am Vortag zu einer vorbereitenden Sitzung zusammen, um die Vorschläge zu beraten, die der Volksversammlung unterbreitet werden sollten. Die radikale Richtung, repräsentiert durch den Rechtskandidaten *Fries*, schlug die sofortige Ausrufung der Republik vor. Die Gemäßigten, vertreten durch den vom Hambacher Fest bekannten Neustadter Arzt *Dr. Hepp*, befürworteten einen Landesverteidigungsausschuß, der mit den Frankfurter und Münchner Behörden verhandeln solle. Mit knapper Mehrheit ging dieser Vorschlag durch, und die Unterlegenen sagten zu, ihn am nächsten Tag in der großen Volksversammlung zu unterstützen, um die Einheit der Aktion nicht zu gefährden. Am 2. Mai waren etwa 10 000 Pfälzer in Kaiserslautern versammelt. Entgegen der Zusage wurde der radikale Antrag auf sofortige Ausrufung der Republik doch eingebracht, aber abgelehnt und der von der gemäßigten Richtung vorgeschlagene Verteidigungsausschuß eingesetzt. Daß die Mehrheit der Bevölkerung nicht revolutionär gesinnt war, zeigte sich, als der Landesverteidigungsausschuß durch die Entwicklung gezwungen wurde, die Regierungsgewalt zu übernehmen. Die Versuche, die zum Widerstand nötigen Geldmittel aufzubringen und eine schlagkräftige Truppe aufzustellen, hatten nur unzureichende Ergebnisse. Bunt zusammengewürfelte Scharen von schlecht bewaffneten Bürgerwehren, aus dem Ausland herbeigeeilte Freiwillige, Studentenabteilungen, Förster bildeten den Grundstock der Volksarmee, die dem aus den Wiener Straßenkämpfen bekannten österreichischen Leutnant *Fenner von Fennenberg* als Oberkommandierenden unterstellt wurde. Als es gelang, große Teile der in der Pfalz stationierten regulären Truppen zum Übertritt in die Volksarmee zu gewinnen, wurde in dem polnischen General *Sznayda* (Schneider!) ein neuer Befehlshaber bestellt. Der Regierungspräsident *Alwens,* der von der Münchener Regierung keine Unterstützung erhielt, mußte den Dingen ihren Lauf lassen und zog sich in die Festung Germersheim zurück, die von der jetzt offenen revolutionären Bewegung nicht angegriffen wurde. Dagegen ging in Landau ein großer Teil der Garnison zur provisorischen Regierung über, und nur die altbayerischen Offiziere verteidigten mit einigen hundert Mann die Stadt weiter.

Durch fast tägliche Aufrufe und Proklamationen suchte die provisorische Regierung bei ihren Anhängern Zuversicht zu verbreiten und die Mängel der Improvisation zu verdecken. Die mit viel Hoffnung begrüßte politische und militärische Zusammenarbeit mit der Revolutionsregierung von Baden hatte kaum praktische Ergebnisse. Die Pfälzer Abgeordneten in der Paulskirche baten die provisorische Zentralregierung in Frankfurt um Vermittlung: die Pfälzer seien Anhänger der neuen Reichsverfassung und müßten vor Interventionen geschützt werden. Der vom Reichs-Ministerpräsidenten *von Gagern* nach Speyer gesandte Kommissar stellte sich auf seiten der provisorischen Regierung, wurde aber von Frankfurt desavouiert, als von Gagern mit dem ganzen Reichskabinett zurückgetreten war. Die Verwirrung stieg auf einen Höhepunkt. Das Gesetz des Handelns ging auf die Reaktion über. Die bayerische Regierung stellte unter Feldmarschall Fürst *Thurn und Taxis* eine Armee zur Unterwerfung der abgefallenen Provinz auf; Preußen wurde um Hilfe gebeten und kam dieser Aufforderung sofort nach.

Prinz Wilhelm von Preußen – der nachmalige Kaiser Wilhelm I. – marschierte mit eilends zusammengerufenen Truppen auf dem Weg nach Baden am 12. Juni vom Rheinland aus in der Pfalz ein, erklärte den Kriegszustand, entsetzte die Festungen Landau und Germersheim und richtete am 20. Juni von dort aus einen Erlaß an das badische Volk, der den Einmarsch in Baden in Zusammenarbeit mit einer rechtsrheinisch operierenden preußischen Einheit ankündigte und auch in Baden den Kriegszustand proklamierte. Die provisorische pfälzische Regierung in Kaiserslautern konnte den preußischen Truppen wenig entgegenstellen. Gefechte bei Kirchheimbolanden und Rinnthal gingen verloren. Die in höchster Not nach Frankreich gerichteten Hilferufe blieben erfolglos. Die Reste der pfäl-

Pfälzische Freischärler 1849 · Zeichnung von Franz Artaria · Reiß-Museum Mannheim

zischen Volksarmee flüchteten, soweit ihre Mitglieder nicht in aller Stille in ihre Heimatorte zurückgekehrt waren, bei Knielingen über den Rhein ins Badische, und von dort zum Teil weiter in die Schweiz. Inzwischen war das in Franken aufgestellte bayerische Armeekorps in 13tägigem Fußmarsch am 16. Juni – zum Ärger der Münchner Regierung vier Tage nach den Preußen – an der pfälzischen Grenze angekommen, löste etappenweise die weiter vorrückenden Truppen des Prinzen Wilhelm ab und erreichte am 21. Juni Speyer. Alle Erlasse und Verfügungen der provisorischen Regierung wurden für ungültig erklärt und sofort mit der Verfolgung der aktiv am Aufstand Beteiligten begonnen. Die geringer Belasteten wurden amnestiert oder von den Bezirksgerichten milde bestraft. Gegen mehr als 300 Hauptbeteiligte wurde vor dem Assisengericht an dem 1816 nach Zweibrücken verlegten obersten pfälzischen Gerichtshof verhandelt. Eine Anzahl Todesurteile ergingen meist gegen Flüchtige. Vollzogen wurde die Todesstrafe nur an dem zur Volksregierung übergetretenen Artillerieleutnant Graf *Fugger.* An Stelle des in den Ruhestand versetzten bisherigen Regierungspräsidenten *Alwens* wurde Präsident *von Zenetti* berufen. 1850 konnte der Kriegszustand, abgesehen von den großen Städten, aufgehoben werden. Jetzt setzte unter dem Regierungspräsidenten *Gustav von Hohe* ein scharfer Reaktionskurs ein, der die altbayerischen Beamten – die

»Zwockl«, wie sie im Volksmund hießen – nicht beliebter machte. Es bedurfte vieler Jahre und der Überwindung der Krise von 1866, bis nach dem nationalen Aufschwung infolge des Krieges von 1870/71 die Wunden der Revolutionswirren vernarbten und zu Bayern wie zur deutschen Führungsmacht Preußen ein neues Verhältnis gefunden werden konnte.

Eisenbahn, Weinbau und frühe Eisenindustrie

Erleichtert wurde diese politische Entwicklung durch den mit der Gründung des deutschen Zollvereins und mit der Entwicklung des Eisenbahnbaus einsetzenden wirtschaftlichen Aufschwung, der sich nach 1870 noch beschleunigte. Im Gegensatz zu Baden, blieb der Eisenbahnbau in der bayerischen Pfalz der Privatinitiative überlassen. In *Paul Camille Denis,* seit 1840 Kreisbaurat in Speyer, hatte man einen der Pioniere des deutschen Eisenbahnbaus zur Hand. Nach Studium an der berühmten École polytechnique in Paris und erster Beamtentätigkeit in der Pfalz hatte er nach

151

Paul Camille von Denis, Pionier des Eisenbahnbaues

Andreas Jordan, Begründer des pfälzischen Qualitätsweinbaues ·
Gemälde von Zick · Weingut Geheimrat Dr. von Bassermann-Jordan

dem Hambacher Fest – um einer Strafversetzung nach Altbayern zu entgegen – auf eigene Rechnung eine Studienreise durch Frankreich, England und USA gemacht und dabei nicht nur die Grundsätze des Eisenbahnbaus, sondern auch die Methoden einer billigen Streckenlegung kennengelernt. Die 1834 erbaute erste deutsche Eisenbahn von Nürnberg nach Fürth war sein Werk; die Strecken Frankfurt–Mainz sowie München–Augsburg folgten. Es war naheliegend, ihm auch den Eisenbahnbau in seiner pfälzischen Wahlheimat zu übertragen. Nachdem ein von Mannheimer und Saarbrücker Wirtschaftskreisen gestütztes Konsortium die Finanzierung gesichert hatte, wurde 1838 die *»Bayerische Eisenbahngesellschaft der Pfalz, Rheinschanze-Bexbacher Bahn«* gegründet, die 1844 bis 1849 die Strecke Ludwigshafen–Bexbach (Saar) baute und so dem aufstrebenden Rheinhafen ein großes Hinterland erschloß. Denis, dem der bayerische König 1852 den persönlichen Adel verliehen hatte, übernahm die Leitung dieser Eisenbahngesellschaft und baute bis zu seinem Übertritt in den Ruhestand 1866 noch die Strecken von Neustadt über Landau nach Weißenburg im Elsaß sowie nach Worms und Mainz. 1867 stellte man den Anschluß an die badischen Eisenbahnen zunächst durch Trajektschiffe, dann über die neu erbaute Rheinbrücke zwischen Ludwigshafen und Mannheim her. 1870 wurden die verschiedenen privaten pfälzischen Eisenbahnen zusammengeschlossen

und 1909 gegen Zahlung von 245 Millionen Mark vom bayerischen Staat übernommen.

Die Aufhebung der innerdeutschen Zollgrenzen und die neuen Verkehrsmöglichkeiten hatten auf landwirtschaftlichem und gewerblichem Gebiet große Umwälzungen zur Folge. Den Erzeugnissen von Landwirtschaft, Forst- und Weinbau stand nunmehr der ganze deutsche Markt offen. Auf der anderen Seite kamen freilich auch anderswo billiger erzeugte Produkte in die Pfalz. Vorteile hatten auf jeden Fall Spezialerzeugnisse wie Tabak und Wein. Der Qualitätsweinbau an der heutigen *»Weinstraße«* nahm seinen Anfang. Pionier war in den ehemals fürstbischöflich speyerischen Orten Deidesheim, Forst und Ruppertsberg *Andreas Jordan.* Seine Familie stammte aus Burgund. Nach Studium an der 1798 aufgehobenen kurfürstlichen Universität Mainz war er von 1819 bis 1843 Bürgermeister von Deidesheim und viele Jahre Landtagsabgeordneter. Schon sein Vater und sein Großvater *Reichardt* in Forst hatten Beziehungen zum Rheingau geknüpft, wo sich in der zweiten Hälfte des 18. Jahrhunderts der Qualitätsweinbau (Züchtung besserer Sorten, Sorgfalt bei Lese und Gärung, Edelfäule) entwickelt hatte. Ein weiterer Verdienst von Andreas Jordan war die Ausweitung des Absatzes durch Kundengewinnung im übrigen Deutschland und Ausland. Sein Sohn *Ludwig Andreas Jordan* folgte ihm in seiner Arbeit für den pfälzischen Weinbau und als Bürger-

152

meister von Deidesheim. Er war Mitglied des Landrats der Pfalz, des bayerischen Landtags, des Frankfurter Vorparlaments, des Zollparlaments und des Reichstags.

Dieser Tradition schloß sich *Franz Peter Buhl* an, Papierfabrikant aus Ettlingen bei Karlsruhe, der – wie schon sein Vater – als gemäßigter Liberaler in der badischen Kammer eine Rolle spielte. 1836 heiratete er ebenso wie später *Emil Bassermann* aus der Mannheimer und Schwetzinger Kaufherrnfamilie in die Familie der Deidesheimer Weingutsbesitzer Jordan ein. Ein weiterer Schwiegersohn der Jordans war *Friedrich Deinhard* aus Koblenz, dessen Weingut in Deidesheim noch heute besteht. Diese Familien haben nicht nur dem Pfälzer Weinbau vorbildliche Rebzüchter und Weinpfleger geschenkt, sondern sich – wie ihre Vorfahren – auch im öffentlichen Leben betätigt. Franz Peter Buhls Sohn *Armand* war führender nationalliberaler Politiker im Bismarck-Reich. In dem wegen seiner Verdienste um den pfälzischen Weinbau vom bayerischen König geadelten Weingutsbesitzer *Friedrich von Bassermann-Jordan* fand der deutsche Weinbau seinen Geschichtsschreiber und den Begründer des Speyerer Weinmuseums.

Andere vorbildliche Weingüter sind in dem ehemals kurpfälzischen Wachenheim der Besitz der Familien *Wolff* – später *Bürklin-Wolff,* in dem ehemals leiningischen Dürkheim die verschiedenen Güter der Familie *Fitz.* Daneben wetteiferten im ausgehenden 19. und 20. Jahrhundert noch viele einzelne Weingutbesitzer und die in allen größeren Weinbauorten begründeten Winzergenossenschaften bei der Hebung der Weinqualität, so daß »Pfälzer Wein« ein internationaler Begriff wurde. Das »Wein-Patriziat« und einige bedeutende Industriellen-Familien spielten in der Pfalz die gleiche gesellschaftliche Rolle, die in anderen deutschen Ländern, insbesondere in Bayern, dem Geburtsadel zukam.

Führend im Wein- und Tabakhandel des ausgehenden 18. und beginnenden 19. Jahrhunderts bis weit nach Norddeutschland und Holland hinein war das Handelshaus *Johann Heinrich Scharpff* in Speyer, dessen geschäftstüchtiger Inhaber mit seinem Schwiegersohn *Philipp Markus Lichtenberger* 1820 aus dem Nachlaß des Mannheimer Gastwirts Karl Hornig Grundstücke der ehemaligen Mannheimer Rheinschanze erwarb mit Schiffsanlegeplatz und Lagerhäuser: die Keimzelle der späteren Stadt *Ludwigshafen.*

Für die Geschichte der gewerblichen Wirtschaft in der Pfalz des 18. und 19. Jahrhunderts ist die Entwicklung der *Eisenwerke Gienanth* besonders interessant. Im Gebiet des Donnersbergs und des Eisenberger Beckens sind schon in der Latène- und Römer-Zeit Erzabbauten und Schmelzen erwiesen. Das ganze Mittelalter und bis ins 18. Jahrhundert hinein wurde hier in primitiver Weise nach Eisen-, Kupfer- und anderen Erzen geschürft und in kleinen Waldschmel-

Ludwig Freiherr von Gienanth, Reichsrat der Krone Bayerns · Gemälde von Stieler, in Familienbesitz

zen mit Holzkohle Metall gewonnen, welches in Hammerwerken und Schmieden zu Waffen, landwirtschaftlichen und anderen Geräten verarbeitet wurde. Nach dem Dreißigjährigen Krieg waren Glieder der Familie *Guinand* aus dem Schweizer Kanton Neuenburg in die Pfalz eingewandert. 1655 ist in Neustadt der »Wappenschmied« *Peter Georg Gynant* bezeugt. Er ist der Stammvater verschiedener Linien. Einer seiner Enkel, *Johann Nikolaus Gienanth,* wurde 1719 von dem in Kirchheimbolanden residierenden Grafen von Nassau-Saarbrücken-Weilburg zum Direktor der Dudweiler Schmelz berufen. Diese bestand aus einem Hochofen, einem Groß- und einem Kleinhammer, einer Holzköhlerei und einer Erzgewinnungsanlage. Insgesamt wurden 40 Arbeiter beschäftigt – in der damaligen Zeit des Übergangs vom Handwerk zur Industrie eine große Anzahl. Die Arbeiter waren vielfach auch Kleinlandwirte und erhielten neben einem geringen Bargeldbetrag den größten Teil ihres Lohns (ein Schmelzmeister bekam zum Beispiel 5 Franken in der Woche) in Form von Naturalien aus Gienanths eigener Landwirtschaft. 1740 übernahm Gienanth die Leitung der den Grafen von Leiningen gehörenden Eisenhütte mit Kupferbergwerk in Wattenheim bei Altleiningen und erwarb 1742 eine Kupferhütte in Hochstein, die er zu einer Eisenschmelze umbaute. So konnte nach des Vaters Tod 1750 sein Sohn *Johann Jakob Gienanth* einen vielseitigen, gefestigten Besitz übernehmen, den

153

er zu überregionaler Bedeutung auszudehnen wußte. 1765 wurde er wegen seiner Verdienste um den Bergbau von Karl Theodor »zu Unserem Churpfälzischen Berg-Rathen ernennet«. Die Grundlage für die weitere Entwicklung war gelegt. Unter seinem Sohn *Ludwig* wurde der Erzabbau eingeschränkt, die Eisenverarbeitung aber ausgedehnt. Die französische Besetzung stellte große Anforderungen, besonders in der ersten turbulenten Zeit. Seine gute Ausbildung auf der Lateinschule in Grünstadt, der Kameral Hohen Schule in Kaiserslautern und der Universität Heidelberg sowie eine praktische Tätigkeit in der Schweiz befähigten ihn nach Einkehr ruhigerer Zeiten, seine Betriebe wieder in Gang zu setzen. Darüber hinaus wirkte er für die ganze Umgebung segensreich durch Straßenbau zwischen den verschiedenen Werken. Er wurde in den Departementsrat und nach Abzug der Franzosen zum Wahlleiter für den Landrat der bayerischen Rheinprovinz berufen. 1818 verlieh ihm König Maximilian von Bayern den persönlichen Adel und ernannte ihn zum Vertreter der Pfalz im bayerischen Reichsrat (I. Kammer); 1835 folgte die Erhebung in den erblichen Freiherrnstand. Auch als er sich etwas von den Geschäften zurückgezogen hatte, leitete er noch die Modernisierung der Werke ein und den Übergang zur Weiterverarbeitung. Aber die Grundlage der Gienanth'schen Werke war immer noch die Verhüttung der Erze mittels Holzkohle, während in England, in Oberschlesien und dann an der Saar Kohle und Koks an die Stelle von Holzkohle getreten waren. Die noch mehr handwerklich betriebene Pfälzer Eisen- und Stahlerzeugung wehrte sich unter Hinweis auf die bessere Qualität ihrer Erzeugnisse gegen die Einfuhr und die sie begünstigenden Eisenbahnen. Der Anschluß Bayerns an den preußisch-hessischen Zollverein wurde als tödliche Gefahr empfunden.

Ludwig von Gienanths Sohn *Friedrich,* aus Ludwigs Ehe mit der Tochter des Mannheimer Krappfabrikanten *Stoess,* war nach guter theoretischer und praktischer Ausbildung und längeren Studienreisen ein fähiger Nachfolger, der zunächst noch mit der Qualität des Holzkohleeisens die billigere, aber schlechtere englische Ware bekämpfte. Als die Qualität der englischen sowie der inländischen Konkurrenz sich verbesserte und auf die Dauer so viel Holz, wie es der Hochofenbetrieb in großem Maßstab erforderte, nicht zu beschaffen war, stellte *Friedrich von Gienanth* die Werke auf Kundenguß um. 1834 heiratete er *Caroline von Stichaner,* Tochter des früheren Regierungspräsidenten der Rheinpfalz. Dem von dem Mannheimer Architekten *Jacob Friedrich Dyckerhoff* im Empire-Stil erbauten Wohnhaus in Eisenberg wurde ein Park im englischen Stil zugefügt. Allmählich stellten die Betriebe von der Wasserkraft und Holzkohlenfeuerung auf Koksfeuerung und Roheisenverarbeitung um und konzentrierten diese in Eisenberg und

Hochstein. Heute betreibt die Firma Gebrüder Gienanth in Eisenberg ausschließlich eine Graugießerei für hochwertigen Motoren-, Maschinen- und Fahrzeugguß.

Die Rheinpfalz nach der deutschen Einigung von 1866/71

Die Pfalz blieb von dem innerdeutschen Krieg 1866 unberührt. Zum ersten deutschen Zollparlament 1868 in Erfurt wurden in der linksrheinischen Pfalz neben zwei großdeutsch eingestellten Abgeordneten vier Liberale gewählt, die für den Anschluß an den Norddeutschen Bund unter Preußens Führung eintraten. Die Pfälzer Abgeordneten im bayerischen Landtag – außer Kolb – bejahten 1870 einstimmig das Zusammengehen mit Preußen gegen Frankreich, während die altbayerischen Konservativen für Neutralität eintraten, um sich nicht preußischer Führung unterstellen zu müssen.

Als Bayern in die preußische Linie einschwenkte, war auch die Grundlage für eine, von der Zustimmung der Bevölkerung getragene Einfügung der bayerischen Pfalz in den Gesamtstaat gegeben. Mit großer Begeisterung wurden die norddeutschen Truppen unter Führung des preußischen Kronprinzen am Rhein begrüßt. Bismarck konnte die für ein einiges Deutsches Reich eintretende Pfalz gegen Altbayern ausspielen. Um die Geschlossenheit des bayerischen Staates nicht zu gefährden, fand man sich in München nach Aushandeln einiger Reservatrechte mit dem Bismarck-Reich unter preußischer Führung ab. Das große Erlebnis des gesamtdeutschen Sieges 1870/71 ließ in der Pfalz auch die letzten Erinnerungen an die Franzosenzeit verblassen. Je stärker Bayern mit dem Reich verwuchs, desto eher war man in der Pfalz bereit, auf Sonderleben im bayerischen Verband zu verzichten. In den 1870er Jahren gehörten alle Pfälzer Reichstagsabgeordneten unter Führung des Deidesheimer Abgeordneten *Jordan,* der mit Bismarck befreundet war, der *nationalliberalen* Partei an. 1898 wählte Ludwigshafen den ersten *sozialdemokratischen* Abgeordneten in den Reichstag. 1900 wurde der Code Napoléon durch Einführung des Bürgerlichen Gesetzbuches ersetzt. Auch im Gerichts- und Verwaltungswesen wurden die meisten Erinnerungen an die französische Besatzungszeit um die Wende zum 20. Jahrhundert beseitigt.

Neben Würzburg, Erlangen und München blieb Heidelberg aus der kurfürstlichen Zeit her Ausbildungsstätte vieler Pfälzer Studenten. Eigene Pfälzer wissenschaftliche Forschung auf dem Gebiet der Geschichte und Naturwissenschaften blieb privater Initiative überlassen. Sie fand in dem *Verein Pollichia* (nach dem Kaiserslauterner Arzt Pollich, der im 18. Jahrhundert die erste Pfälzer Pflanzengeschichte geschrieben hat) einen Mittelpunkt. Die Heimatkunde, insbesondere pfälzische Geschichte, wird seit 1830 vom *Historischen Verein der Pfalz* gepflegt. Eine Zusammenfassung aller dieser Bestrebungen erfolgte 1925 in der *Pfälzischen Gesellschaft zur Förderung der Wissenschaften,* die viele heimatkundliche Veröffentlichungen herausgab.

Ein wichtiger Industriestandort neben Frankenthal (S. 119 ff) und Ludwigshafen (S. 200 ff) wurde Kaiserslautern. Hier ist die *Pfaff Industriemaschinen GmbH* zu erwähnen, die ab 1862 in drei Generationen eines Familienunternehmens Nähmaschinen entwickelte. Nach 100 Jahren in eine Publikums-Aktiengesellschaft umgewandelt, gehört dieses Unternehmen zu den führenden dieser Branche in der Welt. Nur zwei Jahre jünger sind die *Eisenwerke Kaiserslautern Göppner GmbH,* die ein weitgestecktes Programm im Maschinen-, Apparate- und Brückenbau, sowie Stahlkonstruktionen betreiben. Aus der 1893 gegründeten Firma »*Neue Eisen- und Metallhütte*« Kaiserslautern entwickelte ab 1898 *Karl Billand* die später in eine Kommanditgesellschaft umgewandelte *Guß- und Armaturwerk Kaiserslautern AG.* Nach dem Ersten Weltkrieg wurde die Produktion von Kanalgußartikeln sowie gußeisernen Abflußrohren und Formstücken fortgeführt, die Armaturenfertigung jedoch aufgegeben. Neu in das Produktionsprogramm nahm man seinerzeit Pumpen für die Landwirtschaft und Industrie auf, insbesondere auch Spezialpumpen zur Hebung von Abwässern und zur Kellerentwässerung. Die Firma gehört auf ihren Spezialgebieten zu den ersten Unternehmen ihres Fachs.

Auf dem in früheren Jahrhunderten in der Kurpfalz handwerklich in Blüte stehenden Gebiet der Spinnerei und Weberei ist die *Kammgarnspinnerei Kaiserslautern* unter den ersten Unternehmen zu nennen. Sie wurde 1857 von dem Leiter des pfälzischen Zentralgefängnisses *Franz Flavin Menth* mit einigen pfälzischen Bürgern gegründet, nachdem er guten Erfolg mit Spinn- und Webarbeiten bei seinen Strafgefangenen gehabt hatte. Mit 200 000 Gulden Gesellschaftskapital und 50 Arbeitern fing der Betrieb in der Ohligmühle im Lautertal an. Unter dem als technischen Leiter gewonnenen Elsässer Kammgarnfachmann *Jean Schoen* entwickelte sich das Werk bis zum Krieg von 1870/71 zu einem qualitativ führenden Betrieb Deutschlands. Nach Umstellung auf die neue einheitliche deutsche Währung 1876 betrug das Kapital 3,1 Millionen Mark. Auch der Sohn *Hans Schoen* wußte mit seinen Mitarbeitern das Werk technisch und kaufmännisch auf der Höhe zu halten, so daß es schlechte Konjunkturperioden um die Jahrhundertwende überstehen, wachsen und in der Spitze

Georg Michael Pfaff, Nähmaschinenfabrikant in Kaiserslautern

der Branche bleiben konnte. Die Schwierigkeiten nach dem Ersten Weltkrieg führten zu einer Anlehnung an den Bremer Nordwollekonzern, in dessen Zusammenbruch die Kammgarnspinnerei Kaiserslautern hineingezogen wurde. 1935 übernahm die *Adolff AG Backnang* das Aktienkapital der Kammgarnspinnerei. Im Zusammenhang mit der Strukturkrise der deutschen Textilindustrie mußte die Firma 1982 ihre Tore schließen.

In Zweibrücken eröffnete *Christian Nikolaus Dingler* 1827 eine kleine Werkstatt zur Herstellung von Buchdruckpressen und Mühleneinrichtungen. Seit 1954 gehören die *Dinglerwerke AG* als Beteiligungsgesellschaft zur *Mannesmann-Demag-Gruppe.* Die Dingler-Arbeitsgebiete umfassen Erzeugnisse des Maschinen- und Stahlbaues, insbesondere Baumaschinen, Gebläse, Wind- und Klimakanäle, Stahlwasserbauten, Hochofenanlagen, Gasreinigungs- und Entstaubungsanlagen, Behälter, Apparate für Chemie, Wärmetechnik und ähnliche Zwecke sowie Ausrüstungen für den Reaktorbau.

Die 1863 von *Christian Wery* in Zweibrücken gegründete Maschinenfabrik ging im Lauf der Jahre zur Fabrikation von Mähdreschern über, die vorher importiert worden waren. Eine Beteiligung der Familie Lanz führte zu enger Zusammenarbeit mit der Mannheimer Landmaschinen-Fabrik. Heute ist der Betrieb ein Zweigwerk der *John Deere Werke Mannheim.*

Die Entstehung der pfälzischen Schuhindustrie wurde bei der Entwicklung der Stadt Pirmasens (S. 138) erzählt. Von größeren Betrieben ist die *Dorndorf Schuhfabrik* in Zweibrücken zu nennen, die, urpsrünglich in Breslau beheimatet, 1931 mit der Pirmasenser Schuhfabrik *M. Langermann* vereinigt wurde. Das in Privatbesitz befindliche Unternehmen steht mit seinem vollmechanisierten Werk Zweibrükken in der Spitzengruppe der deutschen Schuhindustrie. Ein anderes führendes Unternehmen dieser Branche ist die aus einem 1864 gegründeten Unternehmen hervorgegangene *Rovo AG* in Speyer mit Zweigbetrieben in mehreren Orten der Umgebung, die heute zur Salamander-Gruppe gehört.

Eine bedeutende Stellung in der Pfälzer Wirtschaft nimmt die Textilindustrie ein, die auf eine lange Tradition aufbauen konnte. Schon im 13. Jahrhundert gab es hier eine über die örtliche Versorgung hinausgehende Tucherzeugung. Einen großen Aufschwung nahm dieser Industriezweig durch die Aufnahme wallonischer, ihres protestantischen Glaubens wegen vertriebener Tuchmacher in der Mitte des 16. Jahrhunderts, die in den aufgehobenen Klöstern Schönau, Otterberg, Lambrecht und Frankenthal angesiedelt wurden. In verhältnismäßig kurzer Zeit stellten die in der neuen Heimat gegründeten Spinnereien, Färbereien und Webereien Qualitätswaren her. Eine Vereinbarung der Tuchmacherzünfte in den drei letztgenannten Orten um 1580 regelte die Entlohnung der Gesellen und die Einhaltung der Qualität. Besondere Bedeutung auch für die Umgebung erlangte die Tuchmacherzunft von Lambrecht, die bis in die Mitte des 18. Jahrhunderts ihre Zunftbücher in französischer Sprache weiterführte. Wie in vielen anderen französisch-reformierten Gemeinden der Pfalz erhielt sich hier – mit Hilfe von französischen Predigern und Lehrern – die heimatliche Umgangssprache etwa 200 Jahre, bis dann um 1750 die langsame Eindeutschung, teilweise auch der Familiennamen, abgeschlossen war.

Eine weitere Belebung fand die Textilherstellung durch die merkantilistischen Bestrebungen des Kurfürsten Karl Ludwig, die 100 Jahre später von Kurfürst Karl Theodor verstärkt aufgegriffen wurden. Zu Frankenthal und Kaiserslautern entstanden Tuchmanufakturen, die großenteils Wolle der einheimischen Schäfereien verarbeiteten. Daneben wurde in Kaiserslautern dank der Bemühungen der berühmten physikalisch-ökonomischen Gesellschaft, die sich die Förderung von Landwirtschaft und Gewerbe zum Ziel gesetzt hatte, eine Halbleinenmanufaktur gegründet. Die Bestrebungen zur Belebung der Seidenerzeugung hatten allerdings keinen dauernden Erfolg. Durch die Kriege der Revolutions- und napoleonischen Ära wurde die Tuchmacherei teils geschädigt, teils – durch Militärlieferungen und Kontinentalsperre – gefördert. In Otterberg und Frankenthal starb das Tuchmachergewerbe aus, während

Christian Dingler, Gründer der Dingler-Werke Zweibrücken

es sich in Lambrecht zäh erhielt. Genossenschaftlicher Zusammenschluß half den Lambrechter Tuchmachern auch über die Schwierigkeiten der 1830er Jahre hinweg. Der weitere Verlauf des 19. Jahrhunderts brachte auch in diesem Wirtschaftszweig die Entwicklung zum Fabrikbetrieb und zur Spezialisierung.

Ein typisches Beispiel für Spezialisierung ist die aus einem 1587 gegründeten handwerklichen Betrieb wallonischer Einwanderer hervorgegangene und als Familienbetrieb erhaltene Filztuchweberei *J. J. Marx* in Lambrecht. Die aus der Gegend von Lüttich stammende Familie hieß ursprünglich *Remacle*. Nach verschiedenen – teilweise neben dem alten französischen Namen gebrauchten – Übergangsformen wurde daraus *Marx*. Der 1585 im Zunftaufnahmebuch in Lambrecht verzeichnete *Jean Remacle* und seine Nachkommen brachten es durch ihre Qualitätsarbeit zu Wohlstand, der auch durch die Kriege des 17. und 18. Jahrhunderts nicht ganz vernichtet wurde. Mittelpunkt der Zunft war die von den Meistern gemeinschaftlich betriebene Walkmühle. In den etwa 300 Jahre lang – zunächst französisch geführten – Walkbüchern ist auch das Schicksal der Familie *Remacle-Marx* abzulesen, deren Mitglieder vielfach Zunftmeister waren, oftmals nach Zerstörung ihres Betriebs flüchten mußten, aber ebenso zäh wie an ihrem Glauben auch an ihrem Gewerbe festhielten. Auch als die Zunftordnung überholt war und mit der

Französischen Revolution die schon unter Karl Theodor beginnende Gewerbefreiheit sich ganz durchsetzte, wußten die Lambrechter Tuchmacher, wenn auch zeitweise in die groben nur örtlich absetzbaren Qualitäten abgedrängt, sich zu behaupten. In zielbewußter Arbeit gelang *Johann Jacob Marx* und anderen Handwerkern der Übergang zur maschinellen Fertigung. Zunächst beteiligte er sich 1822 mit anderen fortschrittlichen Fachgenossen an einer im Lambrechter Tal mit Wasserkraft und belgischen Maschinen betriebenen Maschinenspinnerei, die so viel leistete wie 1000–1500 Handspinner und dazu in gleichmäßigerer Qualität. Der Erfolg gab den Wagemutigen recht. Bald wurde eine zweite genossenschaftliche mechanische Spinnerei bei Lambrecht gegründet, an der sich *J. J. Marx senior* wieder beteiligen wollte. Mißgünstige, noch im alten Zunftdenken befangene Genossen drängten ihn aber hinaus, da sie es für untragbar hielten, daß jemand an zwei Fabriken beteiligt sei und mit so viel Garn den anderen Tuchmachern *»die Nahrung wegnehme«*. Das war für J. J. Marx senior Anlaß, 1830 eine eigene mechanische Spinnerei zu errichten. 1839 erfolgte die Lieferung der ersten Filztücher für die soeben zur maschinellen Herstellung übergegangene Papierfabrik *J. J. Gossler,* Frankeneck. Als 1867 verwandtschaftliche Beziehungen zur Lambrechter Papiermacherfamilie *Knoeckel* geknüpft waren, wurde diese Spezialfabrikation erneut aufgenommen und ab 1896 so ausgebaut, daß die Firma J. J. Marx nunmehr zu den bedeutendsten Herstellern von Filztüchern, insbesondere für die Papierindustrie, gehört.

Zum Abschluß der Schilderung einzelner pfälzischer Industriezweige im 19. Jahrhundert sei noch dieses kleineren, aber kultur- und wirtschaftsgeschichtlich interessanten Papiermachergewerbes gedacht. Während in Franken und Schwaben schon Ende des 14. Jahrhunderts sich die von den Chinesen und Arabern über Italien zu uns gekommene Kunst ausbreitete, Papier aus einem Lumpenfaserbrei zu schöpfen, ist in der Pfalz erstmals 1489 eine Papiermühle in Kaiserslautern erwähnt und ein Jahrhundert später eine solche in Zweibrücken. Herzog Johann I. hatte aus Straßburg einen Papiermacher kommen lassen, der seine Anlage am Schwarzbach bei der Eremitage errichtete. Er mußte den zehnten Teil der Erzeugung abliefern und das darüber hinaus von der Hofkammer benötigte Papier zu ermäßigtem Preis. Diese und die bei Kaiserlautern 1616 in einer ehemaligen Mahlmühle errichtete Papiermühle wurden im Dreißigjährigen Krieg zerstört. 1731 wurde vor dem Westtor Annweilers eine Hammerschmiede in einen Papierbetrieb umgewandelt, die Wachtelsmühle, Vorgängerin der Filtrierpapierfabrik *Otto Poerringer*.

In der Kurpfalz erfolgte nach dem Dreißigjährigen Krieg die Wiederaufnahme der Papiererzeugung erst 1682, als die Heidelberger Regierung dem Neustadter Waffenschmied

Johann Jacob Marx, Lambrecht, bahnbrechend in der maschinellen Textilherstellung · Gemälde in Familienbesitz

und Öhlmühlenbesitzer *Johann Friedrich Lorch* die Konzession erteilte, am Speyerbach neben seiner Öhlmühle auf eigene Kosten eine Papiermühle zu errichten. Er erhielt auch das alleinige Recht, im ganzen Kurpfälzer Gebiet Lumpen sammeln zu lassen mit der Einschränkung, daß sich die Regierung vorbehielt, das rechtsrheinische Gebiet aus der Konzession herauszunehmen, sobald dort ein Papiermüller sich niederlasse. Das geschah 1739 in Waldmichelbach, 1751 in Mosbach, später auch in Neckargemünd. Die Familie Lorch betrieb die Papiermacherei durch vier Generationen. 1745 heiratete der aus dem Vogtland stammende Papiermacher *Wolfgang Adam Knoeckel* eine Tochter Lorchs, arbeitete erst bei seinem Schwiegervater mit, um dann eine eigene Papiermühle zu erbauen. Die Tradition der Neustadter Papiermühlen wird von der 1849 gegründeten Spezialpapierfabrik *Hoffmann und Engelmann* weitergeführt, insbesondere mit der Herstellung von technischen Rohpapieren.

Zu den alten Papiermühlen bei Annweiler kam 1811 an der Queich bei Rinnthal eine weitere, die auf Maschinenbetrieb umgestellt wurde und sich in den 1860er Jahren auf Pappen spezialisierte. 1897 kaufte der Sägewerksbesitzer *Jakob Buchmann* den Betrieb und gestaltete ihn mit seinem Sohn *Julius* zu einer modernen Kartonfabrik um, heute *Buchmann GmbH Rinnthal*.

Graf Friedrich Magnus von Leiningen-Dachsburg erteilte

1737 die Konzession zum Bau einer Papiermühle an der Isenach bei Hardenburg. 1815 wurde oberhalb bei Jägertal eine weitere Papiermühle errichtet, aus der sich die Papierfabrik *Schleipen GmbH,* Bad Dürkheim, entwickelte. In Jägertal bei Bad Dürkheim entstand 1826 noch eine Papiermühle, aus der die Firma *L. Cordier Wwe.* hervorging, die Rohpapier für die Vulkanfiber-Erzeugung herstellt.

Ein anderer Mittelpunkt der pfälzischen Papierindustrie bildete sich im 19. Jahrhundert in und bei Lambrecht. Der älteste Betrieb ist die von dem aus Böhmen eingewanderten Papiermacher *Michael Gossler* und seinem Sohn *Jakob Gossler* 1801 erbaute Papiermühle, die sich später zu einer modernen Feinpapierfabrik entwickelte. Sie ging in den Besitz der seit 1885 in Neidenfels bei Lambrecht bestehenden Papierfabrik *Julius Glatz* über, die auf das Gebiet der dünnen Feinpapiere spezialisiert ist. Im Lambrechter Tal sind noch zwei weitere Firmen zu nennen, die jede auf ihrem Gebiet zu den führenden in Deutschland gehören: Das Zweigwerk der Oberlenninger *Papierfabrik Scheufelen,* das auch auf eine von Johann Jakob Gossler für eines seiner Kinder erbaute Papiermühle zurückgeht. 1841 konnte sie sich schon als »*Mechanische Papierfabrik*« bezeichnen; 1860 wurde nach Aufstellung einer zweiten Papiermaschine das Papierschöpfen von Hand eingestellt. Nach der Heirat Paula Gosslers mit dem Oberlenninger Papierfabrikanten *Dr. Adolf Scheufelen* und nach dem Tod ihres Vaters Johann Erhard Gossler wird seit 1925 diese Papierfabrik als Zweig des Oberlenninger Werkes betrieben, spezialisiert auf technische Papiere und hochweißes Kunstdruck-Papier.

Die 1888 in den Gebäuden der ehemaligen Tuchfabriken gegründete Firma *Knoeckel Schmidt* gehört zu den führenden Firmen auf dem Gebiet fettdichter Papiere. Zum Schluß sei noch die 1759 im benachbarten Dillingen (Saar) gegründete Papiermühle erwähnt, weil dort 1817 die erste aus England eingeführte Papiermaschine in Betrieb kam, die das Schöpfen einzelner Bogen von Hand durch die maschinelle Erzeugung einer endlosen Papierbahn ersetzte. 1831 hatten die 28 in der linksrheinischen Pfalz bestehenden Papiermühlen 450 Beschäftigte, also im Durchschnitt 16. In der Mitte des 19. Jahrhunderts gingen alle lebensfähigen Papiermühlen auf Maschinenbetrieb über und wurden so zu Papierfabriken.

Daneben haben sich im 19. Jahrhundert in der linksrheinischen Pfalz Industriebetriebe vielfältiger Art entwickelt, die einzeln zu beschreiben den Raum dieses Buches sprengen würde. Daß in der zweiten Hälfte des Jahrhunderts die industrielle Betätigung noch in kleinem, für den Einzelunternehmer und den Werksleiter der Aktiengesellschaften übersehbaren Rahmen blieb, zeigt die nachfolgende Tabelle der Arbeiterzahl vom Jahre 1874 in den sieben größten Fabriken der linksrheinischen Pfalz:

Der Papierfabrikant Johann Jakob Goßler, Frankeneck · Gemälde in Familienbesitz

1. Eisenhüttenwerk Gebr. Krämer St. Ingbert	898
2. Badische Anilin- & Sodafabrik Ludwigshafen	750
3. Kammgarnspinnerei Kaiserslautern	691
4. Mechanische Baumwollspinnerei und Weberei Ludwigshafen	691
5. Baumwollspinnerei und Weberei Grohé-Henrich Kaiserslautern	595
6. Zuckerfabrik Friedensau, Friedensau	359
7. Dinglersche Maschinenfabrik Zweibrücken	340

Der Durchbruch zur Großindustrie erfolgte zur Jahrhundertwende, wobei sich das Schwergewicht immer mehr zur chemischen Industrie nach Ludwigshafen verlagerte.

17. Die rechtsrheinische Pfalz nach dem Übergang an Baden

Restauration und Vormärz

Die nach dem Tode Karl Theodors 1799 von München aus regierten rechtsrheinischen Gebiete der Pfalz wurden 1803 im *Reichsdeputationshauptschluß* der von Napoleon als abhängigem Pufferstaat stark begünstigten *Markgrafschaft Baden* zugeschlagen, die 1771 aus den zwei kleinen Teilgebieten Baden-Durlach und Baden-Baden zusammengewachsen war. Unter dem Titel: Entschädigung für linksrheinische Verluste (450 qkm mit 25 000 Einwohnern) erhielt der zum Kurfürsten erhobene Markgraf *Karl Friedrich* zwischen Bodensee und Neckar aus den verschiedenen mediatisierten oder anderwärts entschädigten Herrschaften 3360 qkm Landzuwachs mit rund 240 000 Einwohnern. Darunter befanden sich aus dem pfälzischen Raum die rechtsrheinischen Besitzungen des Fürstbischofs von Speyer mit Bruchsal als Hauptort und von Kurpfalz die Oberämter Ladenburg, Heidelberg und Bretten mit den Hauptstädten Heidelberg und Mannheim. Die Oberämter Sinsheim und Mosbach fielen zusammen mit Besitz der Fürstbistümer Mainz und Worms sowie der Fürstabtei Amorbach zunächst an die aus ihren Stammlanden links des Rheins vertriebenen Fürsten von Leiningen, die aber 1806 ihre Souveränität verloren. Die Oberämter Sinsheim und Mosbach erhielt Baden, die übrigen Besitzungen Bayern und Hessen mit den pfälzischen Exklaven Umstadt, Lindenfels, Hammelbach und Waldmichelbach.

Im Frieden von Preßburg 1806 war Baden mit anderen deutschen Mittel- und Kleinstaaten »souverän« geworden; es zahlte dafür mit dem Beitritt zu dem von Napoleon zur Beherrschung Deutschlands gegründeten Rheinbund. Im ersten Entwurf der Rheinbundakte war die Erhebung Badens zum Königreich vorgesehen. In richtiger Einschätzung der eigenen Kraft begnügte sich aber Karl Friedrich mit der Rangerhöhung zum Großherzog. Napoleon verlangte von dessen Enkel, dem Thronfolger Karl, daß er seine Verlobung mit der bayerischen Prinzessin Augusta aufhebe, da er sie für seinen Stiefsohn Eugen Beauharnais, Vizekönig von Italien, vorgesehen hatte. Dafür wurde Karl Napoleons Stieftochter *Stephanie Beauharnais* zugespro-

chen. Um den Widerstand der auf Legitimität bedachten Großherzogin-Mutter Amalie zu beseitigen, wurde Stephanie von Napoleon adoptiert. Für das junge Paar fand in den Tuillerien eine glänzende Hochzeit statt. Die erzwungene Ehe war nicht glücklich, und Stephanie zog bald mit einer kleinen Hofhaltung nach Mannheim, das der französische Gesandte in Karlsruhe von vornherein geeigneter als Residenz bezeichnet hatte.

Baden wurde in drei Provinzen aufgeteilt, von denen die *badische Pfalzgrafschaft* in *Mannheim* ihren Verwaltungsmittelpunkt hatte und die in drei Landvogteien mit Sitz in Mannheim, Heidelberg und Bruchsal eingeteilt war. Weitere Zwischenbehörden zu den Gemeinden waren die Amtsbezirke, während Heidelberg und Mannheim mit ihren Stadtdirektoren direkt der Provinzialregierung unterstanden. Die wenigen nach Mannheim kommandierten altbadischen Beamten fanden schwer Kontakt mit der einheimischen Bevölkerung und stießen sich an der leichtlebigen Pfälzer Art. Dem zwangsweisen Hoheitswechsel nahm weiter seine Schärfe die Persönlichkeit des Markgrafen und späteren Großherzogs Karl Friedrich, der durch seine schlichte und würdige Verkörperung des Landesvaters im besten Sinne des Wortes einer sparsam und sachlich arbeitenden Beamtenschaft Vorbild war. 1809 erfolgte die Einführung des von Staatsrat Brauer bearbeiteten einheitlichen Badischen Landrechts – eine Übernahme des Code Napoléon mit geringen Änderungen –, das bis zum Inkrafttreten des Bürgerlichen Gesetzbuchs im Jahre 1900 galt. In die Zukunft weisend war die Reorganisation des Unterrichtswesens. Schließlich wurde 1821 durch die Union von Reformierten und Lutheranern, die von den pfälzischen Reformierten ausging, die badische evangelische Landeskirche unter dem Großherzog als Landesbischof eingerichtet. Ungelöst hingegen blieb bis ans Ende der Monarchie das Verhältnis zwischen dem Staat und der katholischen Kirche, der 65 % der Bevölkerung angehörten. Hier gab es schwerste Konflikte, die die Ursache sind für die geringe Popularität der Dynastie im katholischen Volksteil.

Großherzog Karl Friedrich starb 1811. Ihm folgte in der Regierung sein Enkel Karl, der schon seit 1808 Mitregent war. Stephanie – nunmehr Großherzogin – zog vorübergehend zu ihrem Mann nach Karlsruhe. Dort und später wieder in Mannheim erlebte sie die drückende Last der Napoleonischen Kriege und die Niederlage der *»grande armée«* in Rußland. Sie gebar 1811 bis 1817 drei Töchter und zwei Söhne, die beide nach kurzer Zeit starben. An des erstgeborenen Sohnes Tod knüpft sich die *Kaspar-Hauser-Sage,* die den Nachkommen aus der zweiten morganatischen Ehe von Großherzog Karl Friedrich mit einer Gräfin Hochberg nachsagt, sie hätten den gesunden Sohn der Großherzogin Stephanie mit einem lebensunfähigen Kind vertauscht und in dunkeln Verliesen dahinschmachten lassen, um ihrer Linie die Nachfolge in Baden zu verschaffen. Großherzog Karl starb am 8. 12. 1818. Ihm folgte der letzte Sproß der alten Zähringer Linie, der unverheiratete Großherzog Ludwig. Als 1830 Großherzog Ludwig starb, ging die badische Krone auf Erbgroßherzog Leopold aus der zweiten, morganatischen Ehe seines Vaters mit Gräfin Hochberg über, ohne daß die befürchteten Komplikationen eintraten. Bayern konnte seine Forderung auf eine Landverbindung zwischen Mainfranken und bayerischer Rheinpfalz durch Wiedergewinnung der rechtsrheinischen Pfalz nicht durchsetzen, weil Baden auf dem Aachener Fürstenkongreß 1818 mit Unterstützung Rußlands die Unversehrtheit des Landes auch bei Übergang auf die Hochbergsche Linie zugesichert worden war. Die badische Verfassung vom 22. 8. 1818 gilt zwar als liberal, diente damals aber in erster Linie dazu, das aus vielerlei Teilen zusammengestückelte Großherzogtum zu einem modernen straffen Einheitsstaat zu machen. Sie war der Abschluß des badischen Staatsaufbaus, an dem man seit 1803 gearbeitet hatte. Dieser neue Staat beruhte auf monarchischer, zentralistischer und absolutistisch-bürokratischer Herrschaft, die nach dem napoleonischen Vorbild organisiert war. So verwundert es nicht, daß sofort nach den Karlsbader Beschlüssen (1819) auch in Baden Presse- und Versammlungsfreiheit aufgehoben, die Wahlen zur zweiten Kammer des Landtags manipuliert wurden und Großherzog Ludwig absolutistisch regierte.

Dagegen formierte sich die liberale Bewegung unter *Rotteck* und *Welcker,* die in der badischen Pfalz, besonders aber im Mannheimer Bürgertum, ihren Rückhalt hatte. Die badische zweite Kammer entwickelte sich zur Schule und Bühne des Liberalismus in Deutschland; in der Kammer zeichnete sich aber auch schon sehr früh – 1822 beim Streit über den Militärhaushalt – die Spaltung in einen monarchisch-reformerischen und radikalen Flügel ab. Diese Spannungen, hinter denen auch wirtschaftliche Interessen standen, traten unter dem Eindruck der Pariser Julirevolution von 1830 in den Hintergrund; die Regierung *Winter-Nebenius* war liberal, so daß der Landtag von 1831 ein *»parlamentarisches Volksfest des Liberalismus«* genannt wurde. In dieser Reformeuphorie stellte Welcker 1831 den

Markgraf, spätere Großherzog, Karl Friedrich von Baden · Lithographie von L. Fehrle

Antrag, den Frankfurter Bundestag durch ein direkt zu wählendes *»Volkshaus«* zu ergänzen. Das ging jedoch der Regierung entschieden zu weit, und nach dem Hambacher Fest, das starken Zulauf aus Mannheim und Heidelberg erhalten hatte, brachen die Gegensätze verschärft hervor. Darüber hinaus spaltete sich der Liberalismus auch an der Frage des Beitritts zum Zollverein; die bisherigen Führer der Liberalen, Rotteck und Welcker, waren Gegner des Beitritts, da in ihren Augen Preußen ein Hort des Absolutismus war, während die Vertreter des Mannheimer Unternehmertums diesen heftig befürworteten. 1835 gelang es der Regierung Winter-Nebenius, Rotteck und Welcker zu isolieren und im Bund mit den nordbadischen (pfälzischen) Abgeordneten den Beitritt in der Kammer durchzubringen; denn hier war der Zollverein populär. Auf der Mannheimer Schiffsbrücke fanden begeisterte Verbrüderungsszenen statt, als nach dem Beitritt Bayerns zum Zollverein die Schlagbäume sich hoben und die ersten Fuhren zollfrei herüber und hinüber kamen.

So wie die Zollgemeinschaft war auch ein einheitliches deutsches Eisenbahnsystem von dem württembergischen Nationalökonomen *Friedrich List* unermüdlich propagiert worden. Als eine der wichtigsten Strecken hatte er die Verbindung Mannheims – als Endpunkt der sich gerade entwickelnden freien Dampfschiffahrt auf dem Rhein – mit Basel erkannt und 1835 eine ausführliche Eingabe an den badischen Landtag gemacht. Der auf 4,2 Millionen Gulden bezifferte Voranschlag sah die Verbindung der wichtigsten badischen Städte und den Anschluß an die Bahnen der Nachbarstaaten vor. Diesen wie den schon 1833 eingereichten Vorschlag des Mannheimer Tabakfabrikanten *Newhouse,* hinter dem einheimisches und Schweizer Kapital stand, lehnte die badische Regierung ab. Das Problem jedoch kam nicht zur Ruhe, und als man von linksrheinischen Bauplänen hörte, wurde 1838 eine außerordentliche Landtagssitzung einberufen. Der sogenannte *»Eisenbahnlandtag«* stimmte den Regierungsvorschlägen eines Bahnbaus auf Staatskosten zu und erließ die erforderlichen Ausführungsgesetze. Eine Eisenbahn-Bau-Direktion unter Oberst von Fischer arbeitete die Baupläne aus. 1840 konnte der erste Teilabschnitt Mannheim–Heidelberg eröffnet werden. Entgegen der von den meisten Ländern benutzten Spurweite von 4 Fuß 8½ englische Zoll = 1,435 m wählte man in Baden 1,60 m. Aber außer der Schweiz folgte niemand diesem Beispiel, so daß Baden 1854 alle bis dahin gebauten Strecken umnageln mußte, damit die Verbindung zu den außerbadischen Linien hergestellt werden konnte. Der erste derartige Anschluß war der an die hessische Main-Neckarbahn. Gegen die Interessen der Stadt Mannheim wurde statt der ursprünglich vorgesehenen direkten Verbindung vom Odenwald nach Mannheim zum Endpunkt der Rheinschiffahrt und Anfang der badischen Bahn eine Linie längs der Bergstraße gewählt. Diese Streckenführung war von Heidelberg befürwortet worden sowie von Frankfurter und Mainzer Wirtschaftskreisen, die bei einem direkten Anschluß von Mannheim einen weiteren Auftrieb für die durch die aufblühende Rheinschiffahrt begünstigte Stadt fürchteten. So entschied man sich für die Kompromißlösung des Anschlusses in Friedrichsfeld und eröffnete die Strecke 1846. Weniger problematisch war der Anschluß an die württembergischen Bahnen von Bruchsal über Bretten, der 1853 zustande kam.

Die Verbindung mit der auf privater Grundlage gebauten Pfälzer Eisenbahn drohte zu einer erneuten Benachteiligung Mannheims und seiner Umgebung zu führen, weil die badische Regierung, nachdem schon die erste feste Rheinbrücke von Kehl nach Straßburg errichtet worden war, die nächste bei Karlsruhe bauen wollte. Daß schließlich der Mannheim–Ludwigshafener Brücke, die schon seit 1846 im Gespräch war, der Vorzug gegeben wurde, verdankte man niemand anderem als dem preußischen Gesandten am Bundestag in Frankfurt: Otto von Bismarck. In einer Denkschrift an den preußischen Ministerpräsidenten legte er dar: ». . . *so würde man vor allen Dingen die Erbauung einer stehenden Rheinbrücke zunächst bei Mannheim ins Auge gefaßt haben. Abgesehen von dem allgemein deutschen Interesse, eine Brücke da zu haben, wo beide Ufer*

Karl Mathy, liberaler Mannheimer Politiker · Zeitgenössischer Stahlstich

deutsch sind, ist Mannheim weitaus der bedeutendste Handelsplatz des Landes. . .«

Während die wirtschaftliche Entwicklung der 1840er Jahre positiv verlief, wurde die politische Lage immer unerfreulicher. Dem Kabinett Winter-Nebenius war 1835 der Konservative *von Blittersdorf* gefolgt, wodurch die Verbindung zu den großbürgerlichen Liberalen abbrach. Verbote gegen die inzwischen entstandenen, meist radikalen Zeitungen, Beschränkungen des Wahlrechts bei den Gemeindewahlen, Beschneidung anderer durch die Verfassung bestätigter Freiheiten ließen radikale Strömungen anwachsen. Nach dem Scheitern von Blittersdorfs 1845 griff der Großherzog wieder auf *Nebenius* und *Bekk* zurück, wodurch die Spaltung der Liberalen endgültig wurde: auf der einen Seite standen die gemäßigten Anhänger einer konstitutionellen Monarchie wie *Bassermann, Brentano, von Itzstein, Jolly, Mathy, von Soiron,* auf der anderen Seite die radikalen Demokraten wie *Hecker, von Struve* und *Hoff,* auf die sich die Hoffnung breiter Volksschichten richtete; denn der badische Staat war bisher zur Beseitigung gewaltiger sozialer Mißstände unfähig gewesen. Es ging dabei vor allem um zwei: einmal um den paradoxerweise durch die Zehntablösung von 1833 gesteigerten ländlichen *»Pauperismus«* – die Bauern ganzer Landstriche verproletarisierten, da sie die exorbitanten Ablösungssummen für den Zehnten nicht aufbringen konnten – zum zweiten um die *»Abhängigkeit der*

Friedrich Daniel Bassermann, Führer der gemäßigten Liberalen · Zeichnung von Winterwerb 1848 · Reiß-Museum Mannheim

Friedrich Hecker, Führer der badischen Radikalen und Organisator der badischen Volkserhebung · Lithographie etwa 1847

Untertanen von Untertanen« – 300 000 Badener waren nach wie vor in fast allem von den ehemaligen Standesherren abhängig und hatten keine Rechte als Staatsbürger. Darin liegt auch ein Grund für die großen Auswanderungswellen dieser Jahre, die fast 100 000 Einwohner = 8 % der Bevölkerung ergriffen und vom hilflosen Staat durch Abzugsprämien gefördert wurden.

Vor diesem Hintergrund war der Zusammentritt der *»Entschiedenen Freunde der Verfassung«* in Offenburg am 12. 9. 1847 das deutlichste Zeichen einer vorrevolutionären Situation. Das Flugblatt zu dieser Versammlung hatten am 28. 8. 1847 Hecker und Struve in Mannheim herausgebracht. Zentrum der liberalen Bewegung in ihrer ganzen Breite war Mannheim, wo die radikalen Zeitungen *»Deutscher Zuschauer«* und *»Mannheimer Abendzeitung«* immer wieder für Aufsehen und Zensurfälle sorgten, deren Auswirkungen bis in den Frankfurter Bundestag reichten. Im Februar 1848 stand die Opposition noch einmal geeint hinter dem berühmten Antrag *Friedrich Daniel Bassermanns,* Abgeordnete der deutschen Länder sollten beim Frankfurter Bundestag zu einem Gesamtdeutschen Parlament zusammentreten.

Die Revolution in Baden und der Volksaufstand 1848/9

In diesen Monaten traten an die Spitze der beiden liberalen Gruppen die *»vier Mannheimer«: Friedrich Daniel Bassermann* und *Karl Mathy* bei den konstitutionellen Gemäßigten sowie die beiden Advokaten *Friedrich Hecker* und *Gustav von Struve* bei den *Demokraten,* wie sie sich selbst nannten und damit zum ersten Mal in Deutschland diesen Begriff in die politische Sprache einführten. Die ansteigende Spannung spiegelte sich in den leidenschaftlichen Kammerdebatten dieses Winters, da warf die Pariser Februarrevolution vom 24. 2. 1848 die Funken über die Grenze, die alles in Brand setzten. Die badische Revolution begann in Mannheim, als auf den 27. 2. 1848 von den *»vier Mannheimern«* eine Volksversammlung in die Aula des Lyceums einberufen wurde. Dort beschloß man eine *»Sturmpetition«,* in der Volksbewaffnung, Pressefreiheit, Schwurgerichte und ein deutsches Parlament gefordert wurden. Diese Petition, die als *»Mannheimer Forderungen«* sofort in ganz Deutschland diskutiert wurde, sollte am 1. 3. 1848 vor den Landtag gebracht werden. Obwohl die bestürzte Regierung Bekk sofort (29. 2.) alles zugestand, zogen Tausende von Bürgern nach Karlsruhe, darunter je 600 aus Mannheim und Heidelberg. Im Zusammenhang

162

damit entstanden spontan im Kraichgau, im Odenwald und im Bauland die schweren Agrarunruhen der »Sensenmänner«, die an den Bauernkrieg erinnerten, sich gegen Schlösser und Amtshäuser der mediatisierten Feudalherren richteten und die Beseitigung der Standesvorrechte und der bäuerlichen Abhängigkeiten forderten. Am 10. 3. 1848 hob die 2. Kammer alle Standesvorrechte auf; trotzdem mußte Militär eingesetzt werden, um den Bauernaufstand niederzuschlagen.

Am 19. März kam es zur zweiten Offenburger Versammlung, an der 20 000 Bürger teilnahmen. *Hecker* und *Mathy* kämpften hier um den entscheidenden Einfluß. Hecker wollte sofort die Republik ausrufen und die Bewegung auf ganz Deutschland übertragen, während der gewiefte Taktiker Mathy auf Reformen setzte. Mathy setzte sich fürs erste durch; Hecker richtete seine Hoffnungen auf das Frankfurter Vorparlament, wo er jedoch auch scheiterte. Dadurch sahen sich die republikanischen Demokraten auf den Weg der Gewalt gedrängt. *Hecker, Struve* und *Sigel* begaben sich von Frankfurt nach Konstanz, wo sie am 12. 4. 1848 die »*republikanische Schilderhebung*« einleiteten. Der Marsch der Revolutionäre nach Karlsruhe kam bei Lörrach und Kandern zum Stehen, als sie auf reguläre badische Truppen stießen, die sie besiegten und auseinanderjagten.

Am 18. Mai 1848 trat das deutsche Parlament in Frankfurt zusammen. In Bruchsal-Bretten wurde der Mannheimer Advokat *Itzstein,* in Heidelberg *Soiron,* der spätere Vizepräsident der Nationalversammlung, im Wahlkreis Mannheim-Ladenburg-Schwetzingen der Tabak-Kaufmann *Wilhelm Sachs* (später Außenminister der badischen Revolutionsregierung) gewählt. *Bassermann* wurde von einem bayerischen, *Mathy* von einem württembergischen Wahlkreis nach Frankfurt entsandt. Der enttäuschende Verlauf der mit so viel Hoffnung begrüßten Frankfurter Nationalversammlung und der den Nationalstolz beleidigende preußische Waffenstillstand mit Dänemark lösten den zweiten gewaltsamen Vorstoß Struves zur Errichtung einer deutschen Republik aus. Auch dieser Versuch vom 20. bis 24. 9. 1848 scheiterte im Gefecht vor Staufen. Struve hatte bereits in dem von ihm kontrollierten Gebiet zwischen Schopfheim und Müllheim eine revolutionäre Gegenregierung ausgerufen.

Gegen die gemäßigt liberale Mehrheit des badischen Landtags und die liberale Regierung Bekk-von Dusch setzte eine rege Agitation der radikalen Gruppen ein, die vor allem beim Militär Sympathien zu gewinnen suchten. Der Landtag wurde mit Petitionen überschüttet, seine Auflösung und die Einberufung eines konstituierenden Parlaments verlangt. Die Presse war fast ganz in radikalen Händen, nur zwei Zeitungen – eine davon in Mannheim – verfochten den Standpunkt der liberalen Regierung und

Franz Sigel, Führer der unterbadischen Revolutionstruppen 1849 · Zeitgenössischer Stich

Kammermehrheit. Die radikalen Abgeordneten begannen ihre Mandate niederzulegen, um die Parlamentsarbeit lahmzulegen. Inzwischen war nach der Flucht Heckers und Struves *Amand Goegg* aus Renchen an die Spitze der Demokraten getreten. Goegg gelang es mit großer politischer Begabung, ganz Baden, besonders aber die badische Pfalz mit einem Netz von 400 demokratischen Ortsvereinen zu überziehen. Turn- und Gesangvereine schlossen sich an, so daß diese erste deutsche demokratische Organisation rund 35 000 Mitglieder hatte. Ihr *Landesausschuß* saß in Mannheim, das damals die am meisten politisierte Stadt Deutschlands war. Er bildete ein echtes Gegengewicht gegen das Karlsruher Ministerium, das immer mehr an Autorität verlor. Die Ablehnung der Kaiserkrone durch Friedrich Wilhelm IV. von Preußen signalisierte das Scheitern der Nationalversammlung in Frankfurt. In Sachsen, der Pfalz und Baden bildeten sich Gruppen der »*Verteidiger der Reichsverfassung*«, die gesonnen waren, zur Gewalt zu greifen. In einer Geheimbesprechung in Mannheim wurde auf den 12. Mai 1849 eine große Volksversammlung zur Verteidigung der Reichsverfassung nach Offenburg einberufen. Die revolutionäre Kommunikation ging übrigens die neuerbaute Eisenbahnlinie entlang. 35 000 Menschen kamen zu dieser 3. Offenburger Versammlung. Nun trat das badische Heer, beginnend in Rastatt und Karlsruhe, zur Volksbewegung über. In Mannheim wurde der

Preußische Truppen im Gefecht bei der Zuckerfabrik Waghäusel am 21. 6. 1849 · Zeichnung von G. Stechnest · Reiß-Museum Mannheim

Leutnant *Franz Sigel* Oberkommandierender der neuen von regulären Soldaten und Freischärlern gebildeten Armee. Doch Sigel wurde bald von dem exilierten polnischen General *Mieroslawski* ersetzt, der seine Erfahrungen im polnischen Aufstand von 1830 gesammelt hatte.

Großherzog Leopold war mit seiner Familie bereits am 13. 5. 1849 über Germersheim ins Elsaß geflohen. *Lorenz Brentano* bildete eine provisorische Regierung, die Zivilkommissäre in alle Ämter und Rathäuser schickte. Die bald gewählte konstituierende Landesversammlung trat am 10. 6. 1849 in Karlsruhe zusammen.

Derweil braute sich im Deutschen Bund Unheil zusammen. Bereits am 30. 5. 1849 waren badische Truppen, die nach Frankfurt vorstoßen wollten, bei Heppenheim von regierungstreuen Hessen zurückgeschlagen worden; denn der Großherzog hatte inzwischen um Bundesexekution gegen die revolutionäre Regierung Brentano gebeten. Diese übernahm Preußen. Dagegen errichtete Mieroslawski am unteren Neckar eine geschlossene Front, die eine Zeitlang den Preußen erfolgreich Widerstand leistete – Gefecht bei der Ladenburger Neckarbrücke. Aber nach der harten und langen Schlacht bei Waghäusel (21. 6. 1849), wo die Preußen nach der Besetzung der bayerischen Pfalz über den Rhein gegangen waren, drohte die Einschließung der Nekkararmee. Diese zog sich unter blutigen Gefechten auf Rastatt zurück. Die Preußen umgingen die Bundesfestung

und eroberten den Süden Badens. Am 1. Juli legte Mieroslawski sein Kommando nieder. Mit den Resten der Revolutionsarmee flüchtete Sigel in die Schweiz. Auch Brentano war dorthin ausgewichen und beschuldigte seine Mitstreiter in einem Sendschreiben der Feigheit, der Heuchelei und des Eigennutzes; das Scheitern der Revolution sei in der Unfähigkeit ihrer Führer begründet. Am 23. Juli fiel auch Rastatt, wo die badische Revolution ihren Ausgang genommen hatte. Großherzog Leopold kehrte nach Karlsruhe zurück.

Zur Wiederherstellung der Ordnung wurde das Standrecht verkündet. Ein preußisches Standgericht für das Gebiet der badischen Pfalz tagte im Mannheimer Kaufhaus und verhängte gegen Hauptbeteiligte fünf Todesurteile von 27 in ganz Baden. Auf dem Mannheimer Hauptfriedhof befindet sich der Gedenkstein für diese fünf Hingerichteten: *Adolf von Trützschler, Carl Höfer, Peter Lacher, Gottlieb H. Dietz* und *Valentin Streuber*. Weitere 845 Revolutionäre und Vertreter der provisorischen Regierung im ganzen Land erhielten Zuchthausstrafen zwischen 10 und 15 Jahren; erst 1862 erfolgte die abschließende Amnestie. 56 Teilnehmer wurden zu fast 200 000 Gulden Geldstrafen verurteilt, was in der Regel ihren Ruin bedeutete. Die preußischen Truppen wurden für fast zwei Jahre in den besonders aufrührerischen Gemeinden der badischen Pfalz kantoniert; nach deren Abzug rückten badische Soldaten

164

Das jungverheiratete Großherzogpaar Friedrich I. von Baden und Luise von Preußen · Zeitgenössische Zeichnungen · Reiß-Museum Mannheim

nach. Die Besatzungstruppen, von denen die Cholera-epidemie von 1849/50 ausging, mußten wie im 17. und 18. Jahrhundert von den Gemeinden versorgt werden. Die Zivilverwaltung ordnete man neu und berief teilweise kommissarische Bürgermeister, die erst im Laufe der nächsten Jahre durch gewählte ersetzt wurden.

Als Folge der politischen Katastrophe und der wirtschaftlichen Not stieg die Auswanderung auf ihren absolut höchsten Stand, 1854: 21 561 registrierte Personen! Die Reaktion verhöhnte die Geschlagenen und machte ihr Anliegen lächerlich. Entsprechend groß waren Haß und Abneigung gegen die preußischen Unterdrücker (Volkslieder) und die schwärmerische Verehrung für Friedrich Hecker, der sich wie so viele geflohenen 48er in Amerika einen geachteten Namen machte. Er starb 1881 in St. Louis. In diesen Jahren galt schon das Singen des berühmten Heckerliedes von der deutschen Republik als zuchthauswürdiges Verbrechen. Erst langsam wich die tiefe Niedergeschlagenheit, die weite Kreise der Bevölkerung ergriffen hatte und sich in geringer Anteilnahme an den politischen Ereignissen äußerte.

Baden bis zum Ende der Monarchie 1918

Die zweite Jahrhunderthälfte wird von der langen Regierung Großherzog *Friedrichs I.* (1852/56–1907) geprägt. Friedrich hatte sich unter dem Einfluß seines Lehrers, des pfälzischen Geschichtsschreibers *Ludwig Häusser,* liberalem Gedankengut genähert; außenpolitisch war er wie sein Lehrer kleindeutsch gesinnt und wünschte die Führung Preußens im Deutschen Bund. 1856 heiratete er Prinzessin *Luise von Preußen,* die einzige Tochter des Prinzen Wilhelm von Preußen, des späteren Königs und Kaisers Wilhelm I. Auf der Heimkehr betrat das junge Paar, das mit dem Dampfer aus Koblenz kam, in Mannheim zuerst badischen Boden. Trotz aller liberalen Neigungen verstand Friedrich sein Amt durchaus monarchisch.

Nach den Jahren der Reaktion berief er 1860 ein liberales Kabinett, dem die Mannheimer *August Lamey* als Innen- und *Karl Mathy* als Finanzminister sowie *August Nüsslin* als Leiter der Schulabteilung, des *»Großherzoglichen Oberstudienrats«,* angehörten. Diese Regierung der neuen Ära begann ein umfassendes Reformprogramm: Die Kreisregierungen wurden beseitigt und dafür vier Landeskommissäre als Mittelinstanzen eingesetzt – für die badische Pfalz in Mannheim. Unter diesen gab es elf Kreise als Selbstverwaltungsverwaltungsverbände; eine Gemeinde-

und Gerichtsverfassung, die vollständige Judenemanzipation sowie die Gewerbefreiheit wurden bis 1864 verkündet. Die Hauptbelastung dieser Jahre aber war der erneute schwere Kampf mit der katholischen Kirche, die unter strenge Staatsaufsicht gezwungen werden sollte, nachdem das Konkordat von 1859 von der Kammer nicht angenommen worden war. Der »Kulturkampf« prägte in den kommenden zwei Jahrzehnten das innenpolitische Klima in Baden. Der offene Konflikt begann mit der Einführung der »Ortsschulräte« 1862 und der staatlichen Schulaufsicht 1864. Die Katholiken verweigerten die Wahl der Ortsschulräte und gründeten die sogenannten »Wandernden Casinos« – Versammlungen unter freiem Himmel –, da ihnen die Säle verboten worden waren. Die »Casinobewegung«, die in Heidelberg begann, wurde zur Vorform der katholischen Volkspartei (später Zentrum) und zur ersten demokratischen Massenorganisation seit 1849. Diese Bewegung stand auch außenpolitisch gegen die Regierung; denn sie war großdeutsch-österreichisch gesonnen. Hier traf sie sich übrigens mit den meisten Liberalen, die die Vorgänge von 1849 nicht vergessen hatten.

In dieses innenpolitische Patt platzte der Kriegsausbruch von 1866, der Baden aufgrund der Mehrheitsverhältnisse gegen die Sympathie des Großherzogs auf seiten Österreichs und des Deutschen Bundes gegen Preußen sah. Nach der Niederlage Österreichs bei Königgrätz (3. 7. 1866) und dem Gefecht bei Tauberbischofsheim (24. 7. 1866) gegen die vorrückenden Preußen, das zur erneuten preußischen Besetzung der badischen Pfalz führte, ergriff der Großherzog die Initiative, trat aus dem Deutschen Bund aus und schloß mit Preußen ein »Geheimes Schutz- und Trutzbündnis« (17. 8. 1866); Frieden war bereits geschlossen und der Deutsche Bund aufgelöst worden. Schon damals wollte sich Baden an den Norddeutschen Bund anschließen, was Bismarck ablehnte, da er aus Rücksicht auf Frankreich die Mainlinie nicht überschreiten wollte.

Wie in ganz Deutschland spalteten sich auch in Baden die Liberalen endgültig über der deutschen Frage. Die nun entstehenden »Nationalliberalen« schlossen sich der Bismarckschen Politik an, während die an Zahl weit geringeren »Altliberalen« am Norddeutschen Bund die Freiheitsrechte vermißten. In der badischen Pfalz wurden die Nationalliberalen die maßgebliche Kraft bis weit in die 80er Jahre. Unter Julius Jolly aus Mannheim segelte Baden außenpolitisch ganz im Fahrwasser Preußens: 1868 wurde ein preußischer General badischer Kriegsminister. Im deutsch-französischen Krieg von 1870/71 zogen badische Truppen unter General von Wrede im Verband der vom preußischen Kronprinzen befehligten dritten Armee von der Pfalz aus ins Elsaß und beteiligten sich an der Einnahme von Straßburg und Dijon. Ein Ehrentag der nordbadischen Regimenter war das Gefecht bei Nuits im Dezember 1870, in dem Oberst von Renz, der Kommandeur des Mannheimer Grenadierregiments Nr. 110, fiel. Das »Hoch auf Kaiser Wilhelm« im Spiegelsaal zu Versailles, mit dem Großherzog Friedrich die Diskussion um den deutschen Kaisertitel löste, war symptomatisch für Badens Politik dieser Jahre. Nun wurde der Anschluß auch der süddeutschen Staaten an den Norddeutschen Bund Wirklichkeit: Das Deutsche Reich unter Preußens Führung war gegründet. Bei der ersten Reichtagswahl 1871 wurde im Wahlkreis Mannheim-Schwetzingen-Weinheim Staatsrat August Lamey als Kandidat der nationalliberalen Partei gewählt, die auch in den anderen Wahlkreisen der badischen Pfalz siegte. Auch ihr Mannheimer Führer Karl Eckhard zog in den ersten deutschen Reichstag ein.

Aber für den Großherzog war sehr bald enttäuschend, wie stark das Übergewicht Preußens im Bundesrat war und wie gering die Möglichkeiten eines Mittelstaates wie Baden. Innenpolitisch konnte er sich bis 1904 auf die Nationalliberalen stützen, die durch das Wahlrecht von 1869 begünstigt waren. So vollzog sich neben der Entwicklung des Zentrums auch die der Sozialdemokratie unter diskriminierenden Bedingungen. Bereits 1867 war in Mannheim, der führenden Industriestadt Badens, eine »Abteilung des Lassalleanischen allgemeinen deutschen Arbeitervereins« entstanden, die bereits 1869 den einzigen badischen Delegierten zum Parteitag nach Eisenach schickte. Bis zum Verbot 1878 nahm die Sozialdemokratie in den Städten rasch zu, auch während des Verbots wuchs die Partei weiter, wie man an den Reichstagswahlergebnissen ablesen kann. Trotzdem bestand der innenpolitische Hauptgegensatz bis 1914 zwischen den Nationalliberalen und dem Zentrum, das von der Regierungsbeteiligung ferngehalten wurde. Aber auch die Wahlrechtsreform von 1904 gab dem Zentrum keine Chance gegen den sogenannten »Großblock« von Nationalliberalen, Demokraten und Sozialdemokraten. Diese entschlossen sich damals in Baden zum ersten Mal im Deutschen Reich, eine bürgerliche Regierung zu stützen, was ihnen außerhalb Badens als Revisionismus angelastet wurde. Über den negativen Wirkungen des Kulturkampfes sollte jedoch nicht der fortschrittliche Aspekt der Schul- und Hochschulpolitik übersehen werden. Eine wirksame Schulaufsicht über die Volksschulen, ein hohes Niveau der Gymnasien und der damals neuentstehenden Realgymnasien und Oberrealschulen, die Einrichtung von Fortbildungsschulen für die Lehrlinge sowie die Blüte der beiden Landesuniversitäten sprechen für sich. Auch entwickelten sich die sozialen Gegensätze nicht zu Unversöhnlichkeit und Härte wie in anderen Teilen Deutschlands. Viele Arbeiter verloren nicht den Zusammenhang mit ihrer dörflichen Herkunft. Sie gaben ihren Wohnsitz auf dem Lande nicht auf, sondern fuhren zur Fabrik in die Stadt, während die Frau zu Hause noch eine kleine Landwirt-

Badische Bank in Mannheim, heute Baden-Württembergische Bank vor dem Umbau

schaft betrieb. So behielt auch die badische Sozialdemokratie ihren kleinbürgerlichen Charakter ebenso wie das Zentrum in den katholischen Landstrichen.

Die wirtschaftliche Entwicklung der badischen Pfalz

Für Gewerbe und Landwirtschaft wurden die Vereinheitlichung von Maßen und Gewichten im Dezimalsystem, die Einführung der Reichsmarkwährung und die Ausweitung des Wirtschaftsgebiets Grundlage eines stabilen Wachstums. In der Landwirtschaft der Rheinebene, der Bergstraße und des Kraichgaus wurden mehr und höherwertigerer Tabak, Hopfen und Zuckerrüben, Obst und Gemüse angebaut und durch das einheimische, vielfach in den kleinen Orten ansässige Spezialgewerbe verarbeitet. Unter den zahlreichen Tabakfabriken seien die seit 1886 bestehende Firma *Neuhaus* in Schwetzingen und die 1837 in Celle bei Hannover gegründete Firma *Bruns bey Rhein* erwähnt, die 1935 die alte Mannheimer Zigarrenfabriken *Gebr. Mayer AG* in Mannheim und deren ländliche Zweigbetriebe übernahm und neben der Zentrale Sandhausen

zahlreiche Filialbetriebe in der Umgebung unterhielt. Die Zigarrenfabrikation war im 19. Jahrhundert ganz auf Handarbeit eingestellt und deshalb als Nebenbeschäftigung auch für Frauen in den ländlichen Gegenden des Tabakanbaugebiets in kleineren Betrieben verbreitet. 1902 gab es allein in Mannheim 60 Zigarrenfabriken, die 10 Millionen Mark umsetzten. Heute existiert nur noch die Firma *Landfried* in Heidelberg. Zur Verwertung des durch das milde Klima begünstigten Obst- und Gemüseanfalls entstanden in Schwetzingen *(Bassermann & Co.)*, Wiesloch und Dossenheim Konservenfabriken. Den landwirtschaftlichen und gewerblichen Aufschwung förderte der Ausbau des *Genossenschafts- und Bankwesens*. Voraussetzung für die Entwicklung des letzteren war die Gründung einer badischen Zentralbank, die in Mannheim schon lange angeregt worden, aber hauptsächlich wegen Karlsruher Bedenken nicht zur Ausführung gekommen war. 1863 wurde dieser Vorschlag von Mannheimer Seite wieder vorgebracht. Es kam zu einem Konflikt mit der Regierung. Sämtliche Mitglieder der Handelskammer traten 1864 zurück und wurden fast einstimmig wiedergewählt: *Sebastian Jörger* als Präsident, *Eduard Moll* (später Oberbürgermeister) als Vizepräsident. In Verbindung mit der Handelskammer Karlsruhe und dem Badischen Handelstag kam ein neuer Satzungsentwurf zustande, den der Landtag Anfang 1870 genehmigte. Die Gründer des Instituts, das das Recht der Notenausgabe besaß, waren neben vier Karlsruher und vier Oberländer Firmen, einer Pforzheimer und einer Heidelberger Firma, dem Bankhaus *Rothschild* in Frankfurt und der Disconto-Gesellschaft Berlin folgende sieben Mannheimer Firmen: *L. A. Bassermann, I. Darmstädter Söhne, H. L. Hohenemser Söhne, Koester & Cie., W. H. Ladenburg Söhne, Gebrüder Lenel, Sauerbeck und Diffené.* Das Aktienkapital betrug 10½ Mio. Gulden. Mannheimer Geschäftssitz wurde das ehemals dem Hofrat Christian Philipp von Stumm gehörende Haus O 4, 4, das später aufgestockt wurde. (vgl. S. 175 ff u. S. 188 ff)

In den ehemals Speyerer Gebieten ist Bruchsal ein Mittelpunkt industrieller Betätigung geworden. Neben vielen kleineren und mittleren Unternehmen verschiedener Branchen sind auf dem Gebiet der Papierverarbeitung die *Wellpappenwerke GmbH.* – ein ähnlicher Betrieb ist in Wiesloch die *Wellpappe Wiesloch GmbH & Co. KG* – und die Firmen *Hettmansberger* und *Löchner* sowie *Debatin & Co.* zu nennen. Von überregionaler Bedeutung ist das zur Siemensgruppe gehörende Bruchsaler *Wernerwerk* für Fernmeldetechnik, das auf die 1869 gegründete Firma *Schnabel & Henning* zurückgeht, einem führenden Unternehmen auf dem Gebiet der Eisenbahnsignaltechnik. Unter den Industriebetrieben der Stadt Bretten nehmen zwei Firmen für Herd- und Backofenproduktion die erste Stelle ein. Es handelt sich um die aus dem Handel hervorgegangenen *Malagwerke* und die *Carl Neff GmbH.*

So sahen bei weiterer Industrialisierung und Intensivierung der Landwirtschaft das ausgehende 19. und das beginnende 20. Jahrhundert die badische Pfalz in aufstrebender Entwicklung. Die Struktur der Landschaft erfuhr hierbei insbesondere in der Rheinebene und am Gebirgsrand eine grundlegende Wandlung. Nicht nur die Städte, sondern auch die meisten Dörfer wurden direkt oder indirekt von der Industrialisierungswelle erfaßt und verändert. Die aufwärts gehende Entwicklung lockte viele Arbeitskräfte aus anderen Teilen des Deutschen Reichs, insbesonders aber aus dem benachbarten Württemberg, an. Wie bei früheren Einwanderungswellen erwies sich die Assimilierungskraft der einheimischen Bevölkerung als so groß, daß meist schon die zweite Generation der Hinzugekommenen in das Pfälzer Volkstum eingeschmolzen wurde. Die durch diese Zuwanderung verstärkte Vermehrung der Bevölkerung in den hier behandelten ehemals pfälzischen und speyerischen Gebieten Badens regte in Stadt und Land eine stürmische, zunächst ungeregelte Bautätigkeit an. Häßliche und unhygienische Mietkasernen entstanden. Erst um die Jahrhundertwende erkannte man die Notwendigkeit, für die wachsende Industriearbeiterschaft gesunde und möglichst naturverbundene Wohnungen zu schaffen. Viele Industriebetriebe und Gemeinden errichteten oder begünstigten den Bau von einwandfreien Wohnblocks und Wohnsiedlungen, für die die Gartenstadt in Mannheim und der Pfaffengrund in Heidelberg gute Beispiele sind.

Durch eine starke Pendlerbewegung wuchs die Industrielandschaft zwischen Weinheim-Heidelberg-Bruchsal einerseits und Mannheim-Schwetzingen andererseits immer mehr zusammen. Mannheim hatte 1961 63 000 werktätige Einpendler, Ludwigshafen 45 000, Heidelberg verzeichnete 22 000 und Weinheim 11 000 Arbeitsstellen für auswärts Wohnende. Die Entwicklung machte vor dem Rhein sowie der hessischen Grenze zum Odenwald und Ried nicht halt, sondern verknüpfte die ehemals pfälzischen Gebiete beiderseits des Stroms erneut.

18. Heidelberg im 19. und 20. Jahrhundert

Der Aufschwung der Universität und das Heidelberg der Romantik

Unter dem neuen Landesherrn, dem späteren Großherzog *Karl Friedrich,* stand zunächst nicht fest, ob das durch die Revolutionskriege und die Napoleonischen Feldzüge verarmte und stark beanspruchte Großherzogtum Baden die Heidelberger Hochschule fortführen könne. Die Erneuerung wurde auch erst eingeleitet durch das letzte von 13 Organisationsedikten des badischen Staates. Neben einer – etwas engherzigen – bald wieder geänderten – Gliederung der Universität in Sektionen und Fakultäten war die Hauptsache die Dotierung mit einem jährlichen Zuschuß von 40 000, bald 50 000 Gulden (nominell etwa 125 000 Mark, der Kaufkraft nach ein Mehrfaches). Daß dieser kleine Betrag den bald danach einsetzenden Aufschwung ermöglichte, ist damit zu erklären, daß naturwissenschaftliche und medizinische Institute sowie geisteswissenschaftliche Seminare in bescheidenem Rahmen entstanden. Sonst waren nur wenige Gebäude zu unterhalten. Karls Name wurde als der des Neubegründers dem Universitätsnamen beigefügt. Für sich und seine Nachfolger behielt der Markgraf das Amt des Rektors vor, dem ein Prorektor aus der Professorenschaft zur Führung der laufenden Geschäfte zur Seite stand. Den Beratern des Markgrafen, den Kuratoren *Georg Ludwig von Edelsheim* und *Johann Baptist Hofer,* später dem Minister *von Reitzenstein* selbst – der im Ruhestand noch lange Kurator blieb – gelang es, noch in der Rheinbundzeit bedeutende Gelehrte nach Heidelberg zu berufen.

Aus Marburg kam der Philologe *Creuzer,* der jahrelang ein Mittelpunkt des in Heidelberg sich sammelnden Romantiker-Kreises war. Der Jurist *von Savigny* lehnte zwar einen Ruf ab, stellte sich aber in langen Beratungen für die Universitäts- und Studien-Organisation zur Verfügung. Er war wohl auch der Anlaß, daß sein Schwager *Brentano* zur Fortsetzung seiner volkskundlichen Studien nach Heidelberg kam. In der protestantischen Theologie war der schon seit 1796 in Heidelberg wirkende philosophisch von Kant und Schelling beeinflußte *Carl Daub* führend. Er konnte

den Philosophen *Hegel* für zwei Jahre nach Heidelberg holen als Ordinarius für Philosophie. Die anfänglich mit den protestantischen Professoren in der gleichen Fakultät wirkenden katholischen Theologen siedelten 1807 nach Freiburg über. Viele jüngere Mitglieder der philosophischen und medizinischen Fakultät standen dem Kreis um Creuzer und Daub sowie den Heidelberger Romantikern außerhalb der Universität nahe.

Die klassisch-rationalistische Gegenpartei scharte sich um *Johann Heinrich Voss,* dem wegen seiner Verdienste um die klassische Philologie ein Ehrensold ohne Lehrverpflichtung ausgesetzt worden war. Unter anderen fand er bei den Medizinern einigen Anhang. Das bedeutendste Mitglied dieser Fakultät war der Mannheimer *F. A. Mai,* einer der wenigen Professoren aus der alten Pfälzer Zeit, bahnbrechend in der Gynäkologie wie auch sein mehr theoretisch eingestellter Schwiegersohn *Nägele.* Der berühmteste Jurist dieser Epoche war der Zivil- und Strafrechtler *Thibaut,* der sich ein zusätzliches Verdienst um die Pflege der Musik erwarb. Er sammelte seit 1816 in seiner Wohnung einen Kreis von Musikliebhabern um sich, mit denen er – eine Art Vorläufer des Bachvereins – jährlich vier Aufführungen meist geistlicher Chorwerke veranstaltete.

Nicht nur die große Anzahl bedeutender Professoren zog viele Studenten – auch aus Norddeutschland – an, sondern die Tatsache, daß in Heidelberg die Not der Napoleonischen Zeit nicht so spürbar war wie im übrigen Deutschland. Napoleon schonte Baden auffällig. Die billigen Lebenshaltungskosten, die leichte Art zu leben und die Anziehungskraft der Landschaft taten ein übriges, um Heidelberg zur beliebtesten Hochschule jener Zeit zu machen. Unbeeinflußt von den kriegerischen und den bedrückenden politischen Ereignissen entwickelte sich im ersten Jahrzehnt des 19. Jahrhunderts neben der Wissenschaft ein von der heiteren Landschaft begünstigtes studentisches Leben. Singend zog man ins Neckartal und in den Odenwald. Die nahen »Bierdörfer« sahen nicht nur zur »Kerwe« fröhliche Studenten in ihren Wirtschaften. Als es 1805 zu ernsthaften Schlägereien – die Studenten waren aus alter Tradition berechtigt, einen Degen zu tragen – zwischen den Landsmannschaften kam, wurden diese sowie die von der Frei-

Hauskonzert bei Professor Thibaut · Aquarellierte Zeichnung von Goetzenberger um 1830 · Kurpfälzisches Museum Heidelberg

maurerei beeinflußten neu entstandenen logenartigen »Orden« verboten. Sie bildeten sich aber im geheimen doch wieder und ab 1810 »Corps«, die ihr internes Verbandsleben und die Beziehungen untereinander in einem besonderen »Comment« regelten. Die in Heidelberg entstandenen fünf Corps bauten überwiegend auf landsmannschaftlicher Basis auf: »Rhenania«für die ehemaligen Niederrheiner, »Curonia« überwiegend für Kurländer und andere Deutsche aus dem Osten, »Vandalia« mit der deutschen Küste, Dänemark, Schweden und Polen als Heimatbezirk, die »Suevia« für Badener, Pfälzer und Württemberger und die »Hannovera« für norddeutsche Studenten. Die Corps wurden in den nächsten Jahrzehnten mehrfach suspendiert, bildeten sich aber nach kurzer Zeit immer wieder neu, teils in alter Form, teils unter anderem Namen. Während der Befreiungskriege ging die Studentenzahl von etwa 400 auf 200 und weniger zurück, um nach den Friedensschlüssen langsam wieder zu steigen. Entgegen der Annahme bei der Neugründung, daß die Theologen überwiegen würden, machten die Juristen etwa die Hälfte der Studentenschaft aus. Ein Drittel bis ein Viertel waren Badener, der Rest »Ausländer«.

Aber es kamen nicht nur Studenten in die von Napoleon durch ein besonderes Dekret geschützte und von militärischer Einquartierung weitgehend freigestellte Neckarstadt. Auch Pensionäre und viele Fremde – besonders aus Nord-

deutschland – schlugen hier ihren Wohnsitz auf. Heidelberg wurde der Magnet für alle, die sich zur Romantik bekannten, als Clemens Brentano mit seiner dichterisch begabten Frau Sophie, geborene Berteau, sich in Heidelberg niederließ. Eine der sympathischsten Eigenschaften dieses Hauptes der romantischen Schule war sein stetes Bestreben, Gleichgesinnte schöpferisch anzuregen. Aber er kam auch zu nachhaltiger eigener Leistung im Umgang mit den Freunden. Neben der Freundschaft mit Professor Creuzer wurde die Zusammenarbeit mit dem vorübergehend nach Heidelberg gezogenen Achim von Arnim am fruchtbarsten. Im Sommer 1805 schufen die »Liederbrüder« die für die Bestrebungen der Heidelberger Romantiker so kennzeichnende, Goethe gewidmete und von ihm eingehend gewürdigte Liedersammlung »Des Knaben Wunderhorn«. Aus der eigenen großen Bibliothek, aus Zusendungen auf eine Zeitungsanzeige und aus eigenen Sammlungen kam ein Stück zum anderen, ähnlich wie die dem Brentanokreis ebenfalls nahestehenden Brüder Grimm ihre Märchen zusammenbrachten. Typisch für diese Sammlertätigkeit ist Brentanos Schilderung, wie er mit seiner Frau nach einer Wanderung durch den Odenwald auf einer der Burgen bei Neckarsteinach vier Mädchen ein Lied singen hörte, das er sogleich in seine Sammlung aufnahm.

Der Versuch, dem mit der Übersetzung des Nibelungen-

Clemens Brentano · Porträtbüste

Joseph Freiherr von Eichendorff · Jugendbildnis von Raabe

lieds und anderer mittelhochdeutscher Epen beschäftigten Dichter *Tieck* eine Heidelberger Professur zu verschaffen, mißlang. Die Heidelberger Freunde empfingen aber im Umgang mit dem einige Wochen bei ihnen Weilenden viele Anregungen. Die Stimmung unter den aus der tristen Gegenwart in die verklärte deutsche Vergangenheit flüchtenden Romantikern spiegelt sich in vielen Briefstellen und Gedichten wider. Ein Beispiel aus der Feder Brentanos stehe für viele:

Der Mond, der Berg, das Flußgebraus
Lockt mich noch auf die Brück' hinaus.
Da war so klar und tief die Welt,
So himmelhoch das Sterngezelt,
So ernstlich-denkend schaut das Schloß,
Und dunkel, still das Tal sich schloß,
Und ums Gestein erbraust der Fluß,
Ein Spiegel all dem Überfluß.
Er nimmt gen Abend seinen Lauf,
Da tut das Land sich herrlich auf,
Da wandelt fest und unverwandt
Der heilge Rhein ums Vaterland,
Und wie ans Vaterland ich dacht',
Das Herz mir weint', das Herz mir lacht'.

1806 starb Brentanos Frau, die seine Bestrebungen anei-

fernd unterstützt hatte. Neben den alten Heidelberger Freunden nahm sich der aus Koblenz neu in diesen Kreis gekommene Philosoph *Görres* mit seiner Frau des Tiefgebrochenen an.

Görres las mit einer Spezialerlaubnis des Senats über die verschiedenen mythologischen und naturwissenschaftlichen Themen im Sinne der Romantiker, ohne den erhofften Lehrstuhl zu erhalten. Er begeisterte durch seine unkonventionelle Art die Hörer, unter denen sich auch der früh nach Heidelberg gekommene, hier zum romantischen Dichter gewordene *Eichendorff* befand. In vielen Geschichten Eichendorffs schimmert die Heidelberger Landschaft durch. Das Mühlenrad »*in einem tiefen Grunde*« drehte sich im »kühlen Grund« von Rohrbach! Den Eindruck, den Heidelberg auf ihn machte, als er auf der Wanderung aus Jena mit seinem Bruder hier ankam, hat er in seinem Altersgedicht »Robert und Guiskard« verklärt wiedergegeben:

Doch da sie jetzt um einen Fels sich wandten,
Tat's plötzlich einen wunderbaren Schein,
Kirchtürme, Fluren, Fels und Wipfel brannten,
Und weit ins farbentrunkne Land hinein
Schlang sich ein Feuerstrom mit Funkensprühen,
Als sollt' die Welt in Himmelsloh'n verglühen.
Geblendet sahen zwischen Rebenhügeln

Die Brüder Sulpiz und Melchior Boisserée · Zeichnung eines unbekannten Künstlers · Kurpfälzisches Museum Heidelberg

Sie eine Stadt, von Blüten wie verschneit,
Am klaren Strome träumerisch sich spiegeln,
Aus lichtdurchblitzter Waldeseinsamkeit
Hoch über Fluß und Stadt und Weilern
Die Trümmer eines alten Schlosses Pfeilern.
In dieses Märchens Bann verzaubert stehen
Die Wandrer still. – Zieh' weiter, wer da kann!
So hatten sie's in Träumen wohl gesehen,
Und jeden blickt's wie seine Heimat an,
Und keinem hat der Zauber noch gelogen,
Denn Heidelberg war's, wo sie eingezogen.

Heidelberg hat nicht nur die Romantiker zu poetischer Aussage begeistert, sondern unzählige andere, vom Minnesänger *Oswald von Wolkenstein* ab mit seinem *»Ich ruem dich haidlberg«* über die *Humanisten,* die *»Sturm- und Drang«*-Dichter, über *Goethe* in Briefen und im *»Divan«,* über *Hölderlin,* der *»der Vaterlandsstädte ländlich schönste«* in seinem *»Heidelberg«*-Gedicht preist, zu den Dichtern des 19. Jahrhunderts mit *Gottfried Keller,* den die *»Schöne Brücke«* oft getragen, und *Viktor Scheffel,* der in anderer Weise *»Alt Heidelberg«* besang und den weinfrohen genius loci in der Welt bekannt machte. In- und Ausländer, die zum Studium oder auf Reisen nach Heidelberg kamen, haben die Schönheit der Landschaft, den Zusammenklang von Natur und Menschenwerk und die frohe Geselligkeit, die Einheimische und Besucher vereint,

nicht nur in Gedichten, sondern auch in Prosa immer wieder und in vielen Sprachen gepriesen.

Der literarische Ruhm, Heidelbergs Namen zuerst in ganz Deutschland, ja in Europa verbreitet zu haben, gebührt aber dem Heidelberger romantischen Dichterkreis. Ihm entstanden in Stadt und Universität scharfe Gegner, geführt von dem Klassizisten *Voss,* der ihren Überschwang verspottete. Der literarische Kampf spielte sich in den Spalten des *Heidelberger Morgenblattes* und der von *Arnim* und *Brentano* 1808 begründeten Zeitschrift *»Der Einsiedler«* ab. Als Ende 1808 *Brentano* und *Arnim* Heidelberg verlassen hatten, *Görres* seine Dozentur aufgegeben und *»Der Einsiedler«* sein Erscheinen eingestellt hatte, fehlte dem Heidelberger Romantikerkreis der Mittelpunkt. Einige Literaten verblieben in Heidelberg, wie *Graf Loeben,* andere kamen neu hinzu wie *Justius Kerner, Friedrich Rückert, Jean Paul, Max von Schenkendorf, Ludwig Uhland.* Alle erlebten kürzer oder länger in romantischem Feuer Heidelberg und besangen es, aber die Glanzzeit der Heidelberger Romantik war vorbei. Die vom Kurator der Universität angeregte und von dem um die Hochschule besonders verdienten Geheimrat *Bauer* 1807 gegründeten *»Heidelberger Jahrbücher«,* an denen Creuzer, Arnim und Brentano auch nach ihrem Wegzug durch Rezensionen und Beiträge mitarbeiteten, waren das letzte Band, das die Begründung der Heidelberger Romantik an diese Stadt fesselte. Die Jahrbücher erschienen im Verlag von *Mohr* und *Zimmer,* dem ersten in der glanzvollen Reihe Heidelberger Verleger und Buchhändler.

Einen neuen Mittelpunkt mit einer Verlagerung zur bildenden Kunst erhielt 1810 die Heidelberger Romantik durch das Eintreffen der Brüder *Sulpiz* und *Melchior Boiserée* mit ihrem Freunde *Bertram.* Sie hatten am Karlsplatz ein – jetzt von der Theologischen Fakultät bezogenes – Haus gemietet. Es war ihnen gelungen, in Köln die schönsten bei der Säkularisation der rheinischen Klöster auf den Markt gekommenen Bilder und Skulpturen zu erwerben. Diese kamen in dem geräumigen Haus nun recht zur Geltung und wurden ein Anziehungspunkt für Einheimische und Fremde.

Die Ereignisse von 1813 und 1814 berührten Heidelberg zunächst nur am Rande als Quartier für durchziehende Truppen und Fürstlichkeiten. Im Frühjahr 1815 war aber hier das Hauptquartier des *Fürsten Schwarzenberg.* Im Juni 1815 hielten sich auch *Kaiser Franz von Österreich* und *Zar Alexander von Rußland* und viele andere Fürstlichkeiten mehrere Wochen in Heidelberg auf. Alle besuchten sie die *Boiserréesche Sammlung.* In einem nicht mehr stehenden Landhaus am Neckar oberhalb des Karlstors fand die denkwürdige Begegnung der *Juliane von Krüdener* mit dem Zaren Alexander statt, die in diesem den Gedanken an eine »*Heilige Allianz*« nach Beendigung des Feldzugs gegen Napoleon weckte.

Das Eintreten der Brüder Boisserée für den Aufbau und die Vollendung des Kölner Domes und ein jahrelanges beharrliches Werben führten schließlich dazu, daß auch der alternde Goethe die mittelalterliche deutsche Kunst neben der Klassik gelten ließ. Im Juni 1814 folgte *Goethe,* nach einer Kur in Wiesbaden und zur Fortsetzung seines »*Westöstlichen Diwans*« durch die Begegnung mit *Marianne Willemer* angeregt, in romantischer Stimmung der so oft ausgesprochenen Einladung nach Heidelberg. Erinnerungen an frühere Besuche mögen mitgewirkt haben. Hatte sich doch hier 1775 die entscheidende Wendung seines Lebens abgespielt: Enttäuscht, vom Herzog von Weimar keine Einladung dorthin erhalten zu haben, hatte Goethe auf dem Weg nach Italien in Heidelberg bei einem Fräulein *Delph* Station gemacht. Als Verwandte der Frankfurter Familie Schönemann hatte sie Goethes Verlobung mit Lili Schönemann gefördert und versuchte, jetzt nach der Lösung dieser Verlobung, den Freigewordenen an Heidelberg und Mannheim zu fesseln durch eine Verlobung mit der Tochter des kurpfälzischen Hofbeamten, Freiherrn von Wrede, und durch eine Anstellung am kurpfälzischen – statt weimarischen – Hof. Goethe hatte schon Feuer gefangen, als eines Nachts ein Reiter mit der verspäteten Einladung nach Weimar eintraf und das fein eingefädelte Spiel der »*Delphin*« zerriß: Goethe reiste nach Weimar!

Baron von Graimberg · Zeichnung von G. Ph. Schmitt 1843 · Kurpfälzisches Museum Heidelberg

1814 kam er, der auf seinen Schweizer Reisen noch mehrmals in Heidelberg gewesen war, nach langer Zeit wieder in diese Stadt und weilte hier Ende September und Anfang Oktober 1814 über zwei Wochen. Fast jeden Vormittag ließ er sich in der Gemäldesammlung von den Brüdern Boisserée die Bilder erklären, betrachtete und studierte einzelne stundenlang. Goethe, der sich bewußt von den Straßburger, das Mittelalter verklärenden Jugendeindrücken gelöst, sich ganz der Klassik verschrieben und vor allen anderen Kunstformen abgeschirmt hatte, mußte bekennen: »*Da hat man nun auf seine alten Tage sich mühsam von der Jugend, welche das Alte zu stürzen kommt, seines eigenen Bestehens wegen abgesperrt, und hat sich, sich gleichmäßig zu erhalten, von allen Eindrücken neuer und störender Art zu hüten gesucht, und nun tritt da mit einem Male vor mich hin eine ganz neue und bisher mir ganz unbekannte Welt von Farben und Gestalten, die mich aus dem alten Gleise meiner Anschauungen und Empfindungen herauszwingt – eine neue ewige Jugend, und wollte ich auch hier etwas sagen, es würde diese oder jene Hand aus dem Bild herausgreifen, um mir einen Schlag ins Gesicht zu versetzen, und der wäre mir wohl gebührend.*«

Noch viel entscheidender für *Goethes* Leben und Werk war der erneute Besuch bei den Brüdern *Boisserée* 1815 zur gleichen Jahreszeit wie im Vorjahr. *Sulpiz Boisserée* war Goethe im August nach Wiesbaden entgegengekommen;

Neckargemünd mit Dilsberg · Aquarell von Karl Fohr · Kurpfälzisches Museum Heidelberg

er war der einzige, dem der von dem Erlebnis der alten deutschen Kunst und von der Leidenschaft zu *Marianne von Willemer* Erschütterte sich anvertraut hatte. Wenige Tage nach Goethes Ankunft in Heidelberg kam vom 23. bis 26. September das Ehepaar Willemer zum Besuch der Freunde in die Neckarstadt. Hier spielte sich das ergreifende Alterserlebnis Goethes ab, das er, um an ihm nicht zu zerbrechen, nur durch die Flucht nach Weimar abschließen konnte. Im Buch Suleika des west-östlichen Diwans schimmern, hinter den Chiffren kaum verhüllt, die Leidenschaft dieser Tage, ihre Vorahnung und ihr Nachhall durch. Marianne-Suleika wurde zur kongenialen Dichterin einiger der schönsten auf Heidelberg bezüglichen Gedichte dieser Sammlung – ein lang behütetes Geheimnis. Goethe-Hatem fühlte noch einmal »*Frühlingshauch und Sommerbrand*«. Im Schloßgarten zu Heidelberg erinnern eine Tafel und ein Ginkgo-Baum an jene erschütternden Tage, in denen wie das Ginkgo-Blatt »*zwei, die sich erlesen, daß man sie als eines kennt*«. Die beiden sahen sich nie wieder, Goethe kam nicht mehr nach Heidelberg. Aber *Marianne von Willemer* lebte bei ihren Besuchen in Heidelberg und auf dem Stift Neuburg bei der befreundeten Familie *Schlosser* – den damaligen Eigentümern – der Erinnerung dieser Tage, der sie zu Goethes 75. Geburtstag 1824 in einem ihrer schönsten Heidelberg-Gedichte Ausdruck gab:

Euch grüß ich, weite lichtumflossene Räume,
Dich alten reichbekränzten Fürstenbau. . .
Auf der Terrasse hoch gewölbtem Bogen
War eine Zeit sein Kommen und sein Gehn;
Die Chiffre, von der lieben Hand gezogen,
Ich fand sie nicht, sie ist nicht mehr zu sehn!
Doch jenes Baums Blatt, der aus fernem Osten
Dem westöstlichen Garten anvertraut,
Gibt mir geheimer Deutung Sinn zu kosten,
Ein Selam, der die Liebenden erbaut.

Das hier und so oft besungene Heidelberger Schloß stand in den Jahren des Übergangs von den Wittelsbachern an Baden vor der Gefahr des völligen Untergangs: Die badische Regierung hatte kein Interesse, diesen Bau zu erhalten, an den sich so viele Erinnerungen an die pfälzische Vergangenheit knüpften. Die Ruine wurde im ganzen auf Abbruch an eine nicht sehr gut beleumundete Gesellschaft verkauft. Nur dem Eingreifen des damals in Mannheim lebenden Dichters *Kotzebue* ist es zu verdanken, daß der Vertrag durch den Großherzog annulliert wurde. Trotzdem ging der Abtransport von Steinen und Figuren weiter; der Schloßgarten wurde ausgehauen und zur Anpflanzung von Kartoffeln und Gemüse hergerichtet! Da erwuchs Schloß und Garten ein Schutzgeist in Person des französischen Barons *Charles François de Graimberg,* der als Emigrant

Heidelberg mit Blick auf die Rheinebene · Gemälde von Karl Rottmann 1815 · Kurpfälzisches Museum Heidelberg

1810 nach Heidelberg gekommen war und seine Lebensaufgabe in dem Kampf für die Erhaltung des Schlosses fand. Er führte ihn zwei Jahrzehnte unter persönlichem Einsatz, bis der badische Staat selbst die Pflege übernahm. Graimberg erwarb sich weitere Verdienste dadurch, daß er in mühsamer Kleinarbeit alle Einzelheiten der Schloßarchitektur in Stichen und Lithographien festhielt, mit denen er auch für Heidelberg warb. Schließlich legte er eine Sammlung von Altertümern und Bildern an, die sich vielfach auf die pfälzische Geschichte bezogen und heute den Grundstock des *Kurpfälzischen Museums* zu Heidelberg bilden.

Angeregt durch Graimbergs Kunstsammlung und in Anknüpfung an alte kurpfälzische Tradition hatte sich als Ausklang der Heidelberger Romantik eine Malerschule entwickelt. Der erste, früh vollendete und mit 23 Jahren beim Bad im Tiber ertrunkene Künstler dieser Gruppe war *Karl Philipp Fohr,* der in seiner kurzen Laufbahn in Landschafts- und Bildnis-Malerei Bedeutendes geleistet hatte. Er war in Heidelberg von der Landschaft und den ersten Anfängen der Burschenschaft, in München weniger von der Kunstakademie als von begabten Freunden, in Rom durch den Umgang mit Angehörigen der deutschen Künstlerkolonie geformt worden. In den wenigen Jahren seines Wirkens ist er zum typischen Vertreter der lebensoffenen Heidelberger romantischen Malerei geworden. – Ein größeres Werk war dem 1797 in Handschuhsheim geborenen

Karl Rottmann vergönnt. Von seinem Vater, dem damaligen aus der Mannheimer Kobellschule stammenden Universitätszeichenmeister, im Zeichnen unterrichtet, verlegte er sich eines Augenleidens wegen mehr auf das Malen und kam – durch König Ludwig von Bayern sehr gefördert – in München zur Vollendung als Historien- und Landschaftsmaler. Nach Studienjahren in Italien wirkte der dritte Maler dieser Gruppe, *Ernst Fries,* schon im Elternhaus an einer bedeutenden Gemäldesammlung gebildet, überwiegend in Heidelberg und im Neckartal, dessen Schönheit seine Zeichnungen verkünden. Verschiedene Glieder der Malerfamilie *Schmitt* haben die Heidelberger romantische Tradition weithin ins 19. Jahrhundert fortgesetzt.

Das bürgerliche Heidelberg und seine wirtschaftliche Entwicklung

Bis zu den Napoleonischen und den Befreiungskriegen war die Geschichte Heidelbergs geprägt zunächst von den Kurfürsten und ihrem Hof, später von der Universität und zuletzt auch von Literaten und Malern. Mit dem Beginn des 19. Jahrhunderts traten zum ersten Mal auch Bürger

Buchhändler, Verleger und Bürgermeister Christian Friedrich Winter ·
Steindruck nach einer Zeichnung von M. Wolf

Der Lederfabrikant und Bürgermeister Wilhelm Speyrer · Zeitgenössischer Steindruck · Kurpfälzisches Museum Heidelberg

der Stadt in den Vordergrund. Die im Schwung der Befreiungskriege genährten Hoffnungen auf eine freie Gestaltung des staatlichen Lebens waren enttäuscht worden.
Nicht nur in der sich auch in Heidelberg bildenden Burschenschaft, sondern auch bei einigen politisch interessierten Bürgern wurde die Forderung nach einer Verfassung
immer lauter. 1819 fand die erste Wahl zum badischen
Landtag statt. Die zwei Heidelberger Abgeordneten waren
der Krappfabrikant und Bankier *Christian Adam Fries,*
Eigentümer einer bedeutenden Gemäldesammlung und
Mäzen vieler Künstler, sowie der Buchhändler *Christian
Friedrich Winter,* der in den früher erwähnten ersten Heidelberger Verlag Mohr und Zimmer eingetreten war. Als
Abgeordneter folgte ihm der Lederfabrikant *Wilhelm
Speyrer* vom Haarlass, dessen Name in dem von ihm erworbenen Speyererhof fortlebt. Die Gemeindeverwaltung war
zunächst, wie in kurpfälzischer Zeit, von der Staatsregierung – vertreten durch einen Stadtdirektor – ganz abhän-
gig. Die Bürgermeister jener Zeit waren noch ohne Einfluß
auf die Geschicke der Gemeinde. Eine größere politische
Anteilnahme der Bevölkerung bewirkte die Pariser Julirevolution von 1830, der in Baden die Thronbesteigung
Großherzogs Leopold vorangegangen war. Eine Periode
liberaler, von der Zustimmung des Volkes getragener
Reformen folgte mit dem Höhepunkt der Einführung der
Pressefreiheit, die nach dem Hambacher Fest unter Druck

von Metternich aufgehoben wurde. Das Selbstbewußtsein
des politisch erwachten Bürgertums fand neben der Landespolitik in der erstarkten Gemeindeselbstverwaltung ein
Betätigungsfeld. Der Buchhändler und Verleger *Friedrich
Winter* wurde zum Heidelberger Wortführer der sich von
den gemäßigten Liberalen abspaltenden radikal-demokra-
tischen Richtung, während *Wilhelm Speyrer* als Erster Bürgermeister für die konstitutionelle Monarchie eintrat.
Zweiter Bürgermeister war der Handelsmann *Georg Ritzhaupt,* der 1840 Speyrers Nachfolger wurde. Im Gegensatz
zur sparsamen, allen größeren Vorhaben hinausschieben-
den Verwaltung seines Vorgängers nahm Ritzhaupt mehrere dringliche, aber kostspielige Projekte wie die Anlage
des Bergfriedhofs, den Bau des Lyzeums, die Erschließung
des Klingenteich-Tals durch eine Fahrstraße auf, ohne die
Finanzierung gesichert zu haben. Ein größeres Defizit und
die Erhöhung der Gemeindeumlagen waren die Folgen.
Ritzhaupt wurde durch die Angriffe seiner demokratischen
Gegner immer mehr ins konservative Lager gedrängt und
mußte schließlich 1845 der radikalen Opposition das Feld
räumen. Seine Gesinnungsgenossen im Gemeinderat, der
Tabakfabrikant *P. I. Landfried,* der Advokat und Heimat-
dichter *Nadler,* der Bankier *Zimmern* traten ebenfalls
zurück. Der schon vorher in der Heidelberger und den
Mannheimer Zeitungen entbrannte Pressekrieg ging nach
der Wahl Winters zum ersten Bürgermeister munter wei-

Professor Ludwig Häusser · Lithographie

Professor Robert Wilhelm Bunsen

ter. Die Scheidung in radikale Demokraten, die zum Teil mit dem Gedanken an eine Revolution spielten, und in gemäßigte Liberale, den Vertretern des »juste milieu«, wurde auch in Heidelberg immer schärfer. Die aus dem ersten gemeinsamen Kampf bestehende Verbundenheit zerbrach. Auch die Turnerschaft, die aus Turnvater Jahns Zeiten ein Sammelbecken national und freiheitlich gesinnter Jugend war, verfolgte in den 1840er Jahren teilweise republikanisch-revolutionäre Ziele. Da sich aus Opposition zu den konservativ gesinnten, eine Einmischung in die Politik ablehnenden und am alten Studentenwesen festhaltenden Korps viele Studenten nach Auflösung der Burschenschaften der Turnerschaft angeschlossen hatten, wurde der Zwiespalt auch in die Hochschule getragen. Unter den Professoren waren es die Historiker *Schlosser, Gervinus* und Schlossers Schüler *Häusser,* die die demokratische Richtung vertraten. Sie war bei ihnen gegründet und auf eine tiefe Abneigung gegen das 18. Jahrhundert, über das Schlosser eine allgemeine Geschichte geschrieben hat, während Häusser die »*Geschichte der Rheinischen Pfalz*« mit einer Verurteilung der letzten Kurfürsten und des barocken Zeitalters enden läßt. Mit Schnabel kann man sagen, daß beide große Historiker das Zeitalter des Barock und Rokoko mit den Maßstäben des 19. Jahrhunderts beurteilten und nicht aus seiner eigenen Zeit heraus verstehen wollten. Sie konnten deshalb auch nicht die Leistungen

des 18. Jahrhunderts auf kulturellem Gebiet würdigen. *Häusser,* einer der beliebtesten Lehrer der 1840er bis 1860er Jahre, nahm als Landtagsabgeordneter in der Revolutionszeit 1848/49 eine konstitutionelle Haltung ein und beschrieb die Ereignisse dieser turbulenten Jahre als Augenzeuge und Mitgestalter. Später führte er die beiden Söhne Großherzog Leopolds, die späteren Großherzöge *Ludwig* und *Friedrich I.,* in die Geschichtswissenschaft ein. In ihnen hatte er trotz seiner liberalen Einstellung immer einen Rückhalt, auch als reaktionäre Kräfte in Hochschule und Ministerium gegen ihn intrigierten. Dafür blieb er auch, trotz verlockender auswärtiger Angebote, der Heidelberger Hochschule treu. *Gervinus,* einer der wegen ihrer politischen Haltung aus der dortigen Universität vertriebenen »*Göttinger Sieben*«, war nach Heidelberg zurückgekehrt, brachte 1846 durch eine schwungvolle Adresse die allgemein-deutsche Bewegung zugunsten der vom dänischen König bedrohten schleswig-holsteinischen Herzogtümer in Gang. 1847 gab er mit mehreren anderen Professoren die im Verlag von *Daniel Bassermann* in Mannheim erschienene, bei G. Mohr in Heidelberg gedruckte »*Deutsche Zeitung*« heraus, die in der kurzen Zeit ihres Bestehens sich größten Ansehens erfreute.

Für die weitere deutsche Entwicklung war eine zum 5. März 1848 nach Heidelberg einberufene Tagung entscheidend, in der der Gegensatz zwischen gemäßigten

Professor Maximilian Josef von Chelius

Professor Kuno Fischer · Zeichnung

Liberalen und radikalen Demokraten noch einmal über-
brückt wurde. Entgegen dem Drängen der Radikalen, die
für die sofortige Ausrufung der Republik eintraten, setzten
die Gemäßigten durch, daß eine Kommission gewählt
wurde, die die Einberufung eines Vorparlaments zur Vor-
bereitung der Wahl einer konstituierenden deutschen
Nationalversammlung betreiben sollte. In einer großen
politischen Kundgebung im Heidelberger Schloßhof und in
den Beratungen des in Frankfurt zusammengetretenen
Vorparlaments forderten die Radikalen, zu denen auch der
Heidelberger Bürgermeister *Winter* gehörte, wieder die
sofortige Ausrufung der Republik. Aber als *Hecker* im
April 1848 von Konstanz aus einen bald zusammengebro-
chenen republikanischen Aufstand startete, blieb in Heidelberg dank der aus Bürgern, Professoren und Studenten
gebildeten Bürgerwehr die Ordnung gewahrt. Die einzige
Störung kam durch mehrere hundert Bauern aus der Sins-
heimer Gegend. Sie zogen, mit Flinten, Sensen und Mist-
gabeln bewaffnet, am 24. April 1849 durch das Karlstor auf
den Marktplatz und wollten die Republik ausrufen. Die
sofort aus allen Gassen auf den Marktplatz vorrückende
Bürger- und Studentenwehr umzingelte die ungebetenen
Gäste, die sich bereden ließen, ihre »Waffen« niederzulegen und nach Hause zu ziehen. In diese Zeit fällt auch der
Auszug von 364 Studenten nach Neustadt an der Haardt als
Protest gegen die Auflösung eines studentischen demokra-

tischen Vereins, während die allgemeinen Volksvereine
zunächst bestehen blieben. Unter den Abgeordneten der
Frankfurter Nationalversammlung, die im Mai 1848 zusam-
mengetreten war, spielte der Heidelberger Abgeordnete
von Soiron eine bedeutende Rolle.
Im pfälzisch-badischen Aufstand von 1849 war Heidelberg
das Hauptquartier der Revolutionsarmee unter *Mieroslawski,* der von hier aus den Widerstand gegen die von
Norden heranrückenden Preußen und gegen das durch den
Odenwald ziehende Reichskontingent leitete. Anfänglich
hatte man einen Erfolg durch Entwaffnung der bei Heidelberg durchziehenden Reste großherzoglicher Gruppen
erzielt, aber der Versuch, die Revolution nach Frankfurt zu
tragen, endete mit einer Niederlage der von Heidelberg
ausgezogenen republikanischen Truppen. Im Juni 1849 war
das Schicksal der Revolutionsarmee besiegelt, als nach
einem blutigen Gefecht bei Waghäusel die Preußen konzentrisch auf Heidelberg vorrückten. Bis November 1850
sorgte eine preußische Besatzung für Sicherung der Ordnung und Bestrafung der Rädelsführer, die sich aber meist
durch die Flucht nach der Schweiz der Vollstreckung der
Urteile des Militärgerichts entziehen konnten. Die Selbstverwaltung wurde unter Rückgriff auf bewährte gemäßigte
Liberale langsam wieder in Gang gesetzt. Altbürgermeister
Speyrer stellte sich nochmals zur Verfügung. (vgl. S. 162 ff)
Als 1860 das liberale Kabinett Lamey den reaktionären

Oberbürgermeister Professor Dr. Ernst Walz

Oberbürgermeister Dr. Karl Wilckens

Kurs in Baden beendete, war auch in Heidelberg die nach Zusammenbruch des Aufstands entstandene Lethargie überwunden. Wirtschaftsleben und Universität gingen einer neuen Blütezeit entgegen. Zwar hatten einige bedeutende Professoren Heidelberg verlassen, dafür kamen zu den von den politischen Kämpfen nicht berührten Disziplinen Naturwissenschaft und Medizin in den kommenden Jahrzehnten hervorragende Gelehrte nach Heidelberg. In diesem Rahmen können für die Mediziner nur der Chirurg und Augenheilkundige *Maximilian Josef Chelius,* der Internist *Kußmaul* sowie der Anatom *Gegenbaur,* für die Naturwissenschaftler *Robert Bunsen, Gustav Kirchhoff* und *Hermann Helmholtz* erwähnt werden, deren epochemachende Entdeckungen bis in unsere Tage nachwirken.

Der schon erwähnte französische Baron Graimberg war nicht der einzige bedeutende Ausländer, dem Heidelberg zur zweiten Heimat wurde. In der Mitte und der zweiten Hälfte des 19. Jahrhunderts war neben einer russischen und einer polnischen Kolonie, angezogen von Heidelbergs Ruf als Stadt der Romantiker, eine Gruppe von Engländern hier ansässig geworden. Der Bedeutendste war *William Howitt,* ein Freund Byrons, dessen 1849 erschienenes, auf seinen Erlebnissen in Heidelberg beruhendes Buch: »*Life in Germany*« der Neckarstadt neue Freunde im angelsächsischen Raum gewann. Das »*English College*« und die Anfänge des Sports in Heidelberg gehen auf diese engli-

sche Kolonie zurück, die erst der Weltkrieg 1914 auflöste. Die Kriege von 1866 und 1870 hat Heidelberg im Rahmen seiner süddeutschen Umgebung miterlebt. Wie in der ganzen rechts- und linksrheinischen Pfalz ging auch in Heidelberg die Mehrheit von Bevölkerung und Hochschule mit Begeisterung den Weg ins kleindeutsche Reich Bismarcks. Künder dieser neuen Zeit an der Ruperto-Carola war *Heinrich von Treitschke.* Nach Verwirklichung der preußisch-deutschen Reichsidee verlagerte sich das Gewicht der historischen Forschung in die neue Reichshauptstadt, zu deren Universität in den 1870er Jahren und später manch bedeutender Gelehrter abwanderte. Trotzdem hielt Heidelberg seinen Rang als eine der angesehensten Hochschulen Deutschlands. 1886 wurde unter Anteilnahme ganz Deutschlands ihr 500jähriges Bestehen gefeiert. Großherzog Friedrich I. begrüßte als Rektor magnificentissimus den als Vertreter Kaiser Wilhelms I. gekommenen Kronprinzen Friedrich von Preußen. Der historische Festzug und die Feier in der Heiliggeistkirche, in der zu diesem Tag die Trennmauer zwischen katholischem Chor und evangelischem Schiff abgerissen worden war, fanden das Interesse des ganzen Landes. Festredner war der bekannteste Gelehrte und geistreichste Redner der Universität, *Kuno Fischer.* 17 Jahre später feierte man 1903 die 100jährige Wiederkehr der Neubegründung der Hochschule durch den Großherzog Karl Friedrich. Diesmal hielt *Erich*

Marcks die Festrede, der mit *Hermann Oncken* die neue historische Schule vertrat. Auf eine Fortführung der Aufzählung bedeutender Professoren der verschiedenen Fakultäten bis in die Gegenwart muß verzichtet werden. Immer wieder hat Heidelberg hervorragende Gelehrte und viele Studenten angezogen. Kliniken und Institute wurden ausgebaut, bis in unseren Tagen der Raum in der Altstadt und auch im Bergheimer Viertel zu eng wurde. Im Neuenheimer Feld entsteht für die naturwissenschaftliche und die medizinische Fakultät eine Universitätsstadt. In den freiwerden Räumen der Altstadt dehnen sich die Institute der Geisteswissenschaften aus.

Die Stadt Heidelberg nahm in den ruhigen Jahrzehnten nach Gründung des neuen deutschen Reichs eine stetige Entwicklung. Bis zur Jahrhundertwende war der weite Raum der Neustadt vom Universitätsplatz bis zur Sofienstraße durch Bebauung der Gärten und freien Plätze ausgefüllt. Die Vorstädte begannen zu wachsen. Die angrenzenden Nachbarorte, die alle eine ältere Geschichte als Heidelberg selbst haben, wurden wirtschaftlich immer mehr mit Heidelberg verflochten und nach und nach eingemeindet, so *Neuenheim* 1891, *Handschuhsheim* 1903, *Kirchheim* und *Wieblingen* 1920, *Rohrbach* 1927. Die Geschichte dieser ehemals selbständigen Gemeinden ist anläßlich der 1200. Wiederkehr des Tages ihrer Ersterwähnung im Lorscher Kodex in Broschüren geschildert worden, die den Halbjahresbänden der Zeitschrift Ruperto-Carola 1965/66 beigegeben wurden.

An Heidelbergs Stadtrand siedelte sich Industrie an oder wurde aus der Innenstadt dorthin verlegt. Lediglich die aus kurpfälzischer Zeit stammende *Herrenmühle* blieb bis zur Mitte unseres Jahrhunderts in der Altstadt. Unter den großen älteren Firmen ist zunächst die 1810 gegründete Tabakwarenfabrik *P. I. Landfried* zu nennen, von sechs Inhabergenerationen in den 1½ Jahrhunderten ihres Bestehens durch alle Schwierigkeiten der Branche gesteuert. Weiter ist die 1840 in Wieblingen errichtete Drahtwarenfabrik *Helmreich* und die im Jahr 1850 gegründete *Schnellpressenfabrik AG* anzuführen, die, mit ihren Druckautomaten verschiedener Größen dem jeweils neuesten Stand der Druckmaschinentechnik folgend, den Namen Heidelberg in die ganze Welt hinausgetragen hat. Bis 1966 waren in 110 Ländern 170 000 Heidelberger Druckmaschinen aufgestellt. Die Produktionsstätten befinden sich gegenwärtig in Wiesloch. Die *Portland-Zementwerke* mit Hauptverwaltung in Heidelberg und mehreren auf modernsten Stand gebrachten, in Süddeutschland verstreuten Betriebsstätten, unter anderem in *Leimen* bei Heidelberg, gehören zu den größten Unternehmen ihres Fachs in Europa. Eines ihrer Stammwerke lag ursprünglich im Bergheimer Viertel an der jetzigen Ernst-Walz-Brücke. Das bedeutendste Einzelunternehmen von Heidelberg und Umgebung war die *Wag-*

gonfabrik Fuchs, die ihren Betrieb 1957 einstellte. Auf dem Gelände hat jetzt die amerikanische Landmaschinenfabrik *International Harvester Co.* eine Zweigniederlassung errichtet. Sonst ist für Heidelberg und sein Hinterland eine Vielzahl kleinerer und mittlerer Unternehmen verschiedener Geschäftszweige kennzeichnend, die – insbesondere soweit sie zu den »rauchlosen« Branchen gehören – im 20. Jahrhundert bewußt angesiedelt wurden. Eng mit der Hochschule verbunden sind die großen Verlage und Buchhandlungen, die teils schon im 19. Jahrhundert entstanden sind, zum Teil aber auch erst nach dem Ersten und Zweiten Weltkrieg sich in Heidelberg niederließen.

Schon im 18. und noch viel ausgeprägter im 19. Jahrhundert zog Heidelberg viele in- und ausländische Fremde an. Gasthäuser und Hotels haben deshalb eine große Bedeutung gehabt. Im 18. Jahrhundert war der Gasthof »*Zu den 3 Königen*« führend, in der Hauptstraße 160 mitten in der Altstadt gelegen. Die letzten Besitzer waren *Friedrich Daniel Bassermann* (1738 bis 1810) und seine Ehefrau *Maria Katharina* geborene *Kissel,* die die Stammeltern aller in der Heidelberger und Mannheimer Geschichte eine Rolle spielenden Glieder dieser Familie wurden. Zu Beginn des 19. Jahrhunderts waren der »*Goldene Hecht*« – 1717 am Brückentor gegründet – der »*Badische Hof*« und der »*Karlsberg*« führend. In der zweiten Hälfte des vorigen Jahrhunderts hatte das neuerdings anderen Zwecken zugeführte *Schloßhotel* europäischen Ruf, in dessen Räumen *Richard Wagner* den eben vollendeten Text zur Oper Parsifal einem Freundeskreis vorlas. Von den heute noch führenden Häusern sind neben manchen kleineren Gasthöfen und Studentenlokalen wie »*Roter Ochse*« und »*Seppl*«, Anfang des 18. Jahrhunderts in der altstädtischen Hauptstraße erbaut, Hotel *Schrieder* (seit 1846) und der *Europäische Hof* (gegründet 1863) zu nennen, etwas außerhalb der »*Haarlass*« – die ehemalige Lederfabrik Wilhelm Speyrers – und die »*Stiftsmühle*« – früher zum Stift Neuburg gehörend. Der Gasthof »*Zur Hirschgasse*« ist seit nahezu 150 Jahren Kneiplokal und Fechtboden vieler Studentenverbindungen.

Die Verwaltung der Stadt mußte dem Wachstum angepaßt werden. 1885 wurde mit *Dr. Karl Wilckens* der erste hauptamtliche Oberbürgermeister bestellt, der 1913 in *Dr. Ernst Walz* – schon seit 1886 als zweiter und erster Bürgermeister tätig gewesen – einen gleich aktiven und dem Charakter der Universitätsstadt adäquaten Nachfolger erhielt. Von 1929 bis zum Ende des Zweiten Weltkriegs leitete *Dr. Carl Neinhaus* die Geschicke der Stadt, die die Großstadtschwelle mit 100 000 Einwohnern überschritt. Unter seiner Führung wurden auch die schwierigen Zeiten nach dem Zweiten Weltkrieg überwunden, den Heidelberg unzerstört überstand.

19. Mannheim und Ludwigshafen im 19. und 20. Jahrhundert

Die ersten badischen Jahrzehnte bis 1848/49

In Mannheim wurden die Schäden der österreichischen Beschießung langsam beseitigt; im übrigen herrschten Resignation und Erbitterung über den Länderschacher von 1802/03, dem man zum Opfer gefallen war. Vergeblich wurde versucht, das Wegbringen der letzten noch verbliebenen Sammlungen, des Schloßinventars und der Schloßbibliothek nach München zu verhindern. Mit geringen Mitteln schaffte die badische Regierung Ersatz für die nach München verbrachten Einrichtungsgegenstände des Schlosses und der Sammlungen, vor allem wurde nach wochenlangem Warten der Staatszuschuß zum Nationaltheater und damit sein Bestand gesichert. Die Aufrechterhaltung der Akademie war nicht möglich, weil alle noch verfügbaren Mittel für die Reorganisation der Heidelberger Universität benötigt wurden. Mannheim behielt zwar als Sitz der drei Provinzialbehörden eine gewisse Bedeutung, dafür verlor die Verwaltung der verschuldeten Stadt jede Selbständigkeit.

Es folgten neue Kriegswirren. Baden war als Mitglied des Rheinbunds zur Gestellung von Hilfstruppen für die Napoleonischen Feldzüge verpflichtet; von Spanien bis nach Rußland bluteten unsere Landsleute.

1805 wurde auch im Interesse des siegreichen, das linke Rheinufer beherrschenden Frankreich durch die sogenannte *Rhein-Oktroi-Convention* eine Vereinheitlichung und Herabsetzung der teilweise prohibitiven Rheinschiffahrtsabgaben erreicht: ein erster Schritt zu der für Mannheims späteres Aufblühen so wichtigen freien Rheinschiffahrt. Die Entwicklung in dieser Richtung trieb das aus der Handelsinnung hervorgegangene Handelskomitee weiter, unter Führung des nachmaligen Oberbürgermeisters *Wilhelm Reinhardt*. Er setzte sich vor allem für die Aufhebung des Mannheim durch die sogenannte Neckarrangordnung unverständlicherweise auferlegten Speditionsverbotes ein.

1807, im still begangenen 200jährigen Stadtjubiläumsjahr, wurde an Schillers Geburtstag unter Zusammenfassung von drei konfessionell gebundenen Lateinschulen im ehemaligen Jesuitenkolleg gemeinsam für alle Bekenntnisse ein *Lyceum,* das spätere humanistische *Karl-Friedrich-Gymnasium,* mit 233 Schülern gegründet.

Die Ehe des Erbgroßherzogpaars war nicht glücklich, Stephanie blieb nach der Rückkehr des Gatten aus den Napoleonischen Feldzügen gegen Preußen in Mannheim; ihr kleiner Hof hatte wenig Verbindung zur Bürgerschaft. Da der Blick vom Schloß zum Rhein über das verwahrloste eingeebnete Festungsgelände nicht sehr erfreulich war, erbat und erhielt Stephanie vom »cher grandpére« Karl Friedrich und von Napoleon die Genehmigung, dort einen Schloßgarten anzulegen. Der Schwetzinger Gartenbaudirektor *Zeyher* und der Mannheimer Baudirektor *Dyckerhoff* entwarfen die Pläne, deren Ausführung von der Stadt durch Zuschüsse gefördert wurden.

1810 mußten auf Napoleons Geheiß auch in Mannheim alle auf Lager befindlichen englischen Waren verbrannt werden. Nur der lebensnotwendige Bedarf wurde in diesen kargen Kriegszeiten erzeugt, wozu in der Pfalz auch der Tabakbau rechnete. Hier war Mannheim auch damals von überörtlicher Bedeutung.

Als Großherzog Karl Friedrich 1811 starb und sein Enkel Karl zur Regierung kam, stellte Stephanie ihre persönlichen Gefühle hintan und kehrte aus Staatsraison nach Karlsruhe zurück. Die Mannheimer Bürger erwarteten ihren neuen Herrscher bei seinem ersten Besuch vor dem Schloß, an der Spitze der Bürgerwehr Obristleutnant *Bassermann*, im Wagen sein Schwiegervater, Oberbürgermeister *Reinhardt*. (S. 180)

1812 kamen bange Zeiten für viele Mannheimer, deren Angehörige mit der »Grande armée« nach Rußland ziehen mußten und in ihre Katastrophe mithineingerissen wurden. Von 1770 Angehörigen des Mannheimer Grenadierregiments kamen nur etwa 100 – meist krank – zurück. Als nach dem Sieg über Napoleon in der Schlacht von Leipzig *Blücher* mit der preußischen Armee bei Kaub den Rhein überschritt, war ihr linker, vorwiegend russischer Flügel unter dem baltischen General *von Osten-Sacken* zum Rheinübergang bei Mannheim bereit. Die französische Schanze auf dem damals noch linksrheinischen Gebiet der heutigen Friesenheimer Insel wurde im Frühnebel des Neujahrsmorgens 1814 mittels der Sandhofer und Mannheimer

Die Mannheimer Bürgerwehr erwartet das Großherzogpaar Karl und Stephanie 1811 (im Wagen Oberbürgermeister Reinhard, in der Mitte zu Pferd der Kommandant Obristleutnant Bassermann) · Aquarell von L. Neureuter 1811 · Reiß-Museum Mannheim

Fischerkähne sowie den Pontons der Neckar-Schiffsbrücke unbemerkt angegriffen und gestürmt. Die Bevölkerung war froh, daß die Kosaken nach Frankreich weiterzogen. Der preußische König *Friedrich Wilhelm III.* war mit seinen Söhnen *Friedrich Wilhelm (IV.)* und *Wilhelm,* dem späteren Kaiser Wilhelm I., von Heidelberg herübergekommen, um dem militärischen Schauspiel beizuwohnen. Das Tagebuch des Prinzen vermerkt den großen Eindruck dieses bei Mannheim miterlebten ersten Feuergefechts. Kaum waren nach der Niederwerfung Napoleons 1814 die Siegesfeiern verrauscht, als seine Rückkehr von Elba nach Frankreich erneut den Durchmarsch alliierter Truppen durch Mannheim zur Folge hatte. Mehrfach waren der König von Preußen, der Kaiser von Österreich und der russische Zar in der Stadt; Paraden und Festaufführungen im Theater fanden zu ihren Ehren statt.

Die folgenden Jahre und Jahrzehnte standen unter dem Druck der nach den Befreiungskriegen enttäuschten Freiheitshoffnungen. Zwar hatte Großherzog Karl 1818 kurz vor seinem Tod eine Verfassung erlassen, auf Grund deren der Handelsmann *Ludwig Bassermann,* der Weinhändler *Diffené* und Hofgerichtsrat *Ziegler* als Mannheimer Abgeordnete in den Karlsruher Landtag zogen. Der neue Großherzog Ludwig schränkte aber bald wieder einige Verfassungsfreiheiten ein wegen der aus dem Metternichschen Wien einsetzenden Reaktion auf die Ermordung des in

Mannheim lebenden baltendeutschen Schriftstellers *Kotzebue* durch den Theologiestudenten *Sand* im März 1819. Der Prozeß erregte die Mannheimer Bürger aufs Tiefste. Alle Sympathien hinderten nicht die Hinrichtung Sands vor dem Heidelberger Tor ungefähr an der Stelle des heutigen Wasserturms.

Nach diesem aufregenden Ereignis flossen die Jahre bis zur Revolution von 1848/49 friedlich dahin. *Großherzogin Stephanie* hatte Mannheim als Witwensitz gewählt, gründete das *Großherzogliche Institut für Mädchenerziehung* und den *Frauenverein* zur sozialen Betätigung. Ihre bescheidene Hofhaltung kann nicht mit der Karl Theodors verglichen werden. Die anfänglich noch in Mannheim ansässigen Reste des pfälzischen Adels zogen fort. Immer weniger Fremde suchten Mannheim auf. Mit der Bürgerschaft hatte der kleine Hof nur wenig Kontakt. Bemerkenswert war Stephanies Versuch, *Karl Maria von Weber* an das Mannheimer Theater verpflichten zu lassen. Aber die in ihren Mitteln sehr beschränkte Verwaltung sah keine Möglichkeit dazu. Weber sprach zeitlebens gern von seinen Mannheimer und Heidelberger Freunden und von den Anregungen, die er dort, insbesondere auf Stift Neuburg, erhalten hatte. Mit dem Heidelberger Historiker Christoph Friedrich Schlosser verband Stephanie eine aufrichtige Freundschaft. Außer Geschichtsproblemen war das Interesse für Dante Gegenstand der Unterhaltung bei den wechselseitigen Besuchen. In den kommenden Jahrzehnten verbrachte Stephanie meist nur den Winter in Mannheim. Im Sommer und Herbst weilte sie vielfach in Baden-Baden, das damals eine internationale Gästeschar anzog, oder in Umkirch bei Freiburg. Eine Genugtuung war für sie der Aufstieg ihres Neffen Napoleon III., an dessen Hof sie hochgeehrt öfters verweilte. Ein gnädiges Geschick ersparte ihr die Enttäuschung, auch den Sturz des zweiten französischen Kaiserreichs erleben zu müssen. Großherzogin Stephanie Napoleon starb 1860 in Nizza.

Die Mannheimer Bürgerschaft fand in den künstlerische und wissenschaftliche Bestrebungen fördernden Vereinigungen Casino und Museum gesellige Mittelpunkte. 1814 schlossen sie sich zur *Harmonie-Gesellschaft* zusammen, welche das Achenbachsche Kaffeehaus in D 2 als Clubhaus erwarb. Die im Laufe der Jahre entstehende reichhaltige Bücherei wurde zusammen mit anderen privaten Büchersammlungen, der wertvollen vom Karl-Friedrich-Gymnasium verwalteten Bibliothek des ehemaligen Jesuitenpaters *Desbillons* und den geringen im Schloß verbliebenen Resten der ehemaligen Hofbibliothek Grundstock der früheren *Wissenschaftlichen Stadtbibliothek,* jetzt Universitätsbibliothek. Neben der Harmonie entstand im Jahre 1839 noch eine weitere Herrengesellschaft, die *Räuberhöhle*. Die Initiative ging von einem Kreis theaterbegeisterter Kaufleute, Ärzte, Offiziere und höherer Beamten aus. Wie in den anderen badischen Herrengesellschaften trafen sich hier Vertreter des liberalen Bürgertums; auch der Mannheimer Anwalt Friedrich Hecker war Mitglied der Räuberhöhle. Die Räuberhöhle wurde jahrzehntelang geführt von dem Offizier und späteren hohen Eisenbahnbeamten Franz von Davans als »Räuberhauptmann«, der ein Sohn des ehemaligen kurpfälzischen Forstdirektors war. Räuberhöhle und Harmonie bestehen heute noch als angesehene bürgerliche Gesellschaften. Im Jahre 1833 entstand zur Fortführung der in kurfürstlicher Zeit betriebenen naturwissenschaftlichen Forschungen der heute noch wirkende *Verein für Naturkunde*. Hier muß des 1803 in Mannheim geborenen und 1867 in Schwetzingen gestorbenen Naturforschers und Poeten *Karl Friedrich Schimper* gedacht werden. Nach einer unsteten Ausbildungszeit auf verschiedenen Wissensgebieten spezialisierte er sich auf die Botanik, wobei er Goethes Pflanzenlehre scharf bekämpfte. Schimpers – von ihm auch in Reimen erklärte – Spiraltheorie der Blattstellung wie auch andere seiner Deutungen von Naturerscheinungen wurden Allgemeingut der Wissenschaft.

Fast gleichzeitig mit dem Verein für Naturkunde wurde der *Mannheimer Kunstverein* gegründet, dem für die Kunst aufgeschlossenen Mannheimer und manche Auswärtige beitraten. Durch seine Ausstellungen und seine reichhal-

Der Schriftsteller August von Kotzebue · Zeitgenössische Zeichnung · Reiß-Museum Mannheim

tige später der Städtischen Kunsthalle überlassene Bilder-Sammlung wirkt er bis in die Gegenwart.

Der als Sonderling geltende Sohn des Hofgerichtsrats und späteren Mannheimer Ehrenbürgers *Freiherr von Drais* erregte 1817 Aufsehen mit der Versuchsfahrt seiner »*Schnell-Laufmaschine*« auf der Landstraße nach Schwetzingen und zurück. Er dachte nicht an kommerzielle Verwertung, verbreitete aber Prospekte über das »*Velociped*«, das sich dann ein Franzose patentieren ließ. Spott der Jugend und der Erwachsenen hinderten ihn nicht, sich in neuen Basteleien mit der Herstellung einer Schreibmaschine, eines Rechenapparates, eines Periskops, ja einer Flugmaschine zu beschäftigen.

Eine bemerkenswerte Erscheinung in der Geschichte Mannheims ist die Tatsache, daß die wirtschaftlich geschwächte und in der Einwohnerzahl stagnierende ehemalige Residenz nicht endgültig zu einer unbedeutenden Stadt wurde. Wie düster man damals die Lage sah, zeigt eine »*Beschreibung von Mannheim*«, die 1824 bei Tobias Löffler erschienen ist und die Meinung vertritt, Mannheim sei aus der Reihe der ersten Städte Deutschlands gestrichen.

»*Mannheim verlassen, verödet, ein oberirdisches Herkulanum. Von jeher waren die nahen Städte Mainz und Frankfurt mächtige Rivalen unseres Handels und werden es durch ihr entschiedenes Übergewicht auch immer bleiben. Beide,*

183

Der Student Sand wird nach einem Urteil wegen des Attentats auf Kotzebue zur Richtstätte gefahren · Zeitgenössischer Stich

das geldreiche Frankfurt wie das begünstigte Mainz, werden nicht leicht einen Nebenbuhler zu Kräften kommen lassen, der ihnen weder den goldenen Hebel des Comerzes zu entwinden versteht, noch ihn mit gleicher Sicherheit . . . Stärke und Gewandtheit zu führen weiß, und ungeachtet aller Bemühungen, ungeachtet des Vorzugs, den Mannheim durch den Besitz ausgezeichneter Land- und Wasserstraßen hat, wird unser Handel stets eine untergeordnete Stellung behaupten; weil zu dem wirklichen Handel ergiebigere Quellen erfordert werden, als sie die Pfalz darbietet.«
Wodurch kam nun die Wende? Wir haben schon berichtet, daß sich mit dem beginnenden 19. Jahrhundert die Voraussetzungen für eine freie Rheinschiffahrt gebessert hatten. Die Initiative zu deren Ausnutzung ging nun nicht nur von den alten Rheinschiffahrts- und Handelszentren Rotterdam, Düsseldorf, Köln, Mainz und Straßburg aus, sondern auch von Mannheimer Kaufleuten, die, eben dem zunftmäßigen Denken entwachsen, vom Freiheitsgedanken der nachnapoleonischen Zeit befeuert, die Geschicke der Stadt in die Hand nahmen. Dies ist wörtlich gemeint, denn die führenden Köpfe der zur freien Wirtschaftsvertretung sich entwickelnden Handelszunft waren meist auch gleichzeitig ehrenamtlich als Bürgermeister oder Ratsherren in der Stadtverwaltung tätig. Diese Männer führten Mannheim aus Enge und Beschränkung heraus, jetzt erst die vom Gründer der Stadt erkannte günstige Lage an »zwey vor-

nehmen schiffreichen Wasserströmen« ausnutzend, um sie im weiteren Verlauf des 19. Jahrhunderts mit ihrem Handel und Gewerbe zu großer Bedeutung wachsen zu lassen. Es sei auf die folgende Liste der in Frage kommenden Persönlichkeiten verwiesen, die es verdienen, auf dieser Ehrentafel festgehalten zu werden. In den entscheidenden 1830er und 1840er Jahren waren im Vorstand der Handelsinnung, die 1831 die Genehmigung erhielt, sich wie in anderen Städten Handelskammer zu nennen, und in ihrem gleichzeitig als Beratungsgremium dienenden Wahlausschuß Männer tätig, deren Name auch jetzt noch etwas bedeutet und die sich insbesondere durch Mitarbeit oder Zeichnung größerer Anteilscheine bei der die Wende in Mannheims Stellung als Handelsstadt bringenden Dampfschleppschiffahrtsgesellschaft hervorgetan hatten: *Friedrich Ludwig Bassermann* (1782–1865), Gemeinderat und Mitglied der 2. Badischen Kammer – Bank, Tabak- und Weinhandel; *Heinrich Christian Diffené* (1804–1883), Oberbürgermeister von 1853–1861 und Mitglied des Zollparlaments – Weinhandlung und Essigfabrik; *Paul Franz Giulini* (1796–1876) – Drogenhandel und Schwefelsäurefabrik Maggi, Graselli & Co.; *Johann Konrad Grohé* (1794–1832) – Drogenhandel und Spedition; *Konrad Haas* (1807–1863), Mitglied des Wahlausschusses der Handelskammer – Kolonialwarengroßhandel; *Heinrich Christian Heintze* (1800–1862), Mitglied der 2. Badischen Kammer –

Karikatur auf die »Laufmaschinen« des Freiherrn von Drais · Kolorierter Stich etwa 1820 · Reiß-Museum Mannheim

Leder- und Manufakturwaren, Gerberei Heintze und Sammet, Weinheim; *Josef Hohenemser* (1794–1875) – Bankhaus; *Karl Sebastian Joerger* (1804–1866), Vizepräsident der Handelskammer von 1844–1864 und Präsident von 1864–1866 – Kolonialwarengroßhandel; *Johann Philipp Jolly* (1780–1853), Präsident der Handelskammer von 1830–1839 und Oberbürgermeister von 1836–1849 – Spedition; *Seligmann Ladenburg* (1797–1873) – Bankhaus; *Friedrich Lauer* (1793–1893), Präsident der Handelskammer von 1844–1863, Mitglied der 1. und der 2. Badischen Kammer sowie des Erfurter Zollvereinsparlaments – Krappfabrik und Weinhandel; *Gustav Friedrich Reiß* (1802–1881), Oberbürgermeister von 1849–1852 – Großkaufmann; *Johann Christoph Sauerbeck* (1788–1832) – Weinhandel.

Wenn man zu diesen Namen noch die nicht in der Handelskammer tätigen Tabakfabrikanten *Andreas Heinrich Thorbecke* und *Gebrüder Mayer* nennt sowie mehrere Glieder der Familie *Bassermann,* sind die etwa 20 Bürger aus heute noch bekannten Familien erwähnt, denen die Wende in Mannheims Geschick in erster Linie zu danken ist.

Diese Männer konnten ihre Aufgabe nur durchführen, wenn der Anschluß der Stadt an den sich ausweitenden Verkehr gelang, auf dem Wasser durch Einschaltung in die große Rheinschiffahrt, auf dem Lande durch möglichst frühzeitige und vorteilhafte Einfügung in das werdende Eisenbahnnetz. Die schon von Napoleon geplante, durch seinen Sturz verzögerte, aber dann von dem badischen Pionieroffizier *Tulla* 1825 begonnene Rheinregulierung brachte für Mannheim einige Aufregung, da ursprünglich beabsichtigt war, die Rheinschleifen bei Altrip und Neckarau so zu begradigen, daß Altrip zu Baden und der Neckarauer Wald zu Bayern gekommen wäre, die Hafenanlagen hätten im heutigen Lindenhofgebiet gebaut werden sollen. Auf Einspruch von Hessen und Preußen, die bei Abschneiden aller Rheinschleifen mit Recht eine zu starke Strömung, infolgedessen ein zu tiefes Eingraben des Flußbettes und dadurch eine zu starke Senkung des Grundwasserspiegels befürchteten, unterblieben diese beiden Begradigungen. Tulla machte schon 1827 persönlich den ersten Spatenstich für das Friesenheimer neue Rheinbett. Man grub nur einen kleinen Kanal und überließ, wie auch bei den übrigen Begradigungen, nach genauen Berechnungen der Gewalt des Rheinstroms das Weitere. Es dauerte aber bei dem *Friesenheimer Durchstich* bis zum Jahr 1862, bis durch Hochwasser und etwas Nachhilfe die Hauptströmung des Rheins das heutige Bett gegraben hatte und die Schifffahrt ausschließlich den neuen Weg benutzen konnte. Damit war die vertragliche Bestimmung erfüllt, die die Abtretung der Friesenheimer Insel an Baden zur Folge hatte. In Vorausschau dieser schon 1827 erwarteten Entwicklung wurde die Oberdirektion des Wasser- und Stra-

185

Fabrikant Friedrich Lauer, Handelskammerpräsident und Abgeordneter · Ölgemälde · Reiß-Museum Mannheim

ßenbaus in Karlsruhe vom Staatsministerium beauftragt, entsprechend den Wünschen der Mannheimer Handelskammer, die Hafenanlage am sogenannten *kleinen Rhein* und im *Mühlaugebiet* zu planen. Anfang 1834 wurden die zwischen zwei Rheinarmen liegenden drei Mühlen aufgekauft und im September in Anwesenheit von Großherzog Leopold und seiner Familie der Grundstein zum Hafen gelegt, der 1840 feierlich eröffnet wurde. Inzwischen war schon 1837 der in Konkurrenz zu Mannheim wachsende Freihafen der Rheinschanze als Privatunternehmen eröffnet worden, der, 1843 vom bayerischen Staat übernommen, den Namen *Ludwigshafen* erhielt.

Aber zurück zu den 30er Jahren, die mit dem Deutschen Zollverein den ersten Schritt zur deutschen Einigung brachten. Baden trat – nachdem die Widerstände des agrarisch orientierten Oberlandes durch das energische Auftreten der Mannheimer Abgeordneten und der Handelskammer beseitigt worden waren – im Juli 1835 dem Zollverein bei.

Unter dem Druck der sich rasch entwickelnden Dampfschiffahrt hatte Holland 1829 endlich den freien Schiffsverkehr bis zum Meer zugestanden. 1831 war die erste Rheinschiffahrtsakte zustande gekommen, in der die Uferstaaten sich zur Aufhebung aller Schiffahrtshindernisse und zur Anlegung von Freihäfen verpflichteten. An Stelle der staatlich reglementierten Rangschiffahrt trat nach holländi-

schem Vorbild die sogenannte *Beut,* die auch regelmäßige Fahrten festlegte, der beizutreten aber jedem Schiffer freistand. Es ist verständlich, daß Regelmäßigkeit im Bergverkehr mit Segelschiffen oder durch Pferde auf den zum Teil vernachlässigten sowie durch die vielen Altrheinarme unterbrochenen Leinpfaden sehr problematisch war. Erst das vom alten Schifferstand argwöhnisch beobachtete Dampfschiff sollte hier Wandlung schaffen.

Die Zeichen der Zeit rechtzeitiger als anderswo erkannt und die Entwicklung in eine günstige Bahn gelenkt zu haben, war das Verdienst der Mannheimer Handelskammer unter Führung ihres nachmaligen Präsidenten Friedrich Lauer. Man verhandelte mit den Mannheimer und einigen benachbarten Beutschiffern, von denen 30 ihre Schiffe der zu gründenden *Mannheimer Dampfschleppschiffahrtsgesellschaft* zur Verfügung stellten, deren Kapital zur Hälfte von der Mannheimer Kaufmannschaft, zur Hälfte von den Rheinschiffern durch Einbringung ihrer Schiffe gezeichnet wurde. Der Gründungsvertrag von 1842 erwähnte ausdrücklich als Zweck »*die Erhaltung des Bestehenden durch Vereinigung aller vorhandenen Kräfte zur Aneignung der großen Vorzüge der Dampfschleppschiffahrt*«. So wurde die Existenz der alteingesessenen Rhein- und Neckarschiffer gesichert und die für den Handelsstand wesentliche Modernisierung und Ausweitung angebahnt. Ergänzt wurde diese Gesellschaft durch Gründung einer *Schiffahrtsassekuranz-Gesellschaft* innerhalb des gleichen Mannheimer Handelskreises. Auch die anderwärts gegründeten Schiffahrtsgesellschaften erkannten die Bedeutung des Mannheimer Platzes und errichteten hier Niederlassungen. Im gleichen Jahr 1842 wurde von der *Niederländischen Dampfschiffahrtsgesellschaft* ein regelmäßiger Dampferverkehr von Rotterdam nach Mannheim eröffnet.

Der Schiffsgüterverkehr stieg, begünstigt durch die rapide Entwicklung der Dampfschiffahrt. Während man anfangs glaubte, für die Bergfahrt noch beim Treidelverkehr mit Pferden bleiben zu müssen, kamen bald Dampfer mit zwei hölzernen Schleppkähnen und 400 t Last in etwa 8 Tagen mit 107 Fahrstunden direkt aus Holland als dem Mittler zum Weltmarkt nach Mannheim. Hier war für ein halbes Jahrhundert Endpunkt der Großschiffahrt: Die Oberrheinfahrt spielte nur eine untergeordnete, weil unregelmäßige Rolle. Der großzügig geplante Hafen war bald zu klein und mußte mehrfach erweitert werden. In diesen Jahren wurde auch der Grund gelegt für Mannheims spätere führende Stellung im süddeutschen Landesproduktenhandel. 1844 wurde die spätere weltweite Getreidehandelsfirma *Jacob Hirsch & Söhne* gegründet. Andere Getreide-, Hopfen- und Tabakhandelsfirmen folgten, die 1862 in der für Südwestdeutschland bald führenden *Mannheimer Produktenbörse* ihren Zusammenhalt fanden und die Grundlage schufen für den in der zweiten Hälfte des 19. Jahrhunderts

Der Mannheimer Freihafen vom linken Rheinufer aus · Stich um 1850

einsetzenden, stark am Schiffsverkehr orientierten Ausbau der Nahrungs- und Genußmittel-Industrie im Mannheimer Raum.

So reibungslos Mannheim der Anschluß an den sich schnell entwickelnden Wasserverkehr gelang, so schwierig gestalteten sich die Verhältnisse beim Ausbau des deutschen *Eisenbahnnetzes*. Erst 1838 konnte die gesetzliche Grundlage für einen staatlichen Eisenbahnbau geschaffen und im gleichen Jahr mit den Arbeiten an der Strecke Heidelberg-Mannheim begonnen werden. Da der Bau schnelle Fortschritte machte, mußte die Bahnhoffrage in Mannheim, die wegen des Streits über die Linienführung der hessischen Anschlußbahn verzögert worden war, geklärt werden. Erfreulicherweise wurden die Vorschläge, direkt an die Neckarbrücke oder an das Heidelberger Tor (also O 6) zu gehen, abgelehnt und der von der Stadtverwaltung und Handelskammer gemeinsam vorgeschlagene Platz am heutigen Tattersall gewählt, der die Stadterweiterung auf drei Jahrzehnte nicht behinderte. Die für den sich ausdehnenden Güterverkehr wichtige Verbindung zum Hafen stellte man statt durch den auf allgemeinen Wunsch geschonten Schloßgarten über den Ring mittels der bis 1879 bestehenden »Schleifbahn« her. Im Frühjahr 1840 traf das Waggonmaterial ein und per Schiff aus England die beiden ersten Lokomotiven »Greif« und »Löwe«. Der Betrieb – zunächst nur Personenbeförderung – wurde am 12. September 1840 eröffnet. Am folgenden Sonntag fuhren schon 3000 Passagiere zwischen Mannheim und Heidelberg! Die Befürchtungen, Schnelligkeit oder Rauch würden Schäden für Mensch, Tier oder Feldpflanzen hervorrufen, wurden durch die Praxis schnell widerlegt. Viele Zeitgenossen hatten durchaus die Bedeutung der Neuerung erkannt. So hält der berühmte Heidelberger Arzt *Kußmaul* in seinen Jugenderinnerungen die an Goethes Äußerungen über das ausbrechende Maschinenzeitalter erinnernden Worte seines Vaters fest, als sie der Einweihungsfahrt zuschauten: *»Nichts ergreift mich mehr als diese Erfindung. Eine neue Welt entsteht, und ich sinne vergeblich, wie sie sich gestalten mag.«* Der in Neckarau geborene Philosoph *Wilhelm Wundt* stand als Kind ebenfalls unter der Zuschauermenge bei den Eröffnungsfahrten. Er schreibt in seiner Selbstbiographie: *»Noch sehe ich auf der kleinen Lokomotive den Lokomotivführer, von dem mir mein Großvater sagte, er sei ein Engländer und unterweise die Deutschen in der Lokomotivführung.«* Der Lokaldichter ließ sich im Mannheimer Journal wie folgt vernehmen:

> *Flügel hat der Mensch gefunden,*
> *Und des Raumes Schranke fällt,*
> *Alle Fessel ist verschwunden,*
> *Groß das Leben, klein die Welt!*

1845 wurde an Stelle der Schiffsbrücke eine viel bestaunte

Barrikade an der Schiffsbrücke über den Rhein 1849 · Zeichnung von Franz Artaria · Reiß-Museum Mannheim

Kettenbrücke über den Neckar erbaut, die 1891 einer Stahlkonstruktion weichen mußte.

Während so Wirtschaft und Verkehr sich stetig entwickelten, entstanden im politischen Leben Spannungen, die sich um die Jahrhundertmitte entluden. Zunächst spaltete sich Anfang der 1840er Jahre die stark in Mannheim verwurzelte liberale Bewegung in ein gemäßigtes Lager der *Soiron, Jolly, Daniel Bassermann, Lamey* und *Mathy* und in die radikale Richtung der *Struve, Hecker, Hoff*. Die erstgenannte Gruppe sah in der organischen Entwicklung zu einem fortschrittlichen Deutschland ihr Ziel. In einem von Daniel Bassermann und Mathy gegründeten Verlag erschien 1847 – wie schon erwähnt – die von führenden Liberalen gegründete »Deutsche Zeitung«. Ihr Niveau veranlaßte Gustav Freytag zu dem Urteil: »Nie trat eine deutsche Zeitung imponierender vor die Nation.« (Die Ereignisse der Jahre 1848/49 und die wichtige Rolle Mannheims dabei sind auf Seite 159 ff ausführlich geschildert worden.) Wie sehr die Männer der Paulskirche enttäuscht und deprimiert waren über den Mißerfolg ihres politischen Strebens, zeigt das Schicksal des bekannten Mannheimer Abgeordneten *Friedrich Daniel Bassermann*: er nahm sich in einem Anfall von Verzweiflung am Tag nach der Goldenen Hochzeit seiner Eltern das Leben. Wie im übrigen Baden folgten auch in Mannheim Jahre tiefer politischer Niedergeschlagenheit.

Mannheims Entwicklung zur Industriestadt in der zweiten Jahrhunderthälfte

Nach der Enttäuschung über das Scheitern der Freiheits- und Einigungsbestrebungen, die auch in den überall errichteten Bürgerwehren zum Ausdruck kam, nahm das Spießbürgerliche zu. Der Heidelberger Mundartdichter *Nadler* verspottete diesen Zug in seinen auch heute noch mit Genuß lesbaren Gedichten, so wenn er einen zum Appell sich rüstenden Bürgerwehrangehörigen zu seiner besorgten Frau beruhigend sagen läßt:

> *Meenscht denn unser Bercherwehr*
> *Ging donaus wann's g'fährlich wär?*

In der schwierigen Übergangszeit (1849–1851) war der Kaufmann *Friedrich Reiß* – vom Ministerium als Oberbürgermeister eingesetzt – erfolgreich für die Milderung der Schäden tätig gewesen, jetzt wurde er bei der ersten freien Wahl 1851 wieder gewählt. Er lehnte jedoch ab. Durch die Nachwahl kam der Kaufmann *Heinrich Christian Diffené* (1852–1861) an die Spitze der Stadt; er verstand es, in den nächsten Jahren die Wunden der Aufstandszeit zu heilen, und half nach seinem Rücktritt nochmals als Mannheimer Abgeordnetar im Deutschen Zollparlament bei der deutschen Einigung.

Das Jahr 1851 brachte im Gemeindeleben noch ein in

188

Oberbürgermeister Friedrich Reiß

Oberbürgermeister Heinrich Christian Diffené

mehrfacher Hinsicht erwähnenswertes Ereignis: Die Einführung der Straßenbeleuchtung mit Gas. Der Mannheimer Goldschmied und Kommandant der Bürgerwehr *Friedrich Engelhorn* hatte von der im Ausland betriebenen Gasherstellung aus Steinkohle gehört und 1848 auf dem Jungbusch die Fabrik für Portativgas *»Engelhorn & Co.«* gegründet. Er verkaufte das Gas in eisernen Behältern an Haushaltungen, die ein oder zwei Brennstellen damit versorgten; wenn ein Behälter leer war, bestellte man sich einen neuen! 1851 gründete Engelhorn mit einem Karlsruher Mitbewerber die *»Badische Gesellschaft für Gasbeleuchtung«* und schloß mit der Stadt Mannheim Verträge, wonach er die Rohrleitungen zu legen, Straßenlaternen aufzustellen und durch seine Gasfabrik für jährlich 6100 Gulden das benötigte Gas zu liefern hatte. Am 1. Dezember 1851 erleuchteten zum ersten Male 631 Gaslaternen die Straßen Mannheims.

Im Jahr 1859 wurde unter größter Anteilnahme der Mannheimer Bevölkerung Schillers 100. Geburtstag gefeiert. Eine Denkmalssammlung wurde veranstaltet, das Nationaltheater beteiligte sich mit mehreren Festaufführungen. Im gleichen Jahr 1859 gründete der Mundartdichter *Philipp Zeller* – bekannt durch seine Gedichtsammlung *»Der Vetter aus der Pfalz«* – den *Mannheimer Altertumsverein.*

Obergerichtsadvokat *Achenbach* war von 1861–1870 Oberbürgermeister der liberalen 60er Jahre, die hinüberleiteten in den großen wirtschaftlichen Aufschwung im letzten Drittel des Jahrhunderts. Dieser wurde vorbereitet durch die Beseitigung der letzten Fesseln der Zünfte. Das 1862 in Kraft getretene Gewerbegesetz brachte volle Gewerbefreiheit. Die alte Handelsinnung konstituierte sich 1863 als *Handelskammer* im Sinne des neuen Gewerbegesetzes unter dem Präsidenten *Sebastian Jörger.*

Die Bautätigkeit nahm mit Zunahme der Bevölkerung allmählich das ehemalige Festungsgelände in Anspruch. Während anfänglich nur Heidelberger, Rhein- und Breite Straße bis zum Ring durchgeführt worden waren, wurde jetzt eine Straße nach der anderen durch das Gartengelände weitergelegt und damit dem Durchgangsverkehr erschlossen. Lange Zeit stand das von Oberbaurat *Jacob Friedrich Dyckerhoff* im ehemaligen Festungsgelände auf einem für 375 Gulden gekauften großen Grundstück erbaute Haus ziemlich vereinzelt da; unter seinem Schwiegersohn Lamey wurde es Mittelpunkt für Familie und Freunde, später Volksbibliothek; heute ist nur noch ein Teil des Parks in Q 7 erhalten. Ein weiteres von Architekt Dyckerhoff erbautes Haus war das der Bassermanns am Markt.

Für die Anfänge der industriellen Entwicklung darf man in der Größenordnung keine heutigen Maßstäbe anlegen. Es kommt mehr auf die innere Organisation des Betriebs, insbesondere auf die Arbeitsteilung innerhalb der aus der

189

Friedrich Engelhorn, Pionier der Teerverwertung und Mitgründer der BASF

Minister und Staatsrat August Lamey · Zeigenössischer Stich

mittelalterlichen Handwerksordnung herauswachsenden Unternehmen an.

An dem Beispiel des Zirkelschmieds *Johannes Schweitzer* sei diese Entwicklung eines Fabrikbetriebs aus dem Handwerk geschildert. 1801 beantragte Schweitzer beim Stadtrat die Zulassung als Meister, nachdem er von der Zunft der *»Schwarz-Nagel-Zeug-Cirkel-Sägen- und kurze Messer-Schmiede«* approbiert worden war. Diese Zunft bestand aus drei Gruppen, davon war eine die der Zirkel-, Bohrer- und Zeugschmiede, die nach einer 1745 vom Kurfürsten Karl Theodor erlassenen Zunftordnung allein berechtigt war, Werkzeuge, Zirkel, Haus-, Garten- und Feldgeräte sowie Schrauben anzufertigen. Zunächst bleibt Johannes Schweitzer im handwerklichen Rahmen. 1823 wird ihm die Eichung der Waagen und Gewichte im Gebiet der Stadt Mannheim übertragen. 1831 beantragt er die Genehmigung, eine Mechanische Werkstatt errichten zu dürfen mit der Bitte, *»alle hierzu nötigen Gewerbegehilfen halten zu dürfen«*. Das Großherzogliche Stadtamt lehnte seinen Antrag ab mit der Begründung, es müsse eine Beeinträchtigung anderer Zünfte befürchtet werden, weil er Arbeiten machen lassen wollte, die über die Grenze seiner Zunft hinausgingen. Schweitzer ließ aber nicht locker, und zwei Jahre darauf beantragte er, der Zirkelschmied, einen Modellschreiner einstellen zu dürfen, da die Anfertigung der Modelle außerhalb seiner Werkstatt nicht mehr mög-

lich sei. Nachdem ihm dies vom Großherzoglichen Stadtamt genehmigt worden war, ging er gleich aufs Ganze und beantragte die Erlaubnis zur Einrichtung einer Fabrik zur Herstellung *»eiserner, stählerner und messingner Maschinen«*. Er erhielt die Genehmigung mit der Einschränkung, *»daß ihm bei Strafe und im Wiederholungsfalle selbst bei Verlust der ihm erteilten Rechte verboten wird, in seiner Werkstatt solche Arbeiten verrichten zu lassen, die ohne das fabrikmäßige Zusammenwirken mehrerer Handwerker zu erfordern, in das Gewerbe anderer Handwerker einschlagen«*.

Der Sohn Caesar studierte mit einem Stipendium der badischen Regierung in England den Antrieb mittels Dampfmaschinen und richtete nach Übernahme des Geschäfts 1850 einen Fabrikbetrieb auf dem Jungbusch ein, der 1868 in das damals neue Industrieviertel in den Gärten der Schwetzinger Vorstadt – nahe dem jetzigen Bahnhof – verlegt und 1870 von dem späteren Kommerzienrat *Hermann Mohr* übernommen und von ihm und seinen Söhnen ausgebaut wurde. (bis 1981 *»Mohr & Federhaff«*).

Aus einer von drei Familiengenerationen betriebenen Schmiede ging die Firma *Joseph Vögele* hervor, die sich zunächst mit der Entwicklung des Eisenbahnwesens auf dessen Spezialbedarf, insbesondere Weichen, spezialisierte, ihr Fabrikationsprogramm aber später auf andere Gebiete wie Baumaschinen ausdehnte.

190

Maschinenfabrikant Joseph Vögele

Maschinenfabrikant Hermann Mohr · Ölbild, in Firmenbesitz

Maschinenfabrikant Heinrich Lanz

Maschinenfabrikant Karl Reuther · Ölbild, in Firmenbesitz

Joseph Konrad Fendel, Rheinreeder

Hermann Hecht, Gründer der Rhenania Rheinschiffahrtsgruppe

Karl Haas, Mitgründer der Zellstoffabrik Waldhof · Ölbild in Firmenbesitz

Karl Clemm, Mitgründer der BASF und der Zellstoffabrik Waldhof · Ölbild, in Besitz der BASF

1859 begann *Heinrich Lanz* mit der Einfuhr landwirtschaftlicher Maschinen aus England und USA; nach einigen Jahren wurde eine Reparaturwerkstatt notwendig, die bald zum Selbstbau kleinerer landwirtschaftlicher Maschinen überging. Im Laufe der Jahrzehnte entwickelte sich die Firma Heinrich Lanz in Mannheim-Lindenhof und in verschiedenen Zweigniederlassungen zu einem der führenden Unternehmen ihrer Branche mit Vertriebsorganisationen über die ganze Welt. Die bis zum Ersten Weltkrieg hohen Erträge wurden z. T. für karitative Zwecke, zur Förderung der Wissenschaft und Luftfahrt, aber auch zur Repräsentation verwendet. 1959 wurde die Gesellschaft von der US-Firma *John Deere & Company* übernommen.

1853 wurde von der berühmten französischen, 1665 durch Minister Colbert ins Leben gerufenen »Manufacture des glaces St. Gobain« eine Zweigniederlassung auf dem damals zur Gemeinde Käfertal gehörigen Waldhof gegründet. Die dortigen Flugsanddünen lieferten einen für die *Spiegelglaserzeugung* besonders guten Rohstoff. Die Arbeiter kamen ursprünglich alle aus Frankreich. 1865 bestand diese Kolonie aus 830 Köpfen mit eigener Kirche und Schule.

Als Vorläufer der für die Stadt Mannheim besonders interessanten chemischen Industrie kann man die *Krappfabrik* bezeichnen, die seit 1778 von der Familie *Michel* an der Schwetzinger Straße betrieben und 1816 von *Friedrich Lauer* durch Einheirat übernommen wurde, einem der bedeutendsten Köpfe Mannheims im 19. Jahrhundert, dessen Verdienste um die Gründung der Dampfschleppschiffahrtsgesellschaft schon geschildert wurden. Er war Präsident der Handelskammer von 1844–1864, Mitglied der II. und später der I. Badischen Kammer als erster Kaufmann in diesem Gremium der Honoratioren. Die Krappfabrik bestand bis 1855, als die chemische Erzeugung von Farben ihre Existenz untergrub.

1816 übernahm der aus Oberitalien stammende *Anton Dominik Giulini* durch Einheirat die Leitung der Mannheimer Filiale des Drogenhauses *Maggi, Graselli & Co.*, die sein 1822 hinzugetretener Neffe *Paolo Giulini* unter eigenem Namen selbständig weiterführte. 1827 gründete er in Wohlgelegen eine chemische Fabrik, die seit 1836 Schwefelsäure und Soda erzeugte und als *Chemische Fabrik Wohlgelegen* der Gebrüder Giulini firmierte. Die Drogenhandlung wurde 1837 an den späteren Abgeordneten Friedrich Daniel Bassermann verkauft, der sie in das väterliche Haus am Markt verlegte. Die Firma besteht noch heute als *Bassermann & Co.* Die Chemische Fabrik Wohlgelegen wurde 1851 an den Liebigschüler *Dr. Carl Clemm-Lennig* aus Gießen verkauft und von ihm mit *Heinrich Fries* aus Mannheim in die Aktiengesellschaft Chemische Fabrik Wohlgelegen umgewandelt und 1854 mit gleichartigen Fabriken in Neuschloß und Heilbronn zum *Verein Chemi-*scher Fabriken Mannheim verschmolzen. Dr. Carl Clemm-Lennig schied bald aus und errichtete in der Gegend der heutigen Feuerwache die erste chemische Düngerfabrik Südwestdeutschlands. Die Leitung des Vereins Chemischer Fabriken übernahm ein anderer Liebigschüler, *Dr. Karl Gundelach,* unter dem das Unternehmen weiter aufblühte, so daß es in den Jahren 1862/63 35 % Dividende zahlen konnte.

Ein kurzes Leben hatte die auf dem Jungbusch zur Verarbeitung bei Wiesloch gewonnener Erze errichtete Zinkhütte, die nach Stillegung 1860 von *Friedrich Engelhorn* gekauft wurde, der die Gasbeleuchtung in Mannheim eingeführt hatte. Er war bei der Gasherstellung in seiner kleinen Fabrik in K 6 auf die Idee gekommen, den lästigen Teerabfall zu verwerten, was auf Grund Londoner Arbeiten des Gießener Chemikers A. W. Hofmann seit einigen Jahren möglich war. Aus diesen kleinen Anfängen entwickelte sich das Weltunternehmen der *Badischen Anilin- & Soda-Fabriken.*

Das aus einer Drogenhandlung hervorgegangene, 1859 in Stuttgart mit 15 Arbeitern gegründete, später *C. F. Boehringer & Soehne* firmierende pharmazeutische Unternehmen verlegte 1873 seine hauptsächlich auf Extraktion von Chinarinde aufgebaute Fabrikation in die durch den Weggang der BASF freigewordene ehemalige Zinkhütte. Nach Beteiligung der Familie *Engelhorn* und Ausweitung der Fabrikation wurde das Unternehmen 1882/84 auf den Waldhof verlegt und zu einer der führenden Heilmittelfirmen ausgebaut, die sich weitere Spezialfabrikationen angliederte.

1864 waren die 86 Mannheimer Industriebetriebe auf die folgenden Branchen aufgeteilt:

Chemische Industrie	20 Betriebe
Tabakfabriken	14 Betriebe
Holzverarbeitung	13 Betriebe
Metallverarbeitung	11 Betriebe
Leder- und Gummiverarbeitung	8 Betriebe
Restliche (insbesondere Nahrungs- und Genußmittel, Textil)	20 Betriebe
Zusammen	86 Betriebe

Die auf verschiedenen Gebieten bestehenden Großhandlungen und die größeren Einzelhandelsgeschäfte hatten damals wie heute überörtliche Bedeutung, meist für das ganze Gebiet der ehemaligen Kurpfalz. Im einzelnen war der Geschäftsumfang wesentlich kleiner als heute. Der Firmenchef gab in jedem Fall der Firma sein persönliches Gepräge. Was heute Betriebsgemeinschaft heißt, war damals im patriarchalischen Rahmen eine Selbstverständlichkeit. Buchhalter, Commis und Lehrling aßen vielfach mittags am Familientisch, nach Rang und Alter zwischen den Familienangehörigen eingegliedert.

Die Spiegelfabrik auf dem Waldhof etwa 1860 · Lithographie, wahrscheinlich von A. Fratzel

Die Entwicklung von Handel und Industrie war durch den Bruderkrieg von 1866 nur wenig gehemmt. Auch der kurze Feldzug 1870/71 war nicht so einschneidend für das Wirtschaftsleben wie die beiden Weltkriege unserer Generation. Ja gerade das Kriegsjahr 1870 ist für die wirtschaftliche Entwicklung Mannheims entscheidend auf einem Teilgebiet, dem wir uns jetzt zuwenden müssen, da es die Grundlage gab für die stürmische Entwicklung in den letzten drei Jahrzehnten des 19. Jahrhunderts: dem Mannheimer Bankwesen. Von den beiden bedeutenden Privatbankhäusern *Ladenburg* und *Hohenemser* ist bereits gesprochen worden. Daneben wurde unter starker Mannheimer Beteiligung die Gründung der *Badischen Bank* als zentrales Bankinstitut vollzogen. Als Kredit- und Discontbank wurde die *Rheinische Kreditbank* mit 6 Millionen Taler Kapital ins Leben gerufen mit Altbürgermeister *Friedrich Reiß* als Aufsichtsratsvorsitzendem und Rechtsanwalt *Karl Eckhard* als Vorstandsmitglied. Diese Bank, die später in den Interessenkreis der *Deutschen Bank* Berlin trat, breitete sich über ganz Baden und die Pfalz aus und hat neben der Entwicklung der Wirtschaft des Stadtbereiches auch die Stellung Mannheims als Mittelpunkt des Wirtschaftslebens im Gebiet der alten Kurpfalz befestigt. Ein Jahr später – also 1871 – wurden von einem ähnlichen Gründerkreis die *Rheinische Hypothekenbank* und später die *Pfälzische Hypothekenbank* als Realkreditinstitute

gegründet. Die Einführung der Markwährung ab 1. Januar 1875 erleichterte den Wirtschaftsaufschwung, nachdem schon vorher die Zoll, Ellen, Fuß, Ruten, Meilen, Ohm, Fuder durch die metrischen Maße und Gewichte ersetzt worden waren. Durch die Verstärkung des heimischen Bankwesens, zu dem bereits 1822 die *Städtische Sparkasse* getreten war, konnte die bisherige Abhängigkeit vom Frankfurter Platz beseitigt werden.

So wuchs dank der Entwicklung von Industrie und Handel und im Zuge des Aufschwungs, der die gesamte deutsche Wirtschaft nach der Gründung des Deutschen Reichs und nach dem gewonnenen Krieg von 1870/71 erfaßte, Mannheim in den drei Jahrzenten von 1870 bis zur Jahrhundertwende von 40 000 auf 140 000 Einwohner an. Oberbürgermeister von 1870–1891 war wieder ein Angehöriger des Handelsstands: *Eduard Moll*.

Begünstigt wurde diese zweite Aufschwungperiode durch die 1868 in Mannheim – seit 1860 Sitz der internationalen *Zentralkommission für die Rheinschiffart* – von allen Rheinuferstaaten vereinbarte Revidierte *Rheinschiffahrtsakte,* welche die völlige Abgabenfreiheit für alle Nationen auf dem Rhein (einschließlich Nebenflüssen) bis zu seiner Mündung brachte. Die bedeutende Rolle, die die *Mannheimer Dampfschleppschiffahrts-Gesellschaft,* getragen von der Mannheimer Kaufmannschaft und den Mannheimer Partikulierschiffern, bei der Entwicklung der Rheinschiff-

Die Zinkhütte auf dem Pestbuckel im Jungbusch · 1860 von Friedrich Engelhorn gekauft, später erstes Laboratorium der BASF · 1873 erste Fabrikationsstätte der von Stuttgart nach Mannheim verlegten Firma C. F. Boehringer & Soehne · Foto Reiß-Museum Mannheim

fahrt, gespielt hatte, setzte sich in den 70er und 80er Jahren unter Leitung von *Johannes Keßler* fort, der den Mut hatte, 500-, 1000- und zum Schluß 2000-t-Kähne und die dazugehörenden starken Dampfschleppschiffe bauen zu lassen.

Ein weiterer Rheinschiffahrts-Pionier war der aus einer jahrhundertalten Rheinschiffersfamilie stammende *Josef Konrad Fendel,* der mit seinem Bruder aus ursprünglich vier kleinen Schiffen eine Reederei entwickelte, die in der Getreide- und Langeisenverfrachtung, im Verkehr nach Antwerpen und auf dem Oberrhein führend war.

Neben der Schiffahrt mußte das Speditionsgeschäft entwickelt werden; hier waren und sind die führenden Firmen unserer Stadt seit 1845 *H. Ristelhueber Nachf.,* seit 1863 *Geber und Mader,* seit 1868 *Max Hoffmann.* Auch im Lagereiwesen war neben der Hafenverwaltung die Privatinitiative tätig, unter anderen Speditionsfirmen die *Oberrheinische Lagerhaus- und Speditions-Gesellschaft.*

Zu einer blühenden Entwicklung von Handel und Industrie gehört auch ein bodenständiges Versicherungswesen. Das hatten die Gründer der Rheinischen Credit- und der Rheinischen Hypothekenbank erkannt. Fast der gleiche Personenkreis gründete 1879 auch die *Mannheimer Versicherungsgesellschaft,* nachdem die später in den Allianzkonzern aufgegangene Oberrheinische Versicherungsgesellschaft schon vorher errichtet worden war.

Der überörtlichen Bedeutung vieler Mannheimer Handels- und Industrieunternehmen, Banken, Schiffahrts- und Versicherungsgesellschaften entsprach das hohe Niveau der Mannheimer Anwaltschaft, auch als das auf das kurpfälzische Oberappellationsgericht zurückgehende Oberhofgericht 1879 als Oberlandesgericht nach Karlsruhe verlegt wurde. Zu Anfang des 19. Jahrhunderts spielten die Mannheimer Juristen, vor allem die Rechtsanwälte als Abgeordnete und örtliche Parteiführer in der Kommunal- und Landespolitik eine große Rolle. In den Revolutionsjahren 1848/49 standen sowohl auf der gemäßigt liberalen wie auf der revolutionären Seite Mannheimer Advokaten in vorderster Linie. Seit der Jahrhundertmitte paßte sich dieser Berufsstand der ökonomischen Entwicklung an und spezialisierte sich mit seinen führenden Köpfen auf Aktien-, Schiffahrts- und Wirtschaftsrecht. *Selb, Hachenburg, Gentil, Künzig, Geiler, Lindeck, Waldeck* – um nur die bekanntesten zu nennen – waren in der zweiten Hälfte des 19. bis ins 20. Jahrhundert als beratende Wirtschaftsanwälte und teilweise auch als wissenschaftliche Autoren in ganz Deutschland bekannt. Der Mannheimer Anwalt *Ernst Bassermann* führte in den Jahren vor dem Ersten Weltkrieg die deutschen Nationalliberalen.

Nach dem Friedensschluß 1871 setzte sofort eine rege Bautätigkeit ein. In der Heidelberger und der Rheinstraße entstanden moderne Etagenhäuser. Während 1870 etwa 90 % der 40 000 Mannheimer innerhalb des Rings wohn-

195

Das erste Benzautomobil · Aus einem alten Firmenkatalog

ten, breitete sich die Stadt jetzt nach Osten und Süden sowie über den Neckar aus. Die *Neckarstadt,* die *Schwetzinger Vorstadt,* der *Jungbusch* wurden mit einfacheren Miethäusern, teilweise Mietkasernen im schlechten Sinn bebaut. 1875/76 legte man vom Heidelberger Tor zum neuen Bahnhof die später um die ganze Stadt geführte 54 m breite Ringstraße nach Zuschüttung des Stadtgrabens an und riß die Zollhäuschen am Ende der Heidelberger Straße ab. Als die Pferdebahn den Verkehr zwischen Mannheim und Ludwigshafen aufnahm, blies der Nachtwächter zum letzten Mal ins Horn. Mannheim war auf dem Weg zur Großstadt. Eine Telefonzentrale im Kaufhaus mit 47 Teilnehmern war die dritte in Deutschland nach Berlin und Erfurt. Der Wasserturm wurde 1889 fertiggestellt, das von Gontardsche Gut auf dem Lindenhof 1891 durch Friedrich Engelhorn in Industriegelände und Wohnviertel aufgeteilt.

1893 ließ die Stadtverwaltung die sogenannten Kosakenställe abbrechen und die Bismarckstraße bis zum Ring durchführen. Der Hafenausbau machte im gleichen Jahr den Abriß des Mühlauschlößchens notwendig, des beliebten Ziels vieler Spaziergänger.

1898 begann die Schweizer Gesellschaft *Brown & Boveri* mit der Errichtung des städtischen Elektrizitätswerkes, wobei auch die Basis des hiesigen Zweigwerkes der Firma entstand. 1899 konnte mit dem Ersatz der Pferdebahn

durch elektrische Straßenbahnen begonnen werden, die 1901 über die Rheinbrücke nach Ludwigshafen weitergeführt wurde.

So hat bis zur Jahrhundertwende Mannheim die äußere Form angenommen, die bis zum Ersten Weltkrieg geblieben ist. In der Innenstadt überwogen die aus dem 18. Jahrhundert stammenden, an das holländische Barock erinnernden eineinhalb- bis zweieinhalbstöckigen Bürgerhäuser, wie sie zwischen den modernen Bauten noch vereinzelt zu finden sind. Daneben standen die ehemaligen Adelssitze des 18. und die großen Bürgerhäuser des angehenden 19. Jahrhunderts.

Nach dem wirtschaftlichen Aufschwung der 1870er Jahre wurden im nächsten Jahrzent weitere Industrieunternehmen verschiedener Branchen in Mannheim errichtet. Zu den chemischen Betrieben im weiteren Sinn kann man die 1884 gegründete *Zellstoffabrik Waldhof* zählen, die neben der Zellstofferzeugung sich im Laufe der Jahrzehnte auch der Papierherstellung und -verarbeitung zuwandte. Gründer waren *Dr. Karl Clemm,* der gerade aus der BASF ausgeschieden war, und die Brüder *Rudolf* und *Karl Haas,* welche, aus der Kolonialwarengroßhandlung *Konrad Haas Söhne* hervorgegangen, die Chancen der Zellstoffherstellung und den hierfür günstigen Standort an der Einmündung des Altrheins in den Rhein erkannt hatten. 1968 erfolgte die Fusion mit der Zellstofffabrik Aschaffenburg zur Firma *PWA Papierwerke Waldhof-Aschaffenburg.*

Weiter am Rand der Chemie zu erwähnen ist die *Rheinische Gummi- und Celluloidfabrik,* lange im Besitz der Familie *Lenel,* sowie das Mannheimer Zweigwerk der englischen *Sunlight Gesellschaft,* jetzt ein Glied des Unilever Konzerns.

Von der Maschinenindustrie wurden die zwei noch bestehenden ältesten Firmen: Vögele und John Deere (Lanz) bereits genannt. Anzufügen ist hier ein kurzes Wort über *Karl Benz,* der 1885 mit dem in seiner ersten Werkstätte in T 6 konstruierten Automobil auf dem noch menschenleeren Ring Fahrversuche machte. Die Entwicklung der Firma, nach Verlegung in die Neckarstadt und auf den Waldhof in eine Aktiengesellschaft umgewandelt, die spätere Abspaltung der *Mannheimer Motorenwerke* (für stationäre Motoren) sowie schließlich die Fusion der Personen- und Lastwagenfabrik mit der Firma Daimler in Stuttgart sind aus vielen Veröffentlichungen bekannt.

Die Firma *Bopp & Reuther* wurde 1872 von den Herren *Karl Bopp* und *Karl Reuther* mit zehn Mann Belegschaft in der Neckarstadt gegründet. Um die Jahrhundertwende zog der ganze auf Armaturen spezialisierte Betrieb in das jetzige Gelände auf dem Waldhof, wo er von den Nachfahren Boehringer und Reuther erfolgreich ausgebaut wurde. 1899 kam es zur Gründung der *Strebelwerke,* die durch den Bau von Kesseln und Heizkörpern ihren Ruf begründeten, aber 1974 die Fabrikation einstellen mußten. Im gleichen Jahr entstanden das bis 1974 betriebene *Stahlwerk Mannheim* und die *Süddeutsche Kabelwerke.*

Die Entwicklung dieser Unternehmungen wäre nicht denkbar gewesen ohne die tatkräftige und großzügige Unterstützung durch die einheimischen Banken. In der zweiten Hälfte des 19. Jahrhunderts waren es vor allem die schon früher erwähnten Bankhäuser Hohenemser und Ladenburg. Besonders *Karl Ladenburg* ist bei vielen Neugründungen Pate und durch den sehr großzügig gewährten Personalkredit eine wertvolle Stütze gewesen. 1905 erfolgte mit Hilfe der Berliner Discontogesellschaft die Umgründung des Bankhauses Ladenburg in »*Süddeutsche Disconto Gesellschaft*«, deren leitender Kopf in dieser Zeit Kommerzienrat *Theodor Frank* war. Er dehnte in Konkurrenz mit der Rheinischen Creditbank, die in Anlehnung an die Deutsche Bank, Berlin, ihre Geschäfte im südwestdeutschen Raum seit 1870 ständig ausgeweitet hatte, den Wirkungsbereich seiner Bank ebenfalls auf die Nachbargebiete aus. 1929 schloß die große Bankfusion der beiden Berliner Großbanken und die zwei Mannheimer Regionalbanken zur *Deutschen Bank und Discontogesellschaft* zusammen. Jetzt sind die beiden früheren führenden Banken dieses Bezirks in der *Deutschen Bank* vereinigt. Die weiteren

Stammhaus der Bekleidungsfirma Engelhorn und Sturm

heute im Mannheimer Raum tätigen Banken sind hier erst nach 1900 zu Bedeutung gelangt.

Die Textilindustrie hat in früheren und in neuesten Zeiten in Mannheim eine große Rolle gespielt, nicht aber im 19. Jahrhundert. Aus dieser Periode sind die Spezialfirma *Seil-Wolff* und die inzwischen stillgelegte *Juteweberei Waldhof* zu erwähnen.

Leder und Freudenberg sind in unserem Raum ein Begriff, auch wenn seit den Zeiten des Firmengründers *Karl Freudenberg* und seiner Kompagnons Heintze und Sommer das Tätigkeitsfeld stark erweitert wurde und jetzt die Kunststoffverarbeitung eine große Rolle spielt.

Auf dem Gebiet der Nahrungs- und Genußmittel ist die *Süddeutsche Zucker AG* das führende Unternehmen dieser Branche in Deutschland, aus verschiedenen früher selbständigen Werken des hiesigen Raumes und der Nachbargebiete zusammengewachsen. 1864 hatte eine der Vorgängergesellschaften, die Badische Gesellschaft für Zuckerfabrikation, das vormals Fürstbischöflich Speyrische Hofgut Waghäusel zur Errichtung einer Rübenzuckerfabrik erworben. In Mannheim befanden sich früher zwei Zuckerraffinerien für importierten Rohzucker, die der einheimischen Erzeugung Platz machten.

Diese Expansion der Mannheimer Industrie wurde von der Stadtverwaltung weitgehend gefördert. Der letzte ehrenamtliche Repräsentant der Mannheimer Wirtschaft in der

Oberbürgermeister Eduard Moll

Oberbürgermeister Otto Beck · Ölgemälde · Reiß-Museum Mannheim

langen Reihe seit Oberbürgermeister *Reinhardt* war *Eduard Moll.* Mit seinem Rücktritt wurde in mehrfacher Hinsicht eine neue Epoche eingeleitet. Die durch das Dreiklassenwahlrecht begünstigten Nationalliberalen hatten nach wie vor die Mehrheit im Bürgerausschuß, dem die Oberbürgermeisterwahl zukam; sie präsentierten in dem Amtmann *Otto Beck* (1891–1908) einen Verwaltungsfachmann hohen Grades. Mit ihm beginnt die Reihe der besoldeten hauptamtlichen Oberbürgermeister des 20. Jahrhunderts.
Die Umstellung des Hafens vom Handelshafen zum Industriehafen, erzwungen durch den Ausbau der Oberrhein- und Neckarschiffahrt, das rapide Wachstum der Stadt zur Großstadt und die Anpassung der städtischen Einrichtungen, das weithin vorbildliche *»Mannheimer Schulsystem«* des Stadtschulrats *Anton Sickinger,* der Bau des Industriehafens am Sandhofer Altrhein zwischen 1894 und 1907 sowie die Gründung der Handelshochschule 1908 stellen die bedeutendsten Leistungen dieses Oberbürgermeisters dar. Neben der Anlage des neuen Industriehafens an der Friesenheimer Insel, dessen Bauplätze sehr schnell vergeben waren, betrieb er den Anschluß der selbständigen Industriegemeinde *Neckarau* und des seit 1872 entstandenen Industriegebietes *Rheinau,* das bereits seit 1898 einen Industriehafen besaß. Dieser neue Industriestandort und Kohlenumschlagplatz für ganz Süddeutschland gehörte zur Gemeinde *Seckenheim* und entwickelte sich rasch zur

gefährlichen Konkurrenz für die Mannheimer Häfen. 1899 wurde Neckarau eingemeindet, und 1902 geriet die private *»Rheinau-Gesellschaft«* in einen spektakulären Konkurs, so daß sich die Eingemeindungspläne Otto Becks auch dort rasch zu verwirklichen schienen. Doch hatte er nicht mit dem zähen Widerstand der Seckenheimer gerechnet, die zunächst nicht daran dachten, ihre Gemarkung um die Hälfte verkleinern zu lassen. Nach über zehnjährigen Verhandlungen gelang es erst seinem Nachfolger *Paul Martin,* im Jahre 1913 Rheinau von Seckenheim gegen den Widerspruch dieser Gemeinde zu trennen und dieses wichtige Hafen- und Industriegebiet nach Mannheim einzugemeinden. Die chemischen Fabrikationsanlagen bildeten nach mancherlei Zwischenstationen die Grundlage des Mannheimer Zweigbetriebs der Firma *Th. Goldschmidt, Essen.* Neben der Industrie profitierten auch Schiffahrt und Spedition von diesen neuen Hafenmöglichkeiten, deren Leistung später noch dadurch erhöht wurde, daß die älteren staatlichen und die neuen städtischen Anlagen in einer Hafengemeinschaft zusammengefaßt wurden.
Von den Fabrikationszweigen, die hiervon Vorteil zogen, ist in erster Linie die Mühlenindustrie zu nennen, die im Zuge der Umstellung von der Inlandsgetreidevermahlung auf die Verarbeitung von Importware aus Nachbarorten nach Mannheim zog. So wurde aus einer Schriesheimer Mühle die *Erste Mannheimer Dampfmühle,* aus Neckarge-

münder und Meckesheimer Mühlen entstanden die *Germania Mühlenwerke Werner & Nicola,* aus Weinheim kam die *Hildebrandmühle* und aus der linksrheinischen Pfalz die *Pfälzischen Mühlenwerke.*

Als eine überregionale Kraftversorgung notwendig wurde, fand man in der Nähe des zum süddeutschen Kohlenumschlagplatz entwickelten Rheinauer Hafens den gegebenen Standort für das *Großkraftwerk Mannheim.*

Auf dem Gebiet des Handels ist neben dem früher Gesagten noch des Holzgroßhandels zu gedenken, der in erster Linie in den Firmen *Luschka & Wagenmann* sowie *Karl Schweyer* eine, auch ferne Weltteile umfassende Vertretung fand. Aus den Reihen des Einzelhandels können nur einige aus dem 19. Jahrhundert stammende Firmen beispielsweise genannt werden, deren Inhaber im Mannheimer Wirtschaftsleben eine besondere Rolle spielten, wie die aus der handwerklichen Hutmacherei hervorgegangene Firma *Fleiner,* das *Kaufhaus Vetter,* das Bekleidungshaus *Engelhorn & Sturm,* das Lebensmittel-Filialgeschäft *Johann Schreiber* und *Bender's* Buchhandlung, gegründet 1775.

Die Sicherung der Mannheimer Position in der Rheinschiffahrt im ersten und zweiten Jahrzehnt unseres Jahrhunderts war das Hauptverdienst von *Gottlieb Jaeger,* dem es trotz der großen Verluste im Ersten Weltkrieg gelang, eine beachtliche, in Mannheim beheimatete Rheinschifffahrtsflotte zu erhalten und die Umstellung von Kohle auf Öl als Antriebskraft durchzuführen. Von *Hermann Hecht* sagte ein französischer Reeder: Was Ballin für die Seeschiffahrt gewesen, bedeutete Hermann Hecht für die Rheinschiffahrt. Der weitverzweigte *Rhenania Rheinschifffahrts-Konzern* war sein Werk.

Zum Abschluß noch ein kurzer Blick auf die Handelskammer selbst, unter deren Betreuung die Mannheimer Wirtschaft sich im 19. und 20. Jahrhundert so glänzend entwickelt hat. Dabei ist – stellvertretend für viele andere – der Männer zu gedenken, die in diesen Jahrzehnten als Präsidenten die Führung der Kammer übernommen hatten: *Moritz Lenel* (1871–1876), *Wilhelm Klopfer* (1876–1879), *Philipp Diffené* (1880–1903), *Viktor Lenel,* (1903–1911) Mitbegründer der Fabrik wasserdichter Wäsche Lenel, Bensinger & Co., Neckarau, Mitglied der I. Kammer des Badischen Landtags, Begründer des Viktor-Lenel-Stifts, Neckargemünd, *Emil Engelhard* (1911–1920), brachte die vom Vater begründete Tapetenfabrik zu Ansehen und vertrat Mannheim in der Weimarer Nationalversammlung, *Richard Lenel* (1920–1933) der dritte Handelskammerpräsident aus dieser um die Entwicklung Mannheims sehr verdienten Familie; *Fritz Reuther* (1933–1937), *Heinrich Goebel* (1938–1945), *Leonhard Hammerbacher* (1948–1957), *Richard Freudenberg* (1957–1971), *Dr. Hans Reuther* (1971–1981) und seit 1981 Dr. Hans Göhringer.

Handelskammerpräsident Richard Lenel

Die Tätigkeit der Handelskammer auf dem Gebiet des kaufmännischen Unterrichtswesens fand ihre Krönung in der Unterstützung der Gründung der *Handelshochschule* im Jahre 1908 – der späteren *Wirtschaftshochschule* –, die in dem vom Karl-Friedrich-Gymnasium geräumten ehemaligen Jesuitenkolleg Unterkunft fand. Nach dessen Zerstörung im Zweiten Weltkrieg und einem Zwischenstadium hat die 1967 zur *Universität* ausgebaute Wirtschaftshochschule im Schloß der Kurfürsten eine adäquate Wirkungsstätte erhalten.

Zwar waren auch nach dem plötzlichen Tod Otto Becks 1908 die *Nationalliberalen* stark genug in *Paul Martin* (1908–1913) und in *Dr. Theodor Kutzer* (1914–1928) liberale Fachleute als Oberbürgermeister durchzusetzen, doch waren sie schon damals im politischen Kräftespiel der Stadt in eine Minderheitsposition geraten, die nur durch das Dreiklassenwahlrecht überdeckt wurde. Neben dem Zentrum, in dem sich die Katholiken politisch organisiert hatten und das zwischen zehn und zwanzig Prozent der Wählerstimmen auf sich vereinigen konnte, waren in Mannheim schon seit 1867 die *Sozialdemokraten* aktiv. Wie ein halbes Jahrhundert zuvor für die Entwicklung des Liberalismus in Deutschland war Mannheim auch für die deutsche Arbeiterbewegung das entscheidende Zentrum in Süddeutschland. Die SPD war bereits in den siebziger Jahren so stark, daß ihr Verbot durch die Sozialistengesetze 1878 bis 1890

Anläßlich des Mannheimer Parteitages der SPD vom 23.–29. 9. 1906 besuchten führende Sozialdemokraten das Heidelberger Schloß. Neunter von links stehend Friedrich Ebert, neben ihm Rosa Luxemburg, weiter rechts Clara Zetkin. Generallandesarchiv Karlsruhe · 69 N Geck Nr. 2505

das Leben der Partei in Mannheim nicht unterdrücken konnte, wie die stets wachsenden Stimmenzahlen der Reichstagswahlen zeigen. Nach 1890 schwoll der Zustrom zu den Sozialdemokraten stark an, besonders als durch die Arbeitervorstädte (Jungbusch, Neckarstadt, Schwetzingerstadt, Neckarau und Rheinau, Luzenberg und Waldhof) Mannheim geradezu eine Bevölkerungsexplosion erlebte und zu der am schnellsten wachsenden Großstadt innerhalb des Deutschen Reiches wurde. In diesen Jahren baute die Mannheimer SPD eine weithin bewunderte Parteiorganisation auf, die sich bereits 1907 auf 4600 und 1914 auf 7590 Mitglieder stützen konnte. Diese starke Partei strahlte weit in den badischen und pfälzischen Raum hinaus. Die Partei hatte seit 1890 eine eigene Zeitung, die »Volksstimme«, die neben den bürgerlichen Zeitungen, dem »Generalanzeiger« und später der »Neuen Mannheimer Zeitung« sowie dem katholischen »Volksblatt«, die Stimme der Arbeiterschaft bildete. Neben der SPD hatte sich auch die Gewerkschaftsbewegung in ihren verschiedenen Zweigen organisiert: 1907 gab es 15 000 Mannheimer Gewerkschaftsmitglieder. 1896 verbündeten sich die Sozialdemokraten mit den Demokraten, dem Freisinn und dem Zentrum zu einem Block, um die Vorherrschaft der Nationalliberalen auf dem Mannheimer Rathaus zu brechen. Doch waren diesem Streben erst durchschlagende Erfolge mit der Beseitigung des Dreiklassenwahlrechts beschieden. Bei den Reichstags-

wahlen erhielt die Sozialdemokratie in Mannheim seit 1898 stets mehr als die Hälfte der Stimmen, 1912 59 %. Seit dieser Zeit war Mannheim durch sozialdemokratische Kandidaten im Reichstag vertreten, zunächst durch *August Dreesbach,* dann durch *Dr. Ludwig Frank* und schließlich durch *Oskar Geck.* Auch die drei Mannheimer Landtagswahlkreise waren in der Hand der Sozialdemokratie. Der spätere Erste Bürgermeister *Richard Böttger* war damals einer von ihnen. Bei den Gemeindewahlen von 1911 erhielten die Sozialdemokraten 40 von insgesamt 96 Sitzen, obwohl auch damals noch bei den Kommunalwahlen ein abgemildertes Dreiklassenwahlrecht galt. In diesem Jahr kamen unter anderen *Adam Remmele,* der spätere badische Innen-, Justiz- und Kultusminister, in den Mannheimer Gemeinderat. Bedeutsam für die Geschichte der deutschen Sozialdemokratie war die frühe Hinwendung der Mannheimer Sozialdemokraten zur Mitarbeit in der Gemeinde. 1896 wurde in Mannheim das »*Aktionsprogramm der sozialdemokratischen Bürgerausschußmitglieder Badens*« formuliert und bildete lange Jahre die Grundlage sozialdemokratischer Gemeindearbeit in ganz Deutschland. In Mannheim wurde somit die wichtige Wende zur Sozialdemokratie zum Revisionismus entscheidend mit vollzogen. So verwundert es nicht, daß die Mannheimer Sozialdemokraten 1914 geschlossen den Kriegskrediten zustimmten und sich der Führer der Mannheimer Sozialde-

Das Nationaltheater nach dem Umbau durch Josef Mühldorfer

mokratie Dr. Ludwig Frank freiwillig an die Front meldete. Er fiel bereits nach wenigen Wochen an der Westfront. Mannheim wahrte, trotz der Entwicklung zur großen Industrie- und Handelsstadt, den von den Kurfürsten begründeten Rang als Stätte der Pflege von Kunst und Wissenschaft aus eigener Kraft. Deshalb ist noch ein Rückblick auf die zweite Hälfte des 19. Jahrhunderts unter diesem Gesichtspunkt nötig.

Schon 1829 hatte sich eine Gesellschaft von Liebhabern der Instrumentalmusik gebildet, die mit einem Lehrergesangverein sich 1834 zum »Musikverein« zusammenschloß und bis ins 20. Jahrhundert hinein das Musikleben durch Veranstaltung von Konzerten bereicherte. 1840 wurde die *Liedertafel* gegründet, die seit über 125 Jahren viele wichtige Ereignisse der Stadtgeschichte musikalisch umrahmte. 1865 entstand der *Arbeitersängerbund*.

1879 gab die 100jährige Wiederkehr des Theatergründungstages Anlaß, in Erinnerung an die große Vergangenheit durch festliche Aufführungen zu zeigen, daß man den Ehrgeiz hatte, Außerordentliches zu leisten. Das Theatergebäude war 1853/55 durch den hervorragenden und während seiner Mannheimer Zeit europäischen Ruf erlangenden Theaterbaumeister und Theatermaler *Mühldorfer* umgebaut worden, wodurch es äußerlich verlor, aber im Inneren an Raum und technischer Ausrüstung viel gewann. Mühldorfers Dekorationen und Inszenierungen wirkten

teilweise sensationell und wurden bis nach Paris und London bekannt, die wiederholt Kopien anforderten und auf diese Weise Mannheims Ruf als Theaterstadt verbreiteten. Als *Richard Wagner* in seiner Schrift über die Aufführung des *»Ring des Nibelungen«* die Freunde seiner Kunst aufforderte, ihre Anschrift mitzuteilen, schrieb als einziger aus ganz Deutschland der Musikalienhändler *Emil Heckel* aus Mannheim, Sohn des langjährigen Mitglieds des Theatercomités und Begründers der noch heute bestehenden Musikalienhandlung *Karl Ferdinand Heckel*. In den 1870er Jahren war Richard Wagner mehrmals in Mannheim, wo Emil Heckel Konzerte veranstaltete, Opernaufführungen vermittelte, sowie den Boden für das Verständnis seiner Musikdramen durch Gründung des ersten Richard-Wagner-Vereins vorbereitet hatte. Wagner brachte seine Dankbarkeit in vielen Briefen und in launiger Weise durch folgende Verse zum Ausdruck:

> *Hat jeder Topf einen Deckel*
> *Jeder Wagner seinen Heckel*
> *Dann leb' ich ohne Sorgen*
> *Die Welt ist dann geborgen!*

Die Pflege der Wagnerschen Musikdramen mußte gegen die konservativen Musikfreunde durchgesetzt werden, die sich um *Vincenz Lachner* scharten, der von 1836 bis 1872 das hiesige Orchester leitete, nachdem sein Bruder Franz Lachner nach kurzer Zeit von Mannheim nach München gegangen war. Auch der dritte Bruder war zeitweise in Mannheim tätig. Vincenz Lachner hat sich besonders in seinen jüngeren Jahren große Verdienste um die Bewahrung von Mannheims Position als Musikstadt erworben.

Ein Höhepunkt der Verbundenheit zwischen Bürgerschaft und Theater war die Regisseur- und Intendantenzeit von *August Bassermann* von 1887–1904, in welchem Jahre er zum großen Leidwesen der Mannheimer vom Großherzog in gleicher Eigenschaft nach Karlsruhe geholt wurde.

Sein Neffe *Albert Bassermann* begann seine Schauspielerlaufbahn in Mannheim als Volontär, war nur kurz hier angestellt, um aber immer wieder zu Gastspielen in seine Vaterstadt zurückzukommen, deren Ehrenbürger er anläßlich des 150jährigen Theaterjubiläums 1929 gleichzeitig mit *Wilhelm Furtwängler* wurde.

Für das große künstlerische Verständnis weiter Kreise der Mannheimer Einwohnerschaft seien drei Beispiele angeführt, denen nicht so leicht in anderen Städten Gleiches gegenübergestellt werden kann. Zunächst wurde das Theater von 1839 bis 1889 an Stelle eines Intendanten von einem aus drei bis sechs Bürgern bestehenden *Theatercomité* zu voller Zufriedenheit auf gutem Niveau geleitet. Dann waren die gesellschaftlichen Beziehungen zwischen Bürgerschaft und den vielfach jahrzehntelang hier wirkenden Mitgliedern des Nationaltheaters enger, als es in vielen anderen Städten der Fall war, und drittens ist die Breitenwirkung des Mannheimer Theaters schon im 19. Jahrhundert beachtlich gewesen durch frühzeitig eingeführte Volks- und Schülervorstellungen. Beweis dafür ist die Tatsache, daß unter den Abonnenten viele waren, denen man Theaterverständnis vielleicht nicht zugetraut hätte. Neben dem Theater waren die Akademiekonzerte des Hoftheaterorchesters aus der kurpfälzischen Zeit überkommene Höhepunkte des winterlichen Kunstlebens, die in der Bürgerschaft großes Interesse fanden. Mannheim war oftmals für aufstrebende Talente der Start zu nationaler und internationaler Bedeutung. Auch die Pflege des Sports fand in Mannheim eine Stätte. Die älteste Vereinigung auf diesem Gebiet ist die *Schützengesellschaft Mannheim* von *1744*. Im 19. Jahrhundert folgten der *Turnverein Mannheim* von *1846,* der *Ruderclub* von *1875,* der *Ruderverein Amicitia* von *1877,* während der *Verein für Rasenspiele* und die *Fußballklubs* wie z. B. der *SV Waldhof* und der *VfL Neckarau* erst um die Wende zum 20. Jahrhundert entstanden.

Zum Schluß dieses Kapitels noch ein Blick in das Mannheim der Jahrhundertwende. Die Sicht vom Schloßhof in die Breite Straße war noch nicht von kubischen Baukörpern eingerahmt. Auf den Planken ging es ohne Automobile recht gemütlich her. Zur Messezeit waren hier und vor dem Zeughaus die Buden und Verkaufsstände aufgeschlagen. Der Stadtplan aus dem Adreßbuch 1900 zeigt, daß die 143 000 Einwohner nun die ganze vom Ring umschlossene

Altstadt besiedelten sowie die Randgebiete der *Oststadt* und der *Schwetzingerstadt.* Auf dem Gelände der ehemaligen *Neckargärten* waren in den sogenannten Querstraßen Arbeiterquartiere entstanden und in Verbindung mit dem aus der 1897 eingemeindeten Käfertaler Gemarkung hervorgegangenen Stadtteil *Waldhof* ein neues Industriegebiet. Der *Lindenhof* entwickelte sich – wie schon erwähnt – aus früherem Gutsgelände durch die Initiative von Friedrich Engelhorn zu einem eigenen Stadtteil.

Die Eingemeindungen der *Friesenheimer Insel* 1895, von *Käfertal* 1897, *Neckarau* 1899, *Feudenheim* 1910, *Sandhofen* und *Rheinau* 1913, *Wallstadt* 1929, *Seckenheim, Straßenheim, Sandtorf, Kirchgartshausen, Friedrichsfeld* 1930 ließen bei einem Gesamtareal von 14 417 Hektar gegenüber 2384 Hektar von Alt-Mannheim aus diesen ursprünglich rein bäuerlichen Nachbardörfern unter fortschreitender Einengung der Landwirtschaft Industrie- und Wohnvororte werden, die durch ein weitverzweigtes Verkehrsnetz verbunden wurden.

Ludwigshafen

Eine ähnliche, von der Lage am Rhein begünstigte Entwicklung wie Mannheim nahm von der Mitte des 19. Jahrhunderts an das durch die Abtretung des linken Rheinufers an Frankreich im Frieden von Lunéville 1801 vom rechtsrheinischen Mannheim getrennte Gebiet der früheren Mannheimer *Rheinschanze.* Die *»ehemals dem Kurfürsten von der Pfalz gehörende Rheinschanze gegenüber Mannheim«* wurde zum französischen Nationalgut erklärt und in den zerstörten Festungswerken eine französische Zollstation eingerichtet. Der in der anschließenden *Gräfenau* wohnende Anton Graff errichtete außerhalb des ehemaligen Festungsgeländes eine Wirtschaft *»Zum Anker«* und betrieb von der Mannheimer Fähre, die an Stelle der zerstörten Schiffsbrücke getreten war, eine Fuhrwerksverbindung nach Speyer.

1808 kaufte der Mannheimer Gastwirt und Weinhändler *Carl Hornig* für 2000 Franken das ehemalige Festungsgelände von einer französischen Firma, die es 1803 erworben, aber nicht recht ausgenutzt hatte, und baute auf den Trümmern der früheren Kasematten am Landeplatz der Fähre ein Gasthaus mit Warenschuppen und Zollstation. An der etwas unterhalb liegenden, von einem alten Rheinarm stammenden Einbuchtung richtete er einen Schiffsanlegeplatz ein. Nach seinem Tod erwarb der Speyerer Handelsmann und Tabakfabrikant *Johann Heinrich Scharpff* 1820 das Unternehmen in der Zwangsversteigerung für 15 000 Gulden. Er überließ es seinem Schwiegersohn *Philipp Mar-*

Hafen mit Schiffsbrücke in der Rheinschanze · Steindruck von P. Wagner 1832

kus Lichtenberger, der 1822 als Teilhaber in die Handlung eingetreten war, zur Nutzung. Lichtenberger konnte einen großen Teil des durch Aufhebung vieler Handelsschranken aufblühenden Verkehrs gegen Mannheimer und Speyerer Widerstand zu seinem an so günstiger Stelle liegenden, durch einen Kran und ein weiteres Lagerhaus ausgebauten Handelsplatz lenken. Die kleine Schiffslände wurde 1824 durch ein günstig verlaufenes Hochwasser ausgeweitet und zog den zunehmenden Schiffsverkehr – 1825 kam das erste von Mainz kommende Dampfschiff bei der Rheinschanze an – von dem schwierig zu erreichenden Mannheimer Neckarhafen ab (S. 186).

Die von der Rheinschanze ausgehenden, in den 1840er Jahren nach Neustadt, Speyer und an die Saar weiter geführten Bahnlinien förderten die nach ganz Europa und auch nach Übersee gehenden Handelsbeziehungen. Die bayerische Regierung zögerte, den weiteren Ausbau des ein Monopol besitzenden Handelsunternehmens Lichtenberger zu konzessionieren. Nach dem Tode von Markus Lichtenberger geriet die Firma 1843 durch unglückliche Geschäfte in Schwierigkeiten, wohl auch weil der 1840 eröffnete staatliche Mannheimer Rheinhafen den verlorenen Verkehr wieder mehr auf das rechte Ufer hinüberzog. Der bayerische Staat erwarb 1844 das im Vorjahr zum Freihafen erklärte Unternehmen vom Sohne Lichtenberger für 190 000 Gulden und gab dem ganzen Siedlungskomplex

den Namen *Ludwigshafen*. Bald siedelten sich mehrere selbständige Firmen und Filialen auswärtiger Häuser an. Auf Anordnung des Königs wurden Vorkehrungen getroffen, eine eigene Gemeinde aufzubauen, die *»nach und nach zu einer Stadt oder einem Marktflecken«* werden konnte.

Der Aufschwung wurde durch die Unruhen von 1848 und 1849 unterbrochen, zuletzt setzte ein gegen die angerückten preußischen Truppen gerichtetes Bombardement der in Mannheim verschanzten Aufständischen die ganze linksrheinische Hafensiedlung in Brand. Schon 1850 war aber der Wiederaufbau in vollem Gang. Gleichzeitig begannen die Verhandlungen der durch gemeinsame Interessen zusammengeschlossenen Handelsleute mit der Regierung in Speyer und München zur Abtrennung ihrer Siedlung von den bäuerlichen Gemeinden Friesenheim und Mundenheim, auf deren Gebiet die werdende Industrie- und Handelsstadt wuchs. Ein Edikt Maximilians II. von Ende Dezember 1852 schuf eine selbständige Gemeinde, deren Gemarkung aus dem früheren Schanzengelände und weiteren Teilen der Dorfgemeinden *Mundenheim* und *Friesenheim*, dem *Hemshof*, der *Gräfenau* und einigen anderen Höfen bestand. Anfang 1853 wurde der erste Gemeinderat gewählt, der seinerseits *Heinrich Wilhelm Lichtenberger* (Sohn von Markus Lichtenberger) zum ersten ehrenamtlichen Bürgermeister der Stadt Ludwigshafen bestellte.

Ludwig Reimann, Mitinhaber der Firma J. A. Benckiser · Zeichnung, in Firmenbesitz

Heinrich Wilhelm Lichtenberger, erster ehrenamtlicher Bürgermeister Ludwigshafen

Durch Dammbauten gegen Hochwasser, Förderung der Friesenheimer Rheinbegradigung und Entwässerung des feuchten Auenlands wurde die Voraussetzung für eine ausgedehntere Ansiedlung geschaffen. Größere Gebäude entstanden; so erbaute *Karl von Gienanth,* der Eigentümer der Eisenberger Hütte, ein ansehnliches Haus für die Verwaltung seines Unternehmens. Die Direktionen der *bayerisch-pfälzischen Dampfschiffahrtsgesellschaft* und der privaten *pfälzischen Ludwigsbahn* verlegten 1854 Wohn- und Dienstsitz von Speyer nach Ludwigshafen. Die Firma *Giulini* war schon 1851 mit ihrer Schwefelsäurefabrik von Mannheim nach Ludwigshafen weitab von den Häusern der ersten Einwohner in die Gegend des heutigen Ludwigshafener Marktplatzes gezogen. Der Transport der Rohmaterialien und Fertigfabrikate vom und zum Rhein erfolgte durch Ochsenfuhrwerke. Der Hauptgrund für die Verlegung von Mannheim war wohl neben den billigeren Arbeitslöhnen der vorteilhafte Kohlenbezug aus dem Saargebiet auf der neueröffneten pfälzischen Eisenbahn. Als zweites chemisches Unternehmen entstand 1855 eine kleine Weinsäurefabrik, die aber nicht vorankam, bis sie von Ludwig Reimann aus Pforzheim, dem Mitinhaber der Firma *Joh. A. Benckiser,* erworben und ausgebaut wurde. Heute produziert die Firma *Johann A. Benckiser* in Ladenburg, Firmensitz ist jedoch Ludwigshafen.

1859 erfolgte durch königliches Dekret die Erhebung Ludwigshafens zur Stadt. 1862, als die von Tulla schon 1827 begonnene Rheinbegradigung bei Friesenheim beendet war, wies Ludwigshafen den drittgrößten Rheinumschlag aus (nach Düsseldorf und Mannheim). 1865 wurde die Grundlage geschaffen für die Entwicklung auch zur bedeutenden Industriestadt durch die Übersiedlung der *Badischen Anilin- & Soda-Fabrik* von Mannheim an das am Friesenheimer Durchstich neugewonnene Rheinufer. Gründe dieser Verlegung waren Schwierigkeiten des neugegründeten Unternehmens bei der Grundstücksbeschaffung in Mannheim. Die Vorgeschichte: Gründung einer Gaserzeugungsanlage, Einführung der Gasbeleuchtung in Mannheim durch Friedrich Engelhorn wurde bereits geschildert. Es trat der Wunsch auf, den bei der Gaserzeugung anfallenden lästigen Teer zu verwerten. Aus England kamen Nachrichten, daß dort die Herstellung von Farben aus diesem Abfallprodukt gelungen sei. Engelhorn zog Erkundigungen ein und kam zur Erkenntnis, daß er zum Vorstoß in das Gebiet der Teerfarben eines wissenschaftlich gebildeten Partners bedürfe. Er fand ihn in dem jungen Gießener Chemiker *Dr. Karl Clemm,* einem Neffen des in Mannheim auf chemischem Gebiet schon tätigen Dr. Karl Clemm-Lennig. Mit *Otto Dyckerhoff,* einem Neffen des bekannten Mannheimer Biedermeier-Architekten Jakob Dyckerhoff, als Kaufmann und seinem Partner in der Gasfabrik Friedrich Sonntag gründete er 1861 die *»Chemische*

Heinrich Caro, Vorstandsmitglied der BASF

Heinrich Brunck, Vorstandsmitglied der BASF

Fabrik Dyckerhoff, Clemm & Co.«. Otto Dyckerhoff schied 1863 aus. Karl Clemms jüngerer Bruder August, gleichfalls Chemiker aus Gießen, trat neu in die Firma ein, die sich nunmehr *»Sonntag, Engelhorn & Clemm«* nannte. Die wesentlichste Bestimmung des Gesellschaftsvertrags stellte fest, daß die *»Produktion erst in der Bereitung von Anilin und Teerfarben bestehen, später aber auch auf andere chemische Produkte sich erstrecken«* sollte. Zunächst mußte man die Hilfsstoffe vom *»Verein chemischer Fabriken«* in Mannheim-Wohlgelegen beziehen, was Friedrich Engelhorn auf die Dauer für unwirtschaftlich hielt. Nachdem ein schon zu Vertragsentwürfen gediehener Versuch, eine Verschmelzung mit dem *»Verein«* durchzuführen, gescheitert war, faßte Friedrich Engelhorn den Entschluß, sich durch Eigenfabrikation der benötigten anorganischen Chemikalien unabhängig zu machen. Unter Beteiligung des Bankhauses Ladenburg wurde die *»Badische Anilin- & Soda-Fabrik«* als Aktiengesellschaft mit einem Kapital von 1,4 Mio. Gulden (= etwa 2½ Mio. Goldmark) gegründet, 600 000 Gulden wurden gegen Einbringung der alten Firma verrechnet. Bankier Ladenburg war Vorsitzender und Altbürgermeister Reiß stellvertretender Vorsitzender des Verwaltungsrats. Als Fabrikgelände waren 40 Morgen = 144 000 m² zu 45 Pfennig je m² der städtischen *»Neuwiesen«,* in der Gegend von Luisenpark und Rennwiesen, vorgesehen. Gemeinderat und kleiner Bürgerausschuß

stimmten dem Angebot zu, Oberbürgermeister Achenbach unterzeichnete einen Kaufvertrag vorbehaltlich Zustimmung des großen Bürgerausschusses, deren man sich sicher glaubte. Aber der *»Verein«* überbot kurz vor der Sitzung die *»Badische«* und machte durch seine Vertrauensleute den Vorschlag, man solle doch das städtische Gelände öffentlich versteigern. Die *»Badische«* ließ den Gemeinderat wissen, sie würde sich nur an der Versteigerung beteiligen, wenn die Bedingung aufgenommen würde, daß der Ersteigerer binnen Jahresfrist auf dem Gelände eine Fabrik im Werte von 300 000 bis 400 000 Gulden bauen müsse. Die Mannheimer Stadtväter nahmen diese Anregung willig auf und verschärften sie noch durch Vertragsstrafen. Die Versteigerungsbedingungen wurden den beiden Rivalen zugestellt, und man freute sich im Interesse des Stadtsäckels auf einen harten Kampf sich überbietender Konkurrenten. Aber – am Versteigerungstermin ließ sich keiner von ihnen sehen und die Neuwiesen blieben im Eigentum der Stadt! Engelhorn hatte sich inzwischen nördlich der damals knapp 5000 Einwohner zählenden Schwesterstadt Ludwigshafen das Hemshofer Rheinfeld an Hand geben lassen, das durch den gerade vollendeten Friesenheimer Durchstich Ufergelände des Rheins geworden war. Hier bestand auch gute Ausdehnungsmöglichkeit, die in Mannheim am Neckar auf die Dauer wohl gefehlt hätte. Innerhalb 14 Tagen kam die erforderliche Baugenehmigung des

Karl Bosch, Vorstandsvorsitzer der BASF

Albert Knoll, Mitgründer der Firma Knoll AG

Bezirksamtes Speyer, deren Hauptbedingung war, die Fabrik so weit von der Stadt weg zu errichten, daß Ludwigshafen sich voraussichtlich niemals bis zur Fabrikgrenze ausdehnen würde! Wenn auch bis 1919 Mannheim Sitz der Gesellschaft blieb und das Wort »Badische« im Firmennamen heute noch an die Gründer auf der anderen Rheinseite erinnert, war dieses zukunftsträchtige Unternehmen für Mannheim verloren, dessen städtebauliche Entwicklung ganz anders verlaufen wäre, wenn im Osten der Stadt sich ein chemischer Großbetrieb ausgedehnt hätte. In Ludwigshafen ging man tatkräftig ans Werk und konnte unter *Engelhorns, Karl* und *August Clemms* Leitung schon 1866 die Fabrikation von Sulfat, Soda, Chlorkalk und verschiedenen anorganischen Säuren aufnehmen. Der Aufbau der neuen Fabrikationszweige war einem Betriebsleiter des »Vereins« übertragen worden, den Engelhorn als Gegenschlag auf den Grundstückskampf unter Zahlung einer hohen Konventionalstrafe wegengagiert hatte und der mit einer Anzahl Facharbeiter nach Ludwigshafen kam.

Der Aufstieg der *BASF* in den 100 Jahren seit ihrer Gründung ist in den verschiedenen anläßlich des Firmenjubiläums erschienenen Schriften so ausführlich geschildert worden, daß hier nur der besonderen Großtaten in den Jahrzehnten bis um die Jahrhundertwende gedacht werden soll. Die technische Synthese des Alizarinrots, besonders durch *Heinrich Caro* und *Carl Glaser* gefördert, wurde

1870 zu einem großen Erfolg der BASF. Sie verdrängte den roten Farbstoff der Krappwurzel. Zahlreiche weitere Farbstoffe folgten. Für Methylenblau erhielt die BASF 1877 das erste deutsche Farbstoffpatent auf Grund des neuen deutschen Patentgesetzes, nachdem bisher deutsche Erfindungen in Preußen oder im Ausland angemeldet werden mußten, wenn man geschützt sein wollte. Eine große Aufgabe stellte sich die BASF mit der synthetischen Gewinnung des blauen Pflanzenfarbstoffs Indigo. *Friedrich Engelhorn* hatte eine Möglichkeit zur Lösung des Problems in dem von dem Münchener Professor Adolf von Baeyer gefundenen Verfahren gesehen. Als sich aber bei der technischen Durchführung große Schwierigkeiten ergaben und Jahr für Jahr 1 Million Goldmark für die Entwicklung dieser Synthese ausgegeben werden mußte, wollte er aus wirtschaftlichen Erwägungen aufgeben, während seine jüngeren Kollegen zum Durchhalten entschlossen waren. Infolge der daraus entstandenen Konflikte schieden Engelhorn und Karl Clemm 1883 aus der BASF aus. Die neue Leitung wurde gebildet aus den Chemikern *Heinrich Brunck, Heinrich Caro* und *Karl Glaser,* später mit *August Clemm* als Mitglied und zuletzt Vorsitzenden des Aufsichtsrats. Dazu kam als kaufmännischer Leiter *Gustav Siegle,* der seit der Fusion der BASF mit den Stuttgarter Handelshäusern Rudolf Knosp und Heinrich Siegle die Verkaufsorganisation des neuen Großunternehmens ausbaute.

Fritz Raschig, Gründer der Firma Dr. F. Raschig GmbH.

Dr. Karl Grünzweig, ehrenamtlicher Bürgermeister und Mitgründer der Firma Grünzweig und Hartmann

1890 gelang es *Rudolf Knietsch,* das Schwefelsäure-Kontaktverfahren als erstes katalytisches Fabrikationsverfahren in die Technik zu übertragen. 1897 konnte nach 17 Jahren voller Mühen und Rückschläge das synthetische Indigo auf den Markt gebracht werden. 1901 entdeckte *René Bohn* einen Farbstoff von bisher unerreichter Echtheit und Schönheit: *Indanthren-Blau.* In Zusammenarbeit mit Professor *Fritz Haber* folgte in den Jahren 1908 bis 1911 die Synthese des Ammoniaks unter hohem Druck und hohen Temperaturen aus dem Stickstoff der Luft und Wasserstoff. Die sehr schwierige technische Durchführung meisterte *Karl Bosch.* Die hierdurch ermöglichte Erhöhung der Stickstoffdüngung gab die Grundlage zu einer bisher für unmöglich gehaltenen weltweiten Steigerung der landwirtschaftlichen Erzeugung. Die epochale Bedeutung dieser Leistung wurde 1931 durch die Verleihung des Nobelpreises anerkannt. Karl Bosch hatte 1925 mit dem Vorsitz im Vorstand die Gesamtleitung des Unternehmens in die Hand genommen.

Hauptsächlich durch das stürmische Wachsen der BASF, die schon um die Jahrhundertwende über 6000 Mitarbeiter beschäftigte, entwickelte sich die Stadt Ludwigshafen in einer in Deutschland unvergleichlichen Weise. Die Einwohnerzahl nahm zwischen 1871 und 1905 von knapp 3000 auf 72 000 zu. Der steigende Hafenverkehr zog andere Unternehmen aus verschiedenen Branchen an.

Auf dem Gebiet der Chemie ist noch die 1886 von den Brüdern *Hans* und *Dr. Albert Knoll* gemeinsam mit *Max Daege* gegründete Firma *Knoll AG* zu nennen, die die Heilmittelherstellung mit der Codein-Erzeugung begann und sich zu einem der bedeutendsten pharmazeutischen Unternehmen Deutschlands entwickelte. 1891 gründete der vorher bei der BASF tätige *Dr. Fritz Raschig* eine eigene Firma, die sich unter anderem auf Desinfektionsmittel, Teerdestillation und Kunststoffe spezialisierte.

Das 1859 zur Stadt erhobene Ludwigshafen trug ganz das Gepräge einer Fabriksiedlung der zweiten Hälfte des 19. Jahrhunderts. Die notwendigen städtischen Einrichtungen der weiterhin von ehrenamtlichen Bürgermeistern geleiteten Gemeinde mußten erst nach und nach geschaffen werden. Nach 1870 standen der Kaufmann *Karl Huß,* dann die Baumeister *Josef Hoffmann, Georg Kutterer* und *Wendel Hoffmann* an der Spitze der Stadt, 1891 folgte der Industrielle *Dr. Karl Grünzweig,* der 1878 mit *Paul Hartmann* ein auf dem Gebiet der Isolierung für den Wärme-, Kälte- und Schallschutz in Europa führend gewordenes Unternehmen in Ludwigshafen gegründet hatte, das heute *Grünzweig + Hartmann* und *Glasfaser AG* firmiert mit Betrieben in Ladenburg und Speyer.

Als die sich immer stärker ausweitende Stadt 1892 *Friesenheim* und 1899 *Mundenheim* eingemeindete und die Anforderungen wirtschaftlicher, sozialer und kultureller Art

Ludwigshafen um 1900 · Blick von der Rheinbrücken-Auffahrt nach Norden · Im Hintergrund das Werksgelände der BASF

stark anwuchsen, war die ehrenamtliche Leitung des Gemeinwesens nicht mehr möglich. 1896 wurde Regierungsassessor *Dr. Friedrich Krafft* zum hauptamtlichen Oberbürgermeister bestellt. Die Hafenanlagen wurden großzügig erweitert und neues Industriegelände erschlossen, die städtischen Einrichtungen, Schulen und Straßen verhältnismäßig schnell auf Großstadtniveau gebracht. Auch auf kulturellem Gebiet schuf man Eigenständiges, begünstigt durch die hierfür wie auch für die Errichtung vorbildlicher Arbeitersiedlungen aufgeschlossenen großen Industrieunternehmen. Die Eingemeindung von *Oggersheim, Rheingönheim* und *Maudach* im Jahre 1938 erschloß neue Ausdehnungsmöglichkeiten.

Neben der chemischen Industrie hatten sich auch andere Gewerbezweige in Ludwigshafen entwickelt. 1861 wurde die *Aktienbrauerei Ludwigshafen* gegründet. 1896 folgte nach Übernahme einer älteren kleinen Brauerei die *Bürgerbräu AG,* beide Unternehmen fusionierten 1951. Die einzige Brauerei, die heute noch existiert, ist die Brauerei *Gebrüder Mayer* in Oggersheim, die bereits 1846 gegründet wurde.

1885 hatte die kleine Frankenthaler Mühle *Kaufmann, Strauß & Co.* einen Zweigbetrieb in Ludwigshafen errichtet, der 1895 zwecks weiteren Ausbaus in eine Aktiengesellschaft umgewandelt wurde. Nachdem neben der normalen Roggen- und Weizenvermahlung in der Ludwigshafener *Walzmühle* schon frühzeitig Spezialitäten wie Grieß und Futtermittel hergestellt worden waren, hat sich der Betrieb im Zuge der Rationalisierung der übersetzten deutschen Mühlenindustrie ganz auf letztere umgestellt.

Die Schweizer Maschinenfabrik Gebrüder Sulzer in Winterthur gründete 1881 eine Zweigniederlassung in Ludwigshafen, die die Fabrikation schwerer Dampfmaschinenteile für den deutschen Markt aufnahm. In der Anlage von Tiefbrunnen und der Herstellung der hierfür benötigten Pumpen ist die Firma *Johannes Brechtel* seit 1883 führend. Auch die Firma *Stahlbau Peter Schäfer* gehört zu den ältesten Firmen der jungen Stadt Ludwigshafen. Daneben entstand noch eine Reihe kleinerer metallverarbeitender Firmen, die inzwischen wieder eingegangen sind. Im Eisen- und Kohlenhandel ist die unter dem heutigen Namen *»Gebrüder Röchling«* bekannte Firma seit 1849 in Ludwigshafen vertreten.

1852 wurde eine Filiale der *Königlich Bayerischen Bank* (Nürnberg) als erste Bank in der bayerischen Rheinpfalz gegründet, die bisher von den Mannheimer Privatbanken, insbesondere dem Bankhaus Ladenburg, bankmäßig betreut worden war. Der Realkredit wurde ab 1896 durch die von lokalen Wirtschaftskreisen und der Mannheimer Rheinischen Hypothekenbank gegründete *Pfälzische Hypothekenbank* gepflegt.

Die Lebenskraft der Stadt und der in ihr ansässigen Unternehmen hielt den Leiden zweier Weltkriege mit Bombenhagel und Besatzungsschwierigkeiten stand. Mit Erfolg bemühte man sich beim Wiederaufbau, die Unschönheiten des stürmischen Wachstums auszugleichen und insbesondere in den Wohn- und Außenbezirken den Charakter der Nur-Fabrikstadt abzustreifen. In dem großzügig geplanten *»Pfalzbau«* finden kulturelle Veranstaltungen statt, neben den Veranstaltungen der BASF. Das Museumswesen wird stark gefördert. Im Jahr 1973 wurde die Nachbargemeinde *Ruchheim* eingemeindet.

20. Das 20. Jahrhundert

Vom Ersten zum Zweiten Weltkrieg

Der Ausbruch des Ersten Weltkrieges am 1. August 1914 beendete auch in unserer Heimat ein Jahrhundert, das zwar große soziale und politische Spannungen erlebt, aber auch die Grundlage einer gewaltigen technischen und industriellen Entwicklung gelegt hatte. Er beendete Jahrzehnte, die von einem starken Bevölkerungswachstum und einer ständig steigenden Wirtschaftskraft geprägt waren. Darüber hinaus hatte die Pfalz, die im 17. und 18. Jahrhundert so oft der Schauplatz kriegerischer Verwüstung gewesen war, seit den Kriegen Napoleons keinen äußeren Feind mehr gesehen. Nach der Erwerbung Elsaß-Lothringens 1871 war sie auch kein Grenzland mehr, sondern Teil des kräftig aufblühenden oberrheinischen Wirtschaftsraumes. Die Schwesterstädte Mannheim und Ludwigshafen waren zum Zentrum eines weiten Einzugsgebietes geworden.

Die Verschlechterung dieser günstigen äußeren Umstände bahnte sich in den ersten Jahren des Krieges langsam und unmerklich an; denn der anfangs siegreiche Krieg spielte sich noch jahrelang in Ost und West weit im Feindesland ab, so daß der Schein der Friedlichkeit noch lange gewahrt blieb, wenn man darüber hinwegsah, daß die unerwartet zahlreichen Gefallenen und Verwundeten des Stellungskrieges und der großen Materialschlachten Schmerz und Leid in beinahe jedes Haus brachten. Zuerst spürten die Einwohner der Städte die grundlegende Verschlechterung der Lebensumstände seit 1916, besonders aber in den Kriegs- und Blockadewintern 1917 bis 1919 (»Steckrübenwinter«) immer einschneidender und schmerzhafter. Der zunehmende Mangel an vielen Verbrauchsgütern des Alltages, die schleichende Entwertung des Geldes, vor allem die sich unaufhaltsam ausbreitende Hungersnot trafen zuerst die Arbeiterfamilien der Großstädte. Dort bestimmte besonders in den letzten anderthalb Kriegsjahren der Nahrungsmangel das tägliche Leben und machte die Menschen für epidemische Krankheiten anfällig wie die berüchtigte Grippeepidemie des Winters 1918/19, der Tausende zum Opfer fielen. Das bäuerliche Land konnte diese Notlage natürlich glimpflicher überstehen. Die Bauern, die die Städter immer wieder in Hamsterfahrten aufsuchten, wurden zwar zu einem beneideten Berufsstand, waren aber andererseits immer schärferen Kontrollen ihrer Lebensmittelproduktion unterworfen. Nur ausnahmsweise kam es zu äußerer Feindeinwirkung, als feindliche Flugzeuge über Mannheim und Ludwigshafen Bomben abwarfen (12 Angriffe). Der Waffenstillstand vom 11. November 1918 ließ somit die mehr als hunderttausend demobilisierten Soldaten in eine unzerstörte Heimat heimkehren.

Bald zeigte sich, daß die deutsche Kapitulation und der Friedensschluß auch für unsere Heimat einschneidende Veränderungen brachten und Jahre der Unruhe heraufführten. Noch im Spätherbst 1918 wurde zusammen mit dem gesamten linksrheinischen Rheinland die bayerische Pfalz von den Alliierten besetzt. *Elsaß-Lothringen* war sofort an Frankreich angeschlossen worden; über fünfzigtausend für Deutschland votierende Einwohner dieser Provinzen wurden ausgewiesen. Ein Teil von ihnen siedelte sich auch in den stammesverwandten Gebieten der Pfalz links und rechts des Rheins an. Für die bayerische Pfalz bestätigte der Versailler Vertrag vom Juni 1919 die eingeleitete Entwicklung und brachte sogar eine nicht unwesentliche Verkleinerung: Die westlichen Teile der Kreise Homburg und Zweibrücken wurden an das 1920 gebildete autonome *Saargebiet* angeschlossen und mit diesem für fünfzehn Jahre vom Deutschen Reich getrennt. Das Saargebiet stand unter der Aufsicht des Völkerbundes. So war die bayerische Pfalz im Süden und Westen wieder Grenzland geworden. Das linksrheinische Deutschland wurde in Besatzungszonen aufgeteilt. Die Pfalz gehörte zur Zone C, die fünfzehn Jahre von Frankreich besetzt sein sollte. Die Besatzung wurde jedoch vorzeitig am 30. 6. 1930 beendet nach den Bestimmungen des Locarnovertrages von 1925, in dem die Versuche der deutsch-französischen Verständigung in der Zeit zwischen den Weltkriegen gipfelten.

Doch dieser Annäherung gingen fünf Jahre erbitterter Feindschaft zwischen beiden Völkern voraus, als Frankreich versuchte, Deutschland über die Bestimmungen des Friedensvertrages hinaus zu demütigen, die Rheinlande vom Reich gänzlich abzutrennen und selbständige Republiken zu errichten. Auch in der Pfalz gab es separatistische Bestrebungen. Gestützt auf die französische Besatzung unter General Gérard rief schon am 1. 6. 1919 – noch vor Unterzeichnung des Versailler Vertrages – ein Dr. Haas in Speyer die »*Pfälzische Republik*« aus, die jedoch rasch dem entschlossenen Widerstand der Bevölkerung erlag. Auf dem Höhepunkt der Spannungen, im Ruhrkampf des Jah-

Sommer 1907 – Der Friedrichsplatz in Mannheim während der Jubiläumsausstellung zur Erinnerung an die Stadtgründung 1607

res 1923, kam es in der Pfalz zu noch stärkeren separatistischen Aktivitäten. Am 24. 10. 1923 erklärte der französische Oberkommandierende General Metz im Speyerer Kreistag, daß die Pfalz von nun an als autonomer Staat zu betrachten sei. Daraufhin besetzten die Separatisten unter dem Schutz der französischen Soldaten alle öffentlichen Gebäude in der Pfalz, und Josef Heinz aus Orbis, genannt *»Heinz-Orbis«*, rief am 12. 11. 1923 die *»Pfälzische Republik im Rahmen der Rheinischen Republik«* aus. Gestützt auf die französische Besatzungsmacht übte er zwei Monate lang eine Willkürherrschaft aus, die die Separatisten überall verhaßt machte. Am 2. 1. 1924 wurde seine Regierung sogar von der Rheinlandkommission anerkannt. Doch in der Pfalz regte sich gewaltsamer Widerstand, der sich hauptsächlich auf Kriegsteilnehmer stützte. Am 9. 1. 1924 wurde *«Orbis«* in Speyer erschossen. Das war das Signal, überall die Separatisten zu bekämpfen. Der Höhepunkt dieser Kämpfe war die Erstürmung des Bezirksamtes in Pirmasens, des Mittelpunktes der separatistischen Bewegung. Das Haus wurde angezündet, und in ihm verbrannten die eingeschlossenen Führer der Separatisten. Damit fand die *»Revolverrepublik«* (Londoner Times) ihr Ende, zumal Frankreich in dieser Frage auf heftigen Widerstand Englands gestoßen war. In der badischen Pfalz, die zu der fünfzig Kilometer breiten entmilitarisierten Zone rechts des Rheines gehörte, verfolgte man diesen Kampf mit

höchster Anteilnahme, zumal in der Zeit des *»passiven Widerstandes«* 1923 über zehntausend Pfälzer (Eisenbahn- und Postpersonal, Beamte, leitende Persönlichkeiten der Wirtschaft) ins Rechtsrheinische ausgewiesen wurden. Die Rheinbrücken waren schon seit 1918 echte Grenzübergänge, an denen sich zeitweise jeder Passant einer Kontrolle unterziehen mußte. Zwischen dem 31. März 1923 und dem 21. Oktober 1924 wurden die Mannheimer Häfen und das Schloß in die französische Besatzungszone einbezogen und so mitten in der Stadt Mannheim Schlagbäume errichtet.

In Mannheim organisierte sich unter dem Eindruck der Meutereien in Kiel und der Errichtung der Republik in München (am 7. 11. 1918) am 8. 11. ein *Soldatenrat,* dem sich sofort andere badische Garnisonsorte anschlossen. Am 10. November wurde eine provisorische badische Regierung gebildet, die sich auf die Arbeiter- und Soldatenräte stützte. Großherzog Friedrich II. verzichtete nach einigem Schwanken am 22. November endgültig auf den Thron. Bereits am 14. November konnten die Wahlen für eine badische *»Nationalversammlung«* ausgeschrieben werden, die eine neue Verfassung erarbeiten sollte. Erwähnenswert ist, daß in diesen dramatischen Tagen zwei Badener deutsche Geschichte entschieden: der letzte kaiserliche Reichskanzler (3. 10.–9. 11. 1918), *Prinz Max von Baden,* und der Führer der deutschen Sozialdemokratie, *Friedrich*

Ebert, der am 9. 11. 1918 von Prinz Max die Regierungsgewalt in Berlin entgegennahm und einen Tag später im *»Rat der Volksbeauftragen«* die erste Revolutionsregierung bildete, die bis zum 11. 2. 1919 im Amt war. Nach der Wahl der Nationalversammlung und der Bildung einer parlamentarischen Regierung für das Deutsche Reich wurde *Friedrich Ebert der erste Reichspräsident* der Weimarer Republik (11. 2. 1919–28. 2. 1925). Ebert war gebürtiger Heidelberger und war 1889 als Sattlergeselle in Mannheim zur SPD gestoßen und hatte hier unter Dreesbach seine politische Tätigkeit begonnen. Ebert erwies sich in den Tagen seiner Präsidentschaft als großer Staatsmann, dem es gelang, Deutschland das Schicksal einer Räterepublik nach sowjetischem Muster zu ersparen. Sein plötzlicher Tod im Februar 1925 sollte sich für das weitere Schicksal der ersten deutschen Demokratie als verhängnisvoll erweisen. Er erhielt auf dem Bergfriedhof seiner Heimatstadt Heidelberg eine würdige Grabstätte; sein Geburtshaus wurde nach dem Zweiten Weltkrieg zu einer Gedenkstätte eingerichtet.

Nun zurück zu den Ereignissen in Baden: Auch hier stützte sich die erste republikanische Regierung unter dem Sozialdemokraten *Anton Geiß* auf die sogenannte *Weimarer Koalition* von SPD, Deutsche Demokratische Partei und Zentrum, die bis 1932 bestehen bleiben sollte, allerdings später unter Führung des Zentrums als stärkster Partei in Baden. Neben der vergleichsweise starken Verwurzelung der republikanischen Staatsform in Baden mit soliden demokratischen Mehrheiten im Landtag gab es aber auch radikale Vorgänge. Mannheim mit seiner starken Sozialdemokratie war auch hier Vorreiter. In Mannheim hatten schon im November 1917 linksradikale Sozialisten versucht, einen Streik auszurufen. Der Einfluß der von der SPD abgespaltenen *Unabhängigen Sozialdemokraten* war besonders stark in den Gewerkschaften, während er sich zunächst in den Januarwahlen von 1919 noch nicht niederschlug. Damals erhielt die SPD in Mannheim zwischen 50 und 55 Prozent der Stimmen. Doch trog dieses Bild. Die Ermordung des bayerischen Ministerpräsidenten Kurt Eisner am 22. 2. 1919 führte in Mannheim zu einer spontanen Versammlung empörter Arbeiter, auf der *Erich Mühsam* die »Räterepublik« ausrief. Spartakisten und USPD bildeten einen revolutionären Rat. Ausschreitungen folgten, in deren Verlauf das Gefängnis und das Verlagsgebäude der sozialdemokratischen »Volksstimme« gestürmt wurden. Die Zeitung wurde gezwungen, ein Plakat zu drucken, in dem das Standrecht verkündet und die *»Räterepublik Süddeutschland«* ausgerufen wurde. Dagegen formierten sich die Mehrheitssozialdemokraten, stürmten das Verlagsgebäude und warfen die Kommunisten hinaus. Bei den Schießereien gab es Tote und Verwundete. Die revolutionäre Unruhe hielt die folgenden Tage an: am 25. Februar wurde

Das Luftschiff des Grafen Zeppelin überfliegt am 4. 8. 1908 Ludwigshafen, im Hintergrund Mannheim

der Industrielle *Dr. Karl Reuther* von revolutionären Arbeitern erschossen. Doch entzogen diese Vorfälle den radikalen Sozialisten und den Kommunisten viele Sympathien, so daß die Bewegung fürs erste zusammenbrach. Das Ergebnis war die Spaltung der SPD, was sich bereits in den Wahlen der nächsten Jahre zeigte, in denen die USPD, später KPD, zwischen zehn und siebzehn Prozent der Stimmen erhielt und die SPD entsprechend schwächte. Mannheim hatte während der ganzen Weimarer Republik eine sehr starke kommunistische Partei, die 1930 bereits zwanzig Prozent der Stimmen auf sich zog und 1932 die SPD sogar überflügelte.

Es gab aber auch Unruhen im Zusammenhang mit der Besatzungspolitik Frankreichs. Im Juni 1919 stiegen die Spannungen auf einen Höhepunkt; man rechnete mit einem weiteren Vormarsch der Ententetruppen, falls die Nationalversammlung in Weimar den Versailler Vertrag nicht annehmen sollte. Am 21. 6. 1919 kam es in Mannheim erneut zu einem Putschversuch mit einem Sturm aufs Schloß. Dabei gab es dreizehn Tote und siebenunddreißig Verletzte. Am 22. 6. drohte der Einmarsch der Franzosen, die auf dem Ludwigshafener Hauptbahnhof zusätzliche Truppen ausluden. Der Mannheimer Oberbürgermeister wurde vom französischen Oberkommandierenden bereits aufgefordert, an der Spitze der französischen Truppen mit einer weißen Fahne in der Hand über die Rheinbrücke in

Der Rhein als Grenze der französischen Besatzungszone 1919–1930. Das Bild zeigt die Errichtung von Barrikaden durch französische Soldaten auf der Mannheimer Seite der Rheinbrücke, Juni 1919

die Stadt zu ziehen, als die Nachricht von der Vertragsannahme aus Weimar eintraf und die Franzosen nicht marschierten.

Die durch die Besatzungspolitik mit verursachte Inflation von 1921/23, die zu einem Wechselkurs von 4,2 Billionen Reichsmark für einen Dollar führte, brachte das Wirtschaftsleben weitgehend in Unordnung. Da zeitweise ein Mangel an Zahlungsmitteln entstand, druckten, um die Lohnzahlungen durchführen zu können, viele Unternehmungen, wie auch die Industrie- und Handelskammern, Notgeld, das, dem Inflationsverlauf entsprechend, mit immer höheren Nennbeträgen überstempelt werden mußte. Die unter maßgeblicher Mitwirkung des aus Neustadt an der Weinstraße stammenden Reichsschatzsekretärs Karl Helfferich 1924 durchgeführte Währungsreform durch die Einführung der Rentenmark wurde als Erlösung empfunden.

Doch darf über der Inflation nicht vergessen werden, daß die Wirtschaftskraft des deutschen Südwestens durch den Ausgang des Krieges entscheidend geschwächt wurde. Die Grenzziehung gegenüber Elsaß-Lothringen und dem Saargebiet zerriß die Einheit des oberrheinischen Wirtschaftsraumes nachhaltig; denn die badische und pfälzische Landwirtschaft, die Nahrungs- und Genußmittelindustrie, die Textilindustrie sowie Maschinenbau und Chemie hatten bis zu fünfzig Prozent ihrer Produkte in Elsaß-Lothringen

abgesetzt. Nun fielen nicht nur diese Absatzgebiete weg, sondern die Versailler Vertragsbestimmungen öffneten die Grenzen für französische Produkte, während die deutschen Exporte durch hohe Importzölle erschwert wurden. Dadurch waren viele kleine und mittlere Betriebe zum Untergang verurteilt.

Besonders geschädigt wurde der Wirtschaftsraum Mannheim-Ludwigshafen. Mannheim verlor bereits 1919 den Sitz der *Internationalen Rheinschiffahrtskommission* zugunsten von Straßburg, das von Frankreich zum bedeutenden Rheinhafen ausgebaut wurde. Damit verbunden war der rücksichtslos vorangetriebene Ausbau des Oberrheins zur Großschiffahrtsstraße: Frankreich hatte das Recht erhalten, den Rhein oberhalb von Straßburg durch einen Kanal ganz auf französisches Gebiet zu verlegen. Mannheim verlor dadurch seine Aufgabe als Endhafen und Umschlagzentrum für das Elsaß. Neben der politischen Unsicherheit wirkte sich auch die verkehrsmäßige Randlage Badens und der Pfalz für die Industrieansiedlung oder ihren Verbleib nachteilig aus. Viele Unternehmen wanderten in das Innere Deutschlands ab, wovon wieder Mannheim ganz besonders betroffen war. *Zellstoff Waldhof* und die Mannheimer *Sunlicht AG* verlegten ihre Hauptverwaltung nach Berlin, die *Heinrich Lanz AG* suchte sich einen Partner in der Wolff AG in Magdeburg, und die *Rheinische Automobil- und Motorenfabrik AG Benz & Companie* vereinigte

19. 11. 1932 Einweihung der neuen Eisenbahnbrücke über den Rhein. Ganz rechts der Mannheimer Oberbürgermeister Dr. Heimerich, daneben der badische Staatspräsident Schmitt

sich 1926 mit der Daimler-Motorengesellschaft mit dem Sitz in Stuttgart-Untertürkheim. Hier war es nur außergewöhnlichen Anstrengungen der Stadt Mannheim zu verdanken, daß nicht die gesamte Autoproduktion von Mannheim weg verlegt wurde. Auch die Bedeutung des Mannheimer Bankenplatzes begann im Vergleich zur Vorkriegszeit abzunehmen. Die prekäre Wirtschaftssituation, die für den deutschen Südwesten in der ganzen Weimarer Republik galt, zeigt die vergleichsweise hohe Arbeitslosenquote. Mannheim stand am 1. März 1926 mit 27 900 unterstützungsberechtigten Arbeitslosen an der Spitze aller deutschen Großstädte. Um so stärker wirkte dann natürlich die große Weltwirtschaftskrise der Jahre 1929 bis 1933, die den Boden für die politische Radikalisierung von rechts und links bereitete. Die Massenarbeitslosigkeit erzeugte unvorstellbares Elend und völlige Auswegslosigkeit für breite Kreise.

Neben dem starken Rückhalt für die Kommunisten in den Industriestädten gewannen die Nationalsozialisten seit 1930 an Boden. Diese erzielten nicht nur aus der wirtschaftlichen Misere Gewinne, sondern vor allem auch aus der Grenzlanderfahrung der Badener und Pfälzer und dem weitverbreiteten Gefühl ständiger Bedrohung durch Frankreich. Die Reichstagswahlen vom 14. September 1930 markierten einen Wendepunkt. Selbst im »roten Mannheim« erzielten die Nationalsozialisten einen Stimmenanteil von

13,5 Prozent und hatten damit den Anteil des Zentrums überflügelt. Damit begann auch im deutschen Südwesten das Endstadium der Weimarer Republik. Überall gewannen die radikalen Flügelparteien, die Kommunisten und die Nationalsozialisten, zunehmend an Boden. Symptomatisch ist auch hier wieder Mannheim, wo in den Wahlen des Jahres 1932 NSDAP und KPD zu den beiden stärksten Parteien wurden. In Baden stiegen die Stimmanteile der Nationalsozialisten zwischen September 1930 und November 1932 von 19,2 Prozent auf 34 Prozent, in der Pfalz von 24 Prozent auf 42 Prozent für den gleichen Zeitraum. Dabei zeigte die linksrheinische Pfalz eine überdurchschnittlich große Anfälligkeit für den Nationalsozialismus. Schon 1930 waren die Nationalsozialisten die relativ stärkste Partei (bis zu 30 %) in den Kreisen Neustadt, Kaiserslautern, Rockenhausen, Kirchheimbolanden, Zweibrücken und Pirmasens. 1932 hatten die Nationalsozialisten in sechs von dreizehn Landkreisen über fünfzig Prozent. In der Märzwahl von 1933 gehörte der Regierungsbezirk Pfalz zu den fünf deutschen Wahlbezirken mit dem höchsten Anteil an nationalsozialistischen Stimmen, nämlich 46,5 Prozent. In dieser Wahl behielt nur im Kreis Speyer das Zentrum eine relative Mehrheit von 34 %. Wie überall in Deutschland gewannen auch in der links- und rechtsrheinischen Pfalz die Nationalsozialisten hauptsächlich die Wähler der liberalen Parteien, die nach 1930 keine Rolle mehr spielten. Am widerstandsfähigsten erwiesen sich die Wähler des Zentrums. Zur Erklärung des hohen Abschneidens der Nationalsozialisten in der Pfalz muß neben der wirtschaftlichen Notlage dieser Jahre vor allem das Grenzlandschicksal der über zehnjährigen französischen Besatzung herangezogen werden. Dadurch war das Nationalgefühl der Pfälzer besonders ansprechbar für die Parolen der Hitlerpartei. Nach Hitlers Machtergreifung am 30. 1. 1933 wurden die Länder des Deutschen Reiches schrittweise gleichgeschaltet. Zuerst erhielten SA und Stahlhelm den Status einer bewaffneten Hilfspolizei. Nach der Reichstagswahl vom 5. März 1933 wurden in den Ländern nach dem Vorbild Preußens *Landeskommissare* eingesetzt, die die tatsächliche Macht an sich zogen. In Baden wurde am 8. 3. 1933 der Gauleiter *Robert Wagner,* in der Pfalz der Gauleiter *Josef Bürckel* ernannt, die jeweiligen SA-Führer wurden die Polizeikommandeure. Die Regierungen *Schmitt* in Baden und *Held* in Bayern wurden abgesetzt. *Heinrich Himmler* übernahm schon damals in Bayern und damit auch in der Pfalz das Kommando über die politische Polizei. Am 31. 3. 1933 trat das »*Gesetz zur Gleichschaltung der Länder mit dem Reich*« in Kraft, durch das die Landtage an die Ergebnisse der Märzwahl angeglichen wurden. Die Landeskommissare wurden im April »*Reichsstatthalter*«, die die Länderregierungen endgültig im nationalsozialistischen Sinne umformten. Schließlich wurden am 30. Januar 1934 die Landtage beseitigt. Parallel zu dieser Entwicklung waren bis zum 5. Juli 1933 alle anderen Parteien, demokratische und nichtdemokratische, verboten worden oder hatten sich aufgelöst. Das nationalsozialistische Deutschland war nunmehr ein Einheitsstaat, der in *Gaue* gegliedert war. Die *Gauleiter* waren somit die wichtigsten politischen Organe, die die Reste staatlicher Selbstverwaltung der Länder an sich zogen. Damit verlor die Rheinpfalz ihre staatsrechtliche Bindung an Bayern endgültig. 1937 wurde sie zusammen mit dem 1935 zurückgekehrten Saargebiet zum Gau »*Saarpfalz*« zusammengeschlossen, dem 1940 noch Lothringen zugefügt wurde. Seit damals hieß dieses recht willkürliche Gebilde »*Gau Westmark*«, was Bürckels Hang zur Germanentümelei und Geschichtsklitterung entsprach. Ähnlich wurde 1940 das Elsaß Baden zugeschlagen und Straßburg Sitz für einen Teil der Verwaltungsbehörden, z. B. für die Kultusverwaltung.

Auch in den Gemeinden verdrängten die Nationalsozialisten die demokratisch gewählten Gemeinderäte und Bürgermeister. Überall gab es schlimme Vorkommnisse: Alte Rechnungen wurden beglichen, Rachegelüste gestillt, alte verdiente Kommunalpolitiker und Beamte wurden vielfach verdrängt, an deren Plätze Parteigenossen rückten und oft auch Karrieremacher, die nach den Märzwahlen in Scharen in die NS-Partei eingetreten waren und oft auch ihre frühere politische Gesinnung verleugneten. Auf besonders

spektakuläre Weise ging man in Mannheim vor. Am 6. März 1933 wurde auf dem Rathaus am Paradeplatz die Hakenkreuzfahne gehißt, wogegen nach der Weisung der noch amtierenden badischen Staatsregierung Oberbürgermeister *Dr. Heimerich* protestierte und die Fahne abnehmen ließ. Dr. Heimerich war 1928 als erster Sozialdemokrat zum Mannheimer Oberbürgermeister gewählt worden. Drei Tage später hißte ein SA-Trupp auf Anordnung des neu ernannten Landeskommissars Wagner erneut die Hakenkreuzfahne auf dem Rathaus. Eine große Zahl von SA-Leuten hatten das Rathaus umstellt und den Paradeplatz besetzt. Einige drangen in das Rathaus und in das Büro des Oberbürgermeisters ein und zwangen ihn mit Brachialgewalt, mit ihnen auf den Rathausbalkon zu treten. Dort mußte er mit ansehen, wie eine schwarz-rotgoldene Fahne auf dem Paradeplatz verbrannt wurde. Dr. Heimerich mußte ins Krankenhaus eingeliefert werden. Am 11. März wurden er und sozialdemokratische Stadträte und Funktionäre in »Schutzhaft« genommen. Das Konzentrationslager *Kislau,* ein ehemals fürstbischöflich-speyerisches Hofgut, nahm von da an eine große Anzahl Gegner des NS-Regimes auf. Denn die nun herrschende Diktatur begnügte sich nicht mit dem Verbot der demokratischen Parteien, sondern verfolgte ihre politischen Gegner auf brutalste Weise.

Die meisten der vom Terror verängstigten Menschen paßten sich an; nur wenige Kommunisten und Sozialdemokraten gingen in den politischen Untergrund und leisteten Widerstand. Immer wieder wurden die kleinen Widerstandsgruppen entdeckt und ihre Mitglieder in KZ-Haft genommen oder hingerichtet wie z. B. Georg Lechleiter. In den Jahren 1933 bis 1936 war Mannheim für die geheimen Widerstandsaktivitäten der exilierten deutschen Sozialdemokratie das Zentrum für Baden, Hessen und die Pfalz. Für die breite Öffentlichkeit sichtbarer waren von 1937 an die Auseinandersetzungen des nationalsozialistischen Regimes mit der katholischen Kirche. Nach einer Phase vorsichtigen Abwartens, in der auch das Reichskonkordat abgeschlossen wurde, kam es bald zu starken Eingriffen durch den Staat. Verbot und Verfolgung der katholischen Jugend, Behinderung von Prozessionen und öffentlichen Gottesdiensten, Bespitzelung und Inhaftierung von Geistlichen sorgten für Unruhe unter den Katholiken und für weltweites Aufsehen. Dabei gab es viele Beispiele von Unerschrockenheit und großem persönlichen Mut. In Mannheim ist hier Prälat *Joseph Bauer* zu nennen, der aufrechter Gesinnung war und für viele Verfolgte Rat und Hilfe wußte.

Doch dürfen diese Vorgänge nicht darüber hinwegtäuschen, daß sich das NS-Regime durchaus auf breite und wachsende Zustimmung stützen konnte, die in den Jahren der innen- und außenpolitischen Erfolge auch viele Nicht-

Nazis und ehemalige Gegner des Nationalsozialismus ergriff. Der weltweite Wirtschaftsaufschwung, an dem auch der deutsche Export teilhatte, Autobahnbau, Aufrüstung und Einführung des Reichsarbeitsdienstes sowie der allgemeinen Wehrpflicht 1935/36 beseitigten bis zum Kriegsausbruch die Massenarbeitslosigkeit, was für die politisch uninformierte und nur auf die gleichgeschaltete Presse und die Propaganda des Staatsrundfunks angewiesene Bevölkerung den größten Erfolg des nationalsozialistischen Regimes darstellte. Seine verbrecherische Machtausübung erkannten nur wenige, und seine Kriegspolitik blieb lange unter der heuchlerischen Friedenspropaganda verborgen.

Augenfällige Ergebnisse dieser staatlichen Strukturpolitik und der Aufrüstung waren die Autobahnen und der »Westwall«. So erlebte die schon 1930 geplante Autobahn Hamburg-Frankfurt-Basel, die sogenannte »Hafraba«, 1935 ihren Baubeginn auf dem Streckenabschnitt Frankfurt-Mannheim. Hier vermied man bei der Trassenführung den Fehler des Eisenbahnzeitalters: Die Trasse wurde westlich von Darmstadt durch die Wälder des hessischen Riedes nach Mannheim und dann über Heidelberg nach Karlsruhe geführt. 1938 folgte der Bau der Strecke Mannheim-Saarbrücken, die während des Krieges nur bis westlich von Kaiserslautern fertiggestellt wurde. Aufsehen erregte 1940 der Einsturz der Rheinbrücke bei Mannheim-Sandhofen. An den sich entwickelnden Luftverkehr waren Nordbaden und die Pfalz bereits in den zwanziger Jahren durch den Bau des Flughafens Mannheim-Neuostheim angeschlossen worden. Hier sorgte die »Badisch-pfälzische Lufthansa« für direkte Verbindung nach Berlin und anderen deutschen Flughäfen.

Verhängnisvoll wirkte die Machtergreifung des Nationalsozialismus auf den Reichtum des pfälzischen Kulturlebens. Gerade die zwanziger Jahre waren hier von einer großen Fruchtbarkeit. Die Heidelberger Universität war der bevorzugte Studienort der Pfälzer links und rechts des Rheins. Eine ähnlich integrierende Rolle spielten das Mannheimer Nationaltheater und die Musikalische Akademie. *Karl Hagemann* als Theaterintendant (1906–1910 und 1915–1920) und *Wilhelm Furtwängler* als Generalmusikdirektor (1915–1920) führten beide Institute zu höchster Blüte. Ihnen folgte in den zwanziger Jahren noch eine große Anzahl erstklassiger Intendanten, Dirigenten, Regisseure, Schauspieler und Sänger, von denen viele an die Spitze des deutschen Theater- und Musiklebens vordrangen. Besonders bemerkenswert ist der Aufstieg der Kunsthalle, die 1907 gegründet wurde und sich der Bildenden Kunst des 19. und 20. Jahrhunderts verpflichtete. Ihre Leiter *Fritz Wichert* und *Gustav Hartlaub* bauten sie dank großartiger Stiftungen der Mannheimer Bürgerschaft zu einer der ersten Sammlungen moderner Kunst in Deutschland auf. Dabei wurden Kunst- und Kulturpflege in Mannheim von einem begeisterten und alle Bevölkerungsschichten umfassenden Publikum getragen. Bemerkenswert sind die großen Stiftungen, z. B. die der Geschwister Anna und Karl Reiß, die ihr ganzes Vermögen der Stadt Mannheim zur Pflege der Kultur vermachten. Bis in unsere Tage hat dieses Mäzenatentum Früchte getragen: Noch der Erweiterungsbau der Kunsthalle von 1983 wurde durch die Reiß-Stiftung ermöglicht. Um so härter mußte die kulturelle Barbarei der Nationalsozialisten treffen. Sie begann mit der Verjagung der Juden und »weltanschaulich unzuverlässiger« Wissenschaftler und Künstler, Schriftsteller und Redakteure, Theater- und Museumsleute. Ein Höhepunkt der Barbarei war die Aktion »entartete Kunst« der Jahre 1936 bis 1938, in der die Mannheimer Kunsthalle von den größten Verlusten betroffen wurde. Eine große Anzahl der wichtigsten in Mannheim befindlichen Werke der modernen Kunst mußten abgegeben werden und wurden in der Schweiz verkauft.

Hier ist auch ein Blick auf das Schicksal der *Juden* angebracht. Von Boykottmaßnahmen, Schikanen und widerlichen Quälereien über öffentliche Kampagnen gegen jüdische Geschäftsleute und Mitbürger bis zur »Kristallnacht« vom 9. November 1938 spannt sich hier der Bogen. In dieser »Kristallnacht« erlebte die zahlreiche Judenschaft Mannheims einen Ausbruch staatlich sanktionierter Brutalität, wie er bis dahin in einem zivilisierten Land für unmöglich gehalten worden war. In dieser Nacht wurde neben allen Synagogen in der links- und rechtsrheinischen Pfalz auch die große und prächtige Mannheimer Synagoge in F 3 ein Raub der Flammen. In ihrer bedrängten und gefährdeten Lage suchten sehr viele pfälzische Juden Rettung in der Auswanderung; wieder ergoß sich ein breiter Strom an Auswanderern nach Palästina, in die europäischen Nachbarländer, nach Amerika und Australien. So konnte ein Teil der nordbadisch-pfälzischen Judenschaft dem heraufkommenden Inferno entgehen. Die Zurückgebliebenen, so weit sie sich nicht durch Selbstmord der Deportation entzogen, wurden in der Nacht vom 21. auf den 22. Oktober 1940 verhaftet; in Baden, dem Saarland und der Pfalz waren davon 7450 Juden betroffen, die in Konzentrationslager am Fuße der Pyrenäen im Gebiet der französischen Vichy-Regierung gebracht wurden. Die unzureichenden Verhältnisse während des Transports und des Lageraufenthaltes verursachten viele Todesopfer. Nur wenige der Unglücklichen konnten mit Hilfe von Verwandten oder Freunden über Spanien auswandern. Als deutsche Truppen auch Südfrankreich besetzt hatten, wurden die in den Lagern bei Gurs, Portet Saint Simon, Noë, Rivesaltes und Milles Verbliebenen in das Vernichtungslager Auschwitz verbracht. Dort kamen sie um. Die 1250 in den Pyrenäenlagern Verstorbenen wurden nach Beendigung des Zweiten Weltkrieges in *Gurs* zusammengebettet.

Mit dem Bau des Westwalls war die pfälzische Südgrenze zum militärischen Sperrgebiet erklärt worden, in dem alle zivilen wirtschaftlichen Tätigkeiten behindert waren. Der Zweite Weltkrieg brachte zuerst die Evakuierung der Zivilbevölkerung aus diesem militärischen Sperrbereich. So wurde z. B. *Pirmasens* bereits am 1. 9. 1939 vollständig geräumt. Darüber hinaus wurde Südwestdeutschland zum Aufmarschgebiet riesiger Truppenmassen, die im Winter 1939/40 in Stadt und Land in Bereitschaft standen und bei der Zivilbevölkerung einquartiert waren. Der schnelle Sieg über Frankreich im Frühsommer 1940 führte fast friedliche Verhältnisse herauf und ließ die Evakuierten wieder zurückkehren. Jubelnde Menschenmassen fanden sich an den Straßenrändern ein, als die deutschen Soldaten mit klingendem Spiel vom siegreichen Frankreichfeldzug in ihre Garnisonsstädte zurückkehrten. Dem voreiligen Siegestaumel folgte eine trügerische Ruhe, die hin und wieder durch nächtliche Luftangriffe unterbrochen wurde. Als nach dem Beginn des Rußlandfeldzuges im Sommer 1941 die deutschen Verluste steil anstiegen, wurde auch der Rhein-Neckar-Raum ein bevorzugtes Ziel alliierter Luftangriffe. *Mannheim/Ludwigshafen* war eines der meistgenannten Angriffsziele in den »*Luftlagemeldungen*«. Auf die Schwesterstädte gingen über hundertfünfzig schwere Angriffe, bei denen neuntausend Bomber eingesetzt waren, nieder. Ihr Innenstadtbereich wurde fast vollständig zerstört. Trotzdem gab es unter der Zivilbevölkerung dieser Städte relativ wenig Tote, da die Stadtverwaltungen schon frühzeitig die Gefahr erkannt und – teilweise auf eigene Faust – Bunker für die Bevölkerung hatte bauen lassen. Viele kleinere Städte, die lange verschont blieben und niemand für gefährdet hielt, wie *Neustadt* oder *Bruchsal,* erlitten in den Angriffen des Winters 1944/45 große Bevölkerungsverluste und wurden fast völlig zerstört wie z. B. Bruchsal über siebzig Prozent.

Nachdem die Alliierten am 6. Juni 1944 in der Normandie gelandet waren und fast ganz Frankreich zurückerobert hatten, rückte der Krieg wieder direkt an die Pfalz heran. Die Alliierten beherrschten inzwischen den Luftraum über Westdeutschland vollständig, so daß Tag und Nacht mit Luftangriffen gerechnet werden mußte. Die siebte US-Armee und die erste französische Armee stießen bis März 1945 an den Rhein vor. Dabei kam es ebenfalls zur Zerstörung kleinerer Städte wie z. B. von *Zweibrücken* und *Bad Dürkheim,* das durch Artilleriebeschuß fast völlig dem Erdboden gleichgemacht wurde. Schließlich gingen die Amerikaner in der letzten Märzwoche zwischen Mainz und Karlsruhe an mehreren Stellen, so auch bei Mannheim-Sandhofen, über den Rhein; am 29. März wurde Mannheim übergeben, am 30. März das unzerstörte Heidelberg besetzt. In den folgenden Apriltagen drangen die Alliierten rasch nach Osten vor, was von den Menschen als Erlösung empfunden wurde, da zumindest die Luftangriffe aufhörten. Wieder einmal war die Pfalz ein kriegszerstörtes Land.

Ausblick in die zweite Jahrhunderthälfte

Im Unterschied zur Kapitulation von 1918 hinterließ der Zweite Weltkrieg ein weithin zerstörtes Land, in dem nicht nur die materiellen Grundlagen fehlten, sondern das auch seine Selbstverwaltung von der Reichsspitze bis zur kleinsten Gemeinde verloren hatte. Not und Elend herrschten allenthalben, ungläubiges Entsetzen und tiefe Beschämung erfaßten das Volk, als im Sommer 1945 die ungeheuerlichen Verbrechen des nationalsozialistischen Regimes aufgedeckt wurden. So schien allen die Zukunft Deutschlands ungewiß und dunkel zu sein. Millionen Gefallene und Vermißte wurden betrauert; um Millionen Kriegsgefangene sorgten sich die Angehörigen; das Nötigste fehlte Millionen Ausgebombten, und aus den ostdeutschen Provinzen strömten Millionen, die aus ihrer Heimat vertrieben wurden und irgendwo westlich der Oder und Neiße und der böhmischen Grenze eine Bleibe suchten.

In dieser Zeit ging alle öffentliche Gewalt, die auf Gemeinde und Kreisbasis organisiert wurde, von den Besatzungsmächten aus, indem diese aus vertrauenswürdigen Männern, meistens ehemaligen Mitgliedern der alten demokratischen Parteien und Amtsinhabern aus der Weimarer Zeit, Gemeindebehörden bildeten. Die Pfalz, Hessen und das nördliche Baden waren von den Amerikanern besetzt worden, während die Franzosen das mittlere und südliche Baden und Württemberg eroberten. Die Alliierten hatten schon 1943/44 nach der Verkündung des Kriegsziels der »*bedingungslosen Kapitulation*« Pläne zur Aufteilung Deutschlands erwogen. Um den Nationalsozialismus und Militarismus mit Stumpf und Stiel auszurotten, sollte ganz Deutschland von den drei alliierten Mächten, der Sowjetunion, den USA und Großbritannien, besetzt werden. Die amerikanische Zone sollte aus Bayern, Württemberg, Baden, Hessen, Hessen-Nassau und Kurhessen bestehen, die britische Zone sollte Nordwestdeutschland, Schleswig-Holstein, Westfalen, die preußische Rheinprovinz, Rheinhessen und die bayerische Pfalz umfassen, während der Sowjetunion Mittel- und Ostdeutschland zugeteilt wurde. Dadurch, daß Frankreich als vierte Siegermacht hinzukam, wurde auch eine französische Zone notwendig, die auf Kosten der amerikanischen und britischen Zonen eingerichtet wurde. Frankreich erhielt Württemberg und Baden südlich der Autobahn Karlsruhe–Ulm sowie die Pfalz, Rheinhessen, die südliche Rheinprovinz und einen

Die Mannheimer Innenstadt im Sommer 1945. Die glanzvolle kurpfälzische Metropole liegt in Trümmern; im Hintergrund das ebenso zerstörte Ludwigshafen

Teil Hessen-Nassaus. Das Saarland wurde wieder von Deutschland abgetrennt, etwas vergrößert und als autonome Einheit wirtschaftlich an Frankreich angeschlossen. Wieder griff Frankreich grundlegend in die pfälzischen Verhältnisse ein.

In den folgenden vier Jahren entwickelten sich die links- und rechtsrheinische Pfalz sehr verschieden. Der Rhein war eine hermetische Grenze geworden, die nur mit Mühe überschritten werden konnte. Viele alte Verbindungen zerrissen. Für Frankreich war die Besatzungszone sehr viel mehr Kriegsbeute als für die USA, die keinerlei Bedarf an materiellen Gütern hatten. Im Gegenteil, die Amerikaner trugen vor den staunenden Augen der Deutschen einen materiellen Überfluß zur Schau, dem die Franzosen nichts entgegenzusetzen hatten. Trotzdem hatte die deutsche Bevölkerung wenig davon; denn gerade die Zeit zwischen 1945 und 1947 war die Phase des größten Mangels an Nahrungsmitteln und Gütern des täglichen Bedarfs. Ein augenblicklicher Vorteil für die französische Zone war die Tatsache, daß sich die französischen Besatzungsbehörden mit dem Hinweis auf die eigene Nachkriegsnot weigerten, Vertriebene aus den deutschen Ostgebieten aufzunehmen. In der amerikanischen Zone strömten Monat für Monat neue Bevölkerungsmassen in die ländlichen Gebiete, während für die Großstädte keine Zuzugsgenehmigungen erteilt wurden. Die Großstädte nahmen wieder die vor dem

Bombenkrieg evakuierten eigenen Bewohner auf, so daß z. B. Mannheim, das 1945 auf 100 000 Einwohner zurückgegangen war, bis 1948 diese Zahl verdoppelte. Die Wohnverhältnisse in den kriegszerstörten Städten waren katastrophal, viele Familien lebten in Kellern, Ruinen, Hütten und Baracken oder, wenn die Häuser stehen geblieben waren, in Wohnungen unterschiedlichen Erhaltungsgrades. Schulen – das ganze Jahr 1945 gab es keinen Unterricht –, Ämter und andere öffentliche Gebäude waren Notquartiere. Zu dieser wachsenden Übervölkerung des kriegszerstörten Landes kam die Tatsache, daß die Besatzungstruppen ganze Wohnviertel und Straßenzüge für ihre eigenen Zwecke räumten. Diese Bezirke wurden mit Stacheldrahtzäunen und bewachten Zugängen von der deutschen Bevölkerung abgeschlossen. Während die Amerikaner die Deutschen ihrer Zone einem umfangreichen *Entnazifizierungsverfahren* und der *demokratischen Umerziehung* unterzogen, betrieb Frankreich eine intensive Kulturoffensive, die bis zur Gründung von Universitäten in Mainz und Saarbrücken führte.

Das politische Leben begann auf Gemeindeebene in den Sommermonaten des Jahres 1945, indem sich örtliche Parteien bildeten. Das staatliche Leben entstand am Jahreswechsel 1945/46 neu, als sich nach und nach die deutschen Länder bildeten. Nordbaden und Nordwürttemberg waren schon im Dezember 1945 zu Württemberg-Baden mit der

217

Hauptstadt Stuttgart zusammengeschlossen worden. Die französische Besatzungsmacht bildete aus dem nördlichen Teil der französischen Zone das Land Rheinland-Pfalz mit der Hauptstadt Koblenz, ab 1950 Mainz. Die bereits 1945 zugelassenen Parteien waren auf lokaler Ebene entstanden und hatten sich an die Traditionen der Weimarer Republik angeschlossen: Den Sozialismus radikaler und demokratischer Richtung vertraten die KPD und die SPD, die Liberalen freisinniger und nationaler Prägung schlossen sich zur FDP/DVP zusammen, während das alte Zentrum zum Kern einer großen Volkspartei, der CDU, wurde. In ihr fanden auch evangelische Christen konservativer und liberaler Herkunft eine politische Heimat. Nach den ersten Landtagswahlen 1946 übernahm in Rheinland-Pfalz die CDU die Regierungsverantwortung unter dem langjährigen Ministerpräsidenten *Peter Altmeier,* in Württemberg-Baden bildete der Liberale *Reinhold Maier* eine Allparteienregierung.

Nachdem der zentrale alliierte *Kontrollrat* in Berlin 1947/48 an den unüberbrückbaren Gegensätzen zwischen der Sowjetunion und den Westmächten endgültig gescheitert war, wurden die amerikanische und britische Besatzungszone 1948 zur *Bi-Zone* zusammengeschlossen. Wirtschaftlicher Mittelpunkt und Sitz der gemeinsamen Wirtschaftsbehörden war Frankfurt am Main. Nach einigem Zögern schloß sich auch die französische Zone mit der Bi-Zone zur *Tri-Zone* zusammen, in der am 20./21. Juni 1948 die *Währungsreform* durchgeführt wurde. Damit war ein wesentlicher Schritt zur Staatswerdung des freien Teils Deutschlands getan; der parlamentarische Rat in Bonn schuf als vorläufige Verfassung »*das Grundgesetz für die Bundesrepublik Deutschland*«, das am 24. Mai 1949 in Kraft trat.

In Artikel 29 GG wurde dem Bundestag als dem Gesetzgeber aufgetragen, das Bundesgebiet neu zu gliedern und Länder zu schaffen, die nach Größe und Leistungsfähigkeit ausgeglichen sind. Landsmannschaftliche Verbundenheit, geschichtliche und kulturelle Zusammenhänge und die wirtschaftliche Zweckmäßigkeit sollten einer Neugliederung zugrunde gelegt werden. Die Neugliederung wurde als notwendig empfunden, da der Staat Preußen 1947 durch Kontrollratsbeschluß aufgelöst worden war und die 1949 existierenden Länder der Bundesrepublik Deutschland mehr oder weniger zufällig von den Besatzungsmächten in ihren Zonen gebildet worden waren. Als besonders neugliederungsbedürftig galt der deutsche Südwesten. Hier war einmal das Land Rheinland-Pfalz aus Gebietsteilen ehemaliger deutscher Staaten ohne eigenen Schwerpunkt zusammengefügt worden, zum zweiten war die Frage der Wiederherstellung der alten Länder Baden und Württemberg drängend. Mit dieser letzten Frage verband sich die Überlegung, diese beiden Länder zu einem »*Südweststaat*« zusammenzuschließen. 1952 kam es zum Zusammenschluß

der drei südwestdeutschen Länder zum Bundesland *Baden-Württemberg,* womit der einzige Fall einer Neugliederung erfolgreich abgeschlossen wurde. Gleichzeitig kam es im Lande Rheinland-Pfalz zu Bestrebungen, die verschiedenen Landesteile mit den alten Stammländern wieder zusammenzuführen: Rheinhessen und Hessen-Nassau zu Hessen, die Rheinprovinz zwischen Trier und Koblenz zu Nordrhein-Westfalen und die Pfalz zu Bayern oder – und hier waren die Aktivitäten gespalten – zu Baden-Württemberg, um die alte Kurpfalz wieder herzustellen. 1954 wurde unter dem ehemaligen Reichskanzler Luther ein Ausschuß gebildet, der alle von dieser Neugliederung betroffenen Teile der Bundesrepublik bereiste und Vorschläge ausarbeitete. So wenig wie diese Vorschläge brachten 1956 Volksabstimmungen in Rheinland-Pfalz eine Änderung der Grenzen. 1972/73 wurde ein erneuter Anlauf genommen und die sogenannte Ernst-Kommission gebildet, der auch der ehemalige Mannheimer Oberbürgermeister (1956–72) *Dr. Hans Reschke* angehörte. Diese Kommission erarbeitete für die Pfalz verschiedene Varianten, die die alte Kurpfalz entweder mit Hessen (Vorschlag C) oder mit Baden-Württemberg (Vorschlag D) zu vereinigen vorschlugen. Auch daraus wurde nichts; denn die politischen Widerstände und das Selbstbewußtsein des Landes Rheinland-Pfalz waren so stark, daß man sich sehr rasch auf den Status quo einigte und sogar 1976 die verpflichtende Vorschrift des Artikels 29 GG in eine Kann-Vorschrift umwandelte.

Damit ist einer Zusammenarbeit der Pfalz links und rechts des Rheins innerhalb der bestehenden Grenzen endgültig ein anderer Weg gewiesen: Einmal existiert seit 1951 die »*Kommunale Arbeitsgemeinschaft*« der Stadt- und Landkreise Frankenthal, Heidelberg, Ludwigshafen, Mannheim, Neustadt a. d. Weinstraße, Speyer, Worms und Bergstraße; dazu kam es 1969 zwischen den Ländern Baden-Württemberg, Hessen und Rheinland-Pfalz zu einem Staatsvertrag, in dem eine Arbeitsgemeinschaft unter dem Namen »*Raumordnungsverband Rhein-Neckar*« gebildet wurde.

Die wirtschaftliche Entwicklung verlief nach 1949 links- und rechtsrheinisch grundsätzlich gleich, wenn auch eine gewisse Phasenverschiebung festzustellen ist. Auf der rechten Rheinseite setzte der wirtschaftliche Aufschwung der fünfziger Jahre früher und intensiver ein als auf der linken Rheinseite, was auf verschiedene Ursachen zurückgeht. Zu nennen wären hier die unterschiedliche Politik der Besatzungsmächte, die stärkere Bevölkerungszunahme durch die Vertriebenen und Flüchtlinge auf der rechten Rheinseite und die dortige bessere Verkehrssituation. Das linke Rheinufer holte jedoch in den sechziger Jahren kräftig auf. Die Verkehrsstruktur wurde verbessert (Autobahnbau, neuer Hauptbahnhof Ludwigshafen, Brückenbau, Verbesserung des Straßennetzes). Wichtig war die Ansiedlung neuer Industrie. So ist in Wörth am Rhein das zweitgrößte pfälzische Industriezentrum mit dem Zweigwerk der *Daimler-Benz AG* (Lastwagenbau) und der *Mobiloil-Raffinerie* entstanden. Auch in Kaiserslautern gab es einen neuen industriellen Schwerpunkt mit dem Zweigwerk der *Adam Opel AG,* ebenso in Rockenhausen (Zweigwerk der Firma *Keiper Automobiltechnik*), Wolfstein (das Textilunternehmen *Karl Otto Braun KG*) und in Kusel und Misau (Zweigwerke der *Grundig-Werke*).

Wirtschaftliches Zentrum der ehemaligen Kurpfalz ist der Ballungsraum Mannheim-Ludwigshafen geblieben, der das sechstgrößte Ballungszentrum des Bundesgebietes darstellt mit über 1,6 Millionen Einwohner. Auch hier ist wie überall nach der Phase eines stürmischen Wachstums bis Ende der sechziger Jahre eine Konsolidierung mit sinkenden Einwohnerzahlen eingetreten. Die Problemlage dieses Raumes ist auf beiden Seiten des Rheines gleich: Nahverkehr, Landschaftsverbrauch und Zersiedelung, Umweltbelastung. Dem gegenüber stehen nach wie vor weite Bereiche mit positiver Tendenz wie große intakte Naturräume und schöne Landschaften und vor allem ein intensives kulturelles Leben, das gerade im letzten Jahrzehnt kräftige neue Akzente erhalten hat wie z. B. das Hack-Museum in Ludwigshafen oder den Erweiterungsbau der Kunsthalle in Mannheim.

So ist mit Gewißheit zu erwarten, daß die Vitalität der Pfälzer auf beiden Seiten des Rheins, die tiefe historische Dimension unseres Raums, die Gemeinsamkeit der Sprache, die wirtschaftliche Verflechtung sowie das vielhundertjährige gemeinsame Schicksal auch in Zukunft über alle Grenzen hinweg lebendig erhalten werden: die PFALZ AM RHEIN.

Literaturverzeichnis

Das Literaturverzeichnis, das dem Zweck dieses Buches entspricht, braucht nicht vollständig zu sein; denn es hat nicht wie bei einem rein wissenschaftlichen Werk die Darstellung in jedem Punkt zu belegen. Es wendet sich an denjenigen Leser, der, durch die Lektüre dieser Pfalz-Geschichte angeregt, im ganzen oder im einzelnen seine Kenntnisse erweitern will. Deshalb werden zuerst die Bibliographien aufgeführt, in denen der Interessierte Quellen und Literatur zur Geschichte der Pfalz vollständig aufgeführt findet. Handbücher, Nachschlage- und Sammelwerke werden genannt, die einen vertieften Überblick auf dem jeweils neuesten Forschungsstand bieten und zugleich in Einzelfragen weiterhelfen. Nicht fehlen darf der Hinweis auf die historischen Atlanten, die in den letzten anderthalb Jahrzehnten für das Beschreibungsgebiet erschienen sind und in einmaliger Vollständigkeit und hervorragender Qualität das gesamte Forschungsmaterial kartographisch aufarbeiten und in den Begleittexten erläutern. Darüber hinaus wird ein Überblick über wichtige Werke sowohl in einem allgemeinen Teil als auch für die einzelnen Kapitel gegeben. Eine Fundgrube für jeden Interessierten sind die Zeitschriften, in denen eine Fülle von Themen aufbereitet ist. Hier sind die in bestimmten Abständen erscheinenden Registerhefte hilfreich. Bei den Literaturangaben wurde bis auf begründete Ausnahmen auf die Nennung von Beiträgen, die in den angeführten Zeitschriften veröffentlicht sind, verzichtet. Es erübrigt sich zu betonen, daß das vorliegende Werk nicht zuerst aus originärer Forschung erwachsen ist, sondern auf den Ergebnissen vieler Einzelforschungen beruht; so ist die Nennung von Quellen, auch von gedruckten, nicht notwendig. Hier muß der Leser auf die wissenschaftlichen Veröffentlichungen verwiesen werden. Auch auf die Nennung von frühen Darstellungen des altpfälzischen Oberrheingebietes wie die Werke von Münster, Merian oder Widder wird verzichtet, da diese schwer zugänglich sind. Wörtliche Quellenzitate sind in der Regel der Sekundärliteratur entnommen und mit dieser verifizierbar. Noch ein Wort zur Industriegeschichte! Die diesbezüglichen Veröffentlichungen – meist Jubiläums- und Festschriften – sind in der Regel als Sonderdrucke erschienen und schwierig greifbar. Soweit Veröffentlichungen einzelner Betriebe vorliegen, müßten sie von einem Interessenten direkt angefordert werden. Sonst sind die Industrie- und Handelskammern zu Auskünften bereit. In unserem Fall haben wir uns besonders bei Herrn Dr. Nikolaus Matzker, Geschäftsführer bei der IHK Pfalz in Ludwigshafen, für freundliche Hilfe herzlich zu bedanken.

Bibliographien

K. E. Demandt: Schrifttum zur Geschichte und geschichtlichen Landeskunde von Hessen, 1965 (wichtig für die Teile der Pfalz, die 1803/1815 an Hessen-Darmstadt fielen)
D. Häberle: Pfälzische Bibliographie, 1–6, 1908–1928; hier ist die Literatur bis 1927 erfaßt, fortgesetzt von H. M. Meyer und Fr. Kastner als Jahresbibliographie bis 1951; laufende Verzeichnisse im Pfälzischen Museum – Pfälzische Heimatkunde, seit 1950 Pfälzer Heimat
Fr. Lautenschlager: Bibliographie der badischen Geschichte, 1929 ff.; Jahresübersichten in ZGORh., ab Band 3 herausgegeben von der Kommission für geschichtliche Landeskunde in Baden-Württemberg, bearbeitet von W. Schulz 1929–1979

Historische Atlanten

Willi Alter (Herausgeber): Pfalzatlas, im Auftrag der pfälzischen Gesellschaft zur Förderung der Wissenschaften, Atlas und zwei Textbände, Speyer 1953–83
Albrecht Dauber, Erich Gropengießer u. a.: Archäologische Karte der Stadt- und Landkreise Heidelberg und Mannheim. Badische Fundberichte, Sonderheft 10, 1967
Karl Heinz Schröder u. a.: Historischer Atlas von Baden-Württemberg, Atlas und zwei Textbände, Stuttgart 1972–83
Kurt Strecker: Das Rhein-Main-Gebiet vor 150 Jahren 1787. Arbeiten der historischen Kommission für Hessen 7, Darmstadt 1935
Wilhelm Winkler: Pfälzischer Geschichtsatlas, Neustadt 1935

Handbücher, Nachschlage- und Sammelwerke

Gebhardt: Handbuch der deutschen Geschichte, hier Bd. 2 Territoriengeschichte, bearb. v. *Friedrich Uhlhorn* und *Walter Schlesinger,* 9. Aufl. 1970 ff. – Taschenbuchausgabe Band 13, 4. Aufl. 1981
Reinhardt Hootz (Herausgeber): Deutsche Kunstdenkmäler. Ein Bildhandbuch, Baden-Württemberg, München 1959
Erich Keyser (Herausgeber): Städtebuch Rheinland-Pfalz und Saarland, Stuttgart 1964
Erich Keyser (Herausgeber): Badisches Städtebuch, Stuttgart 1959
Felix Mader und *Georg Lill* (Herausgeber): Die Kunstdenkmäler der Pfalz, Band I–IV, München ab 1920
Wolfgang Medding: Burgen und Schlösser in der Pfalz und an der Saar, 2. Aufl., Frankfurt a. M. 1966
Max Miller und *Gerhard Toddey:* Handbuch der historischen Stätten Deutschlands, 2. Aufl., Stuttgart 1980 (enthält sämtliche ortsgeschichtliche Literatur)
Adolf von Oechelhäuser, Hans Roth, Kurt Martin: Die Kunstdenkmäler Badens, Tübingen und Karlsruhe ab 1906; Kreise: Mosbach 1906, Heidelberg 1909/1913, Bretten 1913, Mannheim (Schwetzingen) 1933. Landkreis Mannheim (ohne Schwetzingen) 1967 Kunstdenkmäler in Baden-Württemberg, Stadtkreis Mannheim, 2 Bände, bearbeitet von *Hans Huth* u. a. München-Berlin 1982
Ludwig Petry (Herausgeber): Handbuch der historischen Stätten Deutschlands, Band V Rheinland-Pfalz, 2. Auflage, Stuttgart 1965
Wilhelm Sante (Herausgeber): Handbuch der historischen Stätten Deutschlands, Band IV Hessen, Stuttgart 1960
Georg Wilhelm Sante und Ploetz-Verlag: Geschichte der deutschen Länder, Band I, Territorien-Ploetz, Würzburg 1964
Reclams Kunstführer Stuttgart Band I Bayern 4. Auflage 1961; Band II Baden-Württemberg, Pfalz, Saarland 3. Aufl. 1960; Band VII Rheinlande 2. Auflage 1961; Band IV Hessen 2. Auflage 1962

Staatliche Archivverwaltung Baden-Württemberg: Die Stadt- und Landkreise Heidelberg und Mannheim, Amtliche Kreisbeschreibung Band I, Allgemeiner Teil, Karlsruhe 1966 · Band II, Die Stadt Heidelberg und die Gemeinden des Landkreises, Heidelberg 1968 · Band III, Die Stadt Mannheim und die Gemeinden des Landkreises, Mannheim 1970
Curt Tillmann: Lexikon der deutschen Burgen und Schlösser, 4 Bände 1958–61

Zeitschriften

Zeitschriften, die sich ganz oder teilweise mit Geschichte und Tradition des in diesem Buch behandelten Raums befassen.

Archiv für Mittelrheinische Kirchengeschichte, herausgegeben von Ludwig Lenhard und Anton Ph. Brück, Jägersche Buchdruckerei GmbH, Speyer
Badische Fundberichte und Amtliches Jahrbuch für die ur- und frühgeschichtliche Forschung Badens, Freiburg/Brsg.
Badische Heimat, Zeitschrift für Heimatkunde und Heimatpflege, im Auftrag des Landesverbands Badische Heimat, herausgegeben von Professor Dr. Schwarzweber, Freiburg
Blätter für pfälzische Kirchengeschichte und religiöse Volkskunde, Zweibrücken
Die Pfalz am Rhein, Pfälzische Verkehrs- und Heimatzeitschrift, Organ des Pfälzischen Verkehrsverbandes und des Pfälzer Waldvereins, Verlag Daniel Meininger, Neustadt/Weinstraße
Frankenthal Einst und Jetzt, im Auftrag der Stadt Frankenthal und in Verbindung mit dem Frankenthaler Altertumsverein, Städtisches Kulturamt Frankenthal
Heidelberger Fremdenblatt, Herausgeber Dr. Fritz Schulze, Verlag Heidelberger Verlagsanstalt, Heidelberg
Heidelberger Jahrbücher, herausgegeben von der Heidelberger Universitätsgesellschaft, Springer Verlag, Heidelberg
Mannheimer Geschichtsblätter, herausgegeben vom Mannheimer Altertumsverein Mannheim 1900–1940
Mannheimer Hefte, Stadt Mannheim in Verbindung mit der Gesellschaft der Freunde Mannheims und der ehemaligen Kurpfalz (Mannheimer Altertumsverein von 1859) ab 1952
Mitteilungen des Historischen Vereins der Pfalz, Herausgeber Dr. Kurt Baumann, Speyer
Nordpfälzer Geschichtsverein, Beiträge zur Heimatgeschichte Rockenhausen
Pfälzer Heimat, herausgegeben von der Pfälzischen Gesellschaft zur Förderung der Wissenschaften
Ruperto-Carola, Zeitschrift der Vereinigung der Freunde der Studentenschaft der Universität Heidelberg, Heidelberg
Der Wormsgau, Zeitschrift der Kulturinstitute der Stadt Worms und des Altertumsvereins Worms, Verlag Stadtbibliothek
Zeitschrift für die Geschichte des Oberrheins. Herausgegeben von der Kommission für geschichtliche Landeskunde in Baden-Württemberg, Verlag G. Braun Karlsruhe

Allgemeine Literatur in Auswahl

Adalbert von Bayern: Die Wittelsbacher – Geschichte einer Familie, München
Hermann Aubin: Der Rhein in seiner geschichtlichen Stellung im Wandel der Zeiten. Mannheimer Hefte 1965/3, Mannheim 1965
Friedrich von Bassermann-Jordan: Geschichte des Weinbaus, 2. Auflage, Frankfurt a. M. 1923
Kurt Baumann: Die Pfalz in der deutschen Geschichte, in: Mannheimer Hefte 1963/1, Mannheim 1963
Kurt Baumann und *Mitarbeiter:* Pfälzer Lebensbilder. Veröffentlichung der Pfälzischen Gesellschaft zur Förderung der Wissenschaften 48, Speyer 1964
Hermann Bausinger, Theodor Eschenburg u. a.: Baden-Württemberg, Eine politische Landeskunde, Stuttgart 1975
August Becker: Die Pfalz und die Pfälzer. Bearbeitet von Oskar Bischoff, Neustadt a. d. W. 1961, ND 1982
Ludwig Böhm: Mannheim und der Rhein-Neckar-Raum. Studien zu Kunst und Geschichte der Pfalz, Mannheim 1965
Heinrich Büttner: Zur frühmittelalterlichen Reichsgeschichte, Sammelband, Darmstadt, 1975
Fritz Ernst: Geschichtliche Grundlagen des Bundeslandes Baden-Württemberg, Ruperto-Carola 35, Heidelberg 1964
E. Ewig: Die geschichtlichen Grundlagen des Landes Rheinland-Pfalz, 1954
Lili Fehrle-Burger: Königliche Frauenschicksale zwischen England und Kurpfalz, Mannheim 1965
Eberhard Gothein: Geschichtliche Entwicklung der Rheinschiffahrt im 19. Jahrhundert, in: Die Schiffahrt der deutschen Ströme. Schriften des Vereins für Sozialpolitik, Band 101, Leipzig 1903
Robert Gradmann: Süddeutschland, 2 Bände, Neudruck Darmstadt 1977
Karl Gruber: Kurpfälzisches Heimatbuch. Vom Odenwald zur Haardt, Mannheim 1955
Theodor Gümbel: Die Geschichte der Protestantischen Kirche der Pfalz, Kaiserslautern 1885
Rudolf Haas: Die Entwicklung des Bankwesens an der deutschen Oberrheingebiet, Mannheim 1970
Heidelberg und die Rhein-Neckarlande, Festschrift zum XXXIV. Deutschen Geographentag, Heidelberg 1963
Ludwig Haug und *Theodor Zink:* Das Wirtschaftsleben der Pfalz in Vergangenheit und Gegenwart, München o. J.
Ludwig Häusser: Geschichte der Rheinischen Pfalz, 2 Bände, Heidelberg 1845, 2. Auflage 1856, Neudruck 1978
Carl Heupel (Herausgeber): Die Pfalz auf der Suche nach sich selbst – Über bedeutsame Pfalzbeschreibungen der letzten 150 Jahre, Landau, 1983 (enthält die Besprechungen der 30 wichtigsten Pfalzbücher)
Emil Heuser: Pfälzerland in der Vergangenheit, Neustadt a. d. W. 1922
Benno Hubensteiner: Bayerische Geschichte, Staat und Volk, Kunst und Kultur. 2. Auflage, München 1952
Eberhard Klafki: Die kurpfälzischen Erbhofämter, Stuttgart 1966
Karl Kollnig: Die Zent Schriesheim. Ein Beitrag zur Geschichte der Zentverfassung in Kurpfalz, Heidelberg 1933
Karl Kollnig: Die Pfälzer. Werden und Wesen eines Volksstammes, in: Heidelberger Jahrbücher VII, Heidelberg 1963
Johann Georg Lehmann: Urkundliche Geschichte der Burgen und Bergschlösser in den ehemaligen Gauen, Grafschaften und Herrschaften in der bayerischen Pfalz, Kaiserslautern 1859, Neuauflage München 1912
Max Miller: Großbritannien und Südwestdeutschland. Zeugnisse ihrer Beziehungen, in: Ruperto-Carola 40, Heidelberg 1966
Felix Monheim: Agrargeographie des Neckarschwemmkegels, Heidelberg 1961
Carl Friedrich Nebenius: Geschichte der Pfalz, Heidelberg 1874
Ludwig Petry: Das politische Kräftespiel im pfälzischen Raum vom Interregnum bis zur Französischen Revolution, in: Rheinische Vierteljahresblätter 20, Bonn 1955
Ernst Plewe: Der Rhein, in: Mannheimer Hefte 1957/1, Mannheim 1957

Hansjörg Probst: Die Pfalz als historischer Begriff, Mannheim 1984 (mit 14 facsimilierten alten Pfalzkarten)
A. Rapp: Deutsche Geschichte am Oberrhein, 2. Auflage 1939
Kurt von Raumer und *Kurt Baumann:* Deutscher Westen – Deutsches Reich – Saarpfälzische Lebensbilder Band I, Kaiserslautern 1938
Wilhelm Heinrich Riehl: Die Pfälzer. Ein rheinisches Vorbild, Stuttgart 1857. Neuausgabe Kaiserslautern 1964
Meinrad Schaab: Die Entstehung des pfälzischen Territoriums am unteren Neckar und die Anfänge der Stadt Heidelberg, in: Zeitschrift für die Geschichte des Oberrheins 106, Karlsruhe 1958
Franz Schnabel: Die Stellung der Pfalz in der deutschen Geschichte, in: Mannheimer Geschichtsblätter, Mannheim 1925
Franz Schnabel: Deutsche Geschichte im 19. Jahrhundert I–IV, Freiburg 1929–1937
Hermann Schreibmüller: Von Geschichte und Volkstum der Pfalz, Speyer 1959
Hermann Schreibmüller: Die Landvogtei im Speiergau. Programm des Humanistischen Gymnasiums 1904/5 und 1905/6, Kaiserslautern 1905
Ludwig Stamer: Kirchengeschichte der Pfalz, 4 Teile, Speyer 1936–1954
Karl Stiefel: Baden 1648 bis 1952, 2 Bände, Karlsruhe 1977
Fritz Trautz: Die Pfalz am Rhein in der deutschen Geschichte, Neustadt a. d. W., 1959
Walter Tuckermann: Das altpfälzische Oberrheingebiet, 2. Auflage, herausgegeben von Ernst Plewe, Mannheim 1953

Literatur zu Kapitel 1 und 2

Führer zu vor- und frühgeschichtlichen Denkmälern, Band 3: Mannheim, Odenwald, Lorsch, Ladenburg, Mainz 1965.
Ernst Wahle: Vorzeit am Oberrhein, in: Neujahrsblätter der badischen historischen Kommission 19, 1937
Ernst Wahle: Die prähistorische Grundlegung der Kulturlandschaft am unteren Neckar in: Tradition und Auftrag prähistorischer Forschung. Herausgegeben von H. Kirchner, Berlin 1964.
Fundberichte aus Baden-Württemberg. Hrsg. vom Landesdenkmalamt Baden-Württemberg. – Stuttgart, 1974 ff., Bd. I ff.
Archäologische Karte der Stadt- und der Landkreise Heidelberg und Mannheim. Bearbeitet von Albrecht Dauber, Erich Gropengießer, Berndmark Heukemes und Meinrad Schwab. Badische Fundberichte, Sonderheft 10. – Freiburg, 1967.
Neue Bodenurkunden aus Starkenburg. Hrsg. von Werner Jorns. Veröffentlichungen des Amtes für Bodendenkmalpflege im Regierungsbezirk Darmstadt H. 2. – Kassel, 1953.
Friedrich Sprater: Die Pfalz in der Vor- und Frühzeit, sowie Limburg und der Kriemhildenstuhl, Speyer 1948
Wolfgang Kimmig: Die Urnenfelderkultur in Baden. Römisch-germanische Forschungen 14. – Berlin, 1940
Hans-Peter Kraft: Linearbandkeramik aus dem Neckarmündungsgebiet und ihre chronologische Gliederung. Antiquitas III. Abhandlungen zur Vor- und Frühgeschichte . . . Bd. 21. – Bonn, 1977
Walter Meier-Arendt: Inventar der ur- und frühgeschichtlichen Bodendenkmäler und Funde des Kreises Bergstraße. Verein von Altertumsfreunden im Regierungsbezirk Darmstadt. – Bonn, 1968.
Niels Bantelmann: Die Urgeschichte des Kreises Kusel. Veröffentlichung der Pfälzischen Gesellschaft zur Förderung der Wissenschaften in Speyer Bd. 62. – Speyer, 1972.
Horst Fehr: Die vor- und frühgeschichtliche Besiedlung der Kreise Kaiserslautern und Rockenhausen. Veröffentlichung der Pfälzischen Gesellschaft zur Förderung der Wissenschaften in Speyer Bd. 61. – Speyer 1972.
Hans Köster: Die mittlere Bronzezeit im nördlichen Rheintalgraben. Antiquitas II. Abhandlungen aus dem Gebiet der Ur- und Frühgeschichte Bd. 6 – Bonn, 1968.
Heinz Josef Engels: Die Hallstatt- und Latènekultur in der Pfalz, Speyer 1967.
Josef Roeder: Der Kriemhildenstuhl in: Mitteilungen des Historischen Vereins der Pfalz 67, 1969, Seite 110–132.
Kurt Bittel, Wolfgang Kimmig und Siegwalt Schiek (Herausgeber): Die Kelten in Baden-Württemberg. – Stuttgart, 1981
Christa Liebschwager: Die Gräber der Frühlatènekultur in Baden-Württemberg. Phil. Diss. (Masch.-Schrift). – Freiburg, 1969.
Heinz-Josef Engels: Funde der Latènekultur I. Materialhefte zur Vor- und Frühgeschichte der Pfalz 1. Veröffentlichung der Pfälzischen Gesellschaft zur Förderung der Wissenschaften in Speyer Bd. 63. – Speyer, 1974.
Heinz-Josef Engels: Der Donnersberg; Ausgrabungen, Forschungen, Geschichte. I.: Die Viereckschanze; Grabung 1974/75. Akademie der Wissenschaften und der Literatur Mainz. – Wiesbaden, 1976.
Erich Gropengießer: Keltische Funde. Bildhefte des Städtischen Reiß-Museums Mannheim, Archäologische Sammlungen Nr. 2. – Mannheim, 1980.
Friedrich Sprater: Die Pfalz unter den Römern, 2. Aufl., Speyer 1940
Erich Gropengießer: Römerzeit an Rhein und Donau in: Mannheimer Hefte 1964/1, Mannheim 1964
Otto Roller: Die Oberrheinlande in der Römerzeit, Zeitschrift für die Geschichte des Oberrheins, Band 117, Karlsruhe 1969, Seite 1–25
Otto Roller: Die wirtschaftliche Entwicklung des pfälzischen Raumes während der Römerzeit in: Beiträge zur pfälzischen Wirtschaftsgeschichte anläßlich des 125jährigen Bestehens der Industrie- und Handelskammer Ludwigshafen, 1968.
E. Wagner: Fundstätten und Funde aus vorgeschichtlicher, römischer und alamanisch-fränkischer Zeit im Großherzogtum Baden 1–2 1908–1911.
P. Filtzinger, D. Planck, B. Cämmerer (Herausgeber): Die Römer in Baden-Württemberg. Zweitauflage 1976.
Dietwulf Bautz und Fritz-Rudolf Herrmann (Herausgeber): Die Römer in Hessen. Stuttgart, 1982.
Erich Gropengießer: Römische Steindenkmäler. Bildhefte des Städtischen Reiß-Museums Mannheim, Archäologische Sammlungen Nr. 1. – Mannheim, 1975.
Erich Gropengießer: Neue Ausgrabungen und Funde im Mannheimer Raum; Ausstellung im Hofgebäude des Zeughauses. Archäologische Sammlung der Stadt Mannheim im Reiß-Museum. – Mannheim, 1976.
Berndmark Heukemes: Die römische Besiedlung im Stadtgebiet von Heidelberg in: Ruperto Carola 38, Heidelberg 1965
Dietwulf Baatz: Lopodunum-Ladenburg in: Badische Fundberichte Sonderheft 1, Freiburg 1962
Hermann Gropengießer: Spätrömischer Burgus bei Mannheim-Neckarau in: Badische Fundberichte, Freiburg 1937.
Wilhelm Schleiermacher: Befestigte Schiffslanden Velantinians in: Germania 26, Frankfurt 1942.
Otto Roller: Die römischen Terra-Sigillata-Töpfereien von Rheinzabern. Gesellschaft für Vor- und Frühgeschichte in Württemberg und Hohenzollern. Kleine Schriften zur Kenntnis der römischen Besatzungsgeschichte Südwestdeutschlands 1. – Stuttgart, 1965, 2. Aufl. 1969.
Alfons Kolling: Funde aus der Römerstadt Schwarzenacker und ihrer nahen Umgebung, Einöd-Homburg/Saar, 1971.
Rainer Christlein: Die Alamannen; Archäologie eines lebendigen Volkes. 2. Aufl. – Stuttgart, 1979.
Gisela Clauß: Reihengräberfelder von Heidelberg-Kirchheim. Badische Fundberichte, Sonderheft 14. – Freiburg, 1971.

Literatur zu Kapitel 3

Karl Friedrich Strohecker: Studien zu den historisch-geographischen Grundlagen der Nibelungensage in: Deutsche Vierteljahresschrift für Literaturwissenschaft und Geistesgeschichte 32, Halle 1958
Peter Wackwitz: Gab es ein Burgunderreich in Worms? in: Der Wormsgau, Beiheft 20, Worms 1964
Kurt Böhner: Archäologische Beiträge zur Siedlungsgeschichte der Pfalz in der Merowingerzeit in: Verhandlungen der Arbeitsgemeinschaft für westdeutsche Landes- und Volksforschung in Kaiserslautern. Bonn 1954
Albert Decker: Die Benediktinerabtei Klingenmünster von der Merowinger- bis zur Staufenzeit in: Archiv für mittelrheinische Kirchengeschichte II, Speyer 1950
Fritz Trautz: Das untere Neckarland im früheren Mittelalter, Heidelberg 1953
Heinrich Büttner: Frühes fränkisches Christentum am Mittelrhein in: Archiv für mittelrheinische Kirchengeschichte III, Speyer 1951
Heinrich Büttner: Das Bistum Worms und der Neckarraum während des Früh- und Hochmittelalters in: Archiv für mittelrheinische Kirchengeschichte X, Speyer 1958
Hans Werle: Staufische Hausmachtpolitik am Rhein im 12. Jahrhundert in: Zeitschrift für die Geschichte des Oberrheins 110/2, Karlsruhe 1962

Literatur zu Kapitel 4

Günter Gudian: Der Ingelheimer Oberhof in: Savigny-Zeitschrift für Rechtsgeschichte, Germanistische Abteilung Band 81, Frankfurt 1964
Peter Classen: Bemerkungen zur Pfalzenforschung am Mittelrhein in: Deutsche Königspfalzen I, Göttingen 1963
Ottheinz Münch: Kaiserslautern 1276–1951. Festschrift zum 675jährigen Stadtjubiläum, Kaiserslautern 1951
Ottheinz Münch: Kaiserslautern, die Barbarossastadt im Herzen des Pfälzer Waldes, Speyer 1951
Karl Hampe: Die Pfälzer Lande in der Stauferzeit in: Historische Zeitschrift 115, München, Berlin 1916
Johanna Hess-Gotthold: Hausmacht und Politik Friedrich Barbarossas im Raum des heutigen Pfälzer Waldes in: Schriften zur Geschichte von Stadt und Landkreis Kaiserslautern, Kaiserslautern 1962
Hans Werle: Der Trifels als Dynastenburg in: Mitteilungen des Historischen Vereins der Pfalz 52, Speyer 1954
Friedrich Sprater: Der Trifels. Neubearbeitet von Günter Stein, 7. Auflage, Speyer 1968
Georg Biundo und *Hans Loss:* Annweiler, Geschichte einer alten Reichsstadt, Landau 1968

Literatur zu Kapitel 5

Franz Xaver Remling: Urkundliche Geschichte der ehemaligen Abteien und Klöster im jetzigen Rheinbayern, 2 Bände, Neustadt 1836.
St. German in Stadt und Bistum Speyer. Festschrift zur Weihe der Kirche des Priesterseminars St. German in Speyer, 1957
Helga Schweer: Weißenburg im Elsaß. Eine Stadtgeographie, Speyer 1964
Rainer Kengel: Die Benediktiner-Abtei Amorbach in: Beiträge zur Kultur und Geschichte von Abtei, Stadt und Herrschaft, Würzburg 1953
Verschiedene Beiträge über Hornbach und St. Pirmin: Archiv für Mittelrheinische Kirchengeschichte, 5. Jahrgang, Speyer 1953
Ernst Drum: Geschichte der Stadt Hornbach, Hornbach 1952
Johannes Emil Gugumus: Pirmin in: Pfälzer Lebensbilder I, Speyer 1964
Wolfgang Selzer (Herausgeber): Laurissa jubilans. Festschrift zur 1200-Jahrfeier von Lorsch, Lorsch 1964
Karl Josef Minst: Lorscher Codex. Urkundenbuch der ehemaligen Abtei Lorsch, Lorsch 1966 (deutsch)
Karl Ferdinand Werner: Bedeutende Adelsfamilien im Reich Karls des Großen, in: Karl der Große, Lebenswerk und Nachleben, Band 1, Düsseldorf 1960
R. Sillib: Stift Neuburg bei Heidelberg, Seine Geschichte in Urkunden, Neues Archiv für die Geschichte der Stadt Heidelberg . . .5, 1903, S. 167–246 und 6, 1905, S. 1–64
Peter Moraw: Das Stift St. Philipp zu Zell in der Pfalz, Heidelberg 1964
Peter Moraw: Das Stift St. Fabian in Hornbach (Pfalz) in: Archiv für mittelrheinische Kirchengeschichte 16, Speyer 1964
Meinrad Schaab: Die Zisterzienserabtei Schönau im Odenwald, Heidelberg 1963
Gerhard Kaller: Wirtschafts- und Besitzgeschichte des Zisterzienserklosters Otterberg 1144–1561, Heidelberg 1961
Hans Peter Wehlt: Reichsabtei und König, dargestellt am Beispiel der Abtei Lorsch, Göttingen 1970

Literatur zu Kapitel 6

Franz Steinbach: Die Entstehung der Kurpfalz in: Verhandlungen der Arbeitsgemeinschaft für westdeutsche Landes- und Volksforschung (Bonn), Kaiserslautern 1954.
Ruth Gerstner: Die Geschichte der lothringischen und rheinischen Pfalzgrafschaft von ihren Anfängen bis zur Ausbildung des Kurterritoriums Pfalz, Rheinisches Archiv, Bonn 1941.
Hans Werle: Die Aufgabe und die Bedeutung der Pfalzgrafschaft bei Rhein in der staufischen Hausmachtpolitik in: Mitteilungen des Historischen Vereins der Pfalz 57, Speyer 1959.
Geord Durst: Alzey im Rheinhessischen Weingau, Speyer (ohne Jahreszahl).
Karl Kollnig: Probleme der Weistumsforschung in: Heidelberger Jahrbücher I, Heidelberg 1957.
Rudolf Kraft: Markward von Annweiler in: Deutscher Westen – Deutsches Reich I, Kaiserslautern 1938.
Christian Schütze: Die territoriale Entwicklung der Rheinischen Pfalz im 14. Jahrhundert seit dem Hausvertrag von Pavia (1329). Maschinenschriftliche Dissertation Heidelberg 1959.
Jacob Wille: Rudolf I. und Rudolf II. in: Allgemeine Deutsche Biographie 29, Leipzig 1889.
Ernst Beck: Kurfürst Ruprecht I. von der Pfalz in: Deutscher Westen – Deutsches Reich I, Kaiserslautern 1938.
August Thorbecke: Ruprecht III. in: Allgemeine Deutsche Biographie 29, Leipzig 1889.
Fritz Ernst: Kurfürst Friedrich I., der Siegreiche von der Pfalz in: Deutscher Westen – Deutsches Reich I, Kaiserslautern 1938.
Henry J. Cohn: The government of the Rhine Palatinate in the Fifteenth Century, Oxford 1965.
Eberhard Klafki: Die kurpfälzischen Erbhofämter, Stuttgart 1966.

Kurt Baumann: Franz von Sickingen in: Pfälzer Lebensbilder I, Speyer 1964.
Karl Schumm: Goetz von Berlichingen: Zum 400. Todestag am 23. Juli 1962 in: Ruperto Carola 32, Heidelberg 1962.
Georg Poensgen (Herausgeber): Gedenkschrift zur 400jährigen Wiederkehr der Kurfürstenzeit Ottheinrichs (1556–1559), Sonderdruck der Ruperto Carola mit 19 Beiträgen verschiedener Verfasser, Heidelberg 1956.
Alfons Schäfer: Der Anspruch von Kurpfalz auf die Herrschaft über den Rhein von Selz im Elsaß bis Bingen in: Zeitschrift für die Geschichte des Oberrheins, Band 115/2, Karlsruhe 1967.

Literatur zu Kapitel 7

Karl Pfaff: Heidelberg und Umgebung. 3. Auflage, Heidelberg 1910.
Wolfram Waldschmidt: Altheidelberg und sein Schloß, Jena 1909.
Richard Benz: Heidelberg – Schicksal und Geist, Konstanz 1961
Philipp Witkop: Heidelberg und die deutsche Dichtung, Leipzig 1925.
Georg Poensgen (Herausgeber): Universität Heidelberg. Geschichte und Gegenwart 1386–1961. Katalog zur Ausstellung im Ottheinrichsbau des Heidelberger Schlosses, Heidelberg 1961.
Edmund Kiehnle: Das Eppinger Universitätsgebäude in: Ruperto Carola 28, Heidelberg 1960.
Josef Weiss: Von den Beziehungen der pfälzischen Kurfürsten zum Geistesleben am Mittelrhein in: Jahresbericht der Görres-Gesellschaft, Köln 1904.
Lili Fehrle-Burger: Der Hortus Palatinus als achtes Weltwunder. Anlage zu: Ruperto Carola 31, Heidelber 1962.
Lili Fehrle-Burger: Das Heidelberger Hoftheater. Anlage zu: Ruperto Carola 35, Heidelberg 1964.
Siegfried Joost: Bibliotheca Palatina in: Der Heidelberger Portländer 1966/2, Heidelberg 1962.
Kurt Horn: Johann Sylvan und die Anfänge des Heidelberger Antitrinitarismus. Ein Beitrag zur Pfälzer Kirchengeschichte in: Neue Heidelberger Jahrbücher XVII, Heidelberg 1913.
Herbert Derwein: Handschuhsheim und seine Geschichte, Heidelberg 1933
Hermann Weisert: 1200 Jahre Handschuhsheim und Neuenheim, Anlage zu: Ruperto Carola 37, Heidelberg 1965.
Hermann Weisert: 1200 Jahre Wieblingen, mit der Geschichte der Wieblinger Adelsfamilie, der Reichsfreiherrn von La Roche-Starkenfels. Anlage zu Ruperto Carola 40, Heidelberg 1966.
Karl Heinz Frauenfeld: Chronik von Rohrbach, 1200 Jahre 766–1966. Sonderdruck aus Ruperto Carola 38, Heidelberg 1965.
Dieter Neuer: 1200 Jahre Kirchheim 767–1967, Anlage zu Ruperto Carola 40, Heidelberg 1966.
Günter Heinemann: Heidelberg, München 1983.
Hermann Weisert: Geschichte der Universität Heidelberg, Heidelberg 1983.
Peter Classen, Heike Wolgast: Geschichte der Universität Heidelberg, Heidelberg 1983.

Literatur zur Geschichte von Pfalz-Zweibrücken zu Kapitel 8 und 14

Julius Dahl und *Karl Lohmeyer:* Das barocke Zweibrücken und seine Meister, 2. Auflage, Waldfischbach 1957.
Ernst Drumm: Geschichte der Stadt Hornbach. Schriften zur Zweibrücker Landesgeschichte, Hornbach 1952.
Historischer Verein Zweibrücken: 600 Jahre Zweibrücken, Zweibrücken 1952.
Johann Georg Lehmann: Vollständige Geschichte des Herzogtums Zweibrücken und seiner Fürsten, München 1867.
Ludwig Molitor: Vollständige Geschichte der ehemals pfalz-bayrischen Residenzstadt Zweibrücken, Zweibrücken 1885.
Josef Müller: Zweibrücken, Geschichte eines städtischen Gemeinwesens 1600–1930, Zweibrücken 1948.
Protestantische Kirchengemeinde: Die Alexanderkirche, Zweibrücken 1957.
Herzog-Wolfgang-Gymnasium: Festschrift zum 400jährigen Jubiläum 1959. Herausgegeben vom Herzog-Wolfgang-Gymnasium, Zweibrücken 1959.
Hans Wölbing: Haus-Geschichte des Gymnasiums Bipontinum. Zum 400jährigen Jubiläum, Zweibrücken 1959.
Zweibrücken: Zum 600jährigen Stadtjubiläum 1952. Herausgegeben von der Stadt Zweibrücken, Zweibrücken 1952.
Homburg (Saar) 1558–1958: Festschrift zur 400-Jahrfeier der Stadterhebung, Homburg (Saar) 1958.

Literatur zu Kapitel 9

Speyer
Anton Doll: Geschichte der Stadt Speyer, 2 Bände, Stuttgart, 2. Aufl. im Erscheinen
Franz Xaver Remling: Geschichte der Bischöfe zu Speyer, 2 Bände, Mainz 1852, 1854.
Worms
Peter Wackwitz: Gab es ein Burgunderreich in Worms? Beiheft 20 zu „Der Wormsgau", Worms 1964.
Otto Böcher: Der Judenfriedhof in Worms, Worms 1958.
Heinrich Büttner: Das Bistum Worms und der Neckarraum während des Früh- und Hochmittelalters in: Archiv für mittelrheinische Kirchengeschichte, Speyer 1954.
Heinrich Büttner: Frühes fränkisches Christentum am Mittelrhein ebenda III. 1951.
Heinrich Büttner: Zur Stadtentwicklung von Worms im Früh- und Hochmittelalter in: Aus Geschichte und Landeskunde: Festgabe für Franz Steinbach, Bonn 1960.
Peter Classen: Bemerkungen zur Pfalzenforschung am Mittelrhein in: Deutsche Königspfalzen. Veröffentlichung des Max-Planck-Instituts für Geschichte, Göttingen 1963.
Friedrich M. Illert: Worms im wechselnden Spiel der Jahrtausende, Worms 1958.
Friedrich M. Illert, Herausgeber von: Wormatia sacra. Beiträge zur Geschichte des ehemaligen Bistums Worms. Aus Anlaß der Feier der 900jährigen Wiederkehr des Todestages des Bischofs Burchard, Worms 1925.
Georg Illert: Skizze der Entwicklung der Stadt Worms in: Wormsgau 1955, Worms 1955.

Verschiedene Reichsstädte
Fritz Reuter: Kurmainz, Kurpfalz und die Reichsstädte im Spätmittelalter (Mainz, Odernheim, Oppenheim, Pfeddersheim und Worms) in: Mitteilungsblatt zur Rheinhessischen Landeskunde XIV. 1965, Heft 2, Mainz 1965.

Georg Biundo: Annweiler, Geschichte einer alten Reichsstadt, Annweiler 1937.
Joseph Probst: Geschichte der Stadt und Festung Germersheim, Speyer 1898, ND 1974.
Johann Georg Lehmann: Urkundliche Geschichte der ehemaligen freien Reichsstadt und jetzigen Bundesfestung Landau, Neustadt 1851.
Landkreis Landau: Monographie einer Landschaft, Landau 1964.
W. Frank: Geschichte der ehemaligen Reichsstadt Oppenheim am Rhein, Oppenheim 1859.
Wilhelm Alter: 1200 Jahre Pfeddersheimer Geschichte in: 1200 Jahre Pfeddersheim, Worms 1954.
John Gustav Weiss: Geschichte der Stadt Eberbach am Neckar, Eberbach 1900 und 1927.
Anton Braun: Geschichte der Stadt Eppingen, Eppingen 1914.
Gustav Rommel: Sinsheim. Ein geschichtlicher Überblick, Karlsruhe 1954.
A. Kimmelmann: Waibstadt. Geschichte einer verpfändeten ehemals freien Reichsstadt, Karlsruhe 1936.
Robert Bauer: Neckargemünd. Eine Stadt im Strom der Zeit, Heidelberg 1974.

Literatur zu Kapitel 10

Hermann Schreibmüller: Pfälzer Reichsministerialen. Wissenschaftliche Beilage zum Jahresbericht des Gymnasiums Kaiserslautern 1909/10. 1910/11, Kaiserslautern 1910
Gustav Kolb: Die Kraichgauer Ritterschaft in: Württembergische Vierteljahreshefte für Landesgeschichte XIX, Stuttgart 1910
Helmut Budenbender: Das Familiendrama Sickingen in: Mitteilungen des Historischen Vereins der Pfalz 61, Speyer 1962
Heinz Gollwitzer: Die Standesherren, 2. Auflage, Göttingen 1964
Eduard Vehse: Geschichte der deutschen Höfe seit der Reformation. 6. Abteilung: Die kleinen deutschen Höfe. 9. Teil: Die Mediatisierten, Band 3, Seite 39 ff.: Das Haus Leiningen. Band 4, Seite 145 ff.: Das fürstliche Haus von der Leyen. Seite 208 ff.: Das Haus Erbach, Hamburg 1858
C. Simon: Die Geschichte der Dynasten und Grafen zu Erbach und ihres Landes. Frankfurt/Main 1858
Eduard Brinckmeier: Genealogische Geschichte des uradligen, reichsgräflichen und reichsfürstlichen, standesherrlichen, erlauchten Hauses Leiningen und Leiningen-Westerburg, 2. Band, Braunschweig 1890
Ludwig Blankenheim: Die Mediatisierung des Fürstentums Leiningen in: Pfälzische Heimat XII, Speyer 1961
Adam Schmitt: Die Herrnsheimer Dalberg und ihre Kirche, Herrnsheim-Worms 1933
Wolfgang Krämer: 800 Jahre Adelsfamilie von der Leyen in: Pfälzische Heimat X, Speyer 1959
W. Fabricius: Die Herrschaften an der unteren Nahe, 1914 (mit Karten)

Literatur zu Kapitel 11

Ludwig Petry: Pfalzgraf Johann Kasimir 1543–1592 in: Pfälzer Lebensbilder, Speyer 1964
Fritz Trautz: England und Kurpfalz im 17. Jahrhundert in: Ruperto Carola XV, 33, Heidelberg 1963
Karl Hauck: Karl Ludwig Kurfürst von der Pfalz 1617–1680. Forschungen zur Geschichte Mannheims und der Pfalz, IV, Leipzig 1903
Volker Sellin: Kurfürst Karl Ludwig von der Pfalz, Mannheim 1980
Mathilde Knoop: Madame Liselotte von der Pfalz. Ein Lebensbild, mit Angabe der Quellen sowie der Literatur einschließlich der französischen Briefe, Ebenhausen 1958
Hans Hehnolt: Briefe der Liselotte von Orléans (Auswahl, bei der Original-Schreibweise mit der persönlich willkürlichen Orthographie und Grammatik beibehalten ist)
Jacob Wille: Pfalzgräfin Elisabeth Charlotte, Herzogin von Orléans (die Pfälzer Liselotte), 2. Auflage, Bielefeld und Leipzig 1908
Georg Poensgen: Bildnisse der Liselotte von der Pfalz, Heidelberg 1925
Kurt von Raumer: Die Zerstörung der Pfalz von 1689, München und Berlin 1930
Daniel Häberle: Auswanderung und Koloniegründung der Pfälzer im 18. Jahrhundert. Zur Erinnerung an die Massenauswanderung der Pfälzer (1709) und an den pfälzischen Bauerngeneral Nikolaus Herckheimer, den Helden von Oriskany (1777), Kaiserslautern 1909
August Rupp: Pfälzische Kolonisation in Nordamerika, 2. Auflage, Stuttgart 1938
Ralph Wood: The Pennsylvanian Germans, 3. Auflage, Princeton 1943
Werner Hacker: Kurpfälzische Auswanderer vom Unteren Neckar, Stuttgart 1983
Max Braubach: Kurfürst Johann Wilhelm von der Pfalz in: Ruperto Carola 24, Heidelberg 1958
Hans Schmidt: Kurfürst Karl Philipp von der Pfalz in: Mannheimer Hefte 1960/2, Mannheim 1960
Hans Schmidt: Die Kurpfalz unter den Kurfürsten der Häuser Neuburg und Sulzbach 1685–1799 in: Mannheimer Hefte 1962/2, Mannheim 1962
Hans Schmidt: Kurfürst Karl Philipp von der Pfalz als Reichsfürst. Forschungen zur Geschichte Mannheims und der Pfalz. Neue Folge, Band 2, Mannheim 1963
Kurt Baumann: Bayern und die Pfalz unter Karl Theodor in: Pfälzische Heimatblätter 3/2, Ludwigshafen 1955
Ernst Walter Zeeden: Kleine Reformationsgeschichte von Baden-Durlach und Kurpfalz, Karlsruhe 1956
Bernhard Duhr: Geschichte der Jesuiten in den Ländern deutscher Zunge vom 16. bis 18. Jahrhundert. 4 Bände, Freiburg 1913–1928
Leopold Löwenstein: Geschichte der Juden in der Kurpfalz. Frankfurt am Main. 2. Aufl. 1927
Oskar Bezzel: Geschichte des kurpfälzischen Heeres in den Kriegen zu Ende des 17. und im Laufe des 18. Jahrhundertss, München 1918
Andreas Lamey: Selbstbiographie nebst ungedruckten Briefen. Herausgegeben von Franz Schnabel in: Mannheimer Geschichtsblätter 14, Mannheim 1913
Meinrad Schaab: Die Wiederherstellung des Katholizismus in der Kurpfalz im 17. und 18. Jahrhundert in: Zeitschrift für die Geschichte des Oberrheins, Band 114, Karlsruhe 1966

Literatur zu Kapitel 12 (teilweise zugleich zu Kapitel 19)

Mannheimer Stadtkunde, hrsgg. von der Stadt Mannheim, 2. Aufl. Mannheim 1982 (mit umfangreicher Literaturliste über Mannheim)
Friedrich Walter: Geschichte Mannheims von den ersten Anfängen bis zum Übergang an Baden, Band I von „Mannheim in Vergangenheit und Gegenwart". Jubiläumsausgabe der Stadt Mannheim, Mannheim 1907
Friedrich Walter: Aufgabe und Vermächtnis einer deutschen Stadt. Drei Jahrhunderte Alt-Mannheim, Frankfurt am Main 1952
Ernst Plewe: Zur Entwicklungsgeschichte der Stadt Mannheim in: Festschrift zur Einweihung der Wirtschaftshochschule im Schloß, Mannheim 1955

Helmut Friedmann: Alt-Mannheim im Wandel seiner Physiognomie, Struktur und Funktion 1606–1963. Bad Godesberg 1968

Karl Albert Müller (Herausgeber): 300 Jahre Karl-Friedrich-Gymnasium. Mannheim 1972

Gustaf Jacob: Mannheim im Wandel der Jahrhunderte, in: Mannheimer Hefte 1966/2, Mannheim 1966

Meinrad Schaab: Der Mannheimer Raum im Mittelalter, in: Mannheimer Hefte 1966/1, Mannheim 1966

Wilhelm Schaaff: Urkunden zur Geschichte der Umgebung Mannheims, in: Pfälzische Heimat XIII, Speyer 1962

Wilhelm Schaaff: Das Dorf Mannheim und seine Familien, in: Mannheimer Hefte 1956/3, Mannheim 1956

Rudolf Haas: Mannheim im Codex Laureshamensis, in: Mannheimer Hefte 1964/3, Mannheim 1964

Ludwig Schröder: Die Anfänge des Mannheimer Zolls. Schloß und Zollstätte Eichelsheim, in: Badische Heimat 45, Hefte 3/4, Freiburg 1965

Karl Christ: Frehers zeitgenössischer Bericht über die Gründung der Stadt und Festung Mannheim, in: Mannheimer Geschichtsblätter VIII 3/4, Mannheim 1906

Philipp Kautzmann: Marquard Freher, in: Mannheimer Geschichtsblätter VIII 3/4, Mannheim 1906

Franz Schnabel: Die kulturelle Bedeutung der Carl-Theodor-Zeit, in: Mannheimer Geschichtsblätter, Mannheim 1924

Ludwig Mathy: Studien zur Geschichte der bildenden Künste im 18. Jahrhundert. Erster Teil 1720–1726, Mannheim 1894. Architektur und Sculptur. Beilage zum Jahresbericht des Großherzoglichen Gymnasiums 1893/94

Ludwig W. Böhm: Das Mannheimer Schloß. Herausgegeben von der Oberfinanzdirektion Karlsruhe, Karlsruhe 1962

Otto Knaus: Künstler am Hofe Carl Theodors. Die Gestaltung des Schwetzinger Gartens, Schwetzingen 1963

Kurt Martin: Schloß und Garten Schwetzingen, Karlsruhe 1965

Josef August Beringer: Kurpfälzische Kunst und Kultur im 18. Jahrhundert, Freiburg 1907

Max Wingenroth: Verschaffelt und das ehemalige Palais Bretzenheim, Mannheim 1911

Josef August Beringer: Ferdinand Kobell, Mannheim 1909

Peter Hahn: Das kurfürstliche Kupferstich- und Zeichnungskabinett in Mannheim, in: Mannheimer Hefte 1958/3, Mannheim 1958

Gustaf Jacob: Paul Egell, in: Mannheimer Geschichtsblätter, Mannheim, Januar/März 1934

Eva Zimmermann: Paul Egells Arbeiten für das Neckar- und Rheintor in Mannheim, in: Mannheimer Hefte 1961/1, Mannheim 1961

Waldemar Lessing: Wilhelm von Kobell. Neuauflage München 1966

Gustaf Jacob: Der Kupferstecher Heinrich Sintzenich, in: Mannheimer Hefte 1959/2 und 1961/1, Mannheim 1959 und 1961

Berthold Roland: Der „Maler Müller" als Maler, in: Mannheimer Hefte 1964/2, Mannheim 1964

Ludwig W. Böhm: Christian Friedrich Schwan, in: Mannheim und der Rhein-Neckar-Raum, Mannheim 1965

Friedrich Walter: Geschichte des Theaters und der Musik am Kurpfälzischen Hofe, Mannheim 1896

Ernst Leopold Stahl: Das Europäische Mannheim. Die Wege zum deutschen Nationaltheater, Mannheim 1940

Stephan Pflicht: Kurfürst Carl Theodor und seine Bedeutung für die Entwicklung des deutschen Theaters, 1976

Christof Martin Wieland: Gesammelte Werke Band 6, Stuttgart 1885

Hugo Riemann: Mannheimer Symphoniker, in: Denkmäler der Tonkunst in Bayern. Herausgegeben von Adolf Sandberger, 3. Jahrgang, Band I, Sinfonien der pfalz-bayerischen Schule, Leipzig 1902

Wolfgang Amadeus Mozart: Briefe I. Teil, Familienbriefwechsel aus den Jahren 1769–1779. Herausgeber: E. H. Müller von Asow im Auftrag des Zentralinstituts für Mozartforschung am Mozarteum in Salzburg, Berlin 1942

Ernst Leopold Stahl: Mozart am Oberrhein. Schicksalswende in Mannheim mit einem Beitrag: Mozarts Mannheimer Werke von Wilhem Petersen, Straßburg 1942

Günther Massenkeil: Ruhm und Nachruhm der Mannheimer Schule. Zur Musikgeschichte Mannheims, in: Mannheimer Hefte 1965/3, Mannheim 1965

Roland Würtz: Das Mannheimer Mozart-Buch, Wilhelmshaven 1977

Roland Würtz: Verzeichnis und Ikonographie der kurpfälzischen Hofmusiker zu Mannheim nebst darstellendem Theaterpersonal 1723–1803, Wilhelmshaven 1975

Eduard Schmitt: Franz Xaver Richter (1709–1789) und die geistliche Musik am Hofe Carl Theodors, in: Mannheimer Hefte 1963/1, Mannheim 1963

Hans Baltschauser: Johann Heinrich Baltschauser, Münzgraveur und Münzmeister in Mannheim, in: Mannheimer Hefte 1960/2, Mannheim 1960

Andreas Lamey: Selbstbiographie nebst ungedruckten Briefen. Herausgegeben von Franz Schnabel, Mannheimer Geschichtsblätter 1913, 4, 6, 7/8, 9, Mannheim 1913

Adolf Kistner: Die Pflege der Naturwissenschaften in Mannheim zur Zeit Carl Theodors, Mannheim 1930

Peter Fuchs: Palatinatus illustratus. Die historische Forschung an der Kurpfälzischen Akademie der Wissenschaften. Forschungen zur Geschichte der Stadt Mannheim. Neue Folge Band 1, Mannheim 1963.

Reinhard Rürup: Die deutsche Geschichtswissenschaft im 18. Jahrhundert, insbesondere die Mannheimer Akademie und die Erforschung der Pfälzer Geschichte, in: Zeitschrift für die Geschichte des Oberrheins 113 (74), Karlsruhe 1965

Andreas Kraus: Vernunft und Geschichte. Die Bedeutung der deutschen Akademien für die Entwicklung der Geschichtswissenschaft im späten 18. Jahrhundert (insbesondere Seite 279–296: Die kurpfälzische Akademie der Wissenschaft), Freiburg 1963

Erika Kollnig: 200 Jahre Astronomie in der Kurpfalz, in: Ruperto Carola 32, Heidelberg 1962

H. Gawliczek, W. Senk, H. Hatzig: Chronik der Ärzte Mannheims, Mannheim 1978

Bernhard Seuffert: Geschichte der Deutschen Gesellschaft in Mannheim, in: Zeitschrift für deutsches Altertum. Beilage: Anzeige für deutsches Altertum und Literatur 6, Berlin 1880

Hermann Eris Busse (Herausgeber): Mannheim. Jahresheft 1927 der Zeitschrift Badische Heimat mit Aufsätzen verschiedener Autoren, Karlsruhe 1927

Karl Anton Straub: Mannheimer Kirchengeschichte. Katholische Vergangenheit und Gegenwart, Mannheim 1957

Siegfried Heinzelmann: Evangelische Kirche in Mannheim, Mannheim 1965

Friedrich Walter: Leistung und Persönlichkeit. Aus der Geschichte des Mannheimer Judentums, in: Mannheimer Hefte 1957/3, Mannheim 1957

Karl Otto Watzinger: Die Entwicklung der jüdischen Gemeinde Mannheims von 1660 bis 1862, in: Mannheimer Hefte 1957/3, Mannheim 1960

Heinrich Brunner, Franz Gember, Wilhelm Schaaff, Ernst Throm, Günther Löhr: 1200 Jahre Feudenheim 766–1966, Mannheim Feudenheim 1966

Klaus Ebert: Der Wandel Käfertals vom Bauerndorf zu den Industrievororten Mannheim-Käfertal und Mannheim-Waldhof. Diplomarbeit Wirtschaftshochschule Mannheim 1964

Lorenz Klingert: Festbuch zur Siebenhundert-Jahr-Feier der ehemaligen Gemeinde Käfertal 1227–1927, Mannheim 1927

Karl Frey und Lorenz Klingert: Heimatbuch der Gemeinden Mannheim-Käfertal und Mannheim-Waldhof, Mannheim 1954

Fritz Heck: Chronik von Sandhofen, Scharhof, Sandtorf und Kirschgartshausen, Mannheim 1912

Hansjörg Probst: Seckenheim – Geschichte eines Kurpfälzer Dorfes, Mannheim 1981

Hansjörg Probst: Ilvesheim im Wandel der Zeit, Ilvesheim 1983

Literatur zu Kapitel 13

Heinz Amberger: Dero Stadt Frankenthal, Streiflichter aus der Frankenthaler Stadtgeschichte, Frankenthal 1962.
Ludwig W. Böhm: Frankenthaler Porzellan. Meyers Bildbändchen 20/21, Mannheim 1960.
Ludwig W. Böhm und Hertha Wellensiek: Die Frankenthaler Maler. Ausstellungskatalog Mannheim/Frankenthal 1962.
Friedrich M. Illert: Frankenthal im geschichtlichen Bild des Rhein-Neckar-Raumes. Festrede zum 375jährigen Stadtjubiläum am 29. Oktober 1952, 2. Auflage, Frankenthal 1957.
Anna Maus: Vom Philantropin zur Mädchenoberschule 1882–1957. Die Geschichte der Karolinenschule zu Frankenthal/Pfalz, Frankenthal 1957.
Anna Maus: Die Frankenthaler Privilegien, Fabriken und Polizeikommission, in: Pfälzer Heimat XIII, Speyer 1962.
Karl Schneider: Frankenthal, die Industriestadt Carl Theodors (1742–1799). Ein Beitrag zur Industriepolitik des Merkantilismus, Halle/Saale 1931.
Jacob Wille: Stadt und Festung Frankenthal während des Dreißigjährigen Krieges, Heidelberg 1877.
Heinz Amberger: Das niederländische Frankenthal 1562–1689, in: Frankenthal einst und jetzt 1962/2, Frankenthal 1962.
Volker Christmann: Petrus Dathenus, in: Frankenthal einst und jetzt 1962/2, Frankenthal 1962.
August Hussong: Die Frankenthaler Glaubensflüchtlinge, in Frankenthal einst und jetzt 1962/2, Frankenthal 1962.
Werner Wagner: Frankenthal und das weiße Gold (Geschichte der Zuckerfabrikation in Frankenthal), in: Frankenthal einst und jetzt 1963/1, Frankenthal 1963.
Ernst Lamann: Die Geschichte der Juden in der Pfalz und insbesondere in Frankenthal, in: Frankenthal einst und jetzt 1963/2, Frankenthal 1963.
Heinz Amberger: Die Frankenthaler Bürgerschaft empfängt ihren Kurfürsten, in: Frankenthal einst und jetzt 1964/3, Frankenthal 1964.
Otto Kraemer: 175 Jahre Maschinenbau in Frankenthal. Jubiläumsschrift der Aktiengesellschaft Kühnle, Kopp & Kausch, Frankenthal 1949.
Albert & Cie.: 100 Jahre Schnellpressenfabrik Frankenthal Albert & Cie. Aktiengesellschaft, Frankenthal 1961.
KSB-Post: Werkzeitschrift der Klein, Schanzlin und Becker Aktiengesellschaft, Frankenthal 3/61, 1–2/63.
Heinz Amberger: Vierhundert Jahre Frankenthaler Industrie, in: Frankenthal einst und jetzt, Frankenthal 1967.
Anna Maus: Geschichte der Stadt Frankenthal, Frankenthal 1969.

Literatur zu Kapitel 14 (siehe auch Literatur zu Kapitel 8)

Kurt Baumann: Herzog Christian IV. von Pfalz-Zweibrücken (1772–1775), in: Deutscher Westen – Deutsches Reich I, Kaiserslautern 1938.
Adalbert, Prinz von Bayern: Der Herzog und die Tänzerin. Die merkwürdige Geschichte Christians IV. von Pfalz-Zweibrücken und seiner Familie, Neustadt/Weinstraße 1966.
Karl Otto Frey: Das Regiment Royal Deux-Ponts, in: Pfälzische Heimatblätter 1, Ludwigshafen 1952.
Johann Christian Mannlich: Lebenserinnerungen 1741–1822. Übersetzung von Eugen Stollreiter, 2. Auflage, Berlin 1913. Neuauflage unter dem Titel: Rokoko und Revolution, Stuttgart 1966.
Richard Graf Du Moulin-Eckart: Zweibrücken und Versailles, in: Neue Heidelberger Jahrbücher V, Heidelberg 1895.
Berthold Roland: Johann Christian von Mannlich, Pfälzer Lebensbilder I, Speyer 1964.
Berthold Roland: Die Malergruppe von Pfalz-Zweibrücken. Studien zur deutschen Kunstgeschichte, Band 324. Baden-Baden 1959.
Helmut Apfel: Das Gymnasium Bipontinum – eine Heimstätte der Geschichtswissenschaft, in: Pfälzer Heimat 74/4, 1973.

Literatur zu Kapitel 15

Theophil Lang: Die Hauptstadt der kleinen Pfalz. Bilder aus der Vergangenheit des zwölfhundertjährigen Mosbach, 1936.
Theodor Karst: Das Kurpfälzische Oberamt Neustadt an der Haardt, Speyer 1960.
Peter Moraw, Theodor Karst: Die Universität Heidelberg und Neustadt an der Haardt, Speyer 1963.
Neustadt an der Weinstraße, Beiträge zur Geschichte einer pfälzischen Stadt, Hersg. Stadtverwaltg./Stadtarchiv, Neustadt 1975.
Erich Maschke, Georg Friedrich Böhm: Beiträge zum Recht der Stadt Neustadt an der Haardt, Speyer 1962.
Karl Mossmann: Der Schwetzinger Ortsadel im Mittelalter, Schwetzingen 1966.
Karl Wörn: Schwetzingen – eine lebendige Stadt, 2. Auflage, Schwetzingen 1970.
Leopold Zahn: Schwetzinger Hesperidengarten. Merianheft Heidelberg XX 2, 1967.
Karl Lochner: Schloß und Garten Oggersheim 1720–1794, Speyer 1960.
Karl Kreuter: Aus der Chronik von Oggersheim. Otterbach – Kaiserslautern 1963.
Karl Hopp: Geschichte der Herrschaft Kirchheim auf dem Gan. Kirchheimbolanden 1899. *Festschrift der Stadt Pirmasens:* 200 Jahre Stadt Pirmasens, 1763–1963. Pirmasens 1963.
Hans Röhn: Die Geschichte der Stadt Kirchheim-Bolanden, Kirchheim-Bolanden 1968.
Karl Wagner: Simmern im Wandel der Zeiten, Simmern 1930.
Josef Fresin: Die Geschichte der Stadt Weinheim. Weinheim 1962.
Hugo Klar: Geschichte der Stadt Birkenfeld, in: Birkenfeld wird Garnison, Birkenfeld 1964.
Winfried Dotzauer: Die Vordere Grafschaft Sponheim als pfälzisch-badisches Kondominium 1437–1707/8. Bad Kreuznach 1963.
Karl Geib: Geschichte der Stadt Bad Kreuznach. Bad Kreuznach 1940.
Hermann Joseph Becker: Blieskastel und sein Gnadenbild, Saarbrücken 1924.
Ernst Zink: 600 Jahre Stadt Dürkheim, Pfälzische Heimatblätter 8/7, Ludwigshafen 1960.
Emil Giessler und Mitarbeiter: 600 Jahre Stadt und ehemalige Reichsfestung Philippsburg, 1938.
Fritz Herzer: Bruchsaler Heimatgeschichte, Philippsburg 1955.
Ludwig Böer: Bruchsal und das alte Bistum Speyer. Ein Literaturbericht 1948–1971, in: Pfälzer Heimat 23/1, 1972.
Theophil Schuch: Politische und Kirchengeschichte von Ladenburg und der Neckarpfalz, Heidelberg 1843.

Literatur zu Kapitel 16

Franz Xaver Remling: Die Rheinpfalz in der Revolutionszeit von 1792–1798, 2 Bände, Speyer 1865/66
Max Springer: Die Franzosenherrschaft in der Pfalz 1792–1814 (Departement Donnersberg), Stuttgart 1926

Adam Sahrmann: Pfalz oder Salzburg. Geschichte des territorialen Ausgleichs zwischen Bayern und Österreich 1813–1819, München 1921

Michael Doeberl: Entwicklungsgeschichte Bayerns, 3 Bände, München 1931

Michael Frey: Versuch einer Beschreibung des bayrischen Rheinkreises I–IV, Speyer 1836/37

Hermann Schreibmüller: Bayern und Pfalz 1816–1916, Kaiserslautern 1916

Albert Becker: Die Wiedererstehung der Pfalz, Kaiserslautern 1916

Kurt Baumann: Probleme der pfälzischen Geschichte im 19. Jahrhundert, in: Mitteilungen des Historischen Vereins der Pfalz 51, Speyer 1953

Kurt Baumann: Der Geburtstag unserer Pfalz. 150 Jahre Münchner Vertrag. Pfälzische Heimatblätter, in »Die Rheinpfalz«, Ludwigshafen 1966

Peter Moraw: 150 Jahre Pfalz, in: Ruperto Carola 41, Heidelberg 1967

Wilhelm Reinheimer, Kurt Baumann, Friedrich Diel, Ludwig Fleischmann, Felix Hamackers, Max Schuler, Wilhelm Weber, Alfred Kluge: Festschrift zum 150jährigen Bestehen des pfälzischen Oberlandesgerichts, Zweibrücken 1966

Verhandlungen der Arbeitsgemeinschaft für westdeutsche Landes- und Volksforschung in Kaiserslautern mit den nachfolgenden 4 Aufsätzen, Bonn 1954

    Kurt Baumann: Bayern und die oberrheinischen Territorialfragen vom Wiener Kongreß bis zum Ausgang des Ersten Weltkrieges

    Rudolf Schreiber: Grundlagen der Entstehung eines Gemeinschaftsbewußtseins der Pfälzer im 19. Jahrhundert

    Konrad Busse: Die Pfalz im Wettbewerb der Verkehrsmittel. Das Gründungszeitalter der Eisenbahnen und seine Lehren

    Albert Zwick und Ernst Plewe: Die wirtschaftlichen Verflechtungen der Pfalz

Max Spindler: Die Pfalz in ihrem Verhältnis zum bayrischen Staat in der ersten Hälfte des 19. Jahrhunderts, in: Festgabe für Seine Königliche Hoheit Kronprinz Ruprecht von Bayern, München 1953

Johannes Bühler: Das Hambacher Fest 1832–1932, Ludwigshafen am Rhein 1932

Veit Valentin: Das Hambacher Nationalfest, Berlin 1932

Kurt Baumann und Mitarbeiter: Das Hambacher Fest, 27. Mai 1832. Männer und Ideen, Speyer 1957

Kurt Baumann: Die Kontinuität der revolutionären Bewegungen in der Pfalz 1792–1849; in: Geschichtliche Landeskunde Band I, Hambacher Gespräche 1962, Mainz/Wiesbaden 1964

Kurt Baumann: Volkserhebung und Konspiration in der pfälzischen Bewegung von 1848/49 in: Mitteilungen des Pfälzischen Historischen Vereins 68, Speyer 1970

Edgar Süss: Die Pfälzer im »Schwarzen Buch«. Ein personengeschichtlicher Beitrag zur Geschichte des Hambacher Festes, des frühen pfälzischen und deutschen Liberalismus, Heidelberg 1956

Fritz Trautz: Das Hambacher Fest und der südwestdeutsche Frühliberalismus, in: Heidelberger Jahrbücher 1958 II, Heidelberg 1958

Otto Fleischmann: Geschichte des pfälzischen Aufstands im Jahre 1849, Kaiserslautern 1899

Elmar Krautkrämer: Georg Friedrich Kolb, in: Pfälzer Lebensbilder I, Speyer 1964

Ludwig von Bassermann-Jordan: Weingut Geheimer Rat Dr. von Bassermann-Jordan, Deidesheim/Rheinpfalz

Hans Megner: Das Handelshaus Johann Heinrich Scharpff in Speyer am Rhein in den Jahren 1820 und 1821, dargestellt an den Briefkopierbüchern des Unternehmens im Archiv der Stadt Ludwigshafen. Diplomarbeit Mannheim 1960

IHK Pfalz: Beiträge zur pfälzischen Wirtschaftsgeschichte, Speyer 1968

Curt Freiherr von Gienanth: Geschichte der Familie Guinand von 1655–1952, Heidelberg 1952

Burkard Wedemeyer: Die Familie Gienanth. Ein Kapitel aus der Geschichte der pfälzischen Eisenindustrie. Maschinengeschriebene Dissertation. Göttingen 1953

Burkhard Wedemeyer: Ludwig Freiherr von Gienanth (1767–1848) in Baumann: Pfälzer Lebensbilder I, Speyer 1964

Hermann Graf: War zwischen der Eisenindustrie im römischen Eisenberg und ihrem Neubeginn in der ersten Hälfte des 18. Jahrhunderts ein verbindender Übergang? Mitteilungen des Historischen Vereins der Pfalz 58, Speyer 1960

Hansjörg Gruber: Die Entwicklung der pfälzischen Wirtschaft 1816–1834, Saarbrücken 1962

Heinz Sturm: Die geschichtliche Entwicklung des pfälzischen Eisenbahnwesens. Veröffentlichungen der Pfälzischen Gesellschaft zur Förderung der Wissenschaften Band 51, Speyer 1967

Kraft Sachistal: Einhundert Jahre Kammgarnspinnerei Kaiserslautern 1857–1957, Darmstadt 1957

Willy Freitag: Die Entwicklung der Kaiserslauterner Textilindustrie seit dem 18. Jahrhundert, Saarbrücken 1963

Heinrich Weller: Die Kameral Hohe Schule in Lautern (1779–1784). Speyer 1927

Ludwig Ziehner: Zur Geschichte des kurpfälzischen Wollgewerbes im 17. und 18. Jahrhundert, Stuttgart 1931

Josef Winschuh: J. J. Marx, Lambrecht. 350 Jahre Tuchmacher, Lambrecht 1935

Friedrich Hössle: Alte pfälzische Papiermühlen, Papierfabrikant 1921, Heft 2 und 6, Berlin 1921

Albert Jaffé: Die Geschichte der Papiermühlen im ehemaligen Herzogtum Zweibrücken, Selbstverlag Pirmasens 1935

Albert Jaffé: Die Papierindustrie in den Kurpfälzischen Stammlanden unter Carl Theodor, Selbstverlag Pirmasens 1935

Hermann Missenharter: Hundert Jahre Scheufelen in Oberlenningen (155 Jahre Papierfabrik Frankeneck), Oberlenningen 1955

Oswald Beck: Veränderungen in der Wirtschaft- und Sozialstruktur der Vorderpfalz und ihre Auswirkungen auf das Landschaftsbild seit dem Ende des 19. Jahrhunderts, Speyer 1963

E. Mayer: Pfälzische Kirchengeschichte, 1937

Literatur zu Kapitel 17

Badische Geschichte, Vom Großherzogtum bis zur Gegenwart, hrsgg. von der Landeszentrale für politische Bildung Baden-Württemberg, Stuttgart 1979

J. Becker: Liberaler Staat und Kirche in der Ära von Reichsgründung und Kulturkampf 1973

W. Burger: Das Erzbistum Freiburg in Vergangenheit und Gegenwart, 1927

Hans Fenske: Der liberale Südwesten – Freiheitliche Traditionen in Baden und Württemberg 1790–1933, hrsgg. von der Landeszentrale für politische Bildung BW, Stuttgart 1981

Karl Siegfried Bader: Zur politischen und rechtlichen Entwicklung Badens in: Baden im 19. und 20. Jahrhundert Band I, Karlsruhe 1949

Gustav Radbruch: Kaspar Hauser in: Ruperto Carola 21, Heidelberg 1957

Heinz Gollwitzer: Friedrich Daniel Bassermann und das deutsche Bürgertum, Mannheim 1955

Margrit Arnscheidt: Politische Druckgraphik der Revolution 1848/49, Mannheim 1978

Jürgen Zutt: Die badische Revolution 1849 in: Mannheimer Hefte 1966/3, Mannheim 1966

Ludwig Häusser: Denkwürdigkeiten zur Geschichte der badischen Revolution. Heidelberg 1851

Gustav Freytag: Karl Mathy: Geschichte seines Lebens, Leipzig 1870

Ludwig Mathy: Aus dem Nachlaß von Karl Mathy, Briefe aus den Jahren 1846–1848, Leipzig 1898

August Lamey: August Lamey der Staatsmann in: Ekkhart, Jahrbuch für das Badner Land, Freiburg 1966

Carl Eckhard: Erinnerungen aus meinem Leben, Mannheim 1908

Hermann Oncken: Großherzog Friedrich I. von Baden und die deutsche Politik von 1854–1871. Briefwechsel, Denkschriften, Tagebücher, 2. Band. Herausgegeben von der Badischen Historischen Kommission, Stuttgart 1927

Friedrich Walter: Großherzogin Stephanie, Lebensweg und Weggenossen 1789–1860, Baden-Baden, ohne Jahreszahl (etwa 1950)

Rudolf Haas: Stephanie Napoleon, Großherzogin von Baden – ein Leben zwischen Frankreich und Deutschland 1789–1860, Mannheim 1976

Literatur zu Kapitel 18 (siehe auch Literatur zu Kapitel 7)

Festschrift der Universität Heidelberg: Heidelberger Professoren aus dem 19. Jahrhundert, 2 Bände, Heidelberg 1903, insbesondere: Erich Marcks: Ludwig Häusser und die politische Geschichtsschreibung in Heidelberg

Anneliese Kaltenbach: Zum 100. Todestag von Ludwig Häusser, Ruperto Carola 40, Heidelberg 1966

Lothar Gall: Ludwig Häusser als Historiker und Politiker des kleindeutschen Liberalismus, in: Ruperto Carola 41, Heidelberg 1967

Heidelberger S. C.: Das Corpsleben in Heidelberg während des 19. Jahrhunderts. Festschrift zum 500jährigen Jubiläum der Universität Heidelberg 1886

Eduard Dietz: Die Deutsche Burschenschaft in Heidelberg, Heidelberg 1895

Maximilian Hufschmid: Goethes Heidelberger Freundin Helene Dorothea Delph und ihre Angehörigen, Heidelberg 1924

Hermann Luckenbach: Johann Wolfgang Textor und Johann Wolfgang Goethe in Heidelberg, Heidelberg 1932

Herbert Levin-Derwein: Die Heidelberger Romantik, Preisschrift der Corps-Suevia-Stiftung der Universität Heidelberg, München 1922

Karl Lohmeyer: Heidelberger Maler der Romantik, Heidelberg 1935

Klaus Mugdan: Kurpfälzer und Romantiker, Merianheft Heidelberg XX/2, Hamburg 1967

Lili Fehrle-Burger: Das Palais Boisserée, das Haus der Begegnung in Heidelberg in: Ekkhart, Jahrbuch für das Badner Land, Freiburg 1966

Helmine von Chézy: Gemälde von Heidelberg, Mannheim usw., Heidelberg 1816

Emil Hartmann (Herausgeber): Wir rühmen Dich Heidelberg, Dichter und Denker preisen Stadt und Schloß, 3. Auflage 1964

Nachruf für Oberbürgermeister Dr. Wilckens: Chronik der Stadt Heidelberg für das Jahr 1914, Heidelberg 1914

Ernst Walz: Zum 100. Geburtstag von Ernst Walz weiland Oberbürgermeister der Stadt Heidelberg und Honorarprofessor der Juristischen Fakultät, Ruperto Carola 25, Heidelberg 1959

Schnellpressenfabrik Heidelberg AG: 100 Jahre Heidelberger Druckmaschinen 1850–1950, Heidelberg 1950

Portland-Zementwerk Heidelberg AG: Die Mannheimer Portland-Cement-Fabrik in Mannheim. Das Portland-Cement-Werk Heidelberg. Schifferdecker und Söhne.
Die neue Portland-Cement-Fabrik in Leimen, Heidelberg 1909

Literatur zu Kapitel 19
Mannheim (siehe auch Literatur zu Kapitel 12)

Friedrich Walter: Geschichte Mannheims vom Übergang an Baden (1802) bis zur Gründung des Reichs. Band II des Jubiläumswerks Mannheim in Vergangenheit und Gegenwart, Mannheim 1907

Karl Hauck: Geschichte der Stadt Mannheim zur Zeit ihres Übergangs an Baden. Leipzig 1899

Bartsch-Walter: Eine Sammlung von Aufsätzen über die wirtschaftliche und kultruelle Entwicklung der Stadt Mannheim, Stuttgart 1922

Bartsch, Blaustein, Fendrich, Eulenberg, Paquet, Schnack, Walter, Schott: Mannheim das Kultur- und Wirtschaftszentrum Südwestdeutschlands. Herausgegeben von der Mannheimer Stadtreklame, Mannheim 1928

Verwaltungsberichte der Stadt Mannheim, 1892 ff.

Herbert Meyer: Schillers Flucht in Selbstzeugnissen, zeitgenössischen Berichten und Bildern dargestellt, Mannheim 1959

Sophie La Roche: Briefe über Mannheim, Zürich 1791

Ludwig W. Böhm und Herbert Meyer: August von Kotzebue 1761–1819. Ausstellungskatalog Mannheim 1961

Josef August Beringer: Jacob Friedrich Dyckerhoff, Ingenieur, Architekt, Maler und Daguerreotypeur in Mannheim 1774–1845, Karlsruhe 1933

Arthur Blaustein: Die Handelskammer Mannheim und ihre Vorläufer 1728–1929, Mannheim 1928

Rudolf Lembler: 100 Jahre Mannheimer Produktenbörse in: Mannheimer Hefte 1962/2, Mannheim 1962

Friedrich Daniel Bassermann: Denkwürdigkeiten 1811–1855, Frankfurt 1926

August Lamey: August Lamey, der Staatsmann in: Ekhart, Jahrbuch für das Badner Land, Freiburg 1966

Karl Otto Watzinger: August Lamey als Schöpfer des Gesetzes über die Gleichberechtigung der Juden in: Mannheimer Hefte 1962/3, Mannheim 1962

Richard Oskar Leichsenring: Aus Mannheimer Postgeschichte in: Mannheimer Hefte 1956/3, Mannheim 1956

Ernst Leopold Stahl: Das Mannheimer Nationaltheater. Ein Jahrhundert deutscher Theaterkultur im Reich, Mannheim 1929

Gustaf Jacob: Das Theatermuseum der Stadt Mannheim. Schriften der Stadt Mannheim 1, Mannheim 1936

Gustaf Jacob: Erinnerungen an Joseph Mühldorfer in: Mannheimer Hefte 1963/1, Mannheim 1963

Herbert Meyer, Das Nationaltheater Mannheim 1929–1979, Mannheim 1979

Friedrich Walter und Karl Laux: 150 Jahre Musikalische Akademie des Nationaltheater-Orchesters. Mannheim 1779–1929, Mannheim 1929

Gustaf Jacob: Mannheimer Planken, Mannheim 1937

Heinrich Willing: Mannheims Wasserturm in: Mannheimer Hefte 1962/2, Mannheim 1962

Gustaf Jacob: Richard Wagner – Emil Heckel und die Bayreuther Festspiele in: Mannheimer Hefte 1965/2, Mannheim 1965

Karl Kollnig, Mannheim. Volkstum und Volkskunde einer Großstadt in ihren geschichtlichen Grundlagen, Karlsruhe 1938

Herbert Meyer: Die Entwicklung des Mannheimer Bibliothekwesens bis zur Gründung der Öffentlichen Bibliothek 1870 in: Mannheimer Hefte 1963/2, Mannheim 1963

M. I. K.: Die Mannheimer Getreidemühlen im Wandel der Zeit in: Mannheimer Hefte 1954/1, Mannheim 1954

Felix Hecht: Die Mannheimer Banken 1870–1900 in: Staats- und sozialwirtschaftliche Forschungen XX 6, Leipzig 1902

Heinz Gutzler: Das Rheinauer Industrie- und Hafengebiet von 1873–1914, Heidelberg 1961, Auszug in: Mannheimer Hefte 1962/1, Mannheim 1962

Rudolf Haas: 75 Jahre Zellstoffabrik Waldhof 1884–1959 in: Mannheimer Hefte 1960/2, Mannheim 1960

Florian Waldeck: Alte Mannheimer Familien Band 1–6, Mannheim 1920–1925
Carl Benz: Lebensfahrt eines deutschen Erfinders, Leipzig 1925
Ernst de Nesle (Ernst Leopold Stahl): Kurpfälzische Profile (Otto Beck, der Begründer des modernen Mannheim, Carl Benz, der Erfinder, Heinrich Lanz, der Fabrikant, August Bassermann, der Bürgerintendant, Albert Bassermann, der Schauspieler) in: Merian Heft Mannheim, Hamburg 1948
Felix Hecht: Otto Beck, Oberbürgermeister von Mannheim. Sonderdruck aus Süddeutsche Monatshefte Heft 6 1908, München 1908
Ludwig W. Böhm: Carl und Anna Reiß in: Mannheimer Hefte 1954/1, Mannheim 1954
Max Hachenburg: Lebenserinnerungen eines Rechtsanwalts, Düsseldorf 1927
Franz Schnabel: Zur eigenen Lebensgeschichte in: Mannheimer Hefte 1954/1, Mannheim 1954
Fritz Marguerre: Aus meinem Leben in: Mannheimer Hefte 1954/1, Mannheim 1954
Helmut Tenner: Mannheimer Kunstsammler und Kunsthändler bis zur Mitte des 19. Jahrhunderts, Heidelberg 1966
Adolf Strigel: Festschrift zur 100-Jahr-Feier des Vereins für Naturkunde, Mannheim 1934
Paul Schredelsecker (Herausgeber): Gedenkblätter zum 150jährigen Bestehen des Karl-Friedrich-Gymnasiums, Mannheim 1957
Erwin Hoppner: Die Räuberhöhle zu Mannheim. 125 Jahre Höhlengeschichte 1839–1964. Mannheim 1963
Otto Kramer: 125 Jahre Mannheimer Liedertafel, Mannheim 1965
Carlo Schmid: 100 Jahre Arbeitersängerbund Mannheim in: Mannheimer Hefte 1965/2, Mannheim 1965
Rudolf Haas, Ernst Knacke, Knut Borchardt: 100 Jahre Rheinische Hypothekenbank, Frankfurt 1971

LUDWIGSHAFEN
Emil Neßler: Die Rheinschanze als kurpfälzisches Festungswerk, Ludwigshafen/Saarbrücken 1940
Friedrich Kraft: Geschichte der Stadt Ludwigshafen am Rhein 1853–1903, Ludwigshafen 1903
Stadtverwaltung Ludwigshafen: 100 Jahre Ludwigshafen am Rhein 1953. Aufsätze verschiedener Verfasser, herausgegeben von Walter Siebler, Ludwigshafen 1953
Stadtverwaltung Ludwigshafen: Ludwigshafen am Rhein, Stadt der Chemie, 2. Auflage Hanau 1963. Aufsätze verschiedener Verfasser
Ludwig W. Böhm: Ludwigshafen. Von der Rheinschanze zur Großstadt in: Mannheim und der Rhein-Neckar-Raum, Mannheim 1965
Ludwigshafen und seine ehrenamtlichen Bürgermeister 1853–1896, Ludwigshafen 1964:
Kurt Oberndorffer: Lichtenberger und Huß; *Walter Siebler:* Josef und Wendel Hoffmann; *Georg Friedrich Böhn:* Georg Kutterer; *Alfred Herbel:* Carl Grünzweig
Helmut von Jan: Beiträge zur Geschichte des Aufstands 1849 in Ludwigshafen in: Pfälzische Familien und Wappenkunde VIII, 3, Heft 7/8. Ludwigshafen 1959
Kurt Oberdorffer: Wie es zur Stadterhebung Ludwigshafen kam, ebenda
Helga Kube: Ludwigshafen, Standort für Industrie der Chemie und Metalle 1852–1892 (Maschinenschrift), Ludwigshafen 1963
Rudolf Klöpper: Landkreis und Stadt Ludwigshafen am Rhein in: Die Landkreise in Rheinland-Pfalz. Herausgegeben im Auftrag des Ministerpräsidenten – Landesplanung vom Zentralausschuß für deutsche Landeskunde, Speyer 1957
Edward Beck, Wolfgang Medding, August Schäfer, Walter Storck, Kurt Becker-Marx, Philipp Letzelter: Beiträge zur Geschichte des Landkreises Ludwigshafen am Rhein, 1956
Georg Handrick: Ludwigshafen am Rhein: Zur Sozialgeschichte und Sozialgeographie einer modernen Großstadt, Mainz 1965
Siegfried Fauck, Geschichte der Stadt Ludwigshafen am Rhein in Daten, Speyer 1972
Kurt Oberdorffer und verschiedene Mitarbeiter: Ludwigshafener Chemiker Band I: Bosch, Brunck, Giulini, Knoll, Mittasch, Raschig: Band II: Reimann, Caro, Grünzweig, Knietsch, Winkler, Düsseldorf 1958
Ludwig Grote und Berthold Roland: Forschung und Technik in der Kunst. Katalog zur Ausstellung des Kunstvereins Ludwigshafen anläßlich des 100jährigen Firmenjubiläums der BASF, Ludwigshafen 1965
Gustaf Jacob: Friedrich Engelhorn. Der Gründer der Badischen Anilin- & Soda-Fabrik. Schriften der Freunde Mannheims und der ehemaligen Kurpfalz. Mannheimer Altertumsverein von 1859, Heft 8, Mannheim 1959
Otto Steinert und Wilhelm Roggersdorf: Im Reiche der Chemie. Bilder aus Vergangenheit und Gegenwart. Badische Anilin- & Soda-Fabrik Ludwigshafen am Rhein, Düsseldorf 1965
Karl Holdermann: Im Banne der Chemie, Carl Bosch, 3. Auflage, Düsseldorf 1953
Car Wurster: Die BASF – 100 Jahre im Dienste des Lebens, Festansprache zum hundertjährigen Jubiläum der BASF, 6. April 1965, Ludwigshafen
Hellmuth Bachelin: Die Gebrüder Giulini GmbH., Ludwigshafen, und ihre familiengeschichtliche Verflechtung im kurpfälzischen Raum in: Pfälzische Familien und Wappenkunde VIII, Band 3, Heft 7/8, Ludwigshafen 1959
Hans Dubbers: Joh. A. Benckiser G.m.b.H., Ludwigshafen am Rhein – ein Familienunternehmen, ebenda
Josef A. Raimar: Der Gründerkreis der chemischen Industrie im Rhein-Neckar-Raum, besonders BASF in: Pfälzische Familien und Wappenkunde XIV, 5 ff., Ludwigshafen 1965
Siegfried Franck: Die Geschichte der Stadt Ludwigshafen in Daten, Speyer 1972
Karl Waldkirch: 1870–1970. 100 Jahre Druckerei Waldkirch, Druckerei und Verlag, Ludwigshafen 1971

Literatur zu Kapitel 20

Alles für das Volk – Alles durch das Volk, Dokumente der demokratischen Bewegung in Mannheim 1848–1948, ausgewählt und bearbeitet von Jörg Schadt, Stuttgart 1977
Hans Reschke: Florian Waldeck in: Mannheimer Hefte, Mannheim 1960/2, Mannheim 1960
100 Jahre SPD in Mannheim – eine Dokumentation, hrsgg. von der SPD Kreis Mannheim, Mannheim 1967
Neue Forschungen zu Grundproblemen der badischen Geschichte im 19. und 20. Jahrhundert, 1973
Die Machtergreifung in Südwestdeutschland, hrsgg. von der Zentrale für politische Bildung BW, Stuttgart 1982
Max Oppenheimer, Der Fall Vorbote. Zeugnisse des Mannheimer Widerstands, Mannheim 1969
Verfolgung und Widerstand unter dem Nationalsozialismus in Baden. Die Lageberichte der Gestapo und des Generalstaatsanwalts Karlsruhe 1933–1944, bearbeitet von Jörg Schadt, Stuttgart 1976
Jael Paulus, Juden in Baden – 175 Jahre Oberrat der Israeliten Badens, Karlsruhe 1984
Hans-Joachim Fliedner, Die Judenverfolgung in Mannheim 1933–1945, Stuttgart 1971
P. Sauer, Demokratischer Neubeginn in Not und Elend. Das Land Württemberg-Baden von 1945–1952, 1978
J. Schadt, W. Schmierer, Die SPD in Baden-Württemberg und ihre Geschichte, 1979

C. Latour, T. Vogelsang, Okkupation und Wiederaufbau 1973
P. L. Weinacht, Die CDU in Baden-Württemberg und ihre Geschichte, 1978
P. Rothmund, E. R. Wiehn, Die FDP/DVP in Baden-Württemberg und ihre Geschichte, 1978
Carl Hagemann: Bühne und Welt, Wiesbaden 1948
Gustaf F. Hartlaub und *Walter Passarge:* Kunsthalle Mannheim 1907–1952. Einleitung zum Verzeichnis der Gemälde- und Skulpturensammlung, Mannheim 1953
Hermann Heimerich: Die landsmannschaftlichen, geschichtlichen und kulturellen Zusammenhänge der ehemaligen kurpfälzischen Gebiete links und rechts des Rheins in: Mannheimer Hefte 1954/4, Mannheim 1954
Hermann Heimerich: Eine Freundesgabe zum 75. Geburtstag mit Beiträgen verschiedener Verfasser, Frankfurt 1960
Gustaf Jacob und andere: Eine Freundesgabe für Hermann Heimereich in: Mannheimer Hefte 1960/3, Mannheim 1960
Martin Rudolph, Die Rheinebene um Mannheim und Heidelberg. Eine Siedlungs- und Kulturgeographie, Heidelberg 1925
Kurt Becker-Marx: Die Region Rhein-Neckar und der Regionalverband, Mannheim 1964
Kommunale Arbeitsgemeinschaft Rhein-Neckar: Memorandum über Maßnahmen im Rhein-Neckar-Gebiet. Entwurf der Satzung des Zweckverbandes für die Regionalplanung im Rhein-Neckar-Gebiet, Mannheim 1966
Rudolf Klöpper: Die Städtegruppe im Rhein-Neckar-Gebiet in: Ruperto-Carola 40, Heidelberg 1966
Dr. Kurt Becker-Marx: Probleme der grenzüberschreitenden Planung in: Veröffentlichung der Akademie für Raumforschung und Landesplanung, Hannover 1972
Reinhard Timmer: Kurzfassung des Berichts der Sachverständigenkommission für die Neugliederung des Bundesgebiets, Köln 1973
Hans Horak und *Heinrich Plass* (Herausgeber), Der Rhein-Neckar-Raum, Oldenburg, 2. Aufl. 1974
Walter Krause, Zukunftsperspektiven für die Kurpfalz, Speyer 1981

Bildnachweis

Fotos

Fonds Albertina Wien   48;
Badisches Landesmuseum Karlsruhe   11;
Bayrische Staatsgemäldesammlung München   124, 125;
Familienarchive   33, 58, 101, 107;
Firmenarchive   121, 155, 156, 167, 191, 192, 197, 204 205, 206, 207, 208;
Foto Frank Untergrombach   137;
Früheres Hohenzollernmuseum Monbijou   114;
Generallandesarchiv Karlsruhe   200;
Germanisches Nationalmuseum Nürnberg   25;
Foto Groote Grünstadt   153;
Foto Robert Häusser Mannheim   20, 26, 120, 132, 139;
Hessisches Landesmuseum Darmstadt   34;
Historisches Museum der Pfalz Speyer   8, 13, 16, 35, 49, 143, 145, 148, 152;
Industrie- u. Handelskammer   199;
Foto Kenner Bad König   64;
Kortokracks & Leiß Ludwigshafen   208;
Kurpfälzisches Museum Heidelberg   34, 39, 40, 41, 41, 43, 46, 62, 63, 65, 68, 70, 71, 72, 73, 75, 79, 82, 84, 111, 124, 125 links, 128, 170, 171, 172, 173, 174, 175, 176;
Lossen-Foto Heidelberg   31, 152;
Karl Lutz Bischöflicher Archivrat a. D. Speyer   22;
Foto Ann Münchow-Lepper   22;
Alf Rapp Mannheim   26;
Reiß-Museum   19, 53, 54, 55, 56, 81, 86, 87, 91, 93, 94, 95, 96, 97, 99, 101, 102, 104, 109, 113, 114 rechts, 115 links, 117, 130, 134, 135, 147, 151, 160, 161, 162, 163, 164, 165, 182, 183, 184, 185, 186, 187, 188, 189, 190, 194, 195, 198, 201, 203;
Foto Sauer Heidelberg   59;
Staatliche Graphische Sammlung München   103;
Stadtarchiv Mannheim   210, 211, 212, 213, 217;
Stadtverwaltung Frankenthal   87 links;
Stadtverwaltung Worms   12, 51, 52;
Stadtverwaltung Zweibrücken   46, 127;
Städtische Bildstelle Ludwigshafen   204 links;
Städtisches Bildarchiv Heidelberg   179 rechts;
Universität Heidelberg Bildarchiv   39 rechts, 177, 178 rechts;
Universitätsbibliothek Heidelberg   28, 29, 35 links;

Register

Namen

Orte